Ilustración de cubierta: Claude Gellée "Le Lorrain", "Seaport with the Embarkation of the Queen of Sheba", 1648.
The National Gallery, Londres, Reino Unido.

Corrección: Paula Hoyos Hattori

Edición: Primera. Abril de 2019

Código IBIC: HBAH

ISBN: 978-84-16467-09-9

© 2019, Miño y Dávila srl / Miño y Dávila editores sl

Diseño: Gerardo Miño
Composición: Eduardo Rosende

MIÑO y DÁVILA
◆ E D I T O R E S ◆

Página web: www.minoydavila.com
Mail producción: produccion@minoydavila.com
Mail administración: info@minoydavila.com

Oficinas: Tacuarí 540. Tel. (+54 11) 4331-1565
(C1071AAL), Buenos Aires.

Colección: Ideas en debate
Serie: Historia Antigua-Moderna

Director de serie:
José Emilio Burucúa

Carolina Martínez

Mundos perfectos y extraños en los confines del *Orbis Terrarum*

Utopía y expansión ultramarina
en la modernidad temprana
(siglos XVI-XVIII)

MIÑO y DÁVILA
◆ E D I T O R E S ◆

ÍNDICE

❧ AGRADECIMIENTOS ❧

Son muchas las personas que participaron directa o indirectamente en la realización de este libro. Quisiera agradecer, en primer lugar, a mi querido director de tesis, Rogelio C. Paredes, y a Etienne Tassin, vínculo irremplazable con la Universidad de Paris 7, cuyas muertes injustas los han privado de cosechar sus frutos. A mi directora de tesis por la parte francesa, Marie-Noëlle Bourguet, gracias a quien pude desarrollar parte de mis investigaciones en Francia. A Nicolás Kwiatkowski, referente de mis investigaciones actuales, por haber sido y seguir siendo sabio y amable consejero. A mis jurados de tesis: Jean-Marc Besse, José Emilio Burucúa y Martín J. Ciordia, cuyos trabajos, insumos de mis propias investigaciones, admiro. A Laura Gentilezza, Eric Mistler, Martín Baña, Jean-Luc Ariaux, Claudio Ingerflom y Mauricio Onetto, por su apoyo, lecturas y comentarios en las distintas etapas de este proceso de escritura, iniciado ya hace algunos años. A mis queridas Malena López Palmero y María Juliana Gandini, grandes personas que respeto y admiro no solo por su erudición sino por la dedicación y amor con que hacen su trabajo. A Paula Hoyos Hattori, por su sabia y generosa amistad y también por su lectura minuciosa de este escrito. A mis padres y a mi hermana, con quienes he contado siempre incondicionalmente, y a mis abuelas, que sé hubieran estado orgullosas de leerme.

En términos institucionales, quisiera agradecer al Consejo Nacional de Investigaciones Científicas y Técnicas que, a través de una beca doctoral y una beca postdoctoral otorgadas entre 2010 y 2017, me permitió realizar gran parte de las investigaciones que sustentan las hipótesis de este libro. También al Ministerio de Cultura de la Nación y a la Embajada de Francia en Argentina, por las posibilidades abiertas a través de su programa de becas "Saint-Exupéry" para estancias cortas de investigación. Por último, al Centro Franco Argentino de Altos Estudios de la Universidad de Buenos Aires. Fue a través de su programa de seminarios internacionales donde conocí por primera vez a mi futura directora de tesis, en el marco del régimen de cotutelas entre Argentina y Francia. También allí comprobé cuán valiosa había sido mi formación de grado en la Universidad de Buenos Aires, a cuyos profesores también debo un enorme reconocimiento.

Buenos Aires, abril de 2019.

➤ NOTA AL LECTOR ✦

Hasta la fecha, a excepción de *Utopía* (1516) y de *La Terre Australe Connue* (1676), ninguna de las fuentes utilizadas en la elaboración de este libro ha sido traducida en su totalidad al español. De allí que los fragmentos seleccionados hayan sido traducidos del francés en el cuerpo del texto pero se hayan mantenido en su versión original en nota al pie. Por su parte, los títulos de las obras analizadas se encuentran en su idioma original en el cuerpo del texto y traducidos al castellano en nota al pie. En el caso de la bibliografía crítica publicada en otras lenguas, esta ha sido citada tanto en el cuerpo del texto como en las notas directamente en su versión en español (indicándose el nombre del traductor cuando no fuere la autora). Por último, con el propósito de facilitar la lectura y consulta de las notas, su numeración en cada capítulo es independiente del resto. Asimismo, a pesar de las posibles referencias en capítulos anteriores, la bibliografía referida ha sido citada de forma completa en la primera llamada en nota al pie de cada capítulo. Resta señalar que este libro cuenta con un apéndice en donde el lector encontrará un estado de la cuestión exhaustivo sobre el concepto de utopía y su desarrollo en la modernidad temprana europea.

❧ PRÓLOGO ☙

por Jean-Marc Besse

L a utopía no es un lugar, ni siquiera un no lugar. Tampoco está por fuera del tiempo ni de la historia. Ella es la puesta en práctica de un pensamiento, la expresión de una aspiración y el desarrollo de un argumento. Como historiadora, Carolina Martínez nos muestra en primer lugar que la utopía es la reacción a un contexto geopolítico y religioso europeo marcado por los conflictos y los disensos. Como historiadora de la literatura, detecta y analiza con atención una de las formas mayores de la propuesta utópica en el siglo XVII en Francia: a saber, el relato de viaje. Como historiadora de la geografía, reubica aquellos relatos de viaje utópicos en la perspectiva de la expansión oceánica europea, y se pregunta por el lugar de las pretensiones francesas en esta expansión, de cara a las potencias rivales. Toda la fuerza de *Mundos perfectos y extraños...* reside en esta operación decisiva, que permite reintroducir a la utopía en los amplios horizontes de la cultura política y espacial europea, en particular francesa, a inicios de la modernidad, y mostrar cómo la utopía desempeña un papel sustantivo en la construcción de la cultura europea moderna.

La utopía incorpora muchas de las cuestiones centrales que atraviesan las sociedades europeas de los siglos XVI y XVII: las controversias religiosas, las luchas entre potencias europeas para adquirir nuevos territorios en los "nuevos mundos", el encuentro con la alteridad. Sin embargo, como muestra Martínez, esas cuestiones son formuladas dentro y en el formato de un género literario particular: el relato de viaje, cuyos diferentes desarrollos detalla con lucidez. El relato de viaje, con su retórica puntuada por los momentos de partida, desarrollo y regreso, da forma al discurso utópico y le provee un modelo de escritura.

¿Pero, qué aprendemos con la lectura de los análisis que la autora propone de la *Histoire du grand et admirable Royaume d'Antangil* (publicada anónimamente en 1616), *La Terre Austral Connue* (G. Foigny,

1676), la *Histoire des Sévarambes* (D. Veiras, 1677), la *Histoire de Calejava* (C. Gilbert, 1700), y los *Voyages et Avantures de Jacques Massé* (S. Tyssot de Patot, 1714-1717)?

En principio, se impone la sombra de los conflictos religiosos que atraviesan a Francia en aquella época. Estos relatos desarrollan críticas a la intolerancia religiosa, que se reactivarán particularmente tras la revocación del Edicto de Nantes (1685). Al respecto, retomando a Frank Lestringant y Jean-Michel Racault, Martínez demuestra bien la proximidad de la mayoría de los autores que estudia con la espiritualidad hugonota y, más ampliamente, con los fenómenos de disidencia religiosa.

Pero los relatos de viaje utópicos son también los lugares donde se elabora el encuentro con la alteridad de los nuevos mundos y de los pueblos que allí se encontraron. El relato de viaje utópico da una forma y modula la recepción de la extrañeza de aquellos pueblos y de sus costumbres a los ojos de los europeos. Permite la transformación de lo "desconocido" en "otro", un otro aceptable en tanto tal. El otro es hallado y descripto bajo las especies de lo maravilloso (S. Greenblatt) pero, en el marco de estos relatos de viaje, lo maravilloso es una fuente de verosimilitud.

Finalmente, la autora describe y analiza las relaciones entre los textos utópicos y la construcción de una nueva imagen del mundo. Ahora bien, si por un lado nos recuerda el papel jugado por los editores y compiladores de los relatos de viaje en Italia y las Provincias Unidas (de Ramusio a De Bry) en la puesta en obra y la difusión de aquellas nuevas imágenes del mundo terrestre y en la elaboración de relatos de viaje utópicos, también ubica de manera original aquellos relatos en el seno de la compleja historia de esfuerzos desplegados por los estados europeos para reorganizar práctica, política y económicamente los espacios mundiales. En otras palabras, articula los relatos de viaje y los problemas ligados con la expansión y la competencia entre las grandes potencias de la época. Los relatos de viaje utópicos permiten observar las redes de intercambio, los circuitos comerciales, las iniciativas políticas. Pero, sobre todo, traducen en cierto sentido los esfuerzos desplegados por Francia para poner en marcha una política de conquista ultramarina.

Carolina Martínez establece con pertinencia que los nuevos mundos desconocidos, entre los cuales pueden incluirse los espacios utópicos descriptos en los textos, son pensados y diseñados en principio como espacios virtuales. En los relatos de viaje utópicos, la utopía aparece como un espacio o un conjunto de espacios por descubrir o conquistar y, más precisamente, como un margen del mundo conocido del que los franceses, en particular, pueden esperar apropiarse. Al respecto, ella muestra el valor "estratégico" (tanto desde el punto de vista literario cuanto desde el punto de vista político) de espacios tales como las tierras australes y boreales: ambas representan, finalmente, un papel de "relocalización" de la utopía, que pasa del estatus de no lugar al de un espacio todavía por conquistar.

De tal forma, lejos de ser un lugar (o un "fuera de lugar") atemporal y a-histórico, *Mundos perfectos y extraños*... nos recuerda que la utopía adquiere pleno significado y alcance intelectual, literario y político, cuando se la reinserta en contextos sociales y culturales de producción y de difusión. En particular, los análisis desarrollados por la autora respecto de las condiciones religiosas y geopolíticas de la producción de relatos de viaje utópicos nos permiten comprender claramente por qué la utopía debe considerarse menos el revés y la negación de las sociedades europeas de la primera modernidad que un aspecto interno y un momento histórico en la redefinición de esas sociedades, cuando aquellas hicieron frente a condiciones espaciales, religiosas y sociales inéditas para el pensamiento y la acción. No es un mérito menor del libro de Carolina Martínez, y de su posicionamiento epistemológico, recordar que la utopía residió (y tal vez reside aun) en el corazón de la construcción cultural de la Europa moderna.

A la memoria de Rogelio C. Paredes y Etienne Tassin

❧ PREFACIO ❧

El año de 1770 fue, tal vez, uno de los más álgidos en el debate en torno a la naturaleza del Nuevo Mundo. La disputa, que enfrentó a los defensores de la naturaleza privilegiada de América contra aquellos que proponían una imagen degenerada, también implicó una profunda reevaluación de los criterios más tradicionales utilizados hasta entonces para evaluar la confiabilidad de las fuentes. Sin duda, quien mejor encarnó la figura del hombre de letras que proclamaba la degeneración del suelo americano y de sus habitantes fue el abate holandés Cornelius De Pauw. El *philosophe*, quien jamás había avistado aquellos parajes, fundaba sus aseveraciones en una lectura minuciosa de las crónicas y relatos que se habían escrito sobre América desde su "descubrimiento" a fines del siglo XV hasta los más recientes viajes de exploración.[1] Con la intención de demostrar "la ventaja infinita que tienen los habitantes de Europa sobre los indígenas del nuevo mundo", en su *Défense des recherches philosophiques sur les Américains* (1770) De Pauw atacaba así a su principal rival en la contienda.[2] Se trataba del benedic-

---

1. La disputa fue analizada por Antonello Gerbi en su monumental obra: *La disputa del Nuevo Mundo. Historia de una polémica, 1750-1900*, México, Fondo de Cultura Económica, 1982. Por su parte, Jorge Cañizares Esguerra ha indagado en el valor de los primeros testimonios sobre América en *Cómo escribir la historia del Nuevo Mundo. Historiografías, epistemologías e identidades en el mundo del Atlántico del siglo XVIII*, Buenos Aires, Fondo de Cultura Económica, 2007.

2. De Pauw, Cornelius, *Recherches philosophiques sur les Américains, ou mémoires intéressants pour servir à l'Histoire de l'Espece Humaine, par Mr. De P***. Avec une Dissertation sur l'Amérique & les Américains, par Dom Pernety. Et la Défense de l'Auteur des Recherches contre cette Dissertation*, Berlin, s/e, 1770, Tomo III, p. 6: "Il a voulu démontrer l'avantage infini qu'a la vie sociale sur la vie sauvage, l'avantage infini qu'ont les habitans de l'Europe sur les indigenes du nouveau monde". [Quise demostrar las ventajas infinitas de la vida social por sobre la vida salvaje, las ventajas infinitas que tienen los habitantes de Europa por sobre los indígenas del Nuevo Mundo.] La obra fue editada conjuntamente con los otros dos textos que habían dado origen al debate. En primer lugar, las *Recherches philosophiques...* del propio De Pauw, luego la *Dissertation sur l'Amérique et les Américains...* de Antoine-Joseph Pernety y, en un tercer tomo, la mencionada *Défense des recherches philosophiques*.

tino Antoine-Joseph Pernety, quien, entre 1763 y 1764, había viajado como capellán a bordo en la travesía emprendida por Louis-Antoine de Bougainville a las Islas Malvinas.

Para refutar la exaltación de las maravillas americanas expresada por Pernety, De Pauw prometía a sus lectores "citar pruebas y evitar las declamaciones"[3] pero, sobre todo, no caer en valoraciones moralizantes como aquellas de su detractor.[4] Avanzada la obra, criticaba por fantasiosa la descripción del supuesto pueblo de los apalachitas, que había sido proporcionada por el benedictino para dar el ejemplo de un pueblo feliz y avanzado en su defensa de América. Al poner en duda la veracidad de los relatos de viaje utilizados por Pernety, el holandés sentenciaba:

> Eso es lo que hay de cierto en la historia de esta nación: ya que el resto se parece a lo que se ha contado sobre el Reino de Quivira, Eldorado, la ciudad de Manoa, el lago de oro de Parimé, el Imperio de los Sévarambes y, sobre todo, sobre la república de australianos imaginada por ese aburrido novelista, conocido por el nombre de Jacques Sadeur, que ubicó en aquella tierra un templo hecho enteramente de cristal y casi tan magnífico como aquel que Dom Pernety emplaza en tierra de los apalachitas...[5]

En esta comparación con ciudades imaginarias y reinos fantásticos se constatan dos cuestiones. En primer lugar, el hecho de que tanto la *Histoire des Sévarambes* (1677) de Denis Veiras como *La Terre Australe Connue* (1676) o *Les aventures de Jacques Sadeur* (1692) de Gabriel Foigny eran obras conocidas a fines del siglo XVIII. Esto da cuenta de su éxito editorial en el siglo precedente, por un lado, y de la existencia de un nuevo público lector al que estas referencias no eran ajenas, por el otro. En segundo lugar, resulta claro que De Pauw, como muy probablemente muchos de sus contemporáneos, consideraba ficticias o al menos inverosímiles estas historias. Por lo que sería posible asumir que, en principio, en el último tercio del siglo XVIII la existencia de sociedades

---

3. De Pauw, Cornelius, *ibid.*, p. 6: "Je citerai des preuves, & éviterai les déclamations: car quand on discute un sujet si vaste & si important, il faut au moins être modéré; sans quoi on ne discerne plus les choses; on accorde tout à l'imagination & rien au jugement". [Citaré pruebas y evitaré las declamaciones: ya que cuando se discute un tema tan vasto e importante, hay que por lo menos ser moderado; sin lo cual no pueden discernirse las cosas; se atribuye todo a la imaginación y nada al buen juicio.]

4. De Pauw, Cornelius, *ibid.*, p. 11.

5. De Pauw, Cornelius, *ibid.*, Cap. XXXIII, p. 174: "Voilà ce qu'il y a de vrai dans l'histoire de cette nation: car tout le reste ressemble à ce qu'on a conté du Royaume de Quivira, de l'Eldorado, de la ville de Manoa, du lac d'or de Parimé, de l'Empire des Sévarambes, & surtout de la République des Australiens imaginée par cet ennuieux romancier, connu sous le nom de Jacques Sadeur, qui bâtit chez les Australiens, un temple tout de crystal, & presqu'aussi magnifique que celui que Dom Pernety place chez les Apalachites... " [Salvo que se indique lo contrario, todas las traducciones de este libro han sido realizadas por la autora.]

perfectas en algún desconocido lugar de ultramar había sido descartada
o, cuando menos, dejado de ser objeto de especulación.[6]

Pero la mirada desdeñosa de De Pauw se inscribe, paradójicamente,
en un período de auge del género: entre la publicación de la *editio princeps* de *Utopía* (1516), hace poco más de 500 años, y la alusión a los viajes
imaginarios de Foigny y Veiras realizada por el *philosophe* holandés a
fines del siglo XVIII, fueron publicados cerca de 78 relatos utópicos en
lengua francesa solamente.[7] El auge de este tipo de escrito en el período
mencionado merece, sin duda, una explicación que trascienda su carácter
de "verdadera moda" e indague, antes bien, en sus múltiples contextos
de producción, recepción y circulación. De allí que este libro proponga
comprender el desarrollo del relato de viaje utópico en la modernidad
temprana en función de tres variables de análisis tales como fueron la
cuestión religiosa, el problema del *otro* y la ampliación del mundo conocido producto de la expansión transoceánica europea ocurrida entre los
siglos XVI al XVIII.

A partir de estas tres grandes coordenadas de lectura, se plantea como
hipótesis que por las características que adquirieron los relatos de viaje
utópicos publicados en lengua francesa entre 1616 y 1710, además de dar
cuenta de la situación político-religiosa que atravesó Francia en aquel
período, también se vincularon con el lugar que ocuparon la monarquía
francesa y las Provincias Unidas en la competencia ultramarina. Las
ambiciones expansionistas de la primera y la prevalencia comercial e
intelectual de las segundas se vieron plenamente representadas en estos
escritos que, publicados en el centro (comercial, intelectual y editorial)
de la expansión transoceánica, ubicaron a sus sociedades ideales en los
márgenes del mundo conocido (ie. *Terra Australis*, el extremo Norte, etc.).

En este sentido, es posible suponer que, editados con privilegio real
o en la clandestinidad, tanto en Francia como en las Provincias Unidas,
los relatos utópicos producidos en este período estuvieron estrechamente
relacionados con tres procesos concomitantes: 1) la expansión ultramarina que Europa inicia a fines del siglo XV pero desarrolla plenamente
en los siglos siguientes; 2) la progresiva radicalización de la disidencia
religiosa producto de las guerras de religión en Francia como consecuencia de la Reforma, y 3) el encuentro con nuevas formas de alteridad,
origen de reflexiones inéditas en el pensamiento europeo. El estudio del
relato utópico desde las perspectivas abiertas por la historia cultural
que aquí se propone se aleja entonces de una visión circunscripta al de-

---

6. Y sin embargo, un año después de publicados los escritos de De Pauw, a raíz del primer viaje
de circunnavegación francés, Louis Antoine de Bougainville ofrece en su *Voyage autour du
monde...* (1771) una descripción de los felices habitantes de la isla de Tahití, a la que considera
la Nueva Citerea.

7. Chartier, Roger, Roche, Daniel (eds.), *Histoire de l'éditon française, Tome II. Le livre triomphant
1660-1830*, París, Promodis, 1984, p. 230. Sobre la noción de género utópico véase Vita Fortunati,
"Utopia as a Literary Genre", en Fortunati, Vita, Trousson, Raymond (eds.), *Dictionary of
Literary Utopias*, París, Honoré Champion, 2000, pp. 634-643.

sarrollo del género en términos literarios, o al análisis de su contenido en coordenadas exclusivamente políticas. Tal como constatará el lector en las siguientes páginas, este libro privilegia la comprensión del relato utópico en su dimensión histórica pues busca entender los múltiples procesos que le dieron origen y con los cuales aquellos textos dialogaron. Lejos de prescindir de las herramientas de la teoría literaria o del pensamiento político con las que se ha abordado el amplio repertorio de viajes utópicos en la temprana modernidad, este libro propone una mirada de conjunto y a la vez centrada en los procesos de producción, circulación y recepción de los escritos examinados. A fin de cuentas, los mundos perfectos y extraños que los autores de utopías ubicaron en los confines del Orbe Terrestre se gestaron en el epicentro de una sociedad en transformación, atravesada por incitantes imágenes y reflexiones respecto de cómo podía y debía pensarse el mundo.

Con el objetivo de guiar al lector en su recorrido por los distintos contextos de producción y circulación de los relatos utópicos seleccionados, el libro se encuentra dividido en cinco capítulos, además de contar con un prefacio, un apartado destinado a las consideraciones finales y un apéndice. El capítulo I, "*Utopía*: un modelo para armar", contextualiza el nacimiento del modelo utópico a partir de la publicación del opúsculo moreano en 1516. Este capítulo tiene por objetivo aproximarse al relato utópico a partir de la obra que le diera su nombre pues la intención es ver cómo, lejos de responder a los cánones de un género, la obra del futuro canciller atendía a los intereses particulares del círculo humanista para el cual había sido escrita.

El segundo capítulo se centra en el desarrollo del relato utópico en Francia entre principios del siglo XVII y comienzos del siglo siguiente. En este sentido, está dedicado específicamente al análisis de sus particularidades en la Francia del siglo XVII así como a la presentación de las fuentes escogidas (*i.e.* una serie de cinco relatos utópicos publicados en lengua francesa entre 1616 y 1710 en Francia, las Provincias Unidas y la ciudad de Ginebra). Al igual que en el capítulo el anterior, el objetivo aquí es relacionar las características que adopta el modelo moreano con los procesos históricos que se desarrollaron en Francia entre los siglos XVI y XVII.

En los capítulos restantes, el relato utópico es analizado en función de las siguientes claves de lectura: el problema religioso, el problema del *otro* y el horizonte de la expansión ultramarina. El capítulo III, "Utopía y disidencia religiosa", se centra en las repercusiones de las llamadas Guerras de Religión en la búsqueda de nuevos territorios e identidades desde donde reflexionar a partir del disenso religioso. La situación político-religiosa de Francia desde mediados del siglo XVI hasta la Revocación del Edicto de Nantes en 1685 es examinada en relación con el contenido religioso de los relatos utópicos seleccionados, los problemas que discuten, los debates y reflexiones que retoman, y la forma en que, a partir de los recursos literarios propios del género, hacen visibles una serie de críticas que paradójicamente escaparon a la censura.

El capítulo IV hace hincapié en la construcción que el *corpus* de relatos seleccionados realiza de una alteridad que se nutre, en términos culturales pero también geográficos, de las noticias provenientes de los relatos de viaje, crónicas e informes que arribaban o se editaban en los principales centros comerciales e intelectuales de la Europa moderna. "Utopía y alteridad" se centra entonces en el problema del *otro*, en la función del relato utópico como constructor de alteridad y en las múltiples influencias (antiguas, americanas y orientales) en las que éste abrevó para recrear una sociedad *otra* que a su vez reflejara los conflictos de la propia.

En lo que refiere al vínculo entre utopía y expansión ultramarina, objeto de análisis del capítulo V, la intención es comprender el desarrollo del relato utópico en relación con la competencia marítima y el conocimiento cartográfico del Orbe Terrestre. En este sentido, "Utopía y renovación cosmográfica" propone observar cómo el relato utópico, además de presentar una imagen invertida de la propia sociedad, reprodujo los principales conflictos entre potencias, anhelos de expansión y logros a nivel comercial tanto de Francia como de España, Portugal, Inglaterra y las Provincias Unidas en el siglo XVII. Se privilegian en este capítulo los casos de Francia y de las Provincias Unidas, sus éxitos y fracasos en relación con los logros de otras potencias, y las motivaciones geopolíticas de cada nación. "Consideraciones finales. Mundos perfectos y extraños en los confines del Orbis Terrarum" plantea, por su parte, una visión de conjunto de las distintas variables analizadas.

En cuanto a las fuentes analizadas, son las siguientes: la *Histoire du grand et admirable Royaume d'Antangil*, publicada anónimamente en la ciudad de Saumur en 1616; *La Terre Australe Connue* (1676) de Gabriel Foigny; la *Histoire des Sévarambes* (1677) de Denis Veiras; la *Histoire de Calejava* (1700) adjudicada a Claude Gilbert; y *Voyages et avantures de Jacques Massé* (1710) de Simon Tyssot de Patot. Por considerarse la obra inaugural del género y el modelo o matriz sobre el que se sustenta la novela utópica del período clásico,[8] el análisis de la *Utopía* de Tomás Moro ocupa, sin duda, un lugar privilegiado en este libro.

A su vez, es preciso indicar que el estudio de los relatos utópicos en relación con el *Viaje hecho a la tierra de Brasil* (1578) del hugonote Jean de Léry, con el *Octavo Memorial* (1610) de Pedro Fernández de Quirós o con obras como la colección de viajes recopilada e ilustrada por la familia De Bry entre 1590 y 1634, entre otros relatos y reflexiones nacidos de la experiencia en ultramar iniciada en Europa a fines del siglo XV, responde en gran medida al interés por restituir el carácter histórico

---

8. En la acepción que le otorga Jean-Michel Racault. Para una definición de la novela utópica clásica y de lo que este autor considera la era clásica véase Jean-Michel Racault, *L'Utopie narrative en France et en Angleterre, 1675-1761*, Oxford, The Voltaire Foundation, 1991, p. 5.

de la noción de utopía y de las obras que la sustentan a través de la reposición de sus contextos de producción, recepción y circulación. Resta decir que los relatos utópicos seleccionados y las primeras ediciones de los relatos de viaje que fueron consultados constituyen parte del acervo documental de la Biblioteca Nacional de Francia y de la Biblioteca del Museo Etnográfico "Juan B. Ambrosetti" de la Facultad de Filosofía y Letras de la Universidad de Buenos Aires, en donde además estuvo radicada la investigación que dio origen a este libro.

➤❊ CAPÍTULO I ❊⬅

Utopía: un modelo para armar

1. Herencias, influencias y complicidades en la *Utopía* de Moro (1516)

Desde su primera edición en la ciudad de Lovaina en 1516, es probable que los lectores de la *Nova Insula Utopia*, publicada bajo el título completo de *De optimo Reipublicae Statu deque nova insula Utopia libellus vere aureus, nec minus salutaris quam festivus*,[1] aguardaran una nueva formulación de alguna pieza tradicional de la filosofía política clásica. La obra, sin embargo, partía de presupuestos y valores propios de la época para abordar cuestiones de índole sociopolítica en el marco del proceso de expansión ultramarina que se había iniciado en Europa a fines del siglo XV.[2] A partir del supuesto encuentro durante su estancia en Amberes con un navegante portugués de nombre Rafael Hitlodeo, Moro presentaba en forma de diálogo la descripción de la desconocida isla de Utopía, sociedad ideal en la que Hitlodeo había permanecido por un lapso de cinco años tras rehusarse a regresar a Europa como parte de la expedición de Américo Vespucio.

De haberse tratado de la reformulación de una obra fundamental del pensamiento político, Moro no hubiese hecho más que continuar con el modelo medieval,[3] de carácter libresco y erudito que, además de responder a la autoridad de la Iglesia, respondía ante todo a la de los manuscritos.[4] *Utopía*, sin embargo, era más que la nueva versión de un modelo

---

1. La obra se presentaba como "Un verdadero libro de oro, una pequeña obra, tan saludable como agradable, sobre la mejor forma de comunidad política y sobre la nueva isla de Utopía". Véase Bronislaw Baczko, *Los imaginarios sociales. Memorias y esperanzas colectivas*, Buenos Aires, Ed. Nueva Visión, 1991, p. 55.

2. En términos de Jürgen Habermas, "la comparación con el modelo platónico, al que el mismo Moro se remite, muestra que el título conduce a múltiples errores: el escrito no analiza la esencia de la justicia, sino que copia uno de los informes contemporáneos de viajes". Habermas, Jürgen, *Teoría y praxis. Estudios de la filosofía social*, Madrid, Ed. Tecnos, 1963, p. 64.

3. Lewis, Clive S., *La imagen del mundo. Introducción a la literatura medieval y renacentista*, Barcelona, Ed. Península, 1997, p. 13.

4. En lo que refiere específicamente al contenido *Utopía*, el debate historiográfico ha girado en gran medida en torno al carácter moderno o medieval de la obra. Mientras que Quentin Skinner,

clásico de la política pues, si a simple vista la obra parecía basarse en
La República de Platón para presentar "la mejor forma de comunidad
política", la propuesta era en realidad *"plus quam platonicam"*. En una
de las cartas publicadas como paratexto en la edición de 1516, Pierre
Gilles no dudaba en confirmar que, de comparar *Utopía* con la obra del
filósofo griego, el texto de Moro era simplemente mejor:

> Se trata de un lugar hasta ahora conocido por muy pocos, pero que
> debería ser conocido por todos, ya que supera en mucho a la República
> de Platón. Es un trabajo muy interesante, con relatos vívidos y descrip-
> ciones cuidadosas, escrito por un hombre de gran elocuencia. Al leerlo,
> siento que percibo las cosas con mayor claridad que cuando las escuchaba
> directamente de boca de Rafael Hitlodeo, pues, efectivamente, yo estuve
> tan presente en el discurso como lo estuvo Moro mismo.[5]

Las referencias a Platón se encontraban, sin embargo, mediadas por
otras lecturas del humanista inglés, entre las cuales se destacaban los
irreverentes escritos de Luciano de Samosata recuperados por los *littera-
tiores* humanistas a principios del siglo XVI.[6] A través de la descripción
del verosímil encuentro con el marinero Rafael Hitlodeo y el relato de su
larga estancia en la isla de Utopía Moro se vinculaba así a la tradición
inaugurada por el texto antiguo de mayor relevancia en materia de viajes pretendidamente reales: el *Relato* o *Narración verídica* que Luciano
de Samosata había dado a conocer en el siglo II d. C. Fue esta obra la
primera en ofrecer al lector una parodia de la literatura de viaje de la
época a través de la exageración y la inclusión de características inverosímiles en su propio relato. Tal como el propio Luciano establecía en
el prefacio, se había propuesto poner en evidencia las falencias de una
literatura pretendidamente real, declarando abiertamente que la suya
no debía ser interpretada más que como pura ficción. Sobre su propia
producción, señalaba:

---

adhiriendo a la primera interpretación, sostiene que "la Utopía de Moro puede ser tratada como
contribución relativamente típica a la corriente principal del pensamiento político del humanismo
del Norte", para otros, la obra sólo puede ser comprendida en el marco de una visión medieval,
no renacentista, de la vida política. "R.W. Chambers insiste en que la *Utopía* debe verse como
una 'reacción' contra las ideas políticas 'progresistas' de su época, que Moro está 'mirando
hacia atrás', hacia la 'vida colectiva de la Edad Media', en un intento por reanimar el ideal ya
moribundo del 'colectivismo medieval'", precisa Skinner al analizar con precisión esta última
perspectiva historiográfica. En Skinner, Quentin, *Los fundamentos del pensamiento político
moderno*, México, Fondo de Cultura Económica, 1985, p. 283.

5.   Moro, Tomás, *Utopía, Traducción, introducción y notas de José Galimidi*, Buenos Aires,
     Colihue, 2014, p. 17.

6.   En la opinión de Carlo Ginzburg, la obra se encontraba explícitamente en deuda con *La República*
     de Platón, "pero era también, como indicara Pierre Gilles, *plus Quam platonicam*, más que
     platónica, dado que su uso de Platón había sido a su vez filtrado por Luciano". Ginzburg, Carlo,
     No Island is an Island. Four Glances at English Literature in a World Perspective, Cap. I,
     Nueva York, Columbia University Press, 2000, p. 16.

(Son estos) relatos que ofrecen una pura evasión, frutos del ingenio y del humor [...] no sólo les atraerá lo novedoso del argumento, ni lo gracioso de su plan, ni el hecho de que se cuentan mentiras de todos los colores, sino además el que cada historia apunta a alguno de los antiguos poetas, historiadores y filósofos que escribieron relatos prodigiosos y legendarios. [...] Pues bien, después de tomar contacto con todos esos autores, llegué a no reprocharles demasiado que engañen al público, al notar que ello es práctica habitual, incluso, entre los consagrados a la filosofía. Me sorprendió en ellos, sin embargo, que creyeran escribir relatos inverosímiles sin quedar en evidencia. Por ello mi personal vanidad me impulsó a dejar algo a la posteridad, a fin de no ser el único privado de licencia para narrar historias; y, como nada verídico podía referir, por no haber vivido hecho alguno digno de mencionarse, me orienté a la ficción, pero mucho más honradamente que mis predecesores, pues al menos diré una verdad al confesar que miento. Y así, creo librarme de la acusación del público al reconocer yo mismo que no digo ni una verdad. Escribo, por tanto, sobre cosas que jamás vi, traté o aprendí de otros, que no existen en absoluto ni por principio pueden existir. Por ello, mis lectores no deberán prestarles fe alguna.[7]

El objetivo de Luciano era, en principio, doble pues no solo se había propuesto entretener a sus lectores sino también "ridiculizar a los autores de los relatos prodigiosos y legendarios a los que refiere".[8] Dentro del círculo humanista del que Moro era parte, la obra de Luciano significó, no obstante, más que eso. Es Ginzburg quien ha puesto en evidencia que tanto Erasmo como Moro consideraban a Luciano un ejemplo a seguir de la máxima horaciana, al portar grandes verdades en dulces y amenas palabras: "Ambos consideraban a Luciano el mejor ejemplo (*elegans*) del consejo dado por Horacio, de mezclar lo *utile dulci* (lo útil con lo dulce) y lo útil con lo entretenido (*festivitas*). El juego podía convertirse entonces en la máscara de una verdad superior...".[9] La alusión al *topos* horaciano podía percibirse desde el título mismo, pues si el propósito era describir la mejor forma de comunidad política, aquel verdadero librillo de oro también se había propuesto ser "*nec minus salutaris quam festivus*" (no menos beneficioso que entretenido).

Sabemos por Erasmo del aprecio que Moro sentía por la obra del sofista.[10] Hacia 1505 ambos habían trabajado en la traducción de sus

7. Luciano de Samósata, *Relato verídico*, en *Obra Completa*, tomo I, Madrid, Gredos, 1981, pp. 179-180. Véase también Paredes, Rogelio C., *Pasaporte a la utopía*, Buenos Aires, Miño y Dávila editores, 2004, p. 40.

8. Luciano de Samósata, *Relato verídico*, *op. cit.*, p. 177.

9. Ginzburg, Carlo, *No Island is an Island...*, *op. cit.*, p. 13. Erasmo, comenta Ginzburg, encontraba la misma ironía de Sócrates en Moro y en Luciano.

10. More, Thomas, *Utopia, with an introduction by Paul Turner*, Londres, Penguin Classics, 1965, *Intoduction*, p. 7.

escritos al latín, produciendo versiones que fueron utilizadas para su enseñanza hasta entrado el siglo XVIII.[11] El renovado interés por la obra de Luciano en los siglos XV y XVI muestra, a su vez, la influencia que su pensamiento tuvo dentro del grupo de humanistas, que lo consideraron el mejor representante del poder de la denuncia a los males de su tiempo y aspiraron a convertirse en sus dignos embajadores.[12] En este sentido, además del trabajo realizado por Erasmo y Moro, es sorprendente la cantidad de ediciones y traducciones hechas de su obra durante el Renacimiento. A la *editio princeps* del *Relato verídico* en 1496, le sucedieron dos más en 1503 y 1522, varias traducciones al alemán a partir de 1495, al inglés y al francés en 1520, y al italiano y al español en 1552 y 1544 respectivamente.[13] Según las estimaciones de Christiane Lauvergnat-Gagnière, entre 1470 y 1600 pueden contarse al menos 330 ediciones o reediciones de su obra, dentro de las cuales se incluyen doce del *Relato verídico*.[14]

En relación con la influencia de aquel texto en la redacción de *Utopía*, uno de los aspectos que más se destaca es el uso de neologismos por parte de ambos autores. Utilizados en *Utopía*, al igual que en la totalidad del *Relato verídico*, por su carácter, cumplían con la función de recordar al lector que los lugares y personajes mencionados eran meramente ficticios. Con el objetivo de hacer de *Utopía* un escrito ambiguo respecto de sus posibles verdades, *Hitlodeo*, su protagonista, era aquel "hábil en tonterías"; *Amauroto*, capital de Utopía, era la "ciudad que no puede verse o que está en las sombras"; el río *Anidro*, el "río sin agua"; y el *Ademos* o gobernador de la ciudad, el "jefe sin pueblo". Ciertamente, Moro esperaba que sus lectores fuesen cómplices del juego al que los invitaba a participar, aunque hubo salvedades. Su obra fue menospreciada por algunos, que no entendían por qué *Utopía* era tan admirada si todo lo que Moro había hecho era traducir lo que otro le había contado.[15] La correcta interpretación de la obra y sus objetivos dependía, en última estancia, de las aptitudes del lector avezado para descifrar aquel sinsentido desde donde Moro construía su república ideal.

11. Bataillon, Marcel, *Erasmo y el erasmismo*, Barcelona, Ed. Crítica, 1977, capítulo VI: "Espigando en Erasmo", p. 118: "Es cierto que los diálogos traducidos por Erasmo (y también los traducidos por Moro) pasaron a ser muy pronto textos de estudio utilizables, con la ayuda de algunas glosas marginales, por los jóvenes latinistas y los helenistas principiantes, y formaron parte de la vulgata latina de Luciano que estuvo en uso hasta fines del siglo XVIII". Véase también Christiane Lauvergnat-Gagnière, *Lucien de Samosate et le lucianisme en France au XVIème siècle*, Ginebra, Droz, 1988, p. 49.

12. Lauvergnat-Gagnière, Christiane, *Lucien de Samosate et le lucianisme en France au XVIème siècle*, Ginebra, Droz, 1988, p. 68: "Es con la publicación de las traducciones debidas a Erasmo y Moro que la elocuencia satírica de Luciano y su denuncia a los filósofos comienzan a ser celebradas a la par que sus cualidades de moralista." Véase también p. 50.

13. José Alsina, *Introducción* en Luciano de Samósata, *Diálogos*, Barcelona, Ed. Planeta, 1988, p. XX.

14. Lauvergnat-Gagnière, Christiane, *Lucien de Samosate...*, *op. cit.*, p. 56-7.

15. More, Thomas, *Utopia, op. cit., Introduction*, p. 10.

En detrimento de la caracterización de tipo más formal realizada por Quentin Skinner, es esencial reconocer el carácter lúdico de *Utopía*.[16] Olvidarlo implicaría perder de vista el espíritu con el que fue escrita y la fascinación que despertó dentro del grupo de colaboradores, editores, amigos y lectores humanistas a quienes fuera destinada. El juego, sin embargo, sólo resultaba efectivo si *Utopía* era presentada como un relato verídico, razón por la que el conjunto de paratextos publicado en las primeras cuatro ediciones de la obra jugó un papel fundamental.[17]

De toda la "evidencia suplementaria" incluida con la intención de refrendar la existencia de la isla,[18] las contribuciones de Pierre Gilles, Secretario general del Tesoro de la ciudad de Amberes, amigo de Moro y personaje en la obra, fueron tal vez las más importantes.[19] En una carta enviada a Jerónimo Busleiden en 1516, inserta en la primera edición del texto original junto con un poema, un mapa y un alfabeto de Utopía, Gilles respondía con seriedad a la pregunta hecha por Moro acerca de la ubicación geográfica de la isla. Según el Secretario de Amberes, su localización exacta continuaba siendo una incógnita debido a que en el instante mismo en el que Rafael Hitlodeo la había mencionado, ni Moro ni Gilles habían logrado escucharla con claridad. Según el propio Gilles explicaba,

en cuanto a las dificultades para ubicar la isla, Rafael no intentó en modo alguno omitir tal información, sino que apenas la mencionó de pasada, como dejando el tema para otra ocasión. Pero un lamentable accidente impidió que ambos pudiéramos entender lo que él nos dijo. En efecto, mientras Rafael estaba hablando sobre el particular, entró un sirviente de Moro y le comentó algo al oído, y, a pesar de que yo estaba prestando atención a esa parte del relato, más, si se quiere, que a cualquier otra, justo en ese momento, un comensal tuvo un acceso de estornudos, causado, supongo, por un resfrío que se habrá pescado a bordo, e hizo tanto ruido que se me escaparon las pocas precisiones que nos brindara Hitlodeo. No descansaré, sin embargo, hasta no conseguir plena información acerca de este punto, para poder darte ya no la orientación general, sino su latitud exacta.[20]

---

16. Ginzburg, Carlo, *No Island is an Island...*, *op. cit.*, p. 2.

17. Después de la primera edición en Lovaina, la obra se publicó en París en 1517 y dos veces en Basilea en 2018. La última de estas primeras cuatro ediciones es considerada la edición más completa y estuvo supervisada por Erasmo de Róterdam.

18. Ginzburg, Carlo, *ibid.*, p. 5: "... el efecto verosímil obtenido gracias a la elocuencia de Moro es reforzado con la provisión de documentos provenientes directamente de la isla".

19. Gilles fue, además, junto con Erasmo, "responsable de la preparación de las cuatro ediciones con que se logró la versión definitiva de la obra (Basilea, noviembre de 1518)". Miguel Alberto Guerin, "El relato de viaje americano y la redefinición sociocultural de la ecumene europea", *Dispositio*, Vol. XVII, No. 42: *Crossing the Atlantic, Travel literature and the perception of the other*, Department of Romance Languages, University of Michigan, 1992, p. 7.

20. Moro, Tomás, *Utopía*, *op. cit.*, p. 19.

Es nuevamente Gilles quien refiere a los viajes de Ulises y a las relaciones de viaje de Américo Vespucio para legitimar el lugar de la obra en una larga tradición de relatos de viaje: "Considero que tiene un conocimiento de las naciones, de los pueblos y de sus asuntos más amplio que el del propio Ulises. No ha nacido alguien como él, estimo, en los últimos ochocientos años; a su lado, parece que Vespucio no hubiese visto nada." [21]

La genealogía establecida por Gilles es corroborada por el propio Moro en el libro primero. Al relatar sus impresiones del primer encuentro con Rafael Hitlodeo, es Gilles quien señala que "su navegación no fue como la de Palinuro, sino como la de Ulises o mejor, como la de Platón".[22] La misma filiación había sido realizada por Luciano en la segunda parte de su *Relato verídico* cuando, al enumerar los grandes personajes (míticos y reales) que se encontraban en la isla de *Los Dichosos*, había ubicado a Platón en su propia ciudad imaginaria: "Tan solo Platón no estaba allí, pues decían que habitaba en la ciudad que él mismo había imaginado, disfrutando de la constitución y las leyes que redactara".[23] Con habilidad, Luciano legitimaba su relato imaginario insertándolo en la misma dimensión en la que, según su criterio, se encontraban ciertas narraciones ficticias precedentes, dentro de las cuales ubicaba a las leyes y constitución platónicas.

El carácter lúdico de *Utopía*, evidenciado en el uso de neologismos entre otros elementos, permite vincular esta pieza literaria y política con el concepto de *juego* en tanto fenómeno cultural, tal como lo definiera en un estudio ya clásico Johan Huizinga. Al igual que en la escritura y conjunto de paratextos que completan el sentido de *Utopía*, en la opinión del historiador holandés, todo juego implica la

> acción u ocupación libre, que se desarrolla dentro de unos límites temporales y espaciales determinados, según reglas absolutamente obligatorias, aunque libremente aceptadas, acción que tiene su fin en sí misma y va acompañada de un sentimiento de tensión y alegría y de la conciencia de "ser de otro modo" que en la vida corriente.[24]

Por otra parte, el carácter ambiguo de aquella obra "tan saludable como agradable", presentada como obsequio de Moro a Gilles, se sustenta en la complicidad de sus pares, quienes participan voluntariamente en tanto personajes, editores o lectores sabiendo que lo dicho con seriedad es artificio pero pretendiendo que no lo es. En este sentido, como bien ha señalado Miguel Alberto Garin, el uso del griego para componer los nombres propios con los que se describe la isla estaba destinado, más que a poner en evidencia la ignorancia del griego por parte de quienes

21. Moro, Tomás, *ibid.*, p. 18.
22. Moro, Tomás, *ibid.*, p. 29.
23. Luciano, *Relato verídico, op. cit.*, pp. 210-211.
24. Huizinga, Johan, *El juego y la cultura*, México, Fondo de Cultura Económica, 1943, p. 53.

le hacían las críticas, "a testimoniar la complicidad con los que Moro consideraba los naturales destinatarios de su texto, los humanistas, los conocedores del griego".[25]

En cuanto al efecto verosímil buscado por Moro en *Utopía*, debe señalarse que más allá de que el humanista inglés retome a Luciano en la secuenciación básica de la obra y en la utilización de neologismos,[26] la diferencia capital entre ambos autores es el hecho de que Moro introduce la conversación ficticia dentro de un acontecimiento real, su visita a Flandes en 1515, comisionado por Enrique VIII de Inglaterra y los *Comerciantes Aventureros* de Londres para negociar tratados comerciales y diplomáticos en calidad de "embajador del rey en Flandes".[27] Con el objetivo de comprender tanto el contexto socio-político en que la obra fue gestada cuanto los componentes significativos que en materia de viajes y tradición cosmográfica contribuyeron a hacer de *Utopía* un trampantojo o *trompe l'oeil*, tal como la calificara Carlo Ginzburg, a continuación serán analizados los vínculos entre la obra y las noticias de ultramar que en aquella época circularon.[28]

2. El centro y los límites de la expansión transoceánica europea: influencia de los relatos de viaje contemporáneos a *Utopía*

Más allá de las filiaciones que puedan establecerse con el mundo antiguo, el análisis de un conjunto de factores permite suponer que la aparición de *Utopía* en 1516 sí representó una ruptura respecto de aquellos modelos clásicos recuperados por los humanistas en el Renacimiento referidos en el apartado anterior.[29] En este sentido, si bien tanto Moro como Platón describen un Estado ideal, libre de las fallas que adolecen,

---

25. Guerin, Miguel Alberto, "El relato de viaje americano…", *op. cit.*, p. 7.

26. More, Thomas, *Utopia*, *op. cit.*, p. 7. Paul Turner compara la forma en la que se estructura el *Menippus goes to hell* de Luciano con la *Utopía* de Moro.

27. Ackroyd, Peter, *Tomás Moro*, España, Edhasa, 2003, p. 241: "En la primavera de 1515, mediante una petición urgente del Consejo del rey y de los "Mercaderes Aventureros", se le solicitó a Moro que se uniese a una misión inglesa que iba a ser enviada a Flandes para renegociar tratados comerciales y diplomáticos." El comercio de lanas entre Inglaterra y los Países Bajos se veía amenazado por los desacuerdos relativos a derechos de tránsito, impuestos y puertos. La sobresaliente carrera pública que Moro se había forjado hasta entonces, hizo que se lo nombrara "embajador del rey en Flandes."

28. Ginzburg, Carlo, *No Island…*, *op. cit.*, p. 7: "Este pasaje ha sido frecuentemente concebido como una simple broma, pero merece ser observado con detenimiento, tal como las cartas, poemas, mapas y alfabetos que encuadran a la *Utopía* de Moro. ¿Cuál es la relación entre aquellos *paratextos* –tal como el crítico francés Gérard Genette los llamaría– y el texto en sí mismo? Dije deliberadamente 'encuadran la *Utopía* de Moro'. Compararía al testigo que tose con el *trompe l'oeil* de la mosca representada por Petrus Christus en el marco pintado de su fantástico *Retrato de un Cartujo*."

29. Berneri, María Luisa, *Viaje a través de utopía*, Buenos Aires, Ed. Proyección, 1961, p. 80: "(*Utopía*) Es una creación original en cuanto More ha sido capaz de combinar las enseñanzas de

a su parecer, los gobiernos que conocen, y se basan para ello en la observación y el análisis de los males de su tiempo, a diferencia de Moro, aquel estado ideal descripto por el filósofo griego respondía a los principios más abstractos de la teoría política.[30]

La rigidez y el brillo propios de lo inmutable desaparecen, sin embargo, en el escrito del siglo XVI para dar lugar a un género filosófico que, como ha indicado Marcel Gauchet, conllevaba interpretar a la sociedad de manera inédita: "la *Utopía* (a diferencia de escritos políticos previos) no define en abstracto un orden ideal. (...) Describe una sociedad en pleno funcionamiento donde el trabajo y la propiedad son comprendidos y organizados de otra forma".[31] Henri Joly también ha señalado el carácter inédito del género, al explicar que si bien *La República* de Platón contiene en sí misma algunas de las características de lo que siglos más tarde inauguraría Moro, el concepto de utopía en sí mismo es propio de la modernidad:

> Es casi seguro, en todo caso, que más allá de las apariencias, ni el término ni la noción de utopía son filosóficamente contemporáneos a la filosofía platónica ni al pensamiento antiguo. El término es griego por etimología, pero surge en el clima del Renacimiento, donde la pasión y la razón se unen para repensar, a partir del descubrimiento del Nuevo Mundo y del redescubrimiento de los Antiguos, la relación del hombre consigo mismo, con el mundo y con la ciudad...[32]

Joly sostiene que es el Renacimiento el que ha prestado a la Antigüedad los modelos de utopía, que sólo en apariencia parecía pedir prestados. Aunque no puede negarse que las utopías modernas contengan rasgos de la teoría política clásica tales como los principios fundamentales de las *politeiai* antiguas: el triple ideal de una ciudad-estado unitaria, comunitaria e igualitaria.[33] Ciertamente, al igual que ha señalado Jean-Marc Besse en relación con la actitud del humanismo frente al legado del saber antiguo,[34] en el caso de *Utopía* y su vínculo con los modelos

---

    los escritores clásicos con los nuevos horizontes abiertos por el Renacimiento y el descubrimiento de América."

30. La naturaleza un tanto conceptual del estado platónico ha sido resaltada por Luis Farré, para quien "es algo tan extraño y superior a lo común que nos parece inhumano. Su estructura es perfecta, concebida también para hombres perfectos, dispuestos a innumerables renunciamientos, gracias a una fe que infunde convicción, vigor y energía". Platón, *La República*. Estudio Preliminar a cargo de Luis Farré, Bs. As., Eudeba, 1998, p. 97.

31. Gauchet, Marcel, "Visages de l'autre. La trajectoire de la conscience utopique", *Le Débat*, 2003, Nº 125, París, p. 113.

32. Joly, Henri, *Le renversement platonicien. Logos, epsiteme, polis*, París, Librairie Philosophique, 1974, p. 325-6.

33. Joly, Henri, *ibid.*, p. 326.

34. Besse, Jean-Marc, *Les grandeurs de la Terre. Aspects du savoir géographique à la Renaissance*, Lyon, ENS Éditions, 2003, p. 31: "... la actitud del humanismo amberino es ejemplar de la forma en la que los geógrafos del siglo XVI, reapropiándose de los datos, conceptos y métodos

clásicos parecería más oportuno hablar de una convergencia entre la recuperación de los textos antiguos y su adaptación para la formulación de un género inédito.[35] Respecto del vínculo entre *Utopía* y la cosmografía en el Renacimiento, son nuevamente los paratextos los que imprimen al escrito una cuota de realismo.[36] En efecto, hacia el final de la ya mencionada carta escrita por Gilles, el amigo de Moro hábilmente justifica la inexistencia de la isla en la cartografía del período aludiendo a que en los últimos tiempos se habían descubierto nuevas tierras que jamás habían sido mencionadas por los antiguos cosmógrafos:

> Es verdad, por supuesto, que el nombre de la isla no se encuentra en las cartas de los cosmógrafos, pero el mismo Hitlodeo tenía una respuesta elegante para ello. Decía que, o bien el nombre que le habían dado los antiguos a la isla fue cambiado más tarde, o bien nadie la había descubierto. En nuestros días se descubren toda clase de tierras que los viejos geógrafos nunca mencionaron.[37]

Aunque pronunciada en el marco de la ficción, tal aseveración no dejaba de ser cierta. A lo largo de los siglos XVI y XVII la brecha abierta entre el descubrimiento de nuevos territorios producto de los viajes de exploración y los avances en materia cartográfica resultó relativamente ancha, en el sentido de que no todo lo descubierto fue considerado digno de cartografiar de forma inmediata.[38] Sobre este punto en particular, un estudio reciente sobre la producción y recepción de las grandes colecciones de viaje ha resaltado lo mucho que podía demorarse la incorporación de nuevos conocimientos en determinados ámbitos intelectuales.

heredados de la cultura antigua, los hicieron trabajar en otro horizonte, y los movilizaron (adaptándolos a tal efecto) a la especificación progresiva de un saber nuevo. Es esta doble operación intelectual, de recuperación y de invención, la que nos proponemos aquí rastrear."

35. Sobre la actitud del hombre del Renacimiento frente al mundo antiguo véase Eugenio Garin, "La cultura fiorentine nell'età di Leonardo da Vinci", en *Scienza e vita nel Rinascimento italiano*, Bari, 1965, p. 65.

36. Jean Du Verger ha examinado con especial erudición el vínculo entre la renovación de la noción de espacio en el Renacimiento y los elementos geográficos y cartográficos de los que se vale Moro para hacer de *Utopía* un texto verosímil. Véase, Jean du Verger, "Géographie et cartographie fictionnelles dans l'Utopie (1516) de Thomas More", *Moreana*, Vol. 47, 181-182, pp. 6-68. Sobre el vínculo específico entre Utopía y la noción de Nuevo Mundo véase: Carolina Martínez, "El impacto del Nuevo Mundo en la invención de Utopía de Tomás Moro", Revista Nómadas, No. 47, IESCO, Universidad Central, Bogotá, Colombia, Enero, 2018, pp. 137-152.

37. Moro, Tomás, *Utopía, op. cit.*, p. 19.

38. El desfase entre descubrimiento y actualización teórica continuará hasta avanzado el siglo XVIII. En efecto, Numa Broc ha afirmado que durante el siglo XVIII el relato de viaje y los posibles avances en materia cartográfica continuaron corriendo por canales paralelos. Broc, Numa, *Regards sur la géographie française de la Renaissance à nos jours*, T. 1 et 2, Perpignan, Presses Universitaires de Perpignan, 1994, p. 148: "Si los viajes ampliaron incontestablemente el conocimiento del mundo, no puede decirse en cambio que hayan generado en la geografía teórica del siglo XVIII progresos decisivos."

La reacción en los círculos académicos fue la de continuar creyendo en la autoridad de los eruditos griegos y romanos, más allá de la evidencia contrastante proveniente de navegantes como Colón y, en menor medida, de Bartolomeo Dias y Vasco da Gama. En función de adaptar los relatos de los navegantes a su intrincada red de expectativas, sólo gradualmente fueron descartados Ptolomeo y Plinio.[39]

Ciertamente, el campo de la geografía no fue el único en el que se daría esta superposición o enfrentamiento entre nuevos y antiguos saberes.[40] Tal como ha señalado Anthony Grafton, durante la modernidad temprana la tensión entre los descubrimientos recientes y los textos antiguos, que muchas veces sirvieron como herramientas pero otras veces como obstáculos para la exploración de aquellos nuevos mundos, significó una verdadera revolución en todos los campos del saber en Europa.[41] El proceso, sin embargo, fue más gradual de lo que cabría suponer. En muchas ocasiones coexistieron por un período prolongado de tiempo y sin necesariamente entrar en contradicción explicaciones antiguas y modernas sobre el orden y carácter de aquel nuevo mundo recientemente descubierto. No es extraño suponer entonces que, en lo que hace a la ubicación geográfica de Utopía, con el objetivo de crear un texto verosímil el mismo Moro haya posiblemente conjugado las recientes novedades de ultramar con las antiguas teorías sobre las antípodas y las zonas climáticas.[42]

En cuanto a la influencia de viajes y viajeros contemporáneos en la ubicación geográfica de Utopía, tanto el texto de Moro como los paratextos que lo acompañaron aluden a las relaciones de viaje de Américo Vespucio, publicadas poco antes de que el libro se editara.[43] En boca de Gilles-personaje, Moro se asegura de presentar a Rafael Hitlodeo como uno de los veinticuatro hombres que Vespucio había dejado en Cabo Frío antes de finalizar su cuarto y último viaje a América.[44] Hitlodeo, según Moro, se había unido al célebre navegante "y fue su constante compa-

39. Van Groesen, Michiel, *The Representations of the Overseas World in the De Bry Collection of Voyages (1590-1634)*, Leiden-Boston, Brill, 2008, p. 27.

40. Grafton, Anthony, *New World, Ancient Texts. The Power of Tradition and the Shock of Discovery*, Cambridge, Harvard University Press, 1995, Cap. I, p. 54. Aunque Anthony Grafton ha señalado que fue esta disciplina en particular la que actuó como una verdadera bisagra entre el mundo antiguo y el moderno.

41. Grafton, Anthony, *ibid.*, pp. 5-6.

42. Al respecto, véase Carolina Martínez, "El impacto del Nuevo Mundo en la invención de Utopía de Tomás Moro", *Revista Nómadas,* No. 47, IESCO, Universidad Central, Bogotá, Colombia, Enero, 2018, pp. 137-152.

43. Aunque tampoco debe olvidarse la posible influencia del primer viaje de Colón, difundido en Europa a partir de 1493 con la publicación de *De Insulis nuper inventis*, y que era en realidad la carta que Colón había escrito a Luis de Santangel relatando su primera experiencia de viaje en costas americanas.

44. More, Thomas, *Utopia, op. cit.*, p. 39: "he practically forced Amerigo to let him be one of the twenty-four men who were left behind in that fort." [Se propuso obtener, y lo consiguió a duras

ñero en los tres últimos de los cuatro viajes, cuya relación", explicaba, "se lee ya por todas partes".[45] La alusión al éxito editorial de las cartas de Vespucio y la precisión con que se narran algunos acontecimientos del viaje permiten suponer que muy probablemente, en algún momento previo a la escritura de *Utopía*, Moro accedió a alguna de las traducciones de los escritos del florentino.

De los cuatro viajes realizados por Vespucio a América entre 1497 y 1503, fueron tres las publicaciones que, a partir de las cartas por él escritas, alcanzaron más éxito. *Mundus Novus*, la *Lettera* y las *Quatuor Navigationes*, publicadas por primera vez entre 1503 y 1507, recorrieron Europa en múltiples ediciones, traducciones y formatos durante las primeras décadas del siglo XVI. En el caso de *Mundus Novus*, escrita por Vespucio a Lorenzo Pier Francesco de Médici en 1502, la misma había sido traducida del italiano al latín en 1503 y publicada en París ese mismo año. Las ediciones crecerían exponencialmente en los años siguientes. Se cuenta entre 1503 y 1506 la impresión de doce ediciones latinas en nueve ciudades y entre 1505 y 1508, doce ediciones en alemán realizadas en siete ciudades germanas. Asimismo, en Amberes se produjo una edición en holandés y en inglés, y en Praga se realizó una edición en checo. La obra también fue editada en italiano en 1507 y en francés en 1510 y 1515.[46]

Por su parte, la *Lettera*[47] había sido originalmente escrita por Vespucio a Sodernini, Gonfaloniero de Florencia, y publicada en italiano en 1505. La carta había arribado luego a Francia y, una vez traducida al latín por orden de Renato de Lorena, Mecenas de la Academia de San Dié, había sido incorporada bajo el nombre de *Quatuor Navigationes* a la *Cosmographia Introductio* de Martin Waldseemüller, editada por la misma academia en 1507. Fue en uno de los mapas que componían la *Cosmographia* que Waldseemüller incluyó por primera vez el nombre "América" para nombrar aquella cuarta parte del mundo recién descubierta.[48] Tras adoptar el nombre de *Quatuor Navigationes*, la *Lettera* fue editada dieciséis veces en veinticinco años. A su vez, *Mundus Novus* tuvo una difusión todavía más amplia al ser incluida en la exitosísima colección de crónicas de viajes organizados por las Coronas de España

---

penas, de Américo formar parte de los veinticuatro hombres que al final del último viaje se quedaron en un fuerte.]

45. More, Thomas, *ibid.*, p. 38.

46. Levillier, Roberto, *Américo Vespucio*, Madrid, Ediciones Cultura Hispánica, 1966, p. 97.

47. Su título completo fue *Lettera di Amerigo Vespucci delle isole nuovamente trovate in quarto viaggi*.

48. Levillier, Roberto, *ibid.*, p. 22: "El nombre América fue adoptado por la cartografía con prodigiosa rapidez. Glareano repite a Waldseemüller en 1510; Vadiano, en 1512; Boullenger, en 1514; Globo Verde y Vinci en 1515; Schöner y Apiano, en 1520." Debido a que Moro no hace una referencia explícita a América en *Utopía*, es posible que su acceso a la obra de Vespucio no haya sido a través de la *Cosmographia Introductio* de Waldseemüller sino a alguna otra de sus múltiples ediciones.

y Portugal que, bajo el título de *Paesi Novamente Retrovati,* fue editada por Fracanzano Montalboddo en 1507.[49]

Hacia 1516 existió en Europa una naciente industria editorial dedicada a la publicación de relatos y colecciones de viaje, producto de la creciente curiosidad de los lectores europeos por saber más sobre las tierras y poblaciones recientemente descubiertas.[50] Por su condición de hombre político y el hecho de encontrarse vinculado intelectualmente con el círculo de humanistas (que a su vez residían en los centros culturales en donde tales noticias se publicaban), es probable que Moro haya tenido acceso a las novedades provenientes de ultramar. Ahora bien, la celebridad de la que gozaron las sucesivas ediciones de las cartas de Vespucio[51] no impidió, sin embargo, que algunos descreyeran de la autenticidad de los viajes realizados por el navegante florentino. Tal como señalara Peter Ackroyd,

> en la época en la que se compuso *Utopía,* los viajes de Vespucio al Nuevo Mundo se desechaban como invenciones o como falsos intentos de obtener gloria. Ahora está generalmente aceptado que el *Mundus Novus* y *Cuatro Viajes* de Vespucio fueron en efecto falsificaciones, y que el práctico de puerto portugués no tuvo nada que ver con ellas; en la primera y la segunda década del siglo XVI, sin embargo, las múltiples inconsistencias e incoherencias en el supuesto relato de Vespucio condujeron a mucha gente a pensar que era un jactancioso mentiroso.[52]

Moro pudo haber asociado a Hitlodeo con Vespucio tanto para crear un texto verosímil, en el caso de que se tomaran las cartas del florentino por ciertas, cuanto para mostrar, como tantos otros efectos en la obra, que toda ella era puro artificio. En definitiva, Hitlodeo bien podía representar a la figura literaria que encarna al viajero/testigo en el descubri-

---

49. La obra es considerada la primera colección de viajes jamás publicada. Van Groesen, Michiel, *The Representations of...,* op. cit., p. 35: "El crédito por haber producido la primera colección de viajes corresponde a Francazio da Montalboddo, quien publicó el modesto *Paesi novamente retrovati* en 1507." "Muchas ediciones y traducciones de *Paesi* aparecieron en pocos años. La edición original en italiano fue reimpresa al menos cinco veces antes de 1520, publicada alternativamente en Milán y en Venecia, mientras que las traducciones en latín, alto y bajo alemán, y francés dan testimonio del atractivo internacional." Véase también John H. Parry, *El descubrimiento del mar,* Barcelona, Ed. Crítica, 1989, p. 303.

50. Rubiés, Joan-Pau, "Travel Writing and Humanistic Culture: a Blunted Impact?", *Journal of Early Modern History,* Vol. 10, No. 1-2, 2006, pp. 131-168.

51. Es probable que todas las cartas publicadas hayan sido editadas con el fin cautivar al público lector.Van Groesen, Michiel, *The Representations...,* op. cit., p. 24: "El *Mundus novus* y la *Lettera* de Américo Vespucio, por ejemplo, aunque su autenticidad haya sido luego cuestionada, fueron publicados en 1504 y 1507 respectivamente, y ambos fueron cuidadosamente escritos para satisfacer las expectativas europeas. Los tratados fueron traducidos y reimpresos varias veces en las primeras dos décadas del siglo XVI."

52. Ackroyd, Peter, *Tomas Moro,* op. cit., p. 254. Véase también: David Abulafia, *El descubrimiento de la humanidad. Encuentros atlánticos en la era de Colón,* Barcelona, Crítica, 2009, capítulo 19: "El periodismo sensacionalista de Vespucio, 1497-1506", pp. 295-318.

miento de lo nuevo, como también a aquél "hábil en tonterías", y en este
sentido al embustero Vespucio. Haya sido lo uno o lo otro, la secuencia
de hechos en el recorrido realizado por Hitlodeo antes de llegar a la isla
de *Utopía* se asemeja al camino trazado por el navegante florentino tal
como lo explicita en su última carta.[53] Entre otros aspectos similares, al
igual que Vespucio (según sus relatos), Hitlodeo entabla amistades con
las poblaciones locales, gana su confianza, se establece por un tiempo
prudencial en distintas zonas, acepta obsequios por parte de sus anfitriones y utiliza una serie de instrumentos de navegación rudimentarios.[54]

Por ello, si bien Hitlodeo ha sido comparado con la figura de Moro por
ser el personaje a través del cual expresa aquello que de otra forma no
hubiese podido, el imaginario navegante portugués también representa
al Vespucio-testigo. No debe olvidarse, en este sentido, que entre fines
del siglo XV y principios del XVI la autoridad del testigo como fuente
de erudición se impuso con fuerza por sobre la tradición clásica. En términos de Karen Ordhal Kupperman, "la sabiduría antigua debía ahora
ser suplementada o incluso desplazada por informes de un tipo antes
desconocido".[55] No resulta casual entonces que Hitlodeo, así como había
hecho Vespucio, haya abandonado sus actividades privadas guiado por
sus propias curiosidades, o como Moro subraya, "llevado por su afición
de conocer el mundo".[56] Vespucio, marino de poca habilidad, es preferido
frente a otros pilotos por su "facilidad de leer en latín" y su capacidad
de "ver con sagacidad, pensar con buen criterio y referir lo visto culta y
rectamente".[57] Habilidades sin duda estimadas por la cultura humanista.
Al igual que el navegante florentino, Hitlodeo "conoce la lengua latina y

---

53. También se asemeja al derrotero de Pedro Alvares Cabral, quien camino a las Indias Orientales
había llegado a las tierras de Occidente para luego retomar su ruta a las Indias Orientales
circunnavegando África. El viaje de Cabral había sido incluído por Montalboddo en su *Paesi
Novamente Retrovati* de 1507, publicado en latín al año siguiente bajo el título de *Itinerarium
Portugallensium*. Es muy probable que Moro accediera a esta última versión de la obra.

54. Se comparan aquí la última carta de Vespucio en relación con el capítulo introductorio de
Utopía.

55. Kupperman, Karen Ordhal, "Introduction. The changing definition of America" en Kupperman,
Karen Ordhal [ed.], *America in European Consciousness, 1493-1750*, Chapel Hill, University
of North Carolina Press, 1995, p. 15-6. Anthony Grafton también ha señalado la creciente
importancia que entre fines del siglo XV y principios del siglo XVI adquirió la figura del
explorador, aquel hombre práctico que observa y narra lo sucedido. Véase Grafton, Anthony, *New
Worlds...*, *op. cit.*, p. 5: "El Nuevo entendimiento del mundo creció a partir de raíces plantadas
fuera del reino del conocimiento. Y tomó gran parte de su sostén de un suceso en particular: el
movimiento guiado por hombres prácticos más que por eruditos, que los Europeos llamaron
el descubrimiento del nuevo mundo." [Traducción de María Juliana Gandini para uso interno
de la cátedra "Problemas de historiografía: Expansión ultramarina y cambio sociocultural en
la Modernidad Temprana (siglos XV-XVIII)", Facultad de Filosofía y Letras, U. B. A.] La
importancia del testigo ocular en la creación de nuevos géneros también ha sido resaltada por
Anthony Pagden. Véase: Pagden, Anthony, *European Encounters with the New World*, New
Haven y Londres, Yale University Press, 1993, p. 51.

56. More, Thomas, *Utopia, op. cit.*, p. 38.

57. Levillier, Ricardo, *Americo Vespucio, op. cit.*, Nota introductoria, s/p.

es doctísimo en la griega".[58] Su capacidad de observación y consecuente habilidad para analizar aquello de lo que fue testigo también serán reconocidos por sus anfitriones en el libro primero. Desde esta perspectiva, Hitlodeo encarnaría al buen o verdadero descubridor, que en términos de Jacob Burckhardt "no es el primero que llega casualmente a unas tierras, sino el que busca y encuentra; sólo éste puede establecer una conexión con las ideas y los intereses de los que le han precedido, y el informe que procure responderá a tales principios".[59]

En lo que refiere al contenido de las cartas de Vespucio y a las repercusiones que algunas de las nociones allí esbozadas tuvieron en la cosmografía del Renacimiento, ha sido señalado ya cómo la edición de *Mundus Novus* superó a sus otros escritos en fama y trascendencia. En ella, Vespucio expresaba por primera vez su convicción de que debía llamarse Nuevo Mundo a las tierras descubiertas en su concepto de continentalidad. En efecto, a diferencia de sus cartas anteriores, aquí Vespucio aparece contrastando las suposiciones previas (de que al sur sólo se encontraba el mar Océano) con su propia experiencia de viaje. En los primeros párrafos de la misiva dirigida a Lorenzo Pier Francesco de Médici, en referencia a los territorios explorados, el navegante señalaba con convicción:

> Días pasados, bastante ampliamente, te escribí sobre mi vuelta de aquellos nuevos países que hemos buscado y descubierto y que con la armada y a expensas y por mandato de este serenísimo Rey de Portugal, *es lícito llamar Nuevo Mundo*, porque en tiempo de nuestros mayores ningún conocimiento de aquéllos se tuvo: y para todos aquellos que lo oyeren será cosa muy nueva, pues esto excede la opinión de nuestros antepasados, comoquiera (*sic*) que la mayor parte de aquéllos diga que más allá de la línea equinoccial y hacia el Mediodía, no hay continente, sino sólo el mar que han llamado Atlántico; y si alguno de aquéllos ha afirmado que había allí continente, ha negado, con muchas razones, que aquélla fuera tierra habitable. Pero que esta opinión es falsa y totalmente contraria a la verdad, esta mi última navegación lo ha atestiguado, comoquiera que en aquellas partes meridionales yo haya descubierto (un) continente habitado por más multitud de pueblos y animales que nuestra Europa o Asia o bien África, como más abajo entenderás, donde brevemente sólo de las principales escribiré y de las cosas más dignas de nota y de recuerdo que por mí fueron vistas u oídas en este *nuevo mundo*...[60]

Al igual que el desengaño que sufriría José de Acosta muchos años después, cuando cruzara la línea equinoccial y comprobara que "en el lugar y en el tiempo que conforme a sus reglas había de arder todo y ser

---

58. More, Thomas, *Utopia, op. cit.*, p. 38.

59. Burckhardt, Jacob, *La cultura del Renacimiento en Italia*, México, Ed. Porrúa, 1984, p. 156.

60. Levillier, Roberto, *Americo Vespucio, op. cit.*, p. 17.

un fuego, yo y mis compañeros teníamos frío",[61] Vespucio también pone
en duda los alcances del saber antiguo en el instante en el que se siente
testigo de algo nuevo. Ahora bien, en la opinión de John H. Parry el impacto de la edición y puesta en circulación de *Mundus Novus* debería ser
matizado.[62] Al respecto, el historiador inglés ha indicado que debe tenerse
en cuenta que el desarrollo del concepto de Nuevo Mundo, tal como fue
presentado en 1503, fue paulatino.[63] A su vez, tampoco debe olvidarse
el hecho de que teorías geográficas rivales no perdieron prevalencia en
tanto modelos de interpretación del mundo. La incorporación de nuevos
conceptos en materia cartográfica dependió en gran medida de las decisiones tomadas por los cosmógrafos académicos, a quienes, "formados en
la tradición de respetar a los antiguos y familiarizados con una visión
del mundo basada en Ptolomeo, les resultaba difícil aceptar un continente totalmente nuevo, totalmente aparte".[64] Solamente en la medida
en que se sucedieron los viajes de descubrimiento comenzó a pensarse
en la posible existencia de un continente desconocido hasta entonces.[65]

En cuanto a la utilización del término, Pedro Mártir de Anglería
antecede a Américo Vespucio, pues desde 1494 había compilado las conversaciones y cartas de Colón junto con una serie más vasta de cartas,
producto de entrevistas a otros informantes del Nuevo Mundo, bajo el
título de *Décadas De Orbe Novo*. La utilización del término *Orbe Novo*
en esta obra, que Parry considera "la primera crónica del descubrimiento del Nuevo Mundo y de las reacciones intelectuales que el mismo pro-
vocó en los círculos cultos de Europa,"[66] no era, sin embargo, nueva. El
mismo término ya había sido utilizado por Pedro Mártir en relación directa con nombres asiáticos. En cuanto a las suposiciones previas sobre
la extensión y el grado de habitabilidad del *Orbis Terrarum*, tampoco
deben olvidarse las hipótesis presentadas por Pierre D'Ailly a principios

---

61. Grafton, Anthony, *New Worlds...*, *op. cit.*, p. 1. [Traducción de María Juliana Gandini para uso
    interno de la cátedra "Problemas de historiografía: Expansión ultramarina y cambio sociocultural
    en la Modernidad Temprana (siglos XV-XVIII)."]

62. Parry, John H., *El descubrimiento del mar*, Barcelona, Ed. Crítica, 1989.

63. Jean-Marc Besse también ha llamado la atención sobre la lenta incorporación del concepto.
    En términos de este autor: "Estaríamos equivocados en creer que el descubrimiento de nuevos
    mundos se tradujo inmediata y uniformemente en una modificación de la imagen global del
    mundo terrestre. El impacto del descubrimiento no es, a principios del siglo XVI al menos,
    nada menos que resistible." En Jean-Marc Besse, *Les grandeurs de la Terre*, *op. cit.*, p. 79.

64. Parry, John H., *El descubrimiento...*, *op. cit.*, p. 304.

65. De hecho, tal como ha señalado Carla Lois, fue el principio teórico de que en las antípodas del
    mundo debía hallarse una gran masa continental o Terra Australis el que permitió fundamentar
    la concepción de América como continente o Pars Quarta. Véase, Lois, Carla, "Cartografías de
    un Mundo Nuevo", en: *Terra Brasilis*, Nova Série [Online], No. 4, 2004. Disponible en <http://
    terrabrasilis.revues.org/363>.

66. Parry, John H., *ibid.*, p. 284. En efecto, en términos de Michiel van Groesen, *De Orbe Novo*
    del lombardo Pedro Mártir de Anglería, publicado en volúmenes separados entre 1511 y 1530,
    alcanzó un público internacional. En Michiel Van Groesen, *The Representations...*, *op. cit.*, p.
    28.

del siglo XV. A partir de una serie de testimonios tomados del mundo clásico, el geógrafo francés había sostenido que "la extensión habitable de la tierra era mucho mayor de lo que la mayoría de los filósofos creía habitualmente".[67]

Ahora bien, al margen de las hipótesis previas sobre la extensión y habitabilidad del globo o de la incorporación tardía de nuevos conceptos en determinados círculos letrados, no debe desestimarse el impacto que la publicación de las cartas de Vespucio pudo haber causado en la Europa del temprano siglo XVI. En este sentido, más allá de las advertencias de Parry, de la primera serie de escritos sobre las tierras recientemente descubiertas fueron las publicaciones de *Mundus Novus* y las *Quatuor Navigationes* las que generalizaron, en la mente del público lector, la idea de que aquella región hallada jamás había sido vista por los Antiguos.[68]

Además de la utilización que Moro hace de las cartas del florentino para insertar su propio relato en un contexto verosímil, las nociones desplegadas en las publicaciones de Vespucio tuvieron efectos significativos en la renovación de la imagen del mundo que se desarrolló a la par en este período. De todos ellos, el rechazo a la noción de un espacio tórrido inhabitable fue tal vez el más trascendente. Hasta el siglo XVIII, sin embargo, continuó vigente la adscripción de determinadas características o cualidades a cada pueblo según la zona climática que habitara.[69] La descripción de un pueblo dichoso en la isla de Utopía, ubicada en algún punto geográfico del hemisferio austral, dentro de la zona templada, no es entonces anodina. Toda comunidad ideal debía necesariamente ubicarse en la zona templada del hemisferio norte o sur. Es a comienzos del libro primero que Moro se hace eco de la teoría vigente:

> Es cosa segura que, por debajo del ecuador y a ambos lados de la línea hasta donde se extiende la órbita del sol, hay desiertos enormes, abrasados por un calor permanente. En todas direcciones abundan las regiones deprimentes y tenebrosas, sin cultivo ni atractivo natural, habitadas por bestias salvajes y por serpientes, o por hombres no menos salvajes y dañinos que las bestias. Pero si se avanza un poco más, el país comienza a adquirir gradualmente un aspecto más lozano, el clima se hace menos atroz, el suelo se cubre con una hierba verde y suave, y el carácter de las criaturas vivientes se vuelve menos salvaje. Se encuentra uno, finalmente, con pueblos, ciudades y aldeas que mantienen un tráfico continuo por mar y por tierra no solamente entre ellos, o con sus vecinos, sino también con países lejanos.[70]

---

67. Besse, Jean-Marc, *Les grandeurs de la Terre, op. cit.*, p. 54.

68. Parry, John H., *El descubrimiento..., op. cit.*, p. 294.

69. Lestringant, Frank, *Écrire le monde à la Renaissance. Quinze études sur Rabelais*, Postel, Bodin et la littérature géographique, Caen, Paradigme, 1993, p. 255.

70. Moro, Tomás, *Utopía, op. cit.*, p. 30-1.

La publicación de *Mundus Novus* y de las *Quatuor Navigationes* también impactó en la forma en la que hasta entonces había sido representada la ecúmene o tierra habitada. Fue en *Mundus Novus* donde se esbozó por primera vez la noción de que las tierras halladas conformaban algo más que la simple prolongación de los territorios conocidos desde antaño. En este sentido, fue Vespucio quien reveló a los cosmógrafos la existencia de una cuarta parte del mundo, modificando en consecuencia la tradicional división en tres partes del Orbe Terrestre.[71] En las décadas siguientes, la novedosa aseveración llevaría a reflexionar acerca de los principios sobre los que hasta entonces se habían sustentado la cosmografía y la historia "universal" vigentes.[72] A su vez, el hecho de que Vespucio haya puesto en evidencia el total desconocimiento de los Antiguos respecto de las tierras por él descubiertas llevó a revisar la autoridad de los tratados geográficos precedentes.

Por último, una de las consecuencias más significativas de los viajes de Vespucio a través de las cartas que luego se editaron fue la transformación en la percepción del mundo y su espacio habitado. En una treintena de años los primeros viajes al sur del continente americano pero también los viajes portugueses por las costas meridionales de África cuadruplicaron la superficie del Orbe Terrestre conocida en Europa. La irrupción del Nuevo Mundo en la representación tradicional del globo resultó un verdadero acontecimiento. En términos de Jean-Marc Besse:

> Más que un lugar determinado, el término "nuevo mundo" designa, sin duda, un acontecimiento: es aquel del encuentro de nuevas tierras situadas fuera de los márgenes del tradicional horizonte de expectativa de los navegantes, y a la vez el de la aparición de un nuevo discurso sobre la Tierra. El "nuevo mundo" es la metáfora de un franqueamiento, aquel de los límites de la antigua ecúmene, y la repercusión en la conciencia de la época de la apertura del espacio del mundo terrestre.[73]

Debe aclararse por otra parte que en el siglo XVI el concepto de Nuevo Mundo no sólo representó a América sino que fue aplicado a todas las tierras recientemente descubiertas tanto al este como al oeste de Europa.[74] En otras palabras, el Nuevo Mundo no se encontraba única-

---

71. La aceptación de América como Pars Quarta no fue, sin embargo, inmediata. Tal como ha señalado Carla Lois, su status epistemológico fue objeto de consideración y debate a lo largo del siglo XVI. Lois, Carla, "America Quarta Pars: ¿isla o continente? El debate conceptual sobre el estatus geográfico del Nuevo Mundo", *Fronteras de la Historia. Revista de historia colonial latinoamericana*, Bogotá, 2008, vol. 13, p. 259–279.

72. En *Mundus Novus*, Vespucio no sólo establece que "aquella tierra no era isla sino continente" sino que la ve, junto a sus muchísimos habitantes y su profusa y desconocida flora y fauna, como un mundo en sí mismo. A través de la idea de mundo, un Vespucio extrañado confiere a estas tierras un desarrollo singular e independiente.

73. Besse, Jean-Marc, *Les grandeurs de...*, *op. cit.*, p. 79.

74. Broc, Numa, *La géographie de la Renaissance*, París, Éditions du C. T. H. S., 1986, p. 32.

mente atravesando el Atlántico, sino más allá del Ecuador. En términos de Numa Broc, fue "a lo largo de las costas africanas que los europeos aprendieron sobre los trópicos, en el corazón de esa zona tórrida que los Antiguos creían inhabitable y donde los portugueses dieron a conocer costas desconocidas, pero también nuevos cielos, nuevas constelaciones".[75]

La aparición del concepto de Nuevo Mundo a comienzos del siglo XVI, significó el resquebrajamiento del orden o mundo antiguo. En definitiva, una de las consecuencias más relevantes de los viajes de descubrimiento por el Mar Océano o Atlántico sur había sido el desarrollo de una nueva conciencia de la apertura del espacio terrestre.[76] La presentación de una isla como Utopía en 1516 se amparó, en este sentido, en la renovación cosmográfica generada por los viajes de descubrimiento. En principio, el hecho de que la sociedad ideal descripta por Moro estuviese situada en una isla en algún punto de los mares del sur debe comprenderse a la luz de que, en detrimento de los saberes antiguos, la habitabilidad del globo había sido comprobada. Si en sus viajes Vespucio había sido testigo de que al sur de la línea equinoccial "aquella era tierra habitable", Moro bien podía proponer la existencia de un pueblo en alguna isla del hemisferio austral hasta entonces desconocida. En términos de Jean-Marc Besse, "aquello que se amplía, con el descubrimiento de islas lejanas, aquello que se abre y se extiende en consecuencia entre el aquí y el allí, no es la Tierra como *sphaera*, en el sentido astronómico o físico del término, sino la Tierra entendida como *orbis terrarum*, es decir la ecúmene, el mundo habitable".[77] El descubrimiento de que la totalidad del globo terrestre podía estar habitada hacía aún más verosímil la existencia de *Utopía*.

Por otra parte, el *libellus aureus* también se amparó en los límites de los viajes de descubrimiento pues así como Vespucio había dado cuenta de la existencia de una cuarta parte del globo, podía suponerse que aún quedaban tierras por descubrir. La isla de Utopía, que como astutamente indicaba Gilles no se encontraba todavía en los mapas, era una en la larga lista de islas y territorios jamás descriptos por los Antiguos.

En relación con otras influencias cosmográficas en la concepción de la obra, debe señalarse que más allá de referir a las publicaciones más trascendentes en materia de viajes ultramarinos, Moro también retomó algunos elementos del saber antiguo. En primer lugar, la vigencia de la teoría de las Antípodas le permitió presentar a la sociedad utópica como contrapunto (geográfico y moral) de la Inglaterra de principios del siglo XVI. Originada entre los siglos VI y V a. C., además de suponer la existencia de una masa terrestre en el hemisferio sur equivalente a la conocida en el hemisferio norte, en los siglos XV y XVI la teoría de las Antípodas también se había convertido en un dispositivo retórico eficaz para generar inversiones que trascendían la mera oposición geográfica

---

75. Broc, Numa, *ibid.*, p. 32.

76. Besse, Jean-Marc, *Les grandeurs de...*, *op. cit.*, 79.

77. Besse, Jean-Marc, *Les grandeurs de...*, *op. cit.*, p. 69.

indicada por Macrobio o Aristóteles en la Antigüedad clásica.[78] El hecho de ubicar a Utopía en las antípodas de Inglaterra permitía a Moro invertir el conjunto de caracteres morales y costumbres de la primera.[79]

Por su parte, los cambios en la percepción del espacio acaecidos entre los siglos XIV y XVI también deben tenerse en cuenta al analizar los elementos tomados por Moro para crear un espacio verosímil como fue la isla de Utopía. En principio, el texto fue concebido en un período en el que el espacio había dejado de representar una jerarquía de valores, para comenzar a dar cuenta de un sistema de magnitudes.[80] A partir de una serie de coordenadas, cualquier punto del globo terrestre podía ser ahora representado cartográficamente.[81] A través de los descubrimientos realizados por viajeros y exploradores de 'remotas' regiones del mundo, la 'moderna' cartografía del globo "llevó a la creación de mapas mundiales, en los que la perspectiva no jugaba un papel significativo en la representación de posiciones y formas geográficas" y "configuró el espacio como 'independiente' de cualquier lugar o región particular".[82] Tal como ha sido hasta aquí descripta, es probable que esta nueva noción de un espacio que podía representarse de forma abstracta en un mapa a partir de una serie de coordenadas influyera en la creación del concepto de utopía, al escudarse Moro detrás de una renovada convención que permitía, en algún sentido, localizar en abstracto tanto espacios reales como imaginarios.[83]

En cuanto al impacto de la geografía del Renacimiento en *Utopía*, resta señalar que en el período estudiado la noción de utopía también se desarrolló en paralelo a la topografía insular.[84] Tal como ha indicado Frank Lestringant, entre los siglos XVI y XVIII, bajo el nombre de *iso-*

---

78. Vignolo, Paolo, "El Nuevo Mundo, ¿un mundo al revés? Las antípodas en el imaginario del Renacimiento," en D. Bonnett y F. Castañeda (eds.), *El Nuevo Mundo. Problemas y debates*, Uniandes, Bogotá, 2003, pp. 23-60.

79. Parks, George B., "More's Utopia and Geography", en *The Journal of English and Germanic Philology*, Vol. 37, N° 2 (abril de 1938), p. 236.

80. Zumthor, Paul, *La medida del mundo*, Madrid, Cátedra, 1994, p. 14-5.

81. Mumford, Lewis, *Técnica y civilización*, Madrid, Ed. Alianza, 1971, p. 37: "lo que los pintores demostraron en su aplicación de la perspectiva, lo establecieron los cartógrafos en el mismo siglo en sus mapas. (…) Al trazar las líneas invisibles de latitud y longitud, los cartógrafos allanaron el camino de los exploradores ulteriores, como Colón: igual que con el método científico ulterior, el sistema abstracto proporcionó esperanzas racionales, si bien sobre una base de conocimiento impreciso".

82. Giddens, Anthony, *Consecuencias de la modernidad*, Madrid, Alianza Editorial, 2004, p. 30.

83. Frank Lestringant, *Le livre des îles. Atlas et récits insulaires de la Genèse à Jules Verne*, Ginebra, Droz, 2002, "Le primat de l'espace", p. 30. Véase también Carolina Martínez, "La cité idéale et son espace dans la géographie du XVIIe siècle", en *Travaux en cours* - 5ª Rencontres Doctorales Paris Diderot "La pluridisciplinarité à l'oeuvre", *Spatialités*, No. 9, París, mayo de 2013, pp. 26-37.

84. Lestringant, Frank, "Huguenots en utopie ou le genre utopique et la Réforme", París, *Société de l'histoire du Protestantisme français*, N° 146, 2000, p. 259. Véase también Lestringant, Frank, *Le livre des îles..., op. cit.*, pp. 15-16.

larii o islarios, fueron publicados Atlas compuestos casi en su totalidad por mapas de islas. A fines del siglo XIV, el notario florentino Domenico Silvestri publicó el primer dispositivo textual moderno de este tipo, que llevó por título *De Insulis et earum propietatibus*.[85] El interés por aquella "descripción del universo insular" continuaría con la publicación del *Liber insularum Archipelagi* del padre florentino Cristoforo Buondelmonti a principios del siglo XV, formato que se cristalizaría en los siguientes tres siglos.[86] Esta novedosa forma de organizar un conocimiento aún fragmentario del mundo se consagraría con la publicación del *Libro de tutte l'Isole del Mondo*[87] de Benedetto Bordone en 1528. Éxito que se corroboraría algunas décadas después, cuando el cosmógrafo sevillano Alonso de Santa Cruz confeccionara el *Islario general de todas las islas del mundo* (c. 1560) para el monarca español Felipe II.[88]

Utopía fue, en este sentido, "parte integrante del archipiélago universal, tal como las grandes navegaciones [venían] de demostrar a toda Europa".[89] En efecto, en la historia de los grandes descubrimientos que se inician a fines del siglo XV, el hallazgo de islas precedió al de continentes. América, tal como fue bautizada y representada por Martin Waldseemüller en 1507, tampoco estuvo exenta.[90] A lo largo del siglo XVI, la isla se convirtió entonces en la representación cartográfica por excelencia y los islarios, tal como fue indicado, en su soporte material.[91] Sobre el vínculo entre *Utopía* y esta particular forma de representación cartográfica, es Lestringant quien nuevamente sugiere:

> no es casual si la *Utopía*, aquella creación del Renacimiento, es una isla. En lugar de extenderse a través de exploraciones limítrofes y contiguas, el espacio geográfico se multiplicó primero en islas: las islas de Cabo Verde, Santo Tomé, Santa Helena, Quiloa, Mombasa, Zanzíbar, Goa, en la ruta oriental de las especias... pero también Yucatán, Perú, Brasil

---

85. Lestringant, Frank, "La voie des îles", *Médiévales*, No. 47, Îles du Moyen Âge (AUTOMNE 2004), p. 115.

86. Lestringant, Frank, *ibid.*, p. 115-6.

87. Tal como señala Lestringant, en 1534 la obra fue reeditada bajo el título definitivo de Islario.

88. La metodología empleada por Santa Cruz en la elaboración del islario ha sido analizada con precisión por Alicia Oïffer en "El Islario general de todas las islas del mundo (1560) de Alfonso de Santa Cruz o la ciencia cosmográfica en la España de Felipe II: en el Nuevo Mundo, el Caribe insular", *Savoirs en Prisme*, No 1, París, 2012, pp. 169-187.

89. Lestringant, Frank, *ibid.*, p. 259.

90. Como bien ha señalado Jean-Marc Besse en relación a la decisión del geógrafo, si "para Waldseemüller las tres partes del mundo antiguo son continentes, la cuarta es una isla." En Jean-Marc Besse, *Les grandeurs de la Terre...*, *op. cit.*, p. 84.

91. El islario también funcionó como un dispositivo eficaz para incorporar las nuevas regiones conquistadas. Véase para ello: Louise Bénat-Tachot, "De l'ile à l'Islario: fonction et statut de l'île dans l'écriture de la conquête", en Trec, E. (dir.), *Bout du voyage, l'ile: Mythe et réalité*, Reims, Publications du Centre de Recherche VALS, Presses Universitaires de Reims, 2001, pp. 56-87.

y California, largo tiempo consideradas islas, y la propia América, que figura en numerosos atlas como la mayor de las islas del mundo.[92]

Han sido presentados hasta aquí los elementos teórico-conceptuales y las experiencias de navegación prácticas a disposición de Moro al momento de componer un texto verosímil de la naturaleza de *Utopía*. La obra, que incorporó concepciones de los campos del saber más relevantes del siglo XVI, tal como fue la cosmografía, dio cuenta a su vez de las múltiples transformaciones en las formas de pensar y percibir el mundo. Sobre este último punto, resulta importante aclarar que tales aportes e influencias no deberían pensarse únicamente en términos cartográficos o conceptuales, sino también en relación con el impacto que un éxito editorial contemporáneo, como fue la publicación de las cartas de Vespucio, pudo haber tenido dentro del círculo humanista del que Moro era parte.

3. La utopía como artefacto

En cuanto a la creación del neologismo y al contenido de *Utopía*, Bronislaw Baczko ha señalado que tanto Moro como Hitlodeo "no son profetas ni iluminados, sino 'filósofos' que inventan, que por medio de su trabajo intelectual *construyen* representaciones, *artefactos*".[93] De igual forma, la analogía que Baczko traza entre el personaje de Moro y el primer rey y gran legislador Utopos tiene por objetivo privilegiar el papel del demiurgo o creador en la formulación del texto cuanto de la Isla. De forma figurada o concreta, tanto Moro como Utopos construyen a su arbitrio la sociedad ideal que es *Utopía*. En efecto, el hecho de que ese territorio se haya convertido en isla a instancias de su primer rey,[94] parece poner en primer plano la voluntad creadora del hombre. Los orígenes de la isla son presentados al lector como una "obra puramente humana, construida racionalmente, como una transformación de la naturaleza por medio de la cultura".[95] Asimismo, el hecho de que las leyes y costumbres de los utópicos hayan sido sancionadas por este gran legislador y que a su vez el relato sea en su totalidad una ficción imaginada por Moro, dan a la obra lo que en términos de Jean-Michel Racault es un carácter doblemente artificial. *Utopía* se presenta como la construcción imaginaria de un demiurgo (Moro) que, sin salir del plano teórico, determina el funcionamiento de una comunidad ideal. En ella, introduce a un legislador ficticio cuya primera obra ha sido el pasaje del mundo natural al de la cultura.[96]

---

92. Lestringant, Frank, *Le livre...*, *op. cit.*, pp. 13-4.

93. Baczko, Bronislaw, *Los imaginarios sociales*, *op. cit.*, p. 67.

94. Utopos mediante una gran obra de ingeniería aísla a la comunidad ideal del continente.

95. Baczko, Bronislaw, *ibid.*, p. 67.

96. Racault, Jean-Michel, *L'Utopie narrative en France et en Angleterre*, 1675-1761, Oxford, The Voltaire Foundation, 1991, p. 28: "Ella es a doble título una creación artificial: construcción

Aquella transición hacia el "orden artificial y racional de la civilización", resaltada por Racault al describir la obra de Utopos, también se evidencia en la organización cronométrica de los quehaceres en la isla, de los tiempos para el trabajo y el ocio, de la crianza de los niños y del ejercicio de actividades lúdicas. Sobre este último punto, merecen especial atención las sugerentes observaciones realizadas por Frédéric Rouvillois, para quien el tiempo pautado que define la vida en *Utopía* es el tiempo de la máquina en la medida en que ambos regulan perfectamente las acciones que se realizan.[97] En palabras de Rouvillois, el tiempo de la utopía

> no es el tiempo de la vida sino aquel de la máquina, del reloj. Esta idea se basa en la forma en que la utopía está concebida y organizada, desde sus orígenes, pero más claramente a partir del siglo XVII, sobre un modelo mecánico –lo que la opone expresamente a las concepciones tradicionales del estado y de la sociedad que remitían a la imagen del cuerpo...[98]

La analogía entre utopía y máquina se vuelve aún más relevante si se toma en cuenta, a su vez, el redescubrimiento de las antiguas artes técnicas que entre los siglos XV y XVI también tuvo lugar en Europa. En torno de la importancia del saber técnico en este período y su posible vínculo con el pensamiento filosófico, resultan esclarecedoras las observaciones de José Emilio Burucúa, para quien "la tradición técnica de la Antigüedad, la de Arquímedes, Herón y los constructores de ingenios y autómatas, renacía en ese saber teórico e instrumental que entusiasmaba a altos y exquisitos filósofos..."[99]

Ahora bien, así como había ocurrido con los autores de la Antigüedad clásica en el marco del Renacimiento, en los siglos XV y XVI el renovado gusto por la técnica significó más que la mera recuperación de esta tradición. En principio, aquel renacimiento no sólo implicó el redescubrimiento de la pericia técnica sino el reconocimiento por parte del hombre de su propia voluntad creadora. La influencia de una nueva concepción en torno a las artes mecánicas a principios del siglo XVI deviene, en este sentido, una variable analítica más para comprender el

---

imaginaria de un utopista demiurgo o planificador de gabinete, lo sabemos, pero también, al interior del relato que él mismo nos presenta, creación pura de un legislador ficticio cuyo acto fundacional marca precisamente el pasaje de la Naturaleza a la Cultura, del desorden de la espontaneidad salvaje al orden artificial y racional de la civilización."

97. Rouvillois, Frédéric, *L'utopie. Textes choisies et présentés par Frédéric Rouvillois*, París, Flammarion, 1998, p. 27.

98. Rouvillois, Frédéric, *ibid.*, p. 27.

99. Burucúa, José Emilio, *Sabios y marmitones*, Buenos Aires, Ed. Lugar, 1993, p. 15. Burucúa se refiere a este interés en relación con la posible convergencia entre las acciones y creencias de las élites y clases populares en el Renacimiento. Véase también Carlo Cipolla, *Clocks and Culture, 1300-1700*, Norton, Nueva York, 1978.

funcionamiento del relato utópico en tanto juego, artificio o ensayo pero también máquina en perfecto funcionamiento.[100]

En consonancia con autores como Jürgen Habermas o Bronislaw Baczko, es nuevamente Rouvillois quien hace especial hincapié en el hecho de que la sociedad utópica, en tanto máquina, es la perfecta demostración de la victoria del hombre por sobre el reino de la necesidad.[101] Fue este un tópico recurrente en los relatos imaginarios publicados en el transcurso del siglo XVII. En efecto, un breve recorrido por las obras analizadas en este libro demuestra que así como el rey Utopos decidió separar la isla del continente, fueron los australianos de Gabriel Foigny los que aplanaron las montañas en la *Terre Australe Connue* (1676).[102] Asimismo, en la isla de Calejava el cultivo de la tierra prescinde de animales de tiro gracias a la invención de máquinas especializadas para ello. Además de estos ejemplos específicos, merece ser señalado nuevamente que el triunfo de la máquina por sobre la naturaleza se refleja en la creación misma del relato utópico, donde, a excepción de las referencias necesarias para dar forma a un relato verosímil, es el autor de utopías el que concibe por voluntad propia el artificio que construye.[103]

En este sentido, *Utopía* se presenta como la aplicación, en abstracto, de una serie de preceptos que en teoría contribuyen al buen gobierno y felicidad de los pueblos. Al igual que la "máquina", entendida como la creación artificial de un aparato depurado de todo lo superfluo y concentrando solamente lo esencial para su correcto funcionamiento,[104] el relato propone la creación voluntaria y racional de una sociedad en perfecto funcionamiento pero inexistente en la vida real.[105] Por ello, Moro no describe una sociedad futura. Antes bien, forja un modelo de estructura social con el que mide la realidad de su propia época y encuentra así sus

---

100. En relación con la creciente influencia del saber técnico entre los siglos XV y XVIII, resultan de interés las observaciones de Paolo Rossi en *Les philosophes et les machines*, París, PUF, 1996. Cf. Gaukroger, Stephen, *Francis Bacon and the transformation of Early Modern Philosophy*, Cambridge, Cambridge University Press, 2001, p. 37.

101. Rouvillois, Frédéric, *L'utopie...*, op. cit., p. 29.

102. Foigny, Gabriel, *La Terre Australe Connue*, en Lachèvre, Frédéric, *Les successeurs de Cyrano de Bergerac*, París, Honoré Champion, 1922, p. 90.

103. Rouvillois, Frédéric, *L'utopie...*, op. cit., p. 30. Desde esta perspectiva, *Utopía* también podría pensarse como invención, producto de la construcción voluntaria de una serie de representaciones. Su arte, como el de la máquina, es el de funcionar artificialmente a través de mecanismos básicos, depurados de la complejidad natural de la vida.

104. Mumford, Lewis, *Técnica y civilización...*, op. cit., p. 24.

105. Mumford, Lewis, *Técnica y civilización...*, op. cit., p. 66: "... la máquina era falsificación de la naturaleza, la naturaleza analizada, regulada, estrechada, controlada por la mente de los hombres." Este concepto que se desarrollaría plenamente con la filosofía natural en el siglo XVII. En efecto, en el siglo XVII, la filosofía natural establecería los principios básicos del método de las ciencias físicas. Primaron la eliminación de las cualidades y la reducción de lo complejo a lo simple, centrándose sólo en los aspectos mensurables.

contradicciones.[106] Hacia el final de la obra, el humanista se expresa sobre aquel no lugar de la siguiente manera:

> Alégrome de que la forma de Estado que yo deseo para todos la hayan encontrado los utópicos, que, gracias a las instituciones que han adoptado, han constituido no sólo la más feliz de las repúblicas, sino también eternamente duradera, en cuanto pueden presagiar las conjeturas humanas.[107]

La ruptura metodológica que plantean tanto la *Utopía* de Moro como los escritos de Maquiavelo respecto de la tradición filosófica previa ha sido destacada por Jürgen Habermas, quien ha considerado a ambos autores los primeros en adoptar una forma técnica de plantear los problemas. Para el filósofo alemán, *Utopía* y *El Príncipe* se presentan como formas racionales de organización social, pues tanto Moro cuanto Maquiavelo "proyectan modelos, esto es, investigan bajo condiciones artificiales el nuevo campo abierto por ellos." En el caso particular de *Utopía*, Moro ofrece un ejemplo para una organización social depurada de influencias políticas. En una sociedad como *Utopía*, donde las guerras son evitadas, las funciones del dominio público son limitadas, existe la comunidad de bienes y más importante aún, ha sido garantizada la reproducción material y social de sus habitantes, el futuro canciller de Inglaterra ha logrado que "riqueza, influencia y poder pierdan la apariencia de cosas naturalmente dadas".[108]

Al igual que Habermas, Henri Joly propone ubicar la noción de utopía en los intersticios de la teoría y la práctica, al considerarla distinta de cualquier teoría política precedente por tratarse justamente de un modelo animado. De tal forma,

> las descripciones "utópicas" por el lujo de sus detalles, deben ser consideradas como modelos animados de la vida social, política o individual, cuya función es a la vez la de reemplazar y poner en funcionamiento en el espacio y en el tiempo los modelos todavía inanimados, incoloros, y vacíos de la teoría política, y también de proponer por sobre todo un juego de contrastes y oposiciones y mediante un sistema concreto y verídico una especie de maquinaria sociopolítica, encargada de refutar/ explicar el presente por el pasado, el aquí por el allá.[109]

Una vez más, la idea del dominio del hombre sobre la naturaleza, o sobre las propias necesidades de su existencia en pos de la felicidad y del mejoramiento de sus condiciones materiales de vida, parece convertirse

---

106. Heller, Agnès, *El hombre del Renacimiento*, Barcelona, Ed. Península, 1980.

107. More, Thomas, *Utopia, op. cit.*, p. 131.

108. Habermas, Jürgen, *Teoría y praxis...*, *op. cit.*, p. 63: "La conexión histórica entre estratificación social y dominio político, por una parte, la organización del trabajo social, por otra, se tornan transparentes."

109. Henri, Joly, *Le renversement Platonicien...*, *op. cit.*, pp. 328-9.

en un rasgo constitutivo tanto del concepto de utopía cuanto de la obra que le diera su nombre. El modelo proyectado por Moro parece sustentarse entonces no sólo en la capacidad transformadora del hombre sobre su entorno sino en su uso en beneficio de la comunidad.

4. Acerca del Renacimiento, *Utopía* y su contexto de producción

Con el fin de analizar el surgimiento de la obra en su contexto de producción, merecen especial atención dos de las características presentes en el texto pergeñado por Moro hacia 1516: su voluntad de reproducir pero al mismo tiempo superar formas literarias de la antigüedad clásica y la complicidad del círculo humanista al que *Utopía* fue dirigida. A su vez, resulta importante estudiar la vida del propio Moro, considerado junto con Erasmo una de las figuras más emblemáticas del humanismo del Norte al tiempo que un activo colaborador en el ejercicio del poder estatal, al examinar la publicación de *Utopía* en la modernidad temprana europea.

Respecto de este último punto, las actividades realizadas por Moro en los años previos y posteriores a la publicación de la obra demuestran con claridad aquella alternancia entre *vita contemplativa* y *vita activa* con la que Habermas ha caracterizado el período en cuestión. Desde 1504 el humanista inglés fue miembro del Parlamento, juez y subprefecto de la ciudad de Londres. Con la llegada de Enrique VIII al poder en 1509, entraría a su servicio para convertirse al poco tiempo en miembro de su Consejo privado. También lideró misiones diplomáticas tanto en representación del rey como de los más pujantes comerciantes de la ciudad de Londres.

Tal como ha indicado Habermas, las actividades desarrolladas por el futuro canciller en este período no impidieron, sin embargo, que conjugara exitosamente la práctica de las máximas humanistas con su servicio a la Corona de Inglaterra. Así como con *Utopía*, sus coloquios sobre valores y muchos otros de sus escritos fueron gestados en el transcurso de sus visitas a los mayores centros de actividad política y económica del momento. En cuanto a los cargos detentados en este período, resultaba una práctica extendida que los asuntos civiles fueran negociados por parte de humanistas, pues se creía que era éste el papel que los teóricos políticos debían tener en la vida pública. La prevalencia de Moro en los altos círculos del poder confirmaba a la vez sus propias habilidades en el manejo de la política. En relación con el papel de los humanistas en tanto secretarios y embajadores de sus respectivos gobernantes, Quentin Skinner ha hecho especial énfasis en los logros de Moro al señalar que no sólo fue un gran teórico sino uno sumamente exitoso en el mundo de la acción política. En 1523 se convertiría en portavoz de la Cámara de los comunes, y seis años después en lord canciller de Inglaterra.[110]

---

110. Skinner, Quentin, *Los fundamentos del pensamiento...*, *op. cit.*, p. 242.

En cuanto a sus escritos, es probable que fueran las actividades al servicio de la Corona las que le permitieron observar en detalle los males de la Inglaterra Tudor, que luego describiría en el primer libro de *Utopía*. En efecto, antes de dar cuenta del modo en que se organizan los utópicos, Moro reflexiona en el libro primero acerca de las realidades políticas y sociales imperantes en la Inglaterra de principios del siglo XVI. Lejos de ser aquel modelo o paradigma en el que se convertiría siglos más tarde, en 1516 *Utopía* refería ciertamente a la Inglaterra de su tiempo, a la forma en la que eran producidas, distribuidas y explotadas sus riquezas, a su régimen de propiedad y a los conflictos que este último podía acarrear.[111] Moro fue, en este sentido, uno de los muchos humanistas ingleses preocupados por explicar la dislocación social y económica que atravesaba la isla.[112] Ahora bien, para el futuro canciller, cuya posición política le había permitido observar en detalle esos problemas, aquella crisis económica y social que describía había llevado a su vez a una crisis moral, manifiesta en la degradación de las costumbres.[113] En los años siguientes, la mirada analítica y crítica del humanista inglés sería retomada por el grupo de teóricos radicales conocido como "*hombres de la Comunidad*". Al igual que lo había sido para Moro en el primer libro de *Utopía*, bajo el reinado de Eduardo VI (1547-1553) el objetivo básico de este grupo era "denunciar los diversos grupos sociales responsables de socavar el tradicional concepto de bien público".[114]

La multiplicidad de reacciones frente a las transformaciones socio-económicas de este período ha sido explicada por Agnès Heller, para quien frente a una serie de cambios inéditos, producto de la disolución de formas de organización anteriores, los hombres debieron actuar, sentir y pensar frente al mundo de un modo distinto al de las comunidades del tradicional sistema estamentario.[115] En cuanto a *Utopía*, uno de los ejemplos más claros de las reacciones frente a estos cambios es el comentario de Hitlodeo sobre la creciente pauperización del campesinado, producto de los primeros cercamientos. Al examinar de cerca la situación de Inglaterra en el libro primero, el navegante denuncia su avance en detrimento de las tierras del común: "Sus ovejas [...], habitualmente tan dulces y que se alimentan con poco, están comenzando, según me dicen, a resultar tan costosas y salvajes que devoran a los mismos seres humanos y devastan y despueblan los campos, las casas y los poblados".[116]

111. Macherey, Pierre, *De l'Utopie!*, Lille, De l'incidence éditeur, 2011, p. 76.

112. Skinner, Quentin, *Los fundamentos del pensamiento...*, *op. cit.*, p. 250.

113. Baczko, Bronislaw, *Los imaginarios sociales...*, *op. cit.*, p. 58.

114. Skinner, Quentin, *Los fundamentos del pensamiento...*, *op. cit.*, p. 252.

115. Sobre este punto véase Julián Verardi, *Tiempo histórico, capitalismo y modernidad*, Buenos Aires, Miño y Dávila, 2013.

116. Moro, Tomás, *Utopía, op. cit.*, p. 39.

Años después, el argumento esgrimido por Moro volvería a ser esbozado por teóricos y por predicadores radicales.[117]

Frente al creciente dinamismo de la estructura social, el hombre encontró la posibilidad de elegir su propio destino, que a partir de este período se volvió sinónimo de *posibilidad infinita*: "...fuera grande o pequeño, el hombre era un ser relativamente autónomo, que creaba su propio destino, luchaba con la suerte y se hacía a sí mismo".[118] El caso particular de *Utopía* evidencia cómo la novedosa noción de un hombre creador que construye a su libre arbitrio se manifestó tanto en la idea de conquista de la naturaleza como en la búsqueda de perfeccionamiento. Ciertamente, la ya mencionada transformación de Utopía en isla es prueba de esa naturaleza conquistada. En cuanto a la búsqueda de perfeccionamiento es posible suponer que *Utopía*, en tanto modelo de sociedad ideal, se presentó ante el público humanista como una posible vara de medición de los aciertos y desaciertos de formas concretas de organización social.

Ha podido observarse hasta aquí cómo Moro abrevó en las ideas que en su conjunto ilustraron aquel movimiento de renovación llamado Renacimiento y, en particular, el de los estudios humanistas. Ahora bien, los orígenes y sentido de *Utopía* no podrían comprenderse en su totalidad si no se tomara en cuenta su contexto material de producción. Así como se ha indagado en torno a la influencia teórica y práctica que ejercieron en *Utopía* los relatos, colecciones de viaje y teorías cosmográficas propias de la época, resulta necesario volver sobre las circunstancias en las que la obra fue concebida. En principio, *Utopía* fue gestada en el transcurso de un viaje de carácter diplomático a uno de los más importantes centros comerciales en Europa. En 1515, su misión a la región de Flandes en calidad de embajador del rey y representante de los mercaderes de Londres había terminado por llevar a Moro a la ciudad de Amberes, considerada el epicentro del comercio internacional para la época. Tras el fracaso de las primeras negociaciones con los representantes de Carlos I en Brujas, el humanista inglés había decidido visitar a su amigo Pierre Gilles, Prefecto de Amberes,[119] y pasar el resto de su estadía en aquel importante centro comercial.

La primacía de Amberes frente a otras ciudades comerciales se gestó, en realidad, en tiempos del propio Moro. De acuerdo con Jonathan Israel, fue recién hacia mediados del siglo XVI que el patrón comercial de tipo regional (en donde prevalecían las ciudades de Génova, Venecia, los centros comerciales al sur de la actual Alemania, Lübeck, Londres y Amberes entre todas ellas) fue sustituido por la preeminencia de Amberes como centro comercial de carácter internacional que se sustentó a su vez en la producción industrial de Flandes y el poder marítimo mercantil

117. Skinner, Quentin, *Los fundamentos del pensamiento...*, *op. cit.*, p. 253.

118. Heller, Agnès, *El hombre del...*, *op. cit.*, p. 24.

119. Desde 1510 Gilles era Secretario General del Tesoro de la ciudad de Amberes.

de Holanda y Zelanda.[120] A principios del siglo XVI entonces, "Amberes se convirtió en el depósito de todas las mercancías del mundo y centro de distribución. En esta ciudad estaban almacenadas el azúcar y las especias del imperio colonial portugués, las sedas y bienes suntuarios de Italia y del Levante, el cobre y el hierro de Alemania, y los paños de lana de Inglaterra".[121]

No debe resultar extraño que fuera allí donde Moro accedió a las últimas informaciones en materia de expansión ultramarina. En efecto, Herman Pleij ha hecho particular énfasis en lo atractiva que resultó dicha ciudad entre fines del siglo XV y las primeras décadas del siglo XVI para los libreros e impresores de las regiones aledañas que deseaban prosperar en el recientemente creado mercado editorial. Sobre la búsqueda de material literario novedoso y aquello que la ciudad ofrecía, Pleij ha sugerido:

> era comprensible que los impresores que sobrevivían a la riesgosa empresa en este primer período, partieran en busca de distintos textos y mercados para ellos. Gerard Leeu de Gouda en Holanda (...) realizó esta transición casi prematuramente y se mudó a Amberes en 1484. Hacia 1500 otros lo siguieron. Pronto, Amberes se convirtió en el epicentro de la tipografía y de la venta de libros.[122]

De todas las impresiones realizadas en la ciudad, se destaca la novena edición en latín de *Mundus Novus*. Publicada en 1504, demostraba el interés de los comerciantes de Flandes por los viajes que pudiesen contribuir al comercio de especias. La tercera carta de Vespucio se editó pues en la ciudad cuyos comerciantes e industriales financiaban las expediciones de Don Manuel, rey de Portugal, para controlar luego la venta de "especias, esencias, drogas, perlas y joyas de la India Oriental y las maderas finas tintóreas traídas de la Occidental. Si en alguna ciudad norteña podía interesar el alto viaje a las tierras australes del nuevo mundo, era precisamente en Amberes".[123]

---

120. Israel, Jonathan, *Dutch primacy in world trade, 1585-1740*, Nueva York, Oxford University Press, 1991, p. 4: "De tal forma, mientras el patrón hacia 1500 era todavía fundamentalmente regional, con Génova como centro de la vida comercial en el sudoeste de Europa, Venecia ejerciendo influencia sobre el Mediterráneo este y los Balcanes, los centros comerciales del sur de Alemania sobre Europa central, Lübeck sobre el Báltico, y Amberes y Londres sobre los márgenes noroestes, hacia mediados del siglo XVI en la ciudad de Amberes empezaba a emerger el fenómeno de un emporio mundial general en la cima de una jerarquía global de mercados, sustentada a su vez en los recursos industriales de Flandes y el transporte marítimo de Holanda y Zelanda."

121. Israel, Jonathan, *ibid.*, p. 5.

122. Pleij, Herman, "Novel Knowledge: Innovation in Dutch Literature and Society of the Fifteenth and Sixteenth Centuries", en Schmidt, Benjamin and Smith, Pamela (Eds.), *Making knowledge in early Modern Europe. Practices, objects, and texts, 1400-1800*, Chicago y Londres, The University of Chicago Press, 2007, p. 121.

123. Levillier, Roberto, *Americo Vespucio, op. cit.*, p. 101.

Desde esta perspectiva, parece volverse aún más relevante que, al comienzo de *Utopía*, el encuentro entre el personaje de Tomás Moro y Rafael Hitlodeo ocurriera en "la ciudad cosmopolita por excelencia",[124] centro cuya indiscutida primacía descansaba en gran medida en el flujo comercial que albergaba. Si Hitlodeo era en teoría uno de los veinticuatro hombres que había acompañado a Vespucio en sus viajes por el Atlántico sur (y las cartas de este último habían sido recibidas con interés por los mercaderes de Amberes), la elección de esta ciudad como escenario del encuentro entre el navegante y el filósofo se volvía aún más verosímil.

Asimismo, la elección de la región de Flandes como escenario de la obra también debe ser tenida en cuenta a la hora de comprender no solamente la forma en la que el círculo humanista al que pertenece Moro se desenvuelve, sino también el alto grado de difusión que la obra tuvo en los años posteriores a su publicación. Tal como ha señalado Jacques Prévost, a la primera edición en latín realizada en la ciudad de Lovaina bajo la supervisión de Erasmo, se sumó al año siguiente una edición en París (también en latín), y dos en Basilea en marzo y noviembre de 1518. Todas ellas contaron con las cartas, el alfabeto y los mapas incluidos como paratextos en la primera edición.[125]

5. El impacto de la obra en futuros viajes imaginarios

Se ha resaltado hasta aquí cómo tanto por sus orígenes como por las características del modelo pergeñado por Moro, *Utopía* fue el producto de un período en particular de la historia moderna. En este sentido, se ha hecho especial énfasis en la relación entre *Utopía* y los relatos de viaje, las colecciones y teorías cosmográficas que hacia 1516 presentaron una imagen renovada del mundo. Como se ha visto, la noción misma de utopía debe comprenderse en un contexto de cambio mayor, donde conceptos tales como el de *Nuevo Mundo* o formas de organizar el espacio novedosas como los Atlas e Islarios se desarrollaron en paralelo y sin duda determinaron el carácter de nuevas producciones literarias o formas de reflexionar en torno a los cambios acaecidos. Asimismo, antes que analizar en detalle la descripción que Moro realiza de cada uno de los aspectos de la vida en común en *Utopía*, el énfasis ha estado puesto en la naturaleza de su opúsculo así como en los elementos verosímiles que le dan forma. En un período en que la mecánica volvió a ocupar un lugar privilegiado en gran número de disciplinas, *Utopía* bien pudo ha-

---

124. Houtte, J. A., "Anvers aux XVe et XVIe siècles: expansion et apogée", en *Annales. Économies, Sociétés, Civilisations,* año 16, N. 2, 1961, p. 249: "... no es todavía más significativo que Tomás Moro haya comenzado su *Utopía* (1516) narrando su encuentro en Amberes, la ciudad cosmopolita por excelencia, con Hitlodeo, quien le informaría sobre la isla de sus sueños?"

125. Prévost, André, *L'Utopie de Thomas More, Présentation, texte original, apparat critique, exégèse, traduction et notes,* París, Nouvelles éditions MAME, 1979, p. 216.

berse hecho eco de aquellos cambios, presentándose como metáfora de artificio o máquina en términos políticos y sociales.

Por último, el apartado precedente ha indagado en torno al contexto de producción de la obra, pues además de ser considerada una pieza literaria o un escrito político, también fue producto de las transformaciones geopolíticas experimentadas por la expansión transoceánica de las primeras décadas del siglo XVI. El hecho de que *Utopía* se haya gestado en una empresa comercial a Flandes, y más específicamente en la ciudad de Amberes, deviene un factor relevante al analizar la circulación, influencias y acceso a información que la misma obra presenta. En definitiva, a principios del siglo XVI, Amberes se posicionaba ya como el nuevo centro desde donde observar el mundo descubierto y esperar noticias del mundo por descubrir.

En relación con la función del relato presentado por Moro resta decir que por su estructura funcional es su carácter de no lugar el que permite poner distancia de nuestro propio sistema cultural y así repensarlo. Tal como señalara Paul Ricoeur, "desde ese ningún lugar puede echarse una mirada al exterior, a nuestra realidad, que súbitamente parece extraña, ya que no puede darse por descontada".[126] En el contexto de expansión ultramarina del temprano siglo XVI, fue a partir del descubrimiento de nuevas tierras que Europa renovó su mirada sobre sí misma. El encuentro de otros mundos, de otras costumbres, de formas de ser y hacer distintas permitió, en este sentido, una mirada "desde afuera" del mundo propio.[127] A partir del siglo XVI, el impacto sería irreversible. Al tiempo que se consolidaron los grandes imperios ultramarinos, "el descubrimiento había devastado el mundo intelectual de Europa y expuesto a los europeos, si no por vez primera sí de manera más drástica que nunca, a diversas culturas no europeas...".[128]

Décadas después, la influencia que las sociedades descubiertas ejercieron en el imaginario europeo llegaría a las bases del pensamiento filosófico moderno.[129] En principio, el marcado protagonismo del *otro* en

---

126. Ricoeur, Paul, *Ideología y Utopía*, Madrid, Gedisa, 1989. Ginzburg también se refiere a este proceso de inversión. Véase Carlo Ginzburg, *No Island is..., op. cit.*, p. 23.

127. Sin duda, el hombre del Renacimiento, testigo de los grandes viajes de descubrimiento, "proyecta en el lejano exotismo la interrogación interior de una Europa que descubre y conquista." En Gauchet, Marcel, "Visages de l'autre...", *op. cit.*, p. 113.

128. Pagden, Anthony, *Señores de todo el mundo. Ideologías del imperio en España, Inglaterra y Francia (en los siglos XVI, XVII y XVIII)*, Barcelona, Editorial Península, 1997, p. 12.

129. Redeker, Robert, "La vraie puissance de l'utopie", *Le Débat*, Nº 125, París, 2003, p. 107: "Hobbes, y posteriormente Rousseau replican el espacio colonizado, abierto a las conquistas, sobre la filosofía, bautizándolo "estado de naturaleza". Se necesitó del descubrimiento de los indígenas de América, de la reflexión sobre su estatus antropológico y de las mediaciones en espejo que sobre ellas hizo Montaigne, para que la representación sobre los orígenes de la humanidad mutara de un Edén bíblico y su imaginario de Adan y Eva al estado de naturaleza y a un nuevo imaginario de los orígenes".

los relatos de viaje de tipo utópico posteriores a *Utopía*,[130] radicó en el mayor interés que en los siglos XVII y XVIII se tuvo de las sociedades descubiertas en ultramar. Con el crecimiento exponencial de la literatura de viaje tan propio de la primera modernidad, la imaginación desplegada por Moro en *Utopía* fue muchas veces sobrepasada por la "evidencia concreta" de que las sociedades descubiertas en ultramar eran *tan* perfectas como se las había imaginado.[131] De tal forma, las descripciones imaginarias de Montaigne y Diderot en el ensayo "De los Caníbales" (1580) y el *Supplément au voyage de Bougainville* (1772) respectivamente, se basaron en los relatos de viaje que tanto en el siglo XVI como el XVIII contenían en sí mismos, por los motivos que fueran, una visión idealizada de las poblaciones descubiertas. Ahora bien, más allá de los rasgos de tipo utópico que estas obras esbocen, la impronta del relato creado por Moro (tanto en la creación de verosimilitud, como en su vínculo con la expansión ultramarina, o en su función de no lugar) marcó con aún más fuerza los viajes imaginarios que se publicaron en el transcurso de los siglos XVII y XVIII.

En el siglo XVII el concepto creado por Moro, así como su obra, dejaron entonces de adscribirse únicamente a la Inglaterra Tudor para devenir un modelo literario a partir del cual ubicarse frente a las transformaciones propias del período. En este sentido, en la medida en que Europa avanzó en su descubrimiento y ocupación de territorios ultramarinos, la imagen del *otro* provista por los viajes imaginarios subsiguientes cobró una fuerza aún poco dilucidada en la *Utopía* de Moro. Asimismo, el contexto político-religioso en el que se inscriben los relatos utópicos publicados en lengua francesa en el siglo XVII y principios del XVIII también debe ser examinado en detalle para una comprensión más acabada del lugar que estas narrativas ocuparon en el panorama abierto por la Reforma. El siguiente capítulo analiza por ello el desarrollo del relato utópico en Francia en relación con su experiencia ultramarina y los vaivenes que dicha nación atravesó en materia religiosa entre los siglos XVI y XVII.

---

130. Burucúa, José Emilio, *Sabios y marmitones, op. cit.*, p. 78: "Ese lugar literario y mental, que funciona como un polo crítico de la civilización urbana europea, suele ser ocupado por el personaje del "otro", del hombre de otros mundos culturales, el Cacambo de *Cándido*, el Hurón de *El Ingenuo*, que, en Voltaire, no alcanza nunca el estatus del "buen salvaje" de Rousseau, sino que suele asimilarse al simple portador del sentido común, al héroe sencillo y popular de los cuentos de Perrault …"

131. En el *Voyage autour du monde* (1771), crónica del primer viaje alrededor del mundo realizado por la corona francesa, Bougainville no dejará de admirar las costumbres practicadas en Taití, al punto de traer a uno de sus habitantes de regreso a Francia para dar cuenta de ello.

➤❦ CAPÍTULO II ❦⬅

El desarrollo del relato utópico en Francia

1. El desarrollo del modelo utópico en la Francia del siglo XVII

Todo análisis pormenorizado del desarrollo del relato utópico en la Francia del siglo XVII requiere observar primero la repercusión que la obra de Moro tuvo desde su publicación en 1516. A la vez, debe indagarse en los distintos usos hechos del vocablo utopía, tanto en calidad de sustantivo propio como común, en el mismo período. En relación con el devenir de la obra en Francia en el siglo XVI, *Utopía* se tradujo por primera vez al francés en 1550, un año antes de que la obra fuese traducida por primera vez al inglés. A pesar de que ambas traducciones se presentaron como la versión vernácula de la obra originalmente escrita en latín, la astucia y ambigüedad presentes en ella daban paso ahora a una adaptación más edulcorada, si no inocente, de esta particular pieza literaria. Los cambios experimentados en ambas traducciones obedecían, en principio, a las transformaciones en materia política y religiosa que se habían operado en Europa continental e Inglaterra hacia mediados del siglo XVI. Tal como señalara André Prévost,

> en los treinta y cinco años que transcurren entre la publicación de *Utopía* y su primera versión en inglés, se produjo un cambio en la mentalidad occidental: la unidad religiosa de Europa se quebró, el espíritu de la Reforma conquistó numerosos países; las naciones encontraron su autonomía; las lenguas nacionales salieron de la adolescencia; apareció la primera Biblia impresa en inglés; la burguesía accedió a la cultura y al poder.[1]

La traducción al inglés realizada por Ralph Robynson en 1551 había abandonado el tono mordaz con el que Moro había descripto a la Inglaterra Tudor en el libro primero para dar paso a una exposición sin sobresaltos que convertía a *Utopía* en un relato de viaje extraordinario

---

1. Prévost, André, *L'Utopie de Thomas More, Présentation, texte original, apparat critique, exégèse, traduction et notes*, París, Nouvelles éditions MAME, 1979, p. 253.

más que en una obra propia del pensamiento político.[2] Por su parte, el
título de la primera edición en francés de *Utopía* ilustraba ya el tenor
de las ediciones posteriores. Presentada como *La Description de l'Isle
d'Utopie où est compris le miroir des républiques du monde et l'exemplaire
de vie heureuse: rédigé par écrit en style très élégant, de grand hauteur
et majesté par illustre et savant personnage Thomas Morus, Citoyen de
Londres et Chancelier d'Angleterre, avec l'Epître liminaire composée par
Monsieur Budé...*,[3] la versión en francés de la obra dejaba poco lugar a
la intencional ambigüedad con la que Moro había presentado su creación en 1516. En 1559 aparecería una segunda edición (copia de la ya
modificada *editio princeps* en francés) de la mano de Barthélemy Aneau.

En 1643 surgiría una nueva edición de la obra, hecha por Samuel
Sorbière en Ámsterdam, que se presentaría como una nueva traducción. A diferencia del retrato un tanto ingenuo de Moro manifiesto en
las ediciones anteriores, el prólogo de Sorbière celebraba el ingenio del
ilustre inglés e invitaba a leer la obra para apreciar mejor su visión del
mundo.[4] El cambio de percepción respecto de la obra y figura de Moro
radica en el hecho de que, aunque en lengua francesa, *Utopía* era ahora
publicada en Ámsterdam (y no en Francia), en un contexto de tolerancia
religiosa mayor que en cualquier otra nación de Europa. Aunque ya no
en el siglo XVII, la última publicación de *Utopía* en lengua francesa que
merece atención en función de los objetivos de este libro es la traducción
realizada por el ex-benedictino Nicolás de Gueudeville en la ciudad de
Ámsterdam en 1715.[5]

Además de las variaciones en el estilo y elección del lenguaje de cada
una de estas traducciones póstumas, debe agregarse que la obra de Moro
fue editada de manera distinta a aquella de sus cuatro primeras ediciones. Desde mediados del siglo XVI, al menos en Francia, *Utopía* se
publicó sin el alfabeto y el mapa que se habían incluido en sus ediciones
de 1516, 1517 y 1518, su orientación fue puramente didáctica y solamente incluyó la carta de Guillaume Budé que acentuaba las connotaciones

---

2. Prévost, André, *ibid.*, p. 254: "Esta ruptura entre la época de Moro y aquella de R. Robynson se
   refleja en la versión. La candente actualidad de la crítica a las costumbres, el tono vehemente,
   virulento, cínico a veces, han dado lugar a una discusión serena. Predomina lo pintoresco. La
   Utopía se ha convertido en un relato de viaje extraordinario."

3. *La descripción de la Isla de Utopía donde está incluido el espejo de las repúblicas del mundo
   y lo ejemplar de la vida feliz: redactado por escrito en un estilo muy elegante, de gran altura
   y majestad por el ilustre y sabio personaje Tomás Moro, ciudadano de Londres y Canciller de
   Inglaterra, con la Epístola liminar compuesta por el Señor Budé...*

4. Prévost, André, *L'Utopie de...*, op. cit., p. 259: "En 1643, Samuel Sorbière publica en Ámsterdam
   una nueva traducción. En la dedicatoria se ufana del interés de esta publicación: 'Aquí una
   República cuyo plan fue trazado hace veintiséis años por uno de los mayores hombres de su
   siglo, que habiendo tomado en cuenta en profundidad el orden de las cosas del mundo quiso
   señalar los defectos en este escrito'..."

5. Gueudeville, Nicolas, *L'Utopie de Thomas Morus...*, Leyden, Van der Aa, 1715. La obra también
   fue editada por R. y G. Westein en Ámsterdam en 1717, y por L'Honoré, Ámsterdam, 1730,
   1741, etc.

cristianas del texto de Moro.[6] En lo que refiere al reconocimiento de la figura de Moro en la Francia del siglo XVI, debe decirse que se sabía del humanista gracias a su traducción de las obras de Luciano. A la vez, había sido criticado en 1519 por Germain de Brie en su obra *L'Antimorus* (1519) y había inspirado un personaje de una obra de teatro escrita por Puget de la Serre presentada en París en 1642,[7] pero no más que eso.

La referencia a *Utopía* así como la inclusión del término en tanto sustantivo propio en la Francia del siglo XVI se deben, principalmente, a la figura de François Rabelais. Tal como lo indicara Pierre Macherey, en *Pantagruel. Les horribles et epouvantables faictz & prouesses du tresrenonmmé Pantagruel...*, el primer volumen del ciclo de los gigantes publicado en 1532, el vocablo *Utopía* aparece más de una vez.[8] Es probable que Rabelais no haya vuelto a hacer referencia al término en *Gargantúa*,[9] publicado dos años después, debido al contexto de escasa tolerancia religiosa reinante en Francia tras estallar el *affaire des Placards*.[10] "Utopía" sí volvió a aparecer en el Tercer Libro de la serie, publicado recién en 1546. Más allá de las incorporaciones hechas por Rabelais, su utilización no fue frecuente entre los siglos XVI y XVIII: las obras de Pierre Bayle no hacen referencia al vocablo, Voltaire admite no haber leído la obra de Moro y la palabra tampoco aparece en la *Encyclopédie* de Diderot y D'Alembert.

En cuanto a los usos de utopía como sustantivo común en Francia, tanto Frank Lestringant como Jean-Michel Racault han indicado una utilización bastante tardía del término respecto de Inglaterra. En efecto, sus primeras apariciones en lengua francesa datan de 1710. Fue recién en 1752 que el vocablo tuvo su primera entrada en el *Dictionnaire de Trévoux*. Diez años después, sería definido en la cuarta edición del *Dictionnaire de l'Académie françoise* como: "título de una obra. Se le dice a veces, en sentido figurado, al plan de un gobierno imaginario, siguiendo el ejemplo de la República de Platón. *La Utopía de Tomás Moro*".[11] En términos de Racault, es posible afirmar que "designar como utopías las obras de los

---

6. Pierrot, Claire, "La Fortune de l'Utopie de Thomas More, en France, à la Renaissance", en *Bulletin de l'Association d'étude sur l'humanisme, la réforme et la renaissance*, N° 56, 2003, p. 110: "Finalmente, la edición francesa, cuya orientación es netamente didáctica, se distingue por el agregado de la carta de Budé, único comentario crítico de peso, respetando las ambigüedades de la narración pero proponiendo una visión demasiado ideal y hasta cristiana de la sociedad utópica."

7. Pierrot, Claire, *ibid.*, p. 109.

8. Macherey, Pierre, *De l'utopie!*, Lille, De l'incidence éditeur, 2011, pp. 24-5.

9. Aunque en la descripción de la organización de la Abadía de Telema, que aparece en ese segundo libro, Rabelais se acerca tangencialmente al modelo fundado por Moro.

10. Véase Macherey, Pierre, *ibid.*, p. 25.

11. [Utopie: Titre d'un ouvrage. On le dit quelquefois figurément Du plan d'un Gouvernement imaginaire, à l'exemple de la République de Platon. *L'Utopie de Thomas Morus*.] Disponible en: https://academie.atilf.fr/consulter/utopie?page=1 Véase también: Lise Leibacher-Ouvrard, *Libertinage et utopies sous le Règne de Louis XIV*, Ginebra-París, Droz, 1989, pp. 6-7.

siglos XVII y XVIII (...) es entonces utilizar un concepto moderno: a los ojos de los contemporáneos, el término, más allá de que lo conocieran unos pocos, no podía más que remitir a la obra de Tomás Moro."[12]

A su vez, en los relatos de tipo utópico publicados en lengua francesa en el transcurso del siglo XVII el vocablo no forma parte del léxico ni de los títulos con los que se encabezan las obras. Frente a la dificultad de abordar un género que en principio no estaría siendo reconocido como tal por sus propios autores, en su estudio sobre la historia de la utopía en la Francia del siglo XVIII, Irmgard Hartig y Albert Soboul han manifestado una actitud resignada, al considerar imposible conformar un *corpus* de utopías en el siglo de las Luces si los propios contemporáneos no diferenciaban al género literario del concepto filosófico.[13] El análisis de las obras seleccionadas demuestra, sin embargo, que en el caso de aquellas publicadas en el siglo XVII sí puede detectarse alguna mención directa del opúsculo moreano. En el Prefacio a la *Histoire des Sévarambes* (1677) de Denis Veiras, por ejemplo, el autor diferencia sus escritos de aquellos de Moro y de Platón, haciendo en este sentido una alusión encubierta a posibles genealogías. Sin necesariamente tomar este ejemplo, Raymond Trousson ha señalado al respecto:

> En el siglo XVII, el género creado por Moro se desarrolla pero, paradójicamente, el término en sí mismo se esfuma: estas obras -los relatos de Foigny, Veiras o Tyssot de Patot- son entonces llamadas "viajes imaginarios" o "repúblicas imaginarias", la *Utopía* de Moro es ahora considerada, por Charles Sorel en su *Biblioteca francesa* o Gabriel Naudé en su *Bibliografía política*, un tratado político. Si se es conciente de la existencia de un género específico, no se utiliza "utopía" para designarlo.[14]

Puede afirmarse entonces que en el transcurso de este período se publicaron en lengua francesa varios relatos de tipo utópico que no necesariamente fueron definidos como tales por sus propios autores ni por sus lectores contemporáneos. Antes bien, fueron una serie de operaciones historiográficas y literarias las que construyeron o dieron vida a un *corpus* de fuentes que en sus orígenes no fueron comprendidas como un conjunto homogéneo y aislado de otras producciones literarias, o autónomo y desprovisto de toda interacción con el contexto en el que emergieron.

---

12. Racault, Jean-Michel, *L'Utopie narrative en Angleterre et en France, 1675-1761*, Oxford, The Voltaire Foundation, 1991, p. 13. Al igual que Racault, Frank Lestringant y Lise Leibacher-Ouvrard también han señalado la utilización tardía del término en tanto sustantivo si se compara su uso en Inglaterra. Véase Frank Lestringant, "Huguenots en utopie ou le genre utopique et la Réforme", París, *Société de l'histoire du Protestantisme français*, N° 146, 2000, p. 255 y Lise Leibacher-Ouvrard, *op. cit.*, p. 6.

13. Hartig, Irmgard y Soboul, Albert, *Pour une histoire de l'utopie en France au XVIIIè siècle*, París, Société des études Robespierristes, 1977, p. 27.

14. Trousson, Raymond, *Voyages aux pays de nulle part. Histoire littéraire de la pensée utopique*, Bruselas, Éditons de l'Université de Bruxelles, 1999, p. 10.

La selección de las obras que deberían considerarse utópicas no ha sido, sin embargo, responsabilidad exclusiva de los estudios literarios o de la historiografía reciente. En muchas ocasiones, fueron los mismos autores de utopías o sus lectores contemporáneos quienes vincularon las obras leídas con el modelo iniciado por Moro. En cuanto a la asociación de *Utopía* con *La República* de Platón u otros tratados de filosofía política, por ejemplo, ya en 1633, en su *Bibliographia politica*, Gabriel Naudé se propuso recopilar un conjunto de obras en las que incluyó a Platón, Campanella, Moro, Bacon y Hall, junto con Jenofonte, Plutarco, Cicerón, Montaigne y Jean Bodin.[15] Asimismo, se ha señalado en el capítulo precedente cómo en 1516, en una de las cartas incluidas como paratexto en la primera edición de *Utopía*, ya se había comparado a *La República* de Platón con la descripción de Hitlodeo para sostener que esta última superaba en muchas formas a la anterior.[16]

Ahora bien, respecto de los componentes que debe tener la utopía narrativa para ser clasificada como tal, la definición propuesta por Jean-Michel Racault abre las perspectivas de análisis a un conjunto de relatos de viaje imaginarios que, más allá de no hacer alusión directa a la obra de Moro, sí estarían enmarcados en el modelo por él concebido. En la opinión de este autor, merecen ser llamados utópicos los relatos que, publicados en lengua francesa entre principios del siglo XVII y principios del siglo XVIII, presentan la descripción detallada de un espacio imaginario aislado y ubicado en los márgenes del mundo conocido, al que el protagonista accede mediante algún naufragio o catástrofe mayor para ser allí testigo de la perfecta organización en que se desenvuelve la comunidad hallada y regresar finalmente a los suyos para narrar lo sucedido. A su vez, debe agregarse que en toda narración utópica, la descripción de la sociedad ficticia, de su autosuficiencia y bienestar opera como contrapunto de los problemas más acuciantes que el viajero-testigo pero también el narrador, identifican en relación con su propia sociedad. A diferencia de Hartig y Soboul, podría decirse entonces que desde su función de no lugar el modelo creado por Moro sí estaría replicándose en los relatos de viaje que, en el transcurso del siglo XVII, al igual que el humanista inglés había hecho en el siglo XVI, refieren a las experiencias de descubrimiento narradas por viajeros contemporáneos al tiempo que abrevan en el conjunto de imágenes que la propia expansión ultramarina produjo en torno a las nuevas tierras descubiertas.

Si todo relato de viaje utópico es el producto de un contexto histórico particular, en función de comprender el desarrollo de esos relatos en la Francia del siglo XVII resulta primordial observar cuál fue el lugar de esta nación respecto de los grandes cambios ocurridos en el siglo precedente. A su vez, también debe tenerse en cuenta su papel en el proceso de expansión iniciado por las coronas ibéricas hacia 1450. En este sentido,

15. Trousson, Raymond, *D'Utopie et d'Utopistes*, París-Montreal, L'Harmattan, 1998, p. 10.

16. More, Thomas, *Utopia*, Londres, Penguin classics, 1965, *Gilles letter to Busleiden*, p. 33.

si bien es posible afirmar que con la primera edición de *Utopía* nace un género literario y, con él, un modelo para reflexionar acerca de lo propio desde un no lugar,[17] la historia de la especulación filosófica comienza con *Utopía* pero no por ello el vocablo dispone en 1516 del carácter absoluto ni de la unicidad que caracterizan, en principio, al fenómeno utópico.[18]

En otras palabras, más allá de ser considerada la obra inaugural del género, al momento de su publicación *Utopía* respondió ante todo a los intereses de un reducido círculo humanista, al contexto jurídico, social y político de la Inglaterra de los primeros Tudor y al interés despertado por los primeros viajes de exploración portugueses y españoles a América. En efecto, fue solamente a raíz de la posterior publicación de escritos de este tipo que la fórmula novedosa, atractiva e inédita propuesta por Moro se convirtió en paradigma o epítome del género. En términos de contextos y extrapolaciones, la opinión de Macherey resulta esclarecedora:

> [...] es inapropiado descontextualizar una empresa como la de Moro, haciendo de ella un "modelo" válido para otros sistemas históricos de referencia, que es a lo que uno es conducido cuando, por ejemplo, se instala ese modelo como precursor de las utopías sociales del siglo XIX mientras que, de hecho, habla de cualquier otra cosa.[19]

Dicha aseveración vale también para todo *corpus* de utopías producido en un contexto y período determinados, por lo que bien podría decirse que, en la Europa del siglo XVII, tanto por las temáticas abordadas cuanto por los espacios geográficos escogidos como no lugares de enunciación, los escritos utópicos publicados en lengua francesa que circularon clandestinamente (o no) entre Francia y las Provincias Unidas revistieron características propias.[20] Signados por la Reforma, las consecuentes guerras de religión y el cuestionamiento de la autoridad política y eclesiástica, pero también por la ampliación del mundo conocido a partir de la profusión de viajes exploratorios, los textos utópicos publicados en lengua francesa abordaron un conjunto de temas compartidos sin por ello relegar la singularidad de cada relato.

Por ello, mientras la *Utopía* de Moro debía leerse en clave lucianesca o como amalgama de lo *utile dulci*,[21] en el relato utópico del autor anónimo de la *Histoire du grand et admirable Royaume d'Antangil* (1616) o en las más conocidas obras de Gabriel Foigny (1676), Denis Veiras (1677),

17. Ricoeur, Paul, *L'idéologie et l'utopie*, París, Éditions du Seuil, 1997.

18. Macherey, Pierre, *De l'utopie!*, Lille, De l'incidence éditeur, 2011, p. 117. Cf. Fortunati, Vita y Trousson, Raymond (eds.), *Dictionary of Literary Utopias*, París, Honoré Champion, 2000, pp. 10-1.

19. Macherey, Pierre, *De l'utopie!, op. cit.*, p. 77.

20. Leibacher-Ouvrard, Lise, *Libertinage et utopies sous le règne de Louis XIV*, Ginebra-París, Droz, 1989, p. 12.

21. Tal como se señaló en el capítulo I, desde la primera edición de *Utopía* los términos *salutaris* y *festivus* explicitaban los objetivos de Moro con claridad.

Claude Gilbert (1700) y Simon Tyssot de Patot (1710), aquellas grandes verdades eran ahora otras, pues en la misma medida en que el conocimiento del mundo se había ampliado, el juego de referencias literarias también se había vuelto más intrincado y complejo. Con el objetivo de comprender el desarrollo del relato de tipo utópico en un contexto de producción y circulación determinado como fue la Europa del siglo XVII, a continuación se analizarán el impacto de la experiencia francesa en América, la función del relato de viaje como traductor de la otredad y la consecuente reflexión filosófica de los siglos XVI y XVII.

2. La monarquía francesa en la carrera ultramarina

En la advertencia al lector sobre el diseño y el orden de la recopilación de viajes curiosos nunca antes traducidos al francés que en 1663 publicó Melchisedech Thevenot, bibliotecario de Luis XIV, parece deslizarse lo que en la modernidad temprana y en relación con los viajes de exploración ultramarina constituyó uno de los principales objetivos de la nación francesa: acrecentar el escaso conocimiento que Europa tenía del resto del mundo e incentivar a los viajeros franceses a realizar descubrimientos semejantes a los ya efectuados por las potencias rivales. Dice Thevenot:

Me propongo darle a Francia los viajes ingleses de Hakluyt y de Purchas, que hace tanto tiempo desea tener en su lengua. Agregaré a aquéllos, muchos otros no menos curiosos que jamás han visto el día y muchos que, habiendo sido publicados en otras lenguas, vienen de ser traducidos en la nuestra para enriquecer esta compilación. Haciendo esto, quise además rectificar e incrementar el poco conocimiento que Europa ha tenido hasta aquí de Asia y, por ello, resolví adjuntar las traducciones de algunos autores orientales... Quise también salvar del olvido cantidad de viajes y de acciones memorables de nuestros franceses, que parecen haber tenido más corazón para realizarlas que paciencia para escribirlas...[22]

22. Thevenot, Melchisedech, *Relations de divers voyages curieux, qui n'on point este publiees ou qui ont este traduites d'Hacluyt, de Purchas, & d'autres voyageurs Anglois, Hollandois, Portugais, Allemands, Espagnols, et de quelques persans, arabes, et autres auteurs Orientaux. Enrichies de Figures de Plantes non décrites, d'Animaux inconnus à l'Europe, & de Cartes Geographiques de Pays dont on n'a point encore donné de Cartes. Premiere Partie.* A Paris, De l'imprimerie de Jacques Langlois, Imprimeur ordinaire du Roy, au Mont Saint Genevieuse, Et en sa Boutique à l'entrée de la grande Sale de Palais, à la Rayne de Paix, Gaspar Meturas, Simon Piget, Emanuel Langlois, Thomas Jolly, Louys Billaine, 1663. Avec Privilege du Roy. (Relaciones de diversos viajes curiosos que no han sido publicados o que han sido traducidos de Hacluyt, Purchas y de otros viajeros ingleses, holandeses, portugueses, alemanes, españoles y de algunos persas, árabes y otros orientales. Enriquecidas de figuras de plantas no descriptas, animales desconocidos en Europa y cartas geográficas de países de los cuales todavía no se han elaborado mapas.) "J'entreprens de donner à la France les Voyages Anglois de Hackluyt & de Purchas, qu'il y a si long-temps qu'elle souhaite d'avoir en sa Langue. J'en adjouteray à ceux-là plusieurs autres moins curieux, qui n'on jamais veu le jour, & beaucoup qui ayant esté publiez en d'autres Langues, viennent d'estre traduits en la nostre pour en enrichir ce Recueil.

Al igual que España, desde comienzos del siglo XVI Francia e Inglaterra también habían aspirado a fundar un imperio auténticamente universal.[23] En el caso de Francia, tales ambiciones ya se habían manifestado durante el reinado de Francisco I, quien, en términos de Anthony Pagden, "aludía vagamente a una tierra descubierta por los franceses treinta años antes del primer viaje de Colón...". Durante el reinado de Enrique IV, fue su cosmógrafo real André Thevet quien no tuvo escrúpulos en inventar "ciertos papeles y cuadernos de bitácora antiguos que, a su juicio, demostraban de modo concluyente que unos marineros bretones habían llegado a América durante el reinado de Carlos VIII".[24] Con una retórica similar a la utilizada por su contemporáneo, el gran compilador de viajes Richard Hakluyt en Inglaterra, Thevet también "urgía a su monarca a no quedar rezagado detrás de España y Portugal en la carrera para lograr un imperio...".[25]

Thevenot, por su parte, reconocía los grandes beneficios que los viajes de descubrimiento y la consecuente conquista de territorios en regiones lejanas trajeron aparejados para naciones como España y Portugal. Asimismo, admitía el lugar menor que supo ocupar Francia en dicha empresa. Para el bibliotecario y geógrafo real, la clave explicativa del postergado lugar de la nación francesa en la carrera ultramarina había sido la falta de constancia de los navegantes y exploradores franceses que, a diferencia de los ingleses, no habían persistido en la consolidación del territorio ocupado. En cuanto a la pérdida de las primeras conquistas francesas en el siglo XVI, Thevenot explicaba:

> Y debido a que una de las cosas que parece desalentar a la mayoría de nuestros franceses a realizar semejantes empresas es el poco éxito que han tenido todas aquellas de esta naturaleza que se han realizado hasta ahora, y que a causa, por ejemplo, de que Villegagnon, Monluc, Ribaut (sic) y Laudariere (sic) no conservaron por mucho tiempo en América las plazas que habían ocupado, y que aquellos del Cabo del Norte en este último tiempo no han sido más afortunados, llegan por ello a la conclusión de que la Nación no es propicia. Intentaré desengañarlos de esta opinión, ya que podrán ver en las relaciones de establecimiento de todas las colonias de los otros, y principalmente de los ingleses, holandeses, españoles y portugueses, que constituirán un volumen aparte, de un grosor considerable, que lo acontecido a nuestros franceses también

---

J'ay encore eu, en le faisant, la veuë de rectifier & de accroistre le peu de conoissance que l'Europe a euë jusqu'icy de l'Asie; & pour cela, je me suis resolu d'y joindre les Traductions de quelques Auteurs Orientaux, qui en ont fait ou l'Histoire ou la Description. [...] J'ay voulu aussi sauver de l'oubly quantité de Voyages & de memorables actions de nos François, qui semblent avoir eu plus de coeurs pour les faire, que de soin pour les écrire."

23. Pagden, Anthony, *Señores de todo el mundo. Ideologías del imperio en España, Inglaterra y Francia (en los siglos XVI, XVII y XVIII)*, Barcelona, Editorial Península, 1997, p. 62.

24. Pagden, Anthony, *ibid.*, p. 110.

25. Pagden, Anthony, *ibid.*, p. 89.

sucedió a ellos al comenzar sus emprendimientos, son testigo de ello
las revueltas y las divisiones de los Pizarros y de los Almagros en Perú,
y de Cortés y de Narvaes (sic) en México.

La diferencia que se encontrará entre ellos y nosotros, y lo que ha hecho
triunfar a nuestros vecinos, es que nosotros nos desanimamos desde la
primera desgracia que arribó a nuestras colonias, mientras que los otros,
principalmente los ingleses, tuvieron la constancia de ver arruinarse en
Virginia las cinco o seis primeras de las suyas, sin desesperarse como
nosotros por establecerse.[26]

Frente a esta extendida lista de ocupaciones fallidas, el hallazgo y
ocupación del quinto continente o Tierra Austral constituyó el horizonte de expectativa de toda futura empresa colonial dirigida por Francia.
Tanto para Thevenot cuanto tiempo atrás para el historiador protestante Lancelot Voisin de La Popelinière y sus *Trois mondes* (1582), [27]
de comprobarse la existencia de una Tierra Austral urgiría a Francia
hacer suyo aquel quinto continente al que nadie antes había arribado.[28]
Sobre las posibles navegaciones a tierras australes, Thevenot sostenía:

---

26. Thevenot, Melchisedech, *Relation de divers voyages...*, *op. cit.*, p. 2-3. "Et à cause qu'une des
choses qui semblent refroidir le plus nos François de faire semblables Entreprises, est le peu
de succés qu'ont eu toutes celles de cette nature, qu'ils ont faites jusqu'à cette heure, & qu'à
cause, par exemple, que Villegagnon, Monluc, Ribaut & Lauaridere n'ont pas long-temps
conservé dans l'Amerique les Postes qu'ils y avoient ocupes, & que ceux du Cap de Nord
dans ces derniers temps n'y ont pas esté plus heureux: ils tirent de là une consequence que la
Nation n'y est pas propre; Je tascheray de les desabuser de cette opinion: car ils pourront voir
dans les Relations de l'Establissement de toutes les Colonies des autres, & principalement des
Anglois, des Hollandois, des Espagnols & des Portugais, qui feront un Volume à part, d'une
juste grosseur, que ce qui est avenu à nos François, leur est aussi avenu au commencement de
leurs entreprises, témoin les revoltes & les divisions des Pizarres & des Almagres au Perou, &
des Cortés & des Narvaes au Mexique. La difference qu'on trouvera entre eux & nous, & ce
qui a fait reüssir nos Voisins, est que nous nous sommes rebutez dés la premiere disfrace qui est
arrivée à nos Colonies, au lieu que les autres, principalement les Anglois, ont eu la constance
de voir ruïner dans la Virginie, les cinque ou six premieres des leurs, sans desesperer comme
nous de s'y establir."

27. En opinión de Broc, Francia no habría podido responder a tales llamados debido a los conflictos
internos producto de las guerras de religión: "Ya que la obra de La Popelinière es también una
invitación a viajar, a la aventura y un llamado a los franceses que quisieran caminar tras los
pasos de Colón, Magallanes, de Cortés, de Drake... En definitiva, piensa La Popelinière, 'no
hay más países para conocer que los modernos no hayan descubierto.' Desafortunadamente,
Francia, agotada por un largo período de guerras civiles", en Broc, Numa, *La géographie de
la Renaissance (1420-1620)*, París, Les éditions du C.T.H.S., 1986, p. 172. Sobre la Popelinière
y la creación del mito de la tierra austral, véase Frank Lestringant, Josiane Rieu, y Alexandre
Tarrête, *Littérature française du XVIe siècle*, París, Presses Universitaires de France, 2000, p.
299.

28. La necesidad de acceder al mítico continente perduraría hasta el siglo XVIII. En su *Histoire
des navigations aux Terres Australes* de 1756, Charles De Brosses sugería que "el nuevo
imperio francés debía ser, por el contrario, una red de puestos comerciales que trabajarían para
el provecho mutuo de todos los que participaran en ellos. Atraerían hacia ellos a los "salvajes"
sacándolos de "las selvas" y les permitirían "disfrutar de las ventajas de las leyes humanas y

Imaginé que los ejemplos de esas conquistas, y de las riquezas que nuestros vecinos obtienen, podrían entusiasmar algún día a los de nuestra nación a emprender lo mismo, y a navegar por esos mares lejanos bajo bandera francesa, y que la lectura de los viajes, que los animaría a hacer otros semejantes, les serviría además para instruirlos en la conducta que debe tenerse.[29]

Esta reflexión y el consecuente llamado a la colonización realizado por Thevenot respondían en gran medida a la sucesiva pérdida de posesiones en tierras americanas y, en términos generales, al fracaso de la política de colonización francesa de los monarcas precedentes. Entre los siglos XVI y XVII, los intereses franceses se habían concentrado principalmente en la región de la Bahía de Guanabara (el actual Río de Janeiro) (1555-1560), en la Península de Florida y en la región centro-este de Canadá, a través de la cual se intentaba buscar un pasaje interoceánico noroeste que comunicase al Atlántico con los mares del Pacífico. Ahora bien, si a mediados del siglo XVI dichos territorios parecieron encontrarse efectivamente bajo el control de Francia, tras la firma del Tratado de París en 1763, a excepción de sus dominios en las Antillas y el área de Louisiana,[30] lo que podía considerarse el dominio francés en América se había visto en gran medida reducido. En términos de Pagden,

con la aplicación del Tratado de París del 10 de febrero de 1763, que puso fin a la Guerra de los Siete Años, la presencia francesa en América quedó reducida a las islas del Caribe, las más importantes de las cuales eran, a efectos políticos y económicos, Guadalupe y Santo Domingo. Allí no había, como en Canadá, poblaciones indígenas con las que pudieran llegar a integrarse los colonizadores.[31]

Ciertamente, la pérdida de Guanabara a manos de los portugueses en 1560 y del territorio ocupado en la península de Florida a manos del adelantado español Pedro Menéndez de Avilés en 1565 indicaba no solamente que Francia había decidido establecerse en plazas que nominalmente pertenecían tanto a España como a Portugal,[32] sino también

sociales", de modo parecido a como lo habían hecho los jesuitas de Paraguay", en Anthony Pagden, *Señores de todo el mundo, op. cit.*, p. 196.

29. Thevenot, Melchisedech, *Relation de divers voyages, op.cit.*, p. 1: "Je me suis imaginé que les exemples de ces Conquestes, & des richesses que nos Voisins en tirent, pourroient exciter un jour ceux de nostre Nation à entreprendre la mesme chose, & à naviger dans ces Mers éloignées, sous le Pavillon de France, & que la lecture des Voyages qui les exciteroit à en faire de pareils, leur serviroit encore pour les instruire de la conduite qu'il y faut tenir."

30. La misma fue vendida en 1803 por Napoleón I a los recientemente conformados Estados Unidos con el objetivo de financiar la guerra contra Inglaterra.

31. Pagden, Anthony, *Señores de todo el mundo..., op. cit.*, p. 184. Sobre las consecuencias del Tratado de París (1763), véase también la p. 109.

32. En la firma del tratado de paz de Cateau-Cambrésis en 1559 se había discutido la presencia francesa en Brasil. John McGrath ha señalado al respecto: "Específicamente, los negociadores

que ninguna empresa colonial que no sobreviviera los primeros años de asentamiento podía considerarse una verdadera conquista. Ahora bien, en los casos de Guanabara y Florida, persiste aún la duda respecto de si se trató de crear un refugio protestante, tal como Frank Lestringant parece inferir en su análisis sobre la política exterior de Gaspar de Coligny en aquellos años, o si fueron en realidad intereses comerciales y geopolíticos los que motivaron a la Corona francesa a establecerse en Brasil y Florida.[33] Sin duda, el interés comercial que el palo Brasil había despertado en Francia desde comienzos del siglo XVI se presenta como una razón de peso para comprender los motivos del asentamiento en la Bahía de Guanabara. Por otra parte, resultan menos claras las motivaciones económicas detrás de la construcción de Fort Caroline en Florida. A diferencia del caso de Guanabara, los fracasados intentos de colonización franceses en la Florida respondieron más que ningún otro a los intereses protestantes de quienes la llevaron a cabo.[34] En efecto, sólo el impulso hugonote detrás del asentamiento en Florida explica por qué, luego de recibir noticias de la masacre en el Canal de Matanzas, la Corona francesa, que se encontraba en términos de relativa paz con España tras la firma del tratado de Cateau-Cambrésis en 1559, optó por no intervenir directamente y sólo haya emitido una protesta formal por vía diplomática.[35]

Por su parte, la ocupación estratégica de los territorios septentrionales de América del Norte, que había comenzado en 1534 con los viajes de exploración de Jacques Cartier a lo largo del río San Lorenzo en las (desde entonces) llamadas tierras del Canadá, obedeció al interés comercial que el hallazgo de un pasaje interoceánico noroeste podría haber aportado al comercio francés.[36] En 1605, Samuel Champlain, quien continuaba la

---

españoles insistieron en marzo que los franceses debían abandonar cualquier reclamo ulterior de los territorios en el continente sudamericano y los franceses fueron advertidos de que su presencia en Brasil era considerada agresiva hacia los intereses españoles", en John McGrath, "Polemic and History in French Brazil, 1555-1560", *The Sixteenth Century Journal*, vol. 27, No. 2 (verano de 1996), p. 395.

33. Este argumento ha sido sostenido por John McGarth en "Polemic and History...", *ibid.*, pp. 185-397. El autor sugiere que el intento de colonización en Brasil obedeció a razones geopolíticas y principalmente comerciales, lo cual echaría por tierra la teoría del "refugio protestante" sostenida por reconocidos estudiosos del caso.

34. Lestringant, Frank, *Le huguenot et le sauvage. L'Amérique et la controverse coloniale en France, au temps des guerres de religion*, Ginebra, Droz, 2004, N. al P. 1, p. 228. En una comparación de ambas experiencias, Lestringant señala: "la segunda es sobre todo protestante, mientras que la primera se encontraba bajo la autoridad de Villegagnon, vuelto al catolicismo a partir de 1559, y donde anteriormente se había desarrollado una breve experiencia de concordia religiosa".

35. Lestringant, Frank, *ibid.*, p. 231.

36. Sobre la búsqueda de un pasaje interoceánico noroeste entre los siglos XVII y XVIII véanse: Frédéric Regard (ed.), *The quest for the Northwest Passage: knowledge, nation and empire, 1576-1806*, Londres, Pickering & Chatto, 2012 y Glyndwr Williams, *Voyages of Delusion. The Quest for the Northwest Passage*, New Haven, Yale University Press, 2003.

misión de Cartier, fundaría el primer asentamiento francés permanente en las costas occidentales del Atlántico norte.

Las tres experiencias mencionadas quedarían plasmadas en las relaciones y relatos de viaje publicados en los mismos años o algunos decenios después de que se llevaran a cabo. Tal es el caso de Jean de Léry con la publicación en 1578 de su *Historia de un viaje hecho a la tierra de Brasil*. En muchas ocasiones la edición de un relato de viaje en fecha tan posterior a la experiencia en sí misma se debió a los intereses de algunas facciones protestantes en Francia. En los momentos más álgidos de las guerras de religión, intentaron poner en evidencia el fracaso de una Corona francesa con inclinaciones católicas y las atrocidades cometidas por un aún más poderoso rival como la monarquía ibérica, defensora acérrima del catolicismo en Europa.

Acerca de la frustrada experiencia en Guanabara o Francia Antártica, tal como la denominara el fraile capuchino y cosmógrafo real André Thevet, el mismo fraile publicó las *Singularidades de la Francia Antártica* (1558) y la *Cosmografía Universal* (1575), cuyo segundo tomo incluía una sección dedicada al Nuevo Mundo y dentro de ésta al intento de colonización francés en el actual Río de Janeiro. A su vez, también en 1575, François de Belleforest, historiógrafo real y gran rival de Thevet, presentaría una *Cosmografía Universal* que, si bien retomaba en gran medida aquella primera y exitosísima *Cosmographia* (1550) de Sebastian Münster,[37] agregaba toda una sección sobre América y los distintos intentos franceses de ocupar algunas de sus regiones. Con la intención de resaltar los valiosos aportes que Belleforest había realizado a la obra de Münster, al título principal de *Cosmographie universelle de tout le monde*, Belleforest había agregado: *auteur en partie Muenster (sic) mais beaucoup augmentée, ornée et enrichie par François de Belleforest*.[38]

Por su parte, el hugonote Jean de Léry también produciría una versión propia de lo sucedido en Guanabara. En 1578, veinte años después de haber regresado a Francia, el pastor presentaría su *Historia de un viaje hecho a la tierra de Brasil*, obra en la que acusaba al vicealmirante Nicolás Durand de Villegagnon, autoridad máxima en Guanabara, de haber comprometido la integridad y el éxito de la colonia. En lo que respecta al accionar francés y su experiencia en Brasil, deben agregarse por último las cartas y escritos producidos por el propio Villegagnon, como la *Response aux libelles d'injures publiés contre le Chevalier de Vi-*

---

37. Broc, Numa, *La géographie de la Renaissance, op. cit.*, p. 78.

38. *Cosmografía universal de todo el mundo, autor en parte Münster pero grandemente aumentada, adornada y enriquecida por François de Belleforest*. Sobre este punto, Broc ha señalado: "Los capítulos sobre el Nuevo Mundo son enteramente originales y es evidente que Belleforest tuvo acceso a relaciones de viajeros franceses como Cartier, Villegagnon, Laudonnière, de Gourgues en torno a la Nueva Francia, Brasil o Florida...", en Numa Broc, *La géographie de la Renaissance, op. cit.*, p. 88.

llegagnon (París, 1561),[39] y la edición de 1564 de los *Actes des Martyres* de Jean Crespin, donde se incluyen los testimonios de dos calvinistas perseguidos por el vicealmirante durante su estadía en Guanabara.

Acerca de lo acontecido a los franceses en Florida entre 1562 y 1565, fueron tres los relatos de mayor importancia que circularon de forma contemporánea a los hechos: *The whole and true Discovery of Terra Florida* (1563) de Jean Ribault, la *Histoire notable de la Floride...* de René de Laudonnière y la *Brève narration de ce qui arriva aux Français en Floride* de le Moyne de Morgues, publicada por Teodoro de Bry en 1591.[40] Por último, en relación con las tierras del Canadá, los escritos y mapas realizados por Samuel Champlain a partir de 1603 parecen ser los más completos en cuanto a la flora, fauna y poblaciones allí encontradas.[41] A ellos debe agregarse la *Histoire de la Nouvelle France* de Marc Lescarbot, publicada por primera vez en 1609, y cuyo mérito radicó en presentar una "historia-marco" en la que podían ubicarse las sucesivas derrotas francesas en el Nuevo Mundo.[42]

Puede verse entonces cómo, más allá de las recurrentes desavenencias, la experiencia francesa de colonización en América se vio replicada en un amplio *corpus* de relaciones, compilaciones y relatos de viaje que pusieron de manifiesto las expectativas, los intereses político-religiosos y las primeras impresiones frente a un mundo desconocido que los viajeros, sus autores, habían visitado. En este sentido, muchas de las reflexiones que estas experiencias de colonización suscitaron y que se plasmaron luego en debates, ensayos u otros géneros literarios, estaban ya presentes, aunque de manera incipiente, en los mismos relatos de viaje.[43]

La aparición de nuevos géneros literarios retomaría, por su parte, las impresiones de aquel primer impacto provocado por los grandes viajes de descubrimiento, al presentarse como una instancia de reflexión posible y mediata frente a una multiplicidad de experiencias inéditas. En el caso particular de las ambiciones expansionistas de Francia y de

---

39. En la opinión de Michel De Certeau es muy probable que esta obra haya sido escrita o inspirada por Villegagnon. De Certeau, Michel, *L'Écriture de l'histoire*, París, Gallimard, 1975, p. 481.

40. A estas tres obras debería agregársele el *Discours de l'histoire de la Floride* del carpintero Nicolas Le Challeux, que tras sobrevivir a la masacre de 1565 también daba cuenta de lo sucedido. En general, este tipo de obras fueron tomadas como expresiones partidarias en el contexto del conflicto religioso reinante en Francia. Véase Frank Lestringant, *Le huguenot et le sauvage...*, *op. cit.*, p. 232.

41. Champlain, Samuel, *Des Sauvages ou Voyage de Samuel Champlain, de Brouage, fait en la France Nouvelle*, Chez Claude de Mostroeil, París, 1603.

42. Lestringant, Frank, *Le huguenot et le sauvage...*, *op. cit.*, p. 401.

43. En el caso de Canadá por ejemplo, los cuestionados *Nouveaux Voyages dans l'Amérique septentrionnale* (1703) o los *Dialogues de M. le Baron de La Hontan et d'un sauvage dans l'Amérique* (1704) del Barón de Lahontan, influenciaron el trabajo comparativo que el jesuita Joseph-François Lafitau daría a conocer en 1724 con la publicación de sus *Moeurs des Sauvages Amériquains, Comparées aux Moeurs des Premiers Temps*. A su vez, las reflexiones del hurón, protagonista de *L'Ingenu*, cuento filosófico que Voltaire publicara en 1767, también se harán eco de los temas tratados por Lahontan a principios de aquel siglo.

las tensiones religiosas del reino, cabe destacar que no sólo se manifestaron en los relatos de viaje publicados en este período (tales como los de
Thevet o Léry), sino que también se volvieron temas recurrentes en los
relatos utópicos publicados en el siglo siguiente. En efecto, temas tales
como el conflicto religioso, el encuentro con nuevas formas de alteridad
y la búsqueda de inexplorados territorios en ultramar fueron incorpora-
dos de diversas maneras por los relatos utópicos del *corpus* seleccionado.

En lo que respecta al lugar de Francia frente al resto de las potencias
ultramarinas europeas, es preciso señalar por último que su presencia
en las Indias Orientales y Occidentales no debe concebirse únicamente
en términos de ocupación efectiva y sujeción colonial. Aún cuando no
prestaron servicio a la Corona, muchos franceses participaron del proceso de expansión contratados por distintas compañías comerciales con
la esperanza de triunfar económica y socialmente tras haber permanecido por un tiempo en algún destino de las Indias. En el caso particular
de la Compañía holandesa de Indias Orientales (VOC), entre los siglos
XVII y XVIII fueron centenares los franceses contratados en calidad
de mercenarios. De estos itinerarios de viaje, sobreviven sin embargo
pocos testimonios escritos.[44]

Más allá de la escasez de relatos de viaje acerca de este tipo de experiencias, en cifras, en el transcurso del siglo XVII, el 60% de los mercenarios contratados por la VOC fueron de procedencia extranjera. En su
mayoría, fueron enviados a Oriente, donde desde 1602, ya fuese a través
del cabo de Buena Esperanza o del Estrecho de Magallanes, la flamante
VOC tenía el monopolio del comercio asiático. Dentro de este gran porcentaje de extranjeros prevalecieron, sin embargo, los de origen germánico,
pues la VOC prefirió no contratar ingleses ni franceses ante el temor de
que sus propios intereses se vieran amenazados por dichas naciones. [45]

Ahora bien, el caso de "fuga de información" más paradigmático había
sido paradójicamente aquel del protestante holandés Jan Huyghen van
Linschoten, quien, tras pasar cinco años en Goa al servicio de la Corona
de Portugal, había publicado en 1595 el *Reys-gheschrift vande naviga-
tien der Portugaloysers in Orienten* (Relatos de viaje sobre la navegación
portuguesa en Oriente) y al año siguiente en la ciudad de Ámsterdam
el *Itinerario: Voyage ofte schipvaert van Jan Huyghen van Linschoten
naer Oost ofte Portugaels Indien, 1579-1592* (Itinerario: Relato del via-

44. Van der Cruysse, Dirk, *Mercenaires français de la VOC. La route des Indes hollandaises au XVIIe
    siècle. Le journal de Jean Guidon de Chambelle (1644-1651) suivi en annexe de la Relation
    d'un voyage aux Indes orientales par un gentilhomme français (1630-1636)*, Presentación,
    transcripción y notas de Dirk Van der Cruysse, París, Chandeigne, 2003, p. 7: "en los siglos
    XVII y XVIII los franceses se embarcaron por centenas hacia Asia sobre barcos holandeses,
    y muchos de entre ellos deben haber puesto por escrito sus impresiones de la VOC y de Asia,
    pero sólo la suscinta relación de un gentilhombre anónimo fue impresa".

45. Véase Van der Cruysse, Dirk, *ibid.*, pp. 22-3.

jero Jan Huyghen van Linschoten a las Indias Orientales portuguesas),[46] en los que incluía rutas de navegación y el detallado relevamiento topográfico del Asia portuguesa que los lusos habían guardado con tanto celo hasta entonces.[47]

Sobre este último punto resulta de interés señalar que desde 1481 la monarquía portuguesa y las cortes habían prohibido la diseminación de cartas náuticas y relaciones que dieran cuenta de los descubrimientos portugueses más recientes.[48] En abierto desafío de esta restricción, las informaciones provistas por Linschoten fueron las que permitieron a la Compañía holandesa de Indias Orientales terminar con el monopolio portugués en Lejano Oriente y, en la medida en que gozó de poderes comerciales, militares, jurídicos y políticos delegados por las Provincias Unidas, convertirse en representante indiscutida del liderazgo comercial holandés en Oriente.[49] La obtención del monopolio no fue, sin embargo, inmediata, y la competencia entre portugueses y holandeses por el control del sudeste asiático continuó hasta mediados del siglo XVII. En 1663, sin embargo, el conflicto llegó a su aparente fin con la firma de un tratado de paz entre ambas naciones. En palabras de Jonathan Israel,

bajo los términos del tratado, firmado en marzo de 1663, todos los privilegios políticos y comerciales que los portugueses habían poseído previamente les eran ahora conferidos a los holandeses, a quienes les eran asignados los derechos exclusivos de exportación de la producción de pimienta y canela de Cochin.[50]

En cuanto al desarrollo del relato utópico en este mismo período, a los itinerarios y actividades realizadas por sus viajeros imaginarios, y a su vínculo con los aciertos y desaciertos de la Corona francesa en términos de expansión, resulta relevante destacar que era relativamente común que los franceses se pusieran al servicio de Compañías pertenecientes

---

46. La obra fue publicada por primera vez por Cornelis Claesz, líder en la edición de relatos de viaje para esta época. Las versiones en latín y en alemán serían incluidas por la familia De Bry en los volúmenes II, III y IV del *India Orientalis*, publicados entre 1598 y 1601 en ambos idiomas. Véase Michiel Van Groesen, *The Representations of the Overseas World in the De Bry Collection of Voyages (1590-1634)*, Leiden-Boston, Brill, 2008, p. 501-3.

47. Van der Cruysse, Dirk, *Mercenaires français de la VOC...*, *op. cit.*, p. 9: "La publicación en 1595 del detallado itinerario de navegaciones portuguesas en Oriente de Jan Huyghen van Linschoten es un acontecimiento. El autor, que pasó cinco años en Goa, propone allí una descripción detallada de la vía marítima (la *Carreira da India*), así como de la hidrografía y de la topografía del Asia portuguesa." "El *Itinerario...* aporta inestimables informaciones sobre las Indias orientales, sobre los lugares donde pueden procurarse ventajosamente los productos asiáticos que reclaman los mercados occidentales..." La primera versión del *Itinerario* en francés data de 1610.

48. Portuondo, María M., *Secret Science. Spanish Cosmography and the New World*, Chicago y Londres, The University of Chicago Press, 2009, p. 7.

49. Van Groesen, Michiel, *The Representations of the Overseas World...*, *op. cit.*, p. 26.

50. Israel, Jonathan, *Dutch Primacy in World Trade, 1585-1740*, Nueva York, Oxford University Press, 1991, pp. 249-250.

a otras naciones y, en ese contexto, hicieran su propia experiencia de viaje a ciudades, puertos y regiones enteras que no se encontraban bajo el control de Francia. En segundo lugar, también es posible afirmar que la competencia entre naciones por el control de las rutas de navegación o cualquier información ventajosa en materia comercial era una preocupación corriente para todas ellas. En efecto, en un intento por eludir una práctica habitual en la competencia ultramarina, la VOC se había opuesto desde un principio a que se hiciera una historia de sus conquistas, avances y ocupación de territorios para que esta información no fuese utilizada por sus enemigos y competidores.[51]

Asimismo, los avances de las Provincias Unidas de los Países Bajos frente al dominio portugués o la desconfianza holandesa ante la posibilidad de que mercenarios franceses o ingleses fuesen en realidad agentes de sus respectivas naciones demuestran la variedad de frentes en los que se disputaba la carrera ultramarina. La competencia entre España, Francia e Inglaterra por el ámbito no europeo, sin embargo, no era nueva. Tal como señala Anthony Pagden, había comenzado desde principios del siglo XVI y en aquel entonces América se había vuelto el escenario principal.[52] Por último, merece ser destacado el papel de las Provincias Unidas en la concentración y difusión de información relativa a las rutas de navegación y comercio interoceánico algunos años después de firmada la Unión de Utrecht en 1579.

Directa o indirectamente, todos los temas aquí expuestos (i.e. las relaciones de poder descriptas, el funcionamiento de las distintas Compañías comerciales y las ambiciones coloniales de las diferentes potencias ultramarinas) fueron retomados por los relatos utópicos que aquí se estudian. En este sentido, si bien las experiencias francesas en Guanabara, Florida o Canadá no tuvieron una incidencia directa en los temas abordados por este tipo de relatos en el siglo XVII, sí constituyen valiosos antecedentes en relación con el lugar de la corona francesa en la expansión colonial. En más de una forma, los obstáculos encontrados por Francia en este campo en el siglo XVI marcaron la agenda de la Corona en el siguiente, período de auge del relato de viaje de tipo utópico.

---

51. Delmas, Adrien, "From travelling to history: An outline of the VOC writing system during the 17th century", en Delmas, Adrien and, Penn, Nigel, *Written culture in a Colonial context. Africa and the Americas, 1500-1900*, Ciudad del Cabo, UCT Press, 2011, Part II, 5, p. 117: "La lógica historiográfica estaba totalmente fuera de los planes de la Compañía, que sólo escribía en función de una lógica técnica y administrativa. Bajo ninguna circunstancia podía ser considerada la escritura histórica un objetivo, un resultado. Finalmente, fue sólo para lidiar con la multiplicación de los documentos escritos arriba descriptos que el proyecto de resumir la historia de la Compañía ganó terreno entre sus líderes."

52. Pagden, Anthony, *Señores de todo el mundo...*, *op. cit.*, p. 13.

3. Experiencia americana y reflexión filosófica en la Francia de los siglos XVI y XVII

En los siglos que precedieron a los grandes viajes de descubrimiento, el relato de viaje pareció construirse tanto en función de los elementos que el autor deseaba resaltar de sí mismo como de su propia experiencia. Publicados en el período previo al inicio de la expansión ultramarina, los relatos de geógrafos y viajeros, tales como Giovanni di Piano Carpini, Guillermo de Rubruck, Juan de Marignolli y Marco Polo o el supuesto Jehan de Mandeville, manifestaron "tanto el bagaje cultural, erudito y técnico del autor, como los elementos que éste ha[bía] decidido privilegiar".[53] La inclusión de maravillas, anécdotas extrañas y leyendas debía comprenderse además en función de que el fin último de este tipo de textos era instruir pero también asombrar al lector. En aquel período, el libro de viajes fue, en consecuencia, no solo un reservorio de aquello que el viajero había visitado sino también un claro exponente de una forma en particular de representar el mundo.[54]

Ahora bien, a partir del proceso de expansión ultramarina que Europa inició en la modernidad temprana, la experiencia del viaje y el relato producido en consecuencia no sólo se volvieron vehículos para representar al *otro* y por ello *al mismo*[55] sino que también, en la medida en que dieron lugar a la creación de nuevos géneros literarios, inauguraron el campo de las reflexiones filosóficas que los acompañaron. Ciertamente, la experiencia del descubrimiento de América significó un giro inédito en la relación de Europa con otras sociedades y con su propia humanidad. Uno de los efectos más visibles en este sentido fue la ampliación de la ecúmene en términos geopolíticos pero también la creación de nuevos géneros y la readaptación de otros.[56] Sobre este último punto merecen particular atención las reflexiones de Pierre-François Moreau, quien pone especial énfasis en el vínculo entre una experiencia de descubrimiento inaudita y el correlativo nacimiento de nuevos géneros literarios:

53. Bresc, Henri y Tixier Du Mesnil, Emmanuelle, *Géographes et voyageurs au Moyen Âge*, París, Presses Universitaires de Paris Ouest, 2010, p. 11.

54. Véase el minucioso estudio de Seymour Phillips sobre las representaciones de mundos lejanos existentes en Europa a inicios del período de expansión transoceánica. Phillips, Seymour, "The Outer World of the European Middle Ages", en Schwartz, Stuart B.(ed.), *Implicit Understandings, Observing, Reporting, and Reflecting on the Encounters between Europeans and Other Peoples in the Early Modern Era*, Cambridge, Cambridge University Press, 1994, pp. 23-63.

55. Hartog, François, *El espejo de Heródoto. Ensayo sobre la representación del otro*, Buenos Aires, Fondo de Cultura Económica, 2002, p. 242. Nos referimos aquí a la representación de la propia identidad.

56. Entre las producciones más recientes relativas al nacimiento de una "etnografía" propia del siglo XVI se destacan los aportes de Surekha Davies en *Renaissance Ethnographies and the Invention of the Human. New Worlds, Maps and Monsters*, Cambridge, Cambridge University Press, 2016. Véase también: Colón, Cristobal, *Diario, cartas y relaciones. Antología esencial. Selección prólogo y notas de Valeria Añon y Vanina Teglia*, Buenos Aires, Ed. Corregidor, 2012, p. 50-1.

La América descubierta ha inaugurado para los europeos no sólo nuevos horizontes, sino también nuevos géneros. La narración de viaje, real o imaginario, se instala en una especie intelectual diferente, que implica que el relato de lo lejano tiene algo que enseñar acerca de la humanidad del hombre. Es verdad que el itinerario hacia el Allá existía antes: ya se lo ha visto cuando el Allá era el Más Allá; y cuando se contaban también las expediciones a las comarcas lejanas (Marco Polo, J. Mandeville o Plan Carpin dan testimonio de ello). Sin embargo se produce una ruptura en el siglo XVI: revelando la existencia de razas de hombres hasta entonces completamente desconocidas, las tierras nuevas hacen estallar un universo cerrado y enseñan que los hechos descubiertos en las regiones en continuidad natural (física, geográfica) con los nuestros podían plantear a quienes los descubrían preguntas sobre su propia relación con el mundo; derecho, religión y cosmología se encontraban de inmediato implicadas en los resultados relatados en los viajes.[57]

En el caso de Francia entre los siglos XVI y XVIII, el vínculo entre experiencia de viaje, relato y reflexión filosófica se tradujo en un caudal de opiniones e información que podía circular en más de un sentido. De la tríada experiencia-relato-reflexión sobresale el intento de asentamiento francés en las costas de Brasil a mediados del siglo XVI, los ya mencionados relatos de viaje del padre capuchino André Thevet (1558) y del pastor hugonote Jean de Léry (1578), publicados a raíz de tal experiencia y, poco tiempo después, el célebre ensayo "De los Caníbales" (1580) de Michel de Montaigne, donde el magistrado de Burdeos reflexiona en torno a la naturaleza salvaje de las poblaciones americanas pero también de sus congéneres europeos.[58]

La experiencia del viajero nutre un sinnúmero de reflexiones que, a partir del siglo XVI, conformarán el basamento de un orden moderno renovado. En este sentido, ante la obsolescencia de preguntarse acerca de las múltiples formas en que Europa impactó en América, y la llama-

---

57. Moreau, Pierre-François, *La utopía. Derecho natural y novela del Estado*, Buenos Aires, Hachette, 1986, p. 100.

58. Aunque en el siglo XVIII, también deberían ser tenidas en cuenta las repercusiones de las incursiones marítimas realizadas por Francia en los mares del Atlántico Sur. En efecto, a partir de su participación en la expedición francesa a las Islas Malvinas (1763-1764), el capuchino Joseph Antoine Pernety publicó su *Histoire d'un voyage aux Isles Malouines* (1770) para convertirse muy pronto en uno de los mayores protagonistas del debate en torno a la naturaleza del continente americano que, entre 1770 y 1772, estalló entre el mencionado Pernety y el abate prusiano Cornelius de Pauw. La experiencia de Louis-Antoine de Bougainville, al mando del primer viaje de circunnavegación francés (1766-1769), también quedó plasmada en la publicación de su *Viaje alrededor del mundo...* (1771), que al año siguiente sería retomado por Denis Diderot en su *Supplément au voyage de Bougainville* (1772) para reflexionar en términos filosóficos acerca de las bondades de la razón natural frente a la moral y las costumbres europeas. Para un estudio detallado sobre estos temas véanse Margaret T. Hodgen, *Early Anthropology in the Sixteenth and Seventeenth Centuries*, Pensilvania, University of Pennsylvania Press, 1998, y Michèle Duchet, *Anthropolgie et histoire au siècle des Lumières*, París, Albin Michel, 1995.

tiva persistencia del debate en torno a cuál ha sido el impacto de América en Europa,[59] parece más prudente indagar en torno a la huella que la experiencia americana imprimió en la cultura y política europeas de la modernidad temprana a partir del relato de viaje y de las reflexiones que éste suscitó en determinados círculos letrados. Dentro del concierto de naciones que participaron de la expansión transoceánica europea, el caso de Francia reviste particular interés, pues sus esfuerzos en materia de expansión y conquista no siempre se vieron reflejados en igual proporción en sus logros. Las reflexiones que dichas experiencias suscitaron, sin embargo, sobrepasaron en número a las de sus potencias rivales.[60]

Desde la perspectiva propuesta por François Hartog, para quien más allá de las reglas operatorias que existen en la construcción de una retórica de la alteridad todo viajero habla de sí mismo al hablar del *otro*,[61] se analizará a continuación el impacto de la experiencia de descubrimiento en la creación de nuevos géneros literarios y formas de comprender el mundo. En principio, merece señalarse que el shock epistemológico provocado por la llegada a América renovó, dentro de los ámbitos intelectuales europeos, el interés y la reflexión respecto de la alteridad.[62] A su vez, la encrucijada en la que se encontraron los humanistas, al verse enfrentados a las incongruencias planteadas por los saberes antiguos frente a los recientes hallazgos ultramarinos, dio origen al surgimiento de nuevos géneros literarios.[63] Al respecto, Anthony Pagden ha señalado:

Las tensiones que surgieron a partir de las distintas respuestas a "lo nuevo" de América, derivaban, en un nivel, del problema de cómo crear

---

59. Dentro de este debate, se destacan la idea de un impacto difícil de rastrear o casi imperceptible esbozada por J. H. Elliott y el énfasis puesto por Karen Ordhal Kupperman en la influencia que América ejerció sobre Europa por el otro. Véanse J. H. Elliott, *El viejo mundo y el nuevo*, Madrid, Alianza, 1972, capítulo 1: "El incierto impacto", y Karen Ordhal Kupperman [ed.], *America in European Consciousness, 1493-1750*, Chapel Hill, University of North Carolina Press, 1995.

60. Lestringant, Frank, "Il Buon Selvaggio nella cultura francese ed europea del settecento", *Bulletin de l'Association d'étude sur l'humanisme, la réforme et la renaissance*, N° 21, 1985, pp. 78-79. Frente a la producción literaria y las reflexiones filosóficas desarrolladas en la Francia del siglo XVI, Frank Lestringant ha considerado beneficiosa la distancia de la que esta nación gozó (en detrimento de una política de colonización más exitosa) respecto de sus competidores.

61. Véase Hartog, François, *El espejo de Heródoto, op. cit.*

62. Véase Alexandre Tarrête, "Le Nouveau Monde et la rencontre de l'altérité", en Frank Lestringant, J. Rieu, A. Tarrête, *Littérature française..., op. cit.*, p. 391. Sobre la capacidad de los modelos epistemológicos para incorporar experiencias nuevas, véase: Louis Bénat-Tachot, "De l'île à l'Islario: fonction et statut de l'île dans l'écriture de la conquête", *op. cit.*, p. 69.

63. La confrontación entre saberes antiguos y modernos a partir de los viajes de exploración y descubrimiento ha sido abordada por Anthony Grafton y François Hartog, entre otros. Véanse Anthony Grafton, *New Worlds Ancient Texts. The power of tradition and the Shock of Discovery*, Cambridge, Harvard University Press, 1992, y François Hartog, *Anciens, modernes, sauvages*, París, Galaade Éditions, 2005. Sobre el nacimiento de nuevos géneros literarios producto del encuentro de mundos véase Frank Lestringant, J. Rieu, A. Tarrête, *Littérature française..., op. cit.*, p. 261.

un texto donde ninguno había existido antes. Esto llevó a la invención de nuevos géneros o, al menos, a nuevas versiones de viejos géneros.[64]

Tanto es así que, hacia fines del siglo XVI, los debates filosóficos que podían realizarse a partir de una experiencia o relato de viaje encontraron en el ensayo un medio propicio para la reflexión. En principio, en términos argumentativos el *essai* permitía experimentar a partir de una serie de supuestos elegidos libremente por el autor en torno al tema que desease tratar.[65] En el caso de Francia, la frustrada experiencia en la Bahía de Guanabara dio origen al ensayo "De los Caníbales" de Michel de Montaigne, publicado dentro de su colección de ensayos en 1580. A partir de los relatos de Thevet (aunque sin citarlo explícitamente), de Jean de Léry y de Francisco López de Gomara,[66] en esta pieza literaria Montaigne desarticulaba la mirada tradicional sobre lo *bárbaro* y lo *salvaje* para, en una comparación con las costumbres de las poblaciones tupi-guarníes descriptas por Thevet y Léry, hacer una mordaz crítica al comportamiento de católicos y protestantes de una Francia dividida por el conflicto religioso.[67]

Un Brasil caníbal se convertía de esta forma en el espejo de una sociedad sumergida en la violencia producto de las guerras de religión. Al igual que Léry, Montaigne aborrece la naturaleza de los crímenes cometidos pero, a diferencia de éste, no toma partido por un bando en particular. En este sentido, si bien es válido marcar las similitudes en las argumentaciones de uno y otro autor, siendo Léry el gran inspirador de Montaigne,[68] al comparar las lecciones que ambos sacan del mundo tupi, resulta claro que el ejercicio propuesto por Montaigne constituyó la piedra fundamental de futuras reflexiones en torno al *otro*. En términos de Carlo Ginzburg, "Montaigne proveyó el marco, el esquema con el

---

64. Pagden, Anthony, *European Encounters with the New World: from Renaissance to Romanticism*, New Haven y Londres, Yale University Press, 1993, p. 54.

65. Sobre el caso particular del ensayo "De los Caníbales", Frank Lestringant ha señalado: "Se trata de un 'ensayo' en el sentido más estricto del término, ejercicio de pensamiento sin fronteras y sin rienda, experimentación lúdica y rigurosa, y a la vez, de una libertad escabrosa", en Frank Lestringant, "Huguenots en utopie...", *op. cit.*, p. 258.

66. Lestringant, Frank, Rieu, J., Tarrête, A., *Littérature française...*, *op. cit.*, p. 392.

67. Sobre este punto véase Michel De Certeau, *El lugar del otro. Historia religiosa y mística*, Buenos Aires, Katz Editores, 2007, capítulo 11: *Montaigne: "Caníbales"*.

68. Duviols, Jean-Paul, "L'Amérique espagnole au XVIe siècle selon les récits de voyages", en *Histoire, économie et société*, 1988, 7e année, n°3, p. 317: "Los europeos del Renacimiento, y particularmente los franceses que vivían casi cotidianamente los horrores de las guerras de religión no estuvieron verdaderamente contrariados por esas prácticas post-mortem. Montaigne, cuyo secretario particular había vivido 'en tribu' en Brasil, reflexionó en parte sobre esto en su famoso capítulo sobre los caníbales y concluyó que los verdaderos 'salvajes', son los europeos, a instancias de Jean de Léry que recuerda oportunamente las crueldades cometidas durante la masacre de San Bartolomé donde 'los hígados, los corazones y otras partes del cuerpo de algunos fueron comidas por los furiosos asesinos temidos hasta por los Infiernos'."

cual comprender la información sobre las tierras y gentes recientemente descubiertas".[69]

El análisis de las obras de Léry y Montaigne, sin embargo, permite observar cómo a partir de la experiencia americana y de las descripciones sobre la forma en que otras sociedades estaban organizadas, una otredad cultural y geográfica se convirtió en el contrapunto perfecto para ejercitar la reflexión por medio del extrañamiento. En más de un sentido, se trataría acaso de aquel viaje de ida y vuelta al que se refiriera Michel De Certeau para explicar el proceso de resignificación del *mismo*.[70] En el caso particular de Montaigne, la lectura e interpretación de un *otro* adquiere relevancia en la medida en que el autor desea poner en evidencia las incongruencias de lo propio. Lo mismo, sin embargo, podría decirse de la obra de Léry. En principio, el hecho de que su *Historia de un viaje...* haya sido publicada por primera vez veinte años después de la experiencia en sí misma pero muy pocos años después de la masacre de San Bartolomé (1572), en un contexto en el que las relaciones entre católicos y calvinistas se encontraban enteramente degradadas, también pone en evidencia los usos que podían hacerse de un *otro* en función de un contexto e intencionalidad determinados.

Este ejercicio de distanciamiento en el que abrevaba el ensayo de Montaigne ya había sido practicado por Moro en *Utopía*. En este sentido, es posible suponer que ambas obras se vinculaban con el género de la declamación,[71] en la medida en que se presentaban como un ejercicio retórico en el que estaba involucrado el uso estratégico tanto del lenguaje cuanto del pensamiento crítico. Es preciso agregar que durante el Renacimiento este género se había convertido en una verdadera moda de la literatura europea. Ahora bien, más allá del posible impacto de la declamación en este período, es posible observar que, así como Moro había hecho en *Utopía*, en el ensayo "De los Caníbales", Montaigne conjuga ejercicio y ficción para, en un marco de total libertad producto de un cierto distanciamiento de la realidad, reflexionar sin prejuicios acerca de la moral. La forma en la que Lestringant ha evaluado los alcances de este recurso retórico vuelve las similitudes aún más evidentes:

69. Ginzburg, Carlo, *History, rhetoric and proof*, Hanover y Londres, University Press of New England, 1999, Cap. 3: "Alien Voices. The Dialogic element in Jesuit Historiography", p. 79.

70. Michel De Certeau, *L'Écriture de l'Histoire*, París, Gallimard, 1975, p. 250: "En 1556, Jean de Léry tiene veinticuatro años. Su Historia, veinte años más tarde, cambia en forma circular el movimiento de partida que iba de *par-deçà* (aquí, Francia) a *par-delà* (allí, los Tupis). Mueve el viaje en un ciclo. Trae de allí un objeto literario, el salvaje, que le permite regresar al punto de partida. El relato produce el regreso del sí al mismo a través de la mediación del otro."

71. Lestringant, Frank, "Huguenots en utopie...", *op. cit.*, p. 256: "La utopía-género se vincula, desde la *Utopía* de Tomás Moro, que la nombra y la funda, con el género de la declamación, ilustrado antes por Erasmo en su *Elogio de la locura*." "La declamación, en el sentido retórico del término, es un ejercicio. Ejercicio de palabra y de pensamiento."

Liberada de las contingencias históricas, exenta de todo dogmatismo como de toda finalidad didáctica, [la declamación] demuestra cierta desvinculación de la realidad inmediata para mejor considerarla y evaluarla.[72]

Ahora bien, además de la influencia y similitudes entre géneros, tampoco debe olvidarse que el desarrollo del relato utópico en el siglo XVII se hizo eco del impacto que en ese mismo período tuvo el relato de viaje en la percepción tanto de lo propio como de lo ajeno. En este sentido, el relato utópico bien podría ser comprendido como la exacerbación del relato de viaje en tanto experiencia de la otredad. Al respecto, merecen considerarse las reflexiones de Lise Leibacher-Ouvrard, para quien el desplazamiento del que todo relato de viaje es producto debería ser visto como la antesala del proceso de descentramiento que toda utopía implica.[73]

4. El relato utópico como fuente

En cuanto a la importancia del relato utópico en tanto fuente, resulta necesario señalar que si bien es pertinente reconocer la especificidad literaria de la utopía como género, no debe subestimarse su valor histórico en la medida en que es aquel "testimonio involuntario" señalado por Marc Bloch en su *Apología para la historia* lo que constituye una forma de acceso al mundo de representaciones propio del siglo XVII.[74] En este sentido, el reconocimiento de la especificidad literaria del género utópico desde el campo de la teoría literaria,[75] así como cualquier análisis interdisciplinario centrado en el texto en sí mismo, no debería por ello vedar todo vínculo con una "realidad extratextual", tal como la define Carlo Ginzburg.[76]

En función de este último punto, conviene presentar brevemente el conjunto de fuentes que serán analizadas en los capítulos siguientes. No se trata, con esto, de ahondar en las biografías de sus autores o de enumerar los vaivenes que en materia de ediciones tuvieron estos libros, aunque debe señalarse que "lo monótono del género", tal como lo

72. Lestringant, Frank, *ibid.*, p. 257.

73. Leibacher-Ouvrard, Lise, *Libertinage et utopies..., op. cit.*, p. 170.

74. La idea de testimonio involuntario que acuñara Marc Bloch en su *Apología para la Historia o el oficio del historiador* ha sido retomada por Carlo Ginzburg y Roger Chartier en las últimas décadas. Véase Carlo Ginzburg, *El hilo y las huellas. Lo verdadero, lo falso, lo ficticio*, Buenos Aires, Fondo de Cultura Económica, 2010 y Roger Chartier, *El presente del pasado: escritura de la historia, historia de lo escrito*, México, Universidad Iberoamericana – Departamento de Historia, 2005.

75. Racault, Jean-Michel, *Nulle part et ses environs. Voyage aux confins de l'utopie littéraire classique, 1657-1802*, París, Presses de l'Université de Paris-Sorbonne, 2003, p. 14. Los trabajos de Raymond Trousson también se incluyen en este grupo.

76. Ginzburg, Carlo, *History, rhetoric and proof..., op. cit.*, p. 71: "Los textos son vistos frecuentemente como mundos en sí mismos, como artefactos literarios cuya relación con las realidades extratextuales no tenemos derecho a explorar".

describieran tanto Emil Cioran cuanto Jean-Michel Racault,[77] no pareció interferir en el éxito editorial que estas obras tuvieron entre mediados del siglo XVII y principios del XVIII. Por el contrario, indagar los itinerarios de estos autores de utopías muchas veces desconocidos, así como relevar las ciudades en las que sus obras fueron publicadas, es de capital importancia para comprender el complejo entramado de referencias e interlocutores tanto como la circulación de las obras en una Europa signada por el disenso religioso y la competencia entre naciones. A continuación serán abordados el contenido, contexto de publicación y circulación de los relatos que, editados en lengua francesa entre 1616 y 1720, retomaron el modelo iniciado por Moro a principios del siglo XVI.

Se encuentra en primer lugar la *Histoire du grand et admirable Royaume d'Antangil*, considerada casi por unanimidad la primera utopía francesa de la que se tenga noticia.[78] Editada anónimamente por Thomas Portau en la ciudad francesa de Saumur en 1616, la identidad de su posible autor ha sido objeto de cierta controversia. Contra las opiniones de Frédéric Lachèvre y Nicolas van Wijngaarden,[79] en un artículo publicado en 1963 Alexandre Cioranescu sugirió que quien se escondía detrás de las siglas I. D. M. G. T. (única referencia al posible autor en el texto impreso) debía ser el hugonote francés exiliado en Holanda, Jean de Moncy.[80] A partir de la minuciosa reconstrucción de las vidas de otros autores posibles, Cioranescu establecía que la publicación por parte de Moncy de dos diálogos con el propósito de instruir a sus correligionarios firmados con las siglas I. D. M. en Holanda entre 1610 y 1615 permitía afirmar que la *Histoire... d'Antangil* también era de su autoría. Así como la *Utopía* de Moro se había compuesto de dos libros, en la opinión de Cioranescu la *Histoire... d'Antangil* debía concebirse como el libro segundo y los diálogos de 1610, cuyo título completo era *Dialogues rustiques d'un prestre de village, d'un berger, le censier et sa femme. Très utile pour ceux qui demeurent ès pays où ils n'ont le moyen d'estre*

---

77. Racault, Jean-Michel, *Nulle part et ses environs...*, *op. cit.*, p. 13: "Ese género, para el cual sería deseable reservar el término de "utopía", designando *utopismo* al modo correspondiente, es en efecto, hay que admitirlo, de una lectura a veces monótona."

78. Contra esta opinión, Lestringant otorga este puesto a una obra precedente, *Alector ou le Coq*, publicada por Barthélemy Aneau en la ciudad de Lyon en 1560. Véase Frank Lestringant, "Huguenots en utopie...", *op. cit.*, p. 281.

79. Minerva, Nadia, "So close, so far. The puzzle of Antangil", en Avilés, Miguel A. Ramiro, Davis, J. C. (eds.), *Utopian Moments. Reading utopian texts*, Bloomsbury Academic, Londres, 2012, N. al pie No. 2: "La identificación del autor, indicada con las iniciales IDMGT, ha suscitado un animado debate y conducido a varias hipótesis. Frédéric Lachèvre avala la tesis de un oficial francés de origen noble; Nicolás Wijngaarden dice que éste es Joachim du Moulin, un ministro protestante en Saumur, mientras que según Alexandre Cioranescu podría ser Jean de Moncy, un profesor en la pequeña ciudad holandesa de Tiel."

80. Cioranescu, Alexandre, "Le Royaume d'Antangil et son auteur", *Estratto Studi Francesi* N° 19, Torino, Società Editrice Internazionale, 1963, p. 21.

instruits par la prédication de la Parole de Dieu, debían ser interpretados como el libro primero.[81]

El hecho de que Moncy, supuesto autor, fuese profesor en Tiel, Holanda, pero que la obra haya sido publicada en Saumur (si se toman en
cuenta el pie de imprenta y el inventario de obras publicadas por Thomas
Portau en aquella ciudad entre 1601 y 1623), no debería, en realidad,
resultar sorprendente. A principios del siglo XVI, la ciudad de Saumur
era considerada uno de los centros más activos del protestantismo en
Francia en lo que refiere a la divulgación de libros, panfletos y libelos
propagandísticos difamatorios del catolicismo. Como ha señalado Louis
Desgraves, "al lado de La Rochelle, capital política del protestantismo
en el este de Francia, Saumur era la capital religiosa e intelectual. La
llegada de Portau a Saumur coincidió además con la creación de la Academia, que atrajo rápidamente a eminentes profesores cuya enseñanza
contribuyó al esplendor de la ciudad".[82]

A Saumur, convocados por su gobernador Philippe Duplessis-Mornay,
llegaban entonces autores protestantes de otras regiones, manuscritos
y primeras ediciones que debían ser reimpresas para circular dentro de
la comunidad protestante de Francia.[83] Debe agregarse, a su vez, que
el mismo Portau viajaba frecuentemente a otros centros protestantes
dentro y fuera del país para recibir obras de otros escritores y también
difundir sus propias impresiones. La distancia entre Tiel, en el caso de
que el autor de Antangil haya sido verdaderamente Moncy, y Saumur,
se hace entonces sorprendentemente más corta.

En cuanto al carácter de la obra propiamente dicho, debe señalarse que según la edición de 1616, de la que la *Bibliothèque Nationale de
France* conserva actualmente dos ejemplares, se encuentra dividida en
cinco partes. En coincidencia con el inventario de obras publicadas por
Thomas Portau en la ciudad de Saumur, su título completo es *Histoire du
grand et admirable royaume d'Antangil. Incogneu jusques à présent à tous
Historiens et Cosmographes: composé de six vingts Provinces très belles
et très-fertiles. Avec la description d'icelui, & de sa police nompareille,
tant civile que militaire. De l'instruction de la jeunesse. Et de la religion. Le tout compris en cinq livres. Par I. D. M. G. T. A Saumur: par
Thomas Portau, 1616.*[84] Incluye además una extensa dedicatoria a los

---

81. Cioranescu, Alexandre, *ibid.*, p. 21-3.

82. Desgraves, Louis, *Thomas Portau, imprimeur à Saumur (1601-1623), Bibliothèque de l'école
des chartes*, 1968, tome 126, livraison 1, pp. 63-133.

83. Desgraves, Louis, *ibid.*, p. 65: "A fines del mes de julio de 1601, Thomas Portau, después de
haber cedido su atelier a René Troismailles, que, por su parte, se mudaba por la tercera vez, dejó
Niort para instalarse en Saumur, donde fue llamado por Philippe Duplessis-Mornay, gobernador
de la ciudad. Aquel estaba deseoso de tener cerca suyo un impresor dedicado y competente para
imprimir sus obras y aquellas de los autores protestantes que su autoridad y prestigio hacían
venir a Saumur."

84. *Historia del gran y admirable reino de Antangil. Desconocido hasta ahora a todos los historiadores
y cosmógrafos: compuesto de veintiséis provincias muy bellas y muy fértiles. Con la descripción*

"tres Hauts tres puissans et tres illustres Seigneurs, Messieurs les Estats des Provinces unies du païs bas"[85] y un mapa e índice topográfico en el que se encuentran representadas las ciudades y accidentes geográficos más importantes del supuesto Reino de Antangil.

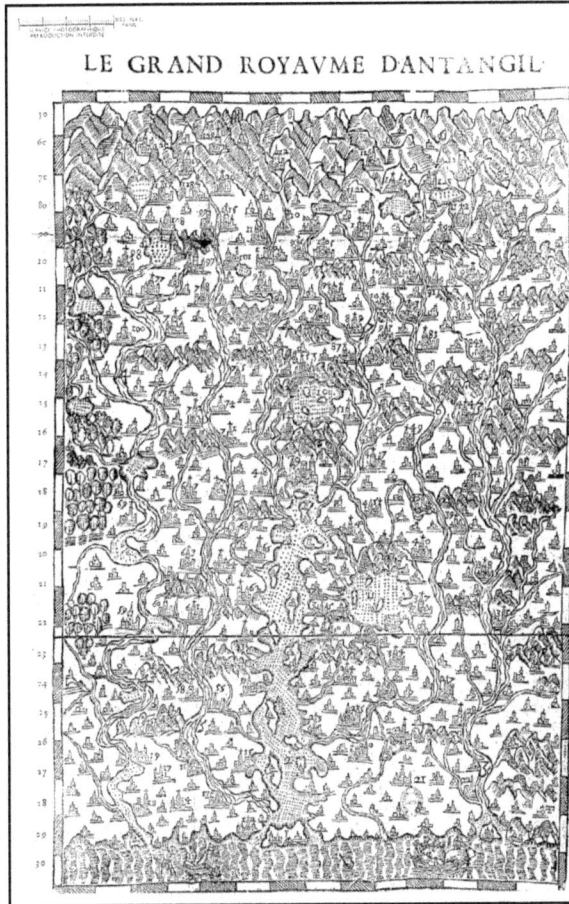

Figura 1. Mapa desplegable incluido en la primera edición de la *Histoire du grand et admirable Royaume d'Antangil*, Samur, Chez Thomas Porteau, 1616 (fuente: *Bibliothèque Nationale de France*).

---

del mismo, de su policía sin igual, tanto civil como militar. De la instrucción de la juventud. Y de la religión. Todo comprendido en cinco libros. Por I. D. M. G. T., en Saumur, por Thomas Portau, 1616.

85. A los muy altos, muy poderosos y muy ilustres señores de los estados de las Provincias Unidas de los Países Bajos.

Figura 2. Indice topográfico incluido en la primera edición de la *Histoire du grand et admirable Royaume d'Antangil*, Samur, Chez Thomas Porteau, 1616 (fuente: *Bibliothèque Nationale de France*).

Table des lieux principaux tant des villes que rivieres du grand Royaume d'Antangil.

1	L'Ifle Corylée.	44	la ville de Bedyl.	87	la ville de Negribaicr.
2	goulphe de Pachinquir.	45	la ville de Befan.	88	la ville de Papoda.
3	le fleuve Iarri.	46	la ville de Moulay.	89	la ville de Cabonady
4	le fleuve Bachil.	47	la ville de Sarfi.	90	la ville de Soudacaya.
5	le fleuve Patigi.	48	la ville de Gyla.	91	la ville de Pondarra.
6	le fleuve Alagir.	49	la ville de Pifon.	92	la ville de Apy.
7	le fleuve Nochi.	50	la ville de Salyn.	93	la ville de Chinfin.
8	le fleuve Laury.	51	la ville de Darife.	94	la ville de Paramoeda.
9	la grande ville de Sahgil.	52	la ville de Dingyn.	95	la ville de Nuagia.
10	le lac de Bacico.	53	la ville de Iagava.	96	la ville de Malamata.
11	le lac de Namanga.	54	la ville de Pangan.	97	la ville de Sapy.
12	la ville de Bayacien.	55	la ville de Orip.	98	la ville de Sappy.
13	la ville de Pongacit.	56	la ville de Mado.	99	la ville de Darabengo.
14	la ville de Neffa.	57	la ville de Oracaian.	100	la ville de Capal.
15	la vil.de Batonpiramata.	58	la ville de Gommo.	101	la ville de Tanga.
16	la ville de Iambatan.	59	la ville de Tavaconraf.	102	la ville de Dylanghy.
17	la ville de Ayam.	60	la ville de Badaga.	103	la ville de Soffo.
18	la ville de Batigay.	61	la ville de Iargary.	104	la ville de Gavezala.
19	la ville de Zapare.	62	la ville de Balmary	105	la ville de Cadda.
20	la ville de Manys.	63	la ville de Sagan.	106	la ville de Pandan.
21	la ville de Nigrychamar.	64	la ville de Cayou.	107	la ville de Cámbyn.
22	la ville de Tanabirou.	65	la ville de Bainga.	108	la ville de Calmary.
23	la ville de Tyma.	66	la ville de Cayou.	109	la ville de Caefart.
24	la ville de Manco.	67	la ville de Pangali.	110	la ville de Befuidi.
25	la ville de Daramas.	68	la ville de Macono.	111	la ville de Battu.
26	la ville de Tavacaffian.	69	la ville de Barnan.	112	la ville de Cryffen.
27	la ville de Curyafava.	70	la ville de Delau.	113	la ville de Baya.
28	la ville de Conda.	71	la ville de Saling.	114	la ville de Salorcha.
29	la ville de Nypis.	72	la ville de Catan.	115	la ville de Negri.
30	la ville de Moncaffo.	73	la ville de Icatan.	116	la ville de Pucolitan.
31	la ville de Baycmas.	74	la ville de Ballialayo.	117	la ville de Maizampagi.
32	la ville de Ruma.	75	la ville de Moufo.	118	la ville de Baring.
33	la ville de Baringa.	76	la ville de Daramar.	119	la ville de Macoo.
34	la ville de Berny.	77	la ville de Lande.	120	la ville de Montacan.
35	la ville de Hadina.	78	la ville de Pifou.	121	la ville de Bato.
36	la ville de Negrifaga.	79	la ville de Ican.	122	la ville de Lagafappi.
37	la ville de Cajoumanys.	80	la ville de Domba.	123	la ville de Boafis.
38	la ville de Quicabo.	81	la ville de gymor.	124	la ville de Sebznigri.
39	la ville de Manyta.	82	la ville de Tamapinga.	125	la ville de Gauno.
40	la ville de Tamouta.	83	la ville de Mingan.	126	la ville de Lalau.
41	la ville de Baffongot.	84	la ville de Dalambons.	127	la ville de Darat.
42	la ville de Namanga.	85	la ville de Tómbaxa.	128	la ville de Gatimæ.
43	la ville de Sodocan.	86	la ville de Amadare.	129	la ville de Papingæ.

Fin de la Table.

En la dedicatoria, el narrador establece haber decidido presentar a las nacientes Provincias Unidas los conocimientos adquiridos sobre el buen gobierno de este reino para que, a partir de éstos, aquéllas puedan aprender y progresar. Es por ello que, tras una breve presentación de la ubicación geográfica, y de la flora y fauna local, los temas abordados en cada una de las partes giran en torno a la organización del país, su forma de gobierno, el ejercicio de la justicia, su religión, sus prácticas de enseñanza y, en un porcentaje bastante extendido, la conformación del ejército. Muy probablemente, fue por esta razón que algunos autores han atribuido al autor la posesión de algún cargo o conocimiento militar.[86]

El Reino de Antangil se encuentra ubicado en tierras al sur de la Gran Java, por lo que se trataría no solamente del primer relato utópico publicado en lengua francesa, sino también del primer relato de este tipo en que la comunidad ideal descripta ha sido localizada en tierras australes.[87] El narrador señala que la historia del reino de Antangil se remonta 1200 años en el pasado, cuando ante las continuas luchas entre

---

86. Para Frédéric Lachèvre, los conocimientos en materia militar expresados por el autor estarían apuntando entonces a un oficial de orígen noble.

87. Véase Lestringant, Frank, "Huguenots en utopie...", *op. cit.*, p. 283.

distintos reyes, príncipes y repúblicas, un grupo de sabios decidió fundar una monarquía y establecer sus leyes. El marco del relato, sin embargo, es una conversación mantenida por el narrador con el embajador del Reino de Antangil gracias a la presentación de Francisco Renuchio, un mercader italiano, durante su estadía en la ciudad de Bandan, en la isla de Java la Grande. Antangil significaría aparentemente "gracia celeste", pero este nombre es también el de un golfo en la costa de Madagascar, que bajo el nombre Antãogil o Antongil había sido recientemente descubierto por los portugueses y cartografiado en la época en la que se publicó el relato.[88]

Claire Pierrot ha señalado que si bien la *Histoire... d'Antangil* se basa en el modelo iniciado por Moro, carece no obstante del espíritu lúdico presente en *Utopía*. En opinión de Pierrot,

> Antangil retoma las grandes características de la *Utopía* sin restituir sin embargo la ambigüedad y los matices constitutivos del género. En efecto, más que todo un programa político y religioso, el texto no es fiel al espíritu utópico más que por la riqueza de las piezas liminares, capaces de confundir la relación entre ficción y realidad.[89]

Otros autores, sin embargo, han resaltado el extendido uso de elementos verosímiles como la ubicación cartográfica del reino en el mapa incluido en la edición y la utilización de un índice topográfico, entre otros, para hacer de la *Histoire du grand et admirable Royaume...* un relato similar a las experiencias de viaje editadas en el mismo período.

De los dos ejemplares que se encuentran actualmente disponibles en la Biblioteca Nacional de Francia, debe destacarse que el que se halla en la sede *Richelieu* contiene un mapa desplegable del Reino y el mencionado índice topográfico con las principales ciudades, ríos y demás accidentes geográficos, mientras que el que está en la sede *Arsenal* carece de ellos (aunque en el mismo texto se los mencione). Por último, en relación con el carácter verosímil de los relatos utópicos de este tipo, resulta curioso destacar que en el reverso de la tapa de uno de estos dos ejemplares, la siguiente frase se encuentra anotada de forma manuscrita: "Ya he ubicado esta historia con las novelas, entre los viajes imaginarios; sin embargo, como sospecho que podría llegar a ser cierta, esta es la razón

---

88. Nicolas Van Wijngaarden ha sugerido que el autor pudo haber sabido del golfo de Antongil a partir del relato de viaje de Bontekoe, sin embargo, la publicación del mismo fue posterior a 1616 y es probable que las noticias de este golfo en Madagascar hayan sido difundidas por medio de las traducciones de los informes de Linschoten en uno de los volúmenes de la colección de viajes conocida como *India Orientalis* realizada de la familia De Bry. Van Wijngaarden, Nicolaas, *Les Odyssées philosophiques en France entre 1616 et 1789*, Haarlem, Drukkerij Vijlbrief, 1932, p. 13: "Publicada en 1616, poco después del descubrimiento de Antonio Gil, explorador portugués, de la bahía que lleva todavía su nombre y que se encuentra mencionada en la descripción del viaje de Bontekoe, la novela nos hace buscar ese estado ideal en la isla de Madagascar.

89. Pierrot, Claire, "La Fortune de l'Utopie...", *op. cit.*, 2003, p. 112.

por la cual la ubico por las dudas entre las islas de Asia; por lo demás, esta historia no es más que una verdadera sermoneada".[90]

Además de la *Histoire du grand et admirable Royaume d'Antangil*, se analizarán *La Terre Australe Connue* de Gabriel Foigny y la *Histoire des Sévarambes* de Denis Veiras, ambas publicadas en lengua francesa en 1676 y 1677 respectivamente. La *Histoire des Sévarambes* en particular ha sido considerada paradigmática de la utopía narrativa clásica tal como la define Jean-Michel Racault en su estudio comparativo sobre ese género en Francia e Inglaterra en los siglos XVII y XVIII. Sobre la obra, el autor ha sostenido:

> En 1675 aparece en Londres, en una versión inglesa que precede dos años a la publicación del original en francés, el comienzo de la *Histoire des Sévarambes* de Veiras, texto fundador en más de un sentido: no constituye solamente, o poco le falta, la primera verdadera utopía francesa; rompe también con la tradición anterior, inglesa particularmente, creando una forma de utopía nueva, menos didáctica y mucho más netamente novelada; por último, define por más de un siglo el paradigma canónico del relato utópico clásico.[91]

Por su parte, a la primera edición de *La Terre Austral Connue*, publicada en Ginebra y cuyo título completo fue:

> *La Terre Austral Connue, c'est-a-dire le description de ce pays inconnu jusqu'ici, de ses moeurs et de ses coûtumes par M. Sadeur, avec les aventures qui le conduiserent en ce Continent et les particularitez du séjour qu'il y fit durant trente-cinq ans et plus, et de son retour, réduites et mises en lumière par les soins et la conduite de G. de F., A Vannes, par Jaques Verneuil, ruë S. Gilles, 1676,*[92]

le siguió una segunda publicada en París en 1692. La puesta a punto de esta edición, que contó con el privilegio real (otorgado al editor Claude Barbin por un período de ocho años), no solamente implicó la modificación del título original sino también la desaparición de las secciones más reprochables en materia religiosa. Reimpresa por segunda vez ese mismo año, llevó por título

---

90. *"J'ai placé deja cette histoire aux romans parmi les voyages imaginaires; cependant comme je soupçonne qu'elle pourrait être vraie c'est la raison pour laquelle je la place à tout hasard aux Iles de l'asie, du reste cette histoire n'est qu'une vraie capucinade."*

91. Racault, Jean-Michel, *L'Utopie narrative..., op. cit.*, p. 5.

92. *La Tierra Austral Conocida, es decir la descripción de ese país desconocido hasta ahora, de sus hábitos y de sus costumbres por M. Sadeur, con las aventuras que lo condujeron a ese Continente y las particularidades de la estadía que hizo durante treinta y cinco años y más, y de su regreso, reducidos y traídos a la luz por los cuidados y la conducta de G. de F., en Vannes, por Jaques Verneuil, rue S. Gilles, 1676.* El pie de imprenta era falso: la obra fue publicada en el mismo año pero en la ciudad de Ginebra.

Les Avantures de Jacques Sadeur dans la découverte et le voiage de la Terre Australe. Contenant les Coutumes et les Moeurs des Australiens, leur Religion, leurs Exercises, leurs Etudes, leurs Guerres, les Animaux particuliers à ce Païs, et toutes les Raretez curieuses qui s'y trouvent, A Paris, Chez Claude Barbin, au Palais, sur le second Perron de la Sainte Chapelle, M.DC.XCII, Avec privilège du Roy.[93]

Depurada de los fragmentos más escandalosos y una vez pasada por el tamiz de la censura, la misma versión sería nuevamente editada en 1693 (*chez Barbin*, también en París), 1696, 1705 (*chez G. Cavelier*, en París), 1732 (*chez David Mortier*, en Ámsterdam), 1786 y 1789 (en Ámsterdam como parte de la *Bibliothèque des voyages imaginaires*). A las versiones en francés, deben además sumarse las traducciones a otros idiomas. *La Terre Australe Connue* fue publicada en inglés en 1693 bajo el título de *A new discovery of Terra incognita Australis by Mr. Sadeur*, en holandés en 1701 y en alemán en 1704.[94]

La obra se divide en catorce capítulos y narra las aventuras de Jacques Sadeur en su descubrimiento de la Tierra Austral. Aunque plagada de relatos fantásticos y bruscos giros de suerte, puede decirse que la obra sigue de alguna forma el curso de todo relato de viaje publicado en esta época.[95] En principio, hijo de padres franceses, Sadeur nace en ultramar al regresar ellos de América. Un naufragio hace que ambos perezcan pero milagrosamente el niño logra salvarse. Al cabo de una serie de disputas sobre quién debía quedar a su cargo, Sadeur es acogido por una familia notable en Portugal, donde lo educan como uno de sus hijos. Desde pequeño, su condición de hermafrodita causa espanto a más de uno. Tras un derrotero de infortunios, Sadeur es secuestrado por un navío portugués, y tras naufragar por tercera y cuarta vez y librar una batalla a muerte con un grifo, llega primero al reino del Congo y finalmente a la Tierra Austral incógnita.

Su valentía al derrotar a un ave tan temida por los australianos, el hecho de que en la batalla haya quedado desprovisto de ropa y su condición de hermafrodita (también compartida por los habitantes de la Tierra Austral), coadyuvan a que Sadeur sea aceptado como uno más por este

---

93. *Las Aventuras de Jacques Sadeur en el descubrimiento y viaje de la Tierra Austral. Conteniendo las costumbres y los hábitos de los australianos, su religión, sus ejercicios, sus estudios, sus guerras, los animales particulares de ese País, y todas las rarezas curiosas que allí se hallan.* En París, por Claude Barbin...

94. Las citas que se realicen de esta obra en el presente trabajo corresponden a la primera edición de 1676 en Frédéric Lachèvre, *Les successeurs de Cyrano de Bergerac*, París, Librairie Ancienne Honoré Champion, 1922.

95. Para una definición más completa del relato de viaje propiamente dicho véase Sofía Carrizo Rueda (ed.), *Escrituras del viaje. Construcción y recepción de "fragmentos del mundo"*, Buenos Aires, Ed. Biblos, 2008, p. 28.

particular pueblo. De la mano de un sabio anciano,[96] una figura por demás invocada en los relatos de viaje en esta época, Sadeur aprende todo sobre las costumbres, formas de vida, religión y lengua australianas; aspectos a los que Foigny dedica la casi totalidad del relato. Finalmente, por comportarse inapropiadamente a los ojos de sus benefactores, Sadeur se ve obligado a acabar "voluntariamente" con su vida. El protagonista logra, sin embargo, escapar en el lomo de un grifo que ha amaestrado en secreto y tras una nueva serie de repetidos naufragios regresa a Europa para morir allí.[97] Una muerte en vano de no haber sido por el hecho de que antes de producirse, el manuscrito con todas las impresiones recogidas en aquellos treinta y cinco años de estadía en la Tierra Austral es entregado a quien edita la obra.[98]

En cuanto al contexto en el que este relato fue publicado, debe ser señalado que desde 1666 Foigny había dejado la orden de los franciscanos para solicitar que se lo admitiera entre los seguidores de la fe reformada. La vida del ex-capuchino, sin embargo, nunca pareció regirse por su pertenencia a una u otra Iglesia, debiendo alejarse de ambas (siempre de una a la vez y acudiendo a la otra) tras numerosos escándalos sexuales y problemas de ebriedad. En efecto, aceptado por las autoridades de la ciudad, en 1676 residía en Ginebra, de donde sería expulsado al poco tiempo a causa de sus escritos contra la Iglesia Reformada y su conducta en términos generales. En lo que refiere a *La Terre Australe Connue*, las razones de su condena resultan bastante claras. Quien lea esta obra notará que desde el prefacio, Foigny no duda en atacar a quienes se dicen cristianos, y resalta el uso de una razón natural por parte de los pueblos paganos "que poseen más virtudes que aquellas demostradas por los reformados".[99] Poco tiempo después comparecería ante las tres máximas autoridades de la ciudad: el Consejo Menor, la Venerable Compañía y el Consistorio.[100]

---

96. Foigny, Gabriel, *La Terre Australe Connue*, en Frédéric Lachèvre, *Les successeurs de Cyrano de Bergerac...*, *op. cit.*, p. 96.

97. No sin antes arribar a la isla de Madagascar.

98. Foigny, Gabriel, *ibid.*, p. 66.

99. Foigny, Gabriel, *Les successeurs de ...*, *op. cit.*, p. 66: "...je me suis déterminé à le donner au Public parce qu'en découvrant une infinité de traits de la divine Sagesse, il nous oblige d'en admirer la conduite, et donne la confusion à ceux qui se disent Chrétiens, et assistez très particulièrement de la grâce, vivent pis que des Bêtes, pendant que des Payens, fondez seulement sur des lumières naturelles, font paroître plus de vertus que les Réformez ne font profession d'en garder." [...me propuse darla a conocer al público porque descubriendo en ellos una infinidad de características de la sabiduría Divina, nos obliga a admirar su conducta y confunde a aquellos que se dicen cristianos y que asistidos de forma muy particular por la gracia, viven peor que las bestias, mientras que los paganos, basados solamente en las luces naturales (razón natural), muestran más virtudes que aquellas demostradas por los reformados.]

100. Lachèvre, Frédéric, *ibid.*, pp. 12-3.

Más allá de las represalias tomadas por el Consistorio, en 1676 Foigny publicó *La Terre Australe Connue* (aunque con un engañoso pie de imprenta).[101] Probablemente, esto se debió a que entre 1666 y 1684 habían disminuido la intolerancia religiosa y la severidad que habían reinado en Ginebra en los años precedentes.[102] El clima para los viajes imaginarios y sociedades ideales, sin embargo, parecía propicio desde mucho antes. En 1643 se había traducido y publicado la *Utopía* de Moro y la *Ciudad del Sol* de Tomasso Campanella en las ciudades de Ámsterdam y Utrecht, dos de los más importantes centros protestantes de la Europa continental. La creciente popularidad de este tipo de escritos bien pudo haber alivianado la pena dada por el Consistorio a Foigny tras atribuírsele la redacción y edición de la obra. En efecto, a pesar de que la Compañía Venerable haya condenado sus escritos por contener "varias falsedades, impertinencias, fábulas diversas, impiedades y otras tonterías",[103] Foigny siguió viviendo en Ginebra y dando clases a estudiantes extranjeros, a quienes ofrecía gratuitamente algunas de las 500 copias que conservó de la *Terre Australe Connue* tras prohibirse su distribución.

El caso de Foigny parece confirmar lo señalado por Racault para el conjunto de escritores de utopías del período. En su opinión, "los autores de utopías no fueron particularmente perseguidos por la censura de Antiguo Régimen; la radicalidad de las medidas propuestas parecieron incluso inversamente proporcionales al rigor con el que fueron perseguidos".[104] Por su parte, hacia el final de su vida Foigny intentó obtener la rehabilitación de la Iglesia Católica, pero murió en 1692, al tiempo que se reeditaba en Francia *La Terre Australe Connue* bajo el ya mencionado título de *Les Avantures de Jacques Sadeur*.

Aprobada con privilegio real o distribuida a pesar de la censura, uno de los testimonios más relevantes sobre la repercusión de la obra fue ciertamente el de Pierre Bayle, quien dedicó un extenso artículo a "Sadeur" en su *Dictionnaire Historique et Critique* de 1701.[105] Es probable que Bayle haya mencionado a este personaje para volver sobre el tema de la Creación y las teorías de la mística Antoinette Bourignon sobre la existencia de una raza de hombres hermafroditas creada por Dios antes de la Caída. En su reconstrucción de las diversas teorías sobre el hermafroditismo, Bayle retomaba a Platón, a La Peyrère, a Veiras, a Cyrano

---

101. Tal como ya ha sido indicado, la obra se publicó en Ginebra pero en el pie de imprenta se lee "*A Vannes, chez Jacques Verneuil*". Es muy probable que tanto Foigny (quien había entregado la obra al librero haciéndose pasar por el intermediario de un tal Señor Sadeur de Nimes) como el impresor La Pierre supieran del peligro que podían llegar a correr si la obra se publicaba bajo sus respectivos nombres.

102. Lachèvre, Frédéric, *ibid.*, p. XVI.

103. Lachèvre, Frédéric, *ibid.*, p. 35: "plusiers faussetés, impertinences, diverses fables, impietés et autres sottises. "

104. Racault, Jean-Michel, *Nulle part et ses environs...*, *op. cit.*, p. 12.

105. Bayle, Pierre, *Dictionnaire historique et critique de Pierre Bayle*, Nouvelle Édition, Tome Treizième, París, Desoer, 1820.

de Bergerac y a Foigny, considerando a los tres últimos dignos de mérito por haber podido expresar sus ideas sin represalias ni persecusiones.

La inclusión de "Sadeur" en el diccionario crítico, aún como mero pretexto para desarrollar otros temas, resulta por demás curiosa pues Bayle presenta a Sadeur como una persona realmente existente (aunque aclara luego que se trata de un relato demasiado inverosímil para considerárselo cierto)[106] y con él introduce una cuestión todavía más importante. Los argumentos expresados por Foigny en la figura de Sadeur devienen con Bayle un instrumento fundamental para el examen crítico de la religión cristiana como sistema, objetivo central de su obra.[107]

En el caso de la *Histoire des Sévarambes...*, la obra fue editada por primera vez en dos acotados tomos en inglés en el año 1675. Dos años más tarde, aquella *History of the Sevarites or Sevarambi*[108] se publicaría en Francia, esta vez en cinco volúmenes, bajo el título completo de *Histoire des Sévarambes, peuples qui habitent une Partie du troisiéme continent communément appellé La Terre Australe. Contentant une Relation du Gouvernement, des Moeurs, de la Religion et du Langage de cétte Nation, inconnue jusques à present aux Peuples de l'Europe.*[109] Dado que el último tomo consistía en su mayor parte en una mordaz crítica a la figura del rey,[110] de estos cinco volúmenes publicados sólo los primeros cuatro obtuvieron el privilegio real.[111]

El hecho de que la obra contara con dos versiones (una en inglés seguida de una en francés) en un intervalo de pocos años, se debió en parte a la trayectoria de su propio autor. Poco se conoce sobre Denis Veiras o Varaisse d'Allais (aparentemente era éste su verdadero nombre). Al parecer, provenía de una familia protestante de Languedoc, había estudiado derecho y tras malgastar la fortuna familiar se habría trasladado a Londres.[112] Envuelto en intrigas cortesanas, de la mano del Duque de Buckingham, Arlington y Halifax, Veiras había sido enviado a La Haya

---

106. En efecto, Bayle llegó a hablar de "invenciones grotescas" en relación con Sadeur y en consecuencia, con el texto de Foigny. Véase Lise Leibacher-Ouvrard, *Libertinage et utopies..., op. cit.*, p. 192.

107. De Certeau, Michel, *L'écriture de l'histoire, op. cit.*, p. 185.

108. Berneri, María Luisa, *Viaje a través de la utopía*, Buenos Aires, Ed. Proyección, 1961, p. 354.

109. Historia de los Sévarambes, pueblo que habita una parte del tercer continente comúnmente llamado Tierra Austral. Incluye una relación del gobierno, las costumbres, la religión y la lengua de esta Nación, desconocida hasta el presente por los pueblos de Europa.

110. Berneri, María Luisa, *ibid.*, p. 199.

111. Darnton, Robert, *Los best sellers prohibidos en Francia antes de la revolución*, Buenos Aires, Fondo de Cultura Económica, 2008, pp. 14-5: "El privilegio, al igual que el moderno *copyright*, le otorgaba a su propietario el derecho exclusivo de reproducir el texto. Pero asimismo servía como un sello real de aprobación. El privilegio era garantía de la calidad y la ortodoxia de la obra, y la misma función cumplían las aprobaciones de los censores, las cuales por lo general acompañaban el privilegio, al principio o al final del libro. Para ser totalmente legal, el libro debía plegarse a los elaborados patrones que fijaba el Estado."

112. Más allá de sutiles diferencias, tanto María Luisa Bernieri como Ivo Comparatto coinciden en este punto. Véanse María Luisa Berneri, *Viaje a través..., op. cit.*, p. 199 y Vitor Ivo Comparatto, *Utopía. Léxico de política*, Buenos Aires, Ed. Nueva Visión, 2006, p. 123.

en misión diplomática (1672), a cuyo regreso habría escrito la primera versión inglesa. En 1675, año en que esta fue publicada, Veiras se vio obligado a dejar Inglaterra[113] y regresar a París, donde se editó la obra en su versión francesa entre 1677 y 1679. A partir de entonces el libro contó con varias reediciones, consideradas por algunos el producto de la popularidad que desde sus inicios había alcanzado.

En términos de Geoffroy Atkinson,

el hecho de que este extraordinario libro fuese reimpreso en Bruselas en 1682, en Ámsterdam durante ese mismo año y en 1702, y nuevamente en Ámsterdam en 1716, todas estas ediciones en francés, evidencia la popularidad de la que gozó entre los lectores del francés al momento de haber aparecido. Las traducciones al holandés en 1683, al alemán en 1689 y 1714, y al italiano en 1728 son mencionadas por Prosper Marchand.[114]

En cuanto al devenir de Veiras tras haber publicado la obra, es probable que el autor haya huido a las Provincias Unidas poco tiempo después de la Revocación del Edicto de Nantes en 1685.[115]

Por su organización, la *Histoire des Sévarambes*... se asemeja al conjunto de utopías sobre viajes australes de la época.[116] En principio, a un naufragio le sucede el descubrimiento de un pueblo en una isla o continente hasta entonces desconocido,[117] cuyas costumbres, religión y organización política son en todo mejores respecto de aquellas conocidas en Europa. Así como Moro lo había expresado en *Utopía*, Veiras también resalta la felicidad y perfección del pueblo Sévarambe. Un pueblo "tan perfecto como se puede serlo en este mundo, y [frente al cual]... todas las otras naciones son desgraciadas en comparación".[118]

---

113. Berneri, María Luisa, *Viaje a través...*, *op. cit.*, p. 199.

114. Atkinson, Geoffroy, *The Extraordinary Voyage in French Literature before 1700*, Nueva York, Columbia University Press, 1920, p 88.

115. Véase Betts, C. J., *Early Deism in France. From the So-called "déistes" of Lyon to Voltaire's Lettres Philosophiques*, La Haya, Martinus Nijoff Publishers, 1984, p. 66.

116. Bitterli, Urs, *Los "salvajes" y los "civilizados". El encuentro de Europa y Ultramar*, México, Fondo de Cultura Económica, 1982, p. 478: "También es un relato de naufragio (...) el punto de partida de la Histoire des Sévarambes de Vairasse d'Allais, cuyo héroe se ve igualmente arrojado por las aguas a tierras australianas."

117. Veiras, Denis, *Histoire des Sévarambes, peuples que habitent une partie du troisième continent, communément appellé La Terre Australe. Contentant une Relation du Gourvernement, des Moeurs, de la Réligion, et du Langage de cette Nation, inconnuë jusques à present aux Peuples de l'Europe*, Estienne Roger, Ámsterdam, 1702, Primer Tomo, p. 30: "... nous trouvâmes que nôtre vaisseau tenoit à un banc de sable proche du rivage d'une Isle, ou d'un Continent que nous ne connoissions pas." [descubrimos que nuestro navío se apoyaba sobre un banco de arena cerca de la orilla de una isla o de un continente que no conocíamos.]

118. Veiras, Denis, *ibid.*, Primer Tomo, p. 320: "... si l'on considere le bonheur de ce Peuple, on trouvera qu'il est aussi parfait qu'il le puisse estre en ce monde, et que toutes les autres Nations sont tres-malheureuses au prix de cella-là." [... si se toma en cuenta la felicidad de ese pueblo, se encontrará que es tan perfecto como se puede serlo en este mundo, y que todas las otras naciones son desgraciadas en comparación.]

En este sentido, el relato utópico concebido por Veiras obedece a aquel ejercicio de extrañamiento descripto por Paul Hazard en los siguientes términos:

> El verdadero juego consiste en transportarse a una tierra imaginaria y en examinar el estado religioso, político, social del viejo continente; en mostrar que el cristianismo en general, y el catolicismo en particular, son absurdos y bárbaros: (...) que hay que rehacer la sociedad de arriba abajo. Cuando esta demostración está terminada, el héroe del viaje ficticio no tiene más que volver a Europa para morir en ella.[119]

Pero a su vez, la obra cuenta con apartados dedicados exclusivamente a la lengua y gramática Sévarambes, a su historia y a sus costumbres. Todos ellos insertos en el relato principal, reconstruido, según explica el narrador, a partir de un conjunto de notas manuscritas que el protagonista al parecer había legado a su compañero de viaje poco antes de morir. En relación con las ediciones que de la obra se hicieron, debe señalarse que luego de la primera en francés, fue publicada diez veces más entre 1670 y 1740. A su vez, deben también contarse las ediciones en inglés de 1679 y 1738, las realizadas en alemán en 1689, 1714 y 1717, en flamenco en 1683 y en italiano en 1728.[120]

En principio, la redacción y publicación de las narrativas utópicas de Foigny y de Veiras fueron el resultado de la inusitada profusión de relatos de viaje que hacia mediados del siglo XVII permitió entremezclar los relatos extraordinarios sobre tierras lejanas dentro del más amplio y muchas veces igualmente maravilloso grupo de historias verídicas de viajeros y navegantes alrededor del globo. A su vez, el hecho de que tanto Foigny como Veiras hayan logrado insertar sus obras con facilidad en el lábil marco de la literatura de viaje en un contexto de creciente crítica y puesta en cuestión de la veracidad de los textos se debió en gran medida a que ambas se presentaron como versiones "mejoradas" o actualizadas de descubrimientos y noticias anteriores.[121] En este sentido, el alto grado de credibilidad del que gozaron los relatos de viaje imaginarios en esta época radicó en su capacidad de inserción en el creciente número de nuevas y más críticas versiones de viajes que se creían reales.

La apropiación del formato y estructura básica del relato de viaje posibilitó a su vez la introducción de una serie de temas que, si bien estaban relacionados con el descubrimiento de nuevas formas de alteridad, fueron también el producto de otras reflexiones y objetos de discusión que se desarrollaron en esta misma época. La presentación de estos tópicos, sin embargo, estuvo siempre condicionada por el grado de ingenio

---

119. Hazard, Paul, *La crisis de la conciencia europea (1680-1715)*, Madrid, Ediciones Pegaso, 1941, p. 32.

120. Leibacher Ouvrard, Lise, *Libertinage et utopies...*, *op. cit.*, p. 4. Utilizamos aquí la versión francesa impresa en Ámsterdam en 1702.

121. Racault, Jean-Michel, *Nulle part et ses environs...*, *op. cit.*, p. 127.

y creatividad que el autor de utopías debía poseer para hacer de sus obras textos verosímiles.

Por su parte, la *Histoire de Calejava* (1700) narra la historia de tres personajes que huyen de Francia en el marco de la Revocación del Edicto de Nantes y tras una serie de infortunios en Lituania, llegan a la imaginaria isla de Calejava. Desde el momento en que los protagonistas arriban allí, la obra se divide en una serie de diálogos filosóficos en los que discuten con un representante de Calejava en torno a temas religiosos y a algunos principios de organización social. En la medida en que todo relato de viaje supone un regreso, este llega cuando dos de los protagonistas, Eudoxe y Alatre, son aceptados en Calejava y los dos restantes, Christofile y Samieski (este cuarto personaje se ha incorporado en el transcurso de la historia), emprenden su retorno a Europa por rechazar los principios fundados en la razón que se promueven en Calejava. Una vez en tierra firme, Christofile muere pero encarga a Samieski llevar a su familia un cofre con todas las anotaciones acerca de los avaitas, habitantes de la isla, realizadas en el transcurso del viaje. Estas son ordenadas por un supuesto editor para componer el relato publicado:

> Christofile y Samieski se embarcaron, pero apenas pisaron tierra, el primero cayó enfermo y al cabo de ocho días murió. Encargó al otro entregar a uno de sus parientes en Francia una caja, en la cual se encontraron hojas sueltas sin continuidad ni orden, escritas tanto por él como por su yerno y su hija. Este pariente les dio orden y continuidad. Por mi parte, no he hecho más que resumir, tal vez demasiado, la obra de este pariente.[122]

En cuanto a los temas tratados, la obra propone que la existencia de Dios, la inmortalidad del alma y la creencia en un conjunto de penas y recompensas en la próxima vida sean aceptadas a partir de una serie de razonamientos lógicos.[123] A su vez, las prácticas que no puedan ser debidamente fundamentadas, tales como el ayuno, el castigo corporal y el acto de rezar deberán ser rechazadas.

El tenor de estos temas y el espíritu crítico que caracteriza a la obra en general explican el hecho de que la totalidad de las copias impresas hayan sido devueltas por su editor al supuesto autor, Claude Gilbert, quien las habría quemado todas a excepción de un ejemplar entregado luego por su viuda al Abate Papillon. Esta información, sin embargo, es

---

122. Gilbert, Claude, *Histoire de Calejava ou de l'île des hommes raisonnables*, Édition critique établie para Yvan Nérieux, París, Honoré Champion, 2012, p. 201: "Christofile et Samieski s'embarquèrent, mais à peine ils eurent pris terre, que le premier tomba malade, et au bout de huit jours, il mourut. Il recommanda fort à l'autre de faire tenir à un de ses parents en France une cassette, dans laquelle on a trouvé des feuilles volantes sans suite et sans ordre, écrites tant de sa main que de celles de son gendre et de sa fille. Ce parent donna un ordre et une suite à ces feuilles volantes. Pour moi je n'ai fait que d'abréger, et peut-être trop, l'ouvrage de ce parent."

123. La influencia de Descartes y su *Discurso sobre el método* se observan aquí con notable claridad.

suministrada por el propio Papillon[124] y es sólo en un inventario de "autores de Borgoña" compuesto por el abate que la *Histoire de Calejava* es atribuida a Gilbert.[125] Tal como lo indicara Yves Nérieux, ésta y otras razones permiten suponer que el verdadero autor de la *Histoire de Calejava* no fue Gilbert sino el propio Papillon. Con pruebas concluyentes Nérieux ha descartado la figura del desconocido Gilbert y atribuido la creación de Calejava a Papillon,[126] quien al parecer, habría escrito la obra algunos años después de 1720 para luego atribuir su autoría a Gilbert, muerto aquel mismo año. Ciertamente, entre el oscuro abogado dijonés y el abate, es este último quien mejor representa al intelectual de provincia que frecuenta bibliotecas privadas, colecciona libros de ediciones raras y se cartea con pensadores notables en la búsqueda de ejemplares antiguos o curiosos para enriquecer su biblioteca.[127]

Ahora bien, más allá de la identidad del autor, es particularmente interesante el hecho de que la obra haya sido publicada con la intención de circular (aunque sólo sobrevivan dos copias para dar cuenta de ello) dentro del selecto grupo de librepensadores de la ciudad de Dijón. Se trata, además, de una de las pocas utopías del período escritas en lengua francesa cuya primera edición fue publicada en la misma Francia.[128] El hecho de que esto sucediera en Dijón es crucial. Ubicada en Borgoña, durante el siglo XVII fue permeable al desarrollo de nuevas ideas al tiempo que un centro provincial de oposición al reinado de Luis XIV. A su vez, la ciudad se encontraba vinculada culturalmente con Inglaterra

---

124. En su obra *Bibliothèque des auteurs de Bourgogne* de 1742.

125. Gilbert, Claude, *Histoire de Calejava...*, *op. cit.* (2012), p. 16: "Amante de los libros y preocupado por la exhaustividad que necesitaba su Biblioteca de autores de Borgoña, Papillon no puede más que interesarse en la *Histoire de Calejava*, que atribuye a Claude Gilbert. Pretende que el autor ha quemado la totalidad de los ejemplares de su obra, con excepción de uno solo. Más allá del contenido de la *Histoire de Calejava*, que podría haber seducido, seguramente, al 'filósofo cristiano' Papillon, es el interés de preservar una parte –por más pequeña que sea– del patrimonio literario que habría animado sin ninguna duda al abate y lo habría llevado a recolectar y copiar cuidadosamente el ejemplar salvado del auto de fe."

126. Gilbert, Claude, *ibid.*, p. 24: "Resumamos nuestra hipótesis. Papillon podría ser el verdadero autor de la obra aparecida sin el nombre del autor en 1700, que él atribuye falsamente en 1742 –fecha en la que aparece la Biblioteca de autores de Borgoña– a un cierto Claude Gilbert, abogado, muerto desde hacía más de veinte años."

127. Gilbert, Claude, *ibid.*, p. 15: "Más allá de que Papillon no tenga ciertamente la envergadura de su antecesor Claude Nicaise, que se carteaba con Leibniz, Huet y Bayle, la presencia de un personaje de este tipo y de su biblioteca en Dijon es sin duda una oportundiad para los curiosos. Como lo atestigua su correspondencia, el abate Papillon enriquece regularmente su biblioteca con algunas novedades, pero sobre todo con obras más clásicas o más antiguas, con ediciones raras y de autores antiguos."

128. Recordemos que Veiras no contó con el privilegio real para publicar los tomos III, IV y V de su *Histoire des Sévarambes* (1677-9) y que Foigny sólo publica en Francia su *Terre Austral Connue*, bajo el título *Voyages et avantures de Jacques Sadeur*, una vez depurada de todo contenido escandaloso.

y Holanda, lo cual se evidencia en el interés que las obras de Hobbes y de Bayle suscitaron entre sus intelectuales.[129]

En cuanto a la efervescencia intelectual de la ciudad a principios del siglo XVIII y sus posibles influencias en la *Histoire de Calejava*, Serge Rivière destacó el gran número de traducciones de textos novedosos pero también clásicos realizado por sus intelectuales. De acuerdo con Rivière, es probable que una traducción temprana del Corán a la que accedió Gilbert/Papillon haya posibilitado el ataque a las Sagradas Escrituras que evidencia el relato: "el liberalismo intelectual, típico de Dijón en el siglo XVII, también permitió a Gilbert leer el Corán antes de 1700 y utilizarlo para lanzar un ataque obtuso a las Escrituras".[130]

Asimismo, el intercambio epistolar entre Bayle y algunos personajes notables de la ciudad demuestra que la afluencia de nuevas perspectivas y la circulación de sus obras, más allá de su interdicción por parte de la Corona francesa, fueron frecuentes en esta región a fines del siglo XVII.[131] En Dijón, al igual que en muchas ciudades de las Provincias Unidas e Inglaterra, circulaban las nuevas ideas al tiempo que se discutía la relevancia de viejos y nuevos autores.

En el conjunto de relatos utópicos que constituyen el *corpus* del presente libro, se encuentra por último *Voyages et Avantures de Jacques Massé*, obra de Simon Tyssot de Patot, publicada probablemente en La Haya entre 1714 y 1717. La primera edición de la obra, sin embargo, falsamente señalaba haber sido editada "*À Bordeaux, chez Jaques L'Aveugle en 1710*". Más allá de la incertidumbre respecto de su primer lugar de edición, lo cierto es que el libro fue reeditado cuatro veces más en francés en 1717, 1734 y 1742 en la ciudad de Ruán (con fecha de 1710), y una última vez en 1760 (todas estas ediciones fueron sin embargo prohibidas en Francia y Holanda). Se hicieron además un número considerable de ediciones en inglés (en 1732, 1733, 1743, hacia 1760, en 1800, 1820 y 1823) y cuatro en alemán (en 1737, 1751, 1760 y 1799).[132] Ninguna de ellas resultó igual a la otra y, en principio, en ninguna de ellas se hizo

---

129. Gilbert, Claude, *Histoire de Calejava...*, *op. cit.*, pp. 10-1. Como bien lo demuestra la inclusión de algunos de los tópicos discutidos por estos autores en la *Histoire de Calejava*.

130. Rivière, Serge Marc, *Utopia in 1700. A study of the Histoire de Calejava by Claude Gilbert, with a preface by P. M. Conlon*, Townsville, Australia, Department of Modern Languages, James Cook University of North Queensland, 1987, p. 15.

131. Rétat, Pierre, *Le Dictionnaire de Bayle et la lutte philosophique au XVIIè siècle*, París, Société d'édition "Les Belles Lettres," 1971, p. 67: "La sociedad literaria de provincia compartía estos sentimientos de benevolencia y admiración, y aquella de Dijon nos brinda una prueba sorprendente. Bayle, interlocutor asiduo, lleno de deferencia, de los eruditos dijoneses más visibles, el abate Nicaise. La Monnoye es tenido en la más alta estima. Su Diccionario despierta verdadero entusiasmo."

132. Leibacher-Ouvrard, Lise, *Libertinage et utopies...*, *op. cit.*, p. 4. Véase también Aubrey Rosenberg, *Tyssot de Patot and his Work*, Archives Internationales d'Histoire des idées, Martinus Nijhoff, La Haya, 1972.

público el nombre de Simon Tyssot de Patot,[133] razón por la cual en sus
Cartas filosóficas Voltaire hace referencia a un tal Jacques Massé y no
a Tyssot de Patot dentro de una lista de filósofos en la que incluye a
Montaigne, Locke, Bayle y Spinoza.[134]

De las tres ediciones fechadas en 1710, la primera presentaba un
falso pie de imprenta en Burdeos, *chez Jacques l'Aveugle*, y la segunda
y tercera, una ilustración de tapa y tipografía distintas de las demás.[135]
De estas últimas, al parecer, la tercera había desafiado la interdicción
de la obra que regía en Francia y se había publicado en 1734 en la ciudad de Ruán. Por su parte, la cuarta, con fecha de 1710, decía haberse
editado en Colonia, *chez Jaques Kaincus*. La edición de 1760, en dos
volúmenes, modificaría en parte el título original al presentarlo como
Voyages et avantures de Jaques Massé, L'Utopie, chez Jaques l'Aveugle.
De las cuatro ediciones en inglés, las primeras tres fueron lanzadas al
mercado editorial con el título completo de *The Travels and Adventu-
res of James Massey*[136] en 1733, 1743 y 1823, y la cuarta fue publicada
dentro de la edición de *The History of Three Fingered Jack... To which
is added, the Voyages, Travels, and long Captivity of J. Massey.*[137] Por
su parte, la edición en alemán fue publicada por primera vez en 1737 y
reeditada en 1751.[138]

Nacido en Inglaterra en tiempos del protectorado de Cromwell (1655),
es probable que la inestabilidad política haya llevado a Tyssot de Patot

133. En efecto, entre 1714 y 1717 en una carta a su hijo, Tyssot de Patot había reconocido ser él
el autor. Recién en el siglo XIX comenzó a vincularse el nombre de Tyssot de Patot con los
Voyages et avantures de Jaques Masse (1710) y *La vie, les avantures, et le voyage en Groenland
du Révérend Père Cordelier Pierre de Mesange* (1720). Véase Aubrey Rosenberg, *Tyssot de
Patot and his work*, Archives Internationales d'Historie des idées, Martinus Nijhoff, La Haya,
1972, Nota al pie N° 1: "Tyssot y su obra llamaron por primera vez la atención de los escritores
modernos cuando fueron investigados por críticos alemanes interesados en la literatura centrada
en las islas desiertas o las robinsonadas que precedió y continuó el *Robinson Crusoe* de Defoe. La
referencia más temprana que he encontrado aparece en A. Kippenberg, *Robinson in Deutschland
bis zur Insel Felsenburg* (1713-43), Hanover, 1892."

134. Tyssot de Patot, Simon, *La vie, les aventures et le voyage de Groenland du Révérend Père
Cordelier Pierre de Mésange*, V. I-II, Avec une préface de Raymond Trousson, Slatkine Reprints,
Ginebra, 1979, p. VII: "Menos desconocido que enigmático o mal conocido. Voltaire, al final de
la décimo tercera Carta Filosófica, asegura que son los teólogos y no los filósofos, que llevan
la antorcha de la discordia; a los filósofos, que enumera –Montaigne, Locke, Bayle, Spinoza,
etc.– agrega un tal 'Jacques Massé', cuyo nombre le es conocido gracias a una novela aparecida
un cuarto de siglo antes: *Viajes y aventuras de Jacques Massé*. Tomaba por autor al héroe del
relato, error que se repetirá hasta fines del siglo XIX."

135. Muy probablemente la obra fue publicada por primera vez en La Haya en 1714. Véase Jonathan
Israel, *Les Lumières radicales. La philosophie, Spinoza et la naissance de la modernité (1650-
1750)*, París, Éditions Amsterdam, 2005, p. 660.

136. La segunda edición agregaba al título: "The Second Edition: in which are inserted the Passages
omitted in the First Edition," J. Watts, Londres, 1743.

137. Newcastle, 1800, in-12.

138. La información provista por Israel completa aquella presentada en 1941 por Rice McKee. Véase
Jonathan Israel, *Les Lumières radicales..., op. cit.*, p. 662-3.

a trasladarse junto con su familia, de origen protestante, a la ciudad de Ruán.[139] Poco tiempo después, se vieron obligados a abandonar una Francia inmersa en conflictos religiosos para dirigirse hacia las recientemente instituidas Provincias Unidas. Luego de permanecer en Delft por algunos años, el autor se instala definitivamente en Deventer, una ciudad con una fuerte presencia calvinista y escasa población extranjera, que no obstante lo acepta de buen grado en salones y demás círculos de sociabilidad.[140] Más allá de esto último, Tyssot de Patot escribe siempre en francés,[141] lo cual no resulta en realidad sorprendente si se toma en cuenta que, debido al gran número de protestantes franceses llegados a las Provincias Unidas en la segunda mitad del siglo XVII, "el francés era casi una segunda lengua, muy difundida en Holanda...".[142] En efecto, una de las consecuencias más visibles del impacto hugonote en las Provincias Unidas y en Europa del Norte en general fue no sólo haber propiciado la difusión de esta lengua fuera de Francia, sino también la creación de un público lector atento y capacitado para acceder a las publicaciones de autores que muy probablemente hubiesen sido considerados marginales en su país de origen. En términos de Élisabeth Labrousse y Robert Sauzet, "ese protestantismo francés, tanto tiempo silenciado por la censura o, peor todavía, la autocensura, encontró bruscamente, gracias al *Refugio*, un público europeo y un peso inesperado. La difusión de la lengua francesa en toda Europa del Norte, facilitada por los preceptores e institutrices refugiadas, contribuyó a asegurar un público atento a personas anteriormente marginales en su país natal...".[143]

Dividida en dieciséis capítulos, *Voyages et avantures de Jacques Massé* narra la vida y viajes emprendidos por el propio Massé, su descubrimiento de una nación armónicamente organizada en tierras australes y su encuentro con diversos personajes a partir de los cuales se objetan una serie de preceptos cristianos y a la vez se proponen otros. El relato comienza con la descripción de la temprana avidez de Massé por los viajes y el conocimiento, razón por la cual, tras la muerte de su padre, su

---

139. Con la publicación en 1727 de una serie de cartas escogidas, el propio Tyssot de Patot dio cuenta de sus los sucesivos traslados realizados junto a su familia durante su infancia además de otros episodios de su vida adulta. En Simon Tyssot de Patot, *Lettres choisies de Mr. Simon Tyssot de Patot,... écrites depuis sa jeunesse jusqu'à un âge fort avancé à différentes personnes et sur toutes sortes de sujets...*, Tomos 1 y 2, La Haya, M. Roguet, 1727.

140. Rosenberg, Aubrey, *Tyssot de Patot and his work...*, *op. cit.*, p. 3: "A diferencia de los famosos hugonotes que se asentaron en las importantes ciudades de Holanda como Ámsterdam, Rotterdam, La Haya, etc. Tyssot buscó su fortuna en Deventer dentro de una comunidad casi exclusivamente holandesa y fuertemente calvinista."

141. Israel, Jonathan, *Les Lumières radicales*, *op. cit.*, p. 659: "Tyssot de Patot (1655-1738): era un filósofo hugonote que no es escribía más que en francés, pero cuya educación y formación intelectual se habían desarrollado enteramente en los Países Bajos, desde que su familia había dejado Normandía para trasladarse a Delf en 1662".

142. Le Goff, Jacques, y Rémond, René (dir.), *Histoire de la France religieuse, XIVè-XVIIIè siècle*, Tomo 2, París, Seuil, 1988, pp. 497-8.

143. Le Goff, Jacques et Rémond, René (dir.), *ibid.*, p. 501-2.

madre le habría sugerido convertirse en cirujano de abordo para poder así recorrer el mundo.[144]

Tras un primer naufragio en las costas de la península ibérica,[145] el protagonista continúa en Portugal sus estudios comenzados en Francia. Emprende desde allí un segundo viaje,[146] donde a raíz de otro naufragio llega junto con el resto de la tripulación a una costa desconocida de la Tierra Austral. Con el objetivo de evitar el arduo trabajo que implica garantizar las condiciones mínimas de supervivencia de los náufragos, junto a dos compañeros más, Massé se aleja en secreto del precario asentamiento europeo.[147] Tras explorar tierra adentro llega finalmente a un país habitado que describe como hermoso y donde permanece por un lapso de cinco años.

Durante ese tiempo, Massé logra ganarse la estima del rey pero se ve obligado a abandonar sus tierras (muy a su pesar) cuando su compañero de viaje se ve envuelto en una intriga amorosa que también involucra a la segunda esposa del monarca. Por fin, el contingente de náufragos es rescatado por un navío español que lo lleva a Goa, donde por explicitar sus creencias en materia de fe es acusado ante la Santa Inquisición y llevado preso. En estas circunstancias dialoga con un oriental que también ha sido condenado por el tribunal del Santo Oficio. Cuando el barco que lo lleva a Lisboa para cumplir su condena es atacado, llega a una ciudad llamada Serfelli, a veinte leguas de Argelia sobre el Mar Mediterráneo. Conoce allí a un gascón que califica de libertino y entre las muchas discusiones que entablan acerca de las Santas Escrituras, éste narra la fábula de las abejas: una alegoría del descenso de Jesucristo para salvar a la humanidad de los abusos que se hicieron de su palabra una vez muerto. Por último, gracias a un botín encontrado durante su estadía en Serfelli, conoce a un capitán inglés que lo libera de su condición

---

144. Tyssot de Patot, Simon, *Voyages et aventures de Jacques Massé*, París, Éditions Amsterdam, 2005, p. 14-15: "Pour vous, Jacques, me dit-elle, je serais d'avis que vous embrassassiez le parti de la chirurgie. Il semble que l'exemple de votre père vous porte à aimer les voyages, cet art favorisera votre dessein." [Para bien suyo, Jacques, me dijo ella, le aconsejo adopte el campo de la cirugía. Parece que el ejemplo de su padre lo lleva a amar los viajes, ese arte favorecerá su propósito.] Es esta la misma profesión de Lemuel Gulliver, a quien pocos años después Swift hará recorrer el mundo en condición de médico de abordo. (Jonathan Swift, *Viajes de Gulliver*, 1726.)

145. El objetivo había sido llegar a Martinica a bordo del navío del capitán Lesage. Parte de Dieppe el 21 de mayo de 1643, naufraga cerca de Finisterre y es rescatado por el capitán Davidson de Portsmouth, que viajaba de Inglaterra a Lisboa a cargo de una flota mercante.

146. Parte hacia las Indias orientales a bordo de un navío portugués en junio de 1644. Al poco tiempo muere el capitán, parte de la tripulación se enferma y el navío debe afrontar una fuerte tempestad.

147. Tyssot de Patot, Simon, *Voyages et aventures...*, *op. cit.*, p. 48: "Le désir que je conçus de pénétrer dans un pays où il ne me paraissait point qu'il y eut jamais eu personne me fit prendre la résolution d'abandonner mes camarades…" [El deseo que sentí de penetrar en un país donde me parecía que jamás había habido persona alguna me hizo tomar la resolución de abandonar a mis camaradas…]

de esclavo y hacia el final del anteúltimo capítulo, emprende con él su viaje a Londres. Se encuentra allí con su hermano menor, a quien no ha visto por más de 50 años, y pasa sus últimos días junto a él y su familia. Más allá del contenido polémico del relato, no fue a causa de éste que Tyssot fue expulsado de la comunidad calvinista de la ciudad de Deventer en la que vivía. Al parecer, fue la publicación posterior de diversos escritos altamente controvertidos,[148] como un discurso en torno a la imprecisión de la cronología bíblica o la colección completa de sus *Lettres choisies* (1726),[149] la que hizo que Tyssot se viera obligado a dejar su cargo de profesor en el instituto de enseñanza superior, plaza que había obtenido tiempo atrás, y a abandonar definitivamente la ciudad de Deventer para trasladarse a Ysselstein junto a su familia.[150]

La existencia de sus *Lettres choisies* resulta de particular importancia para el presente trabajo. En mayor o menor grado, allí se encuentran plasmadas las influencias y autores sobre los que Tyssot se ha basado o que él mismo ha escogido y decidido editar para legitimar de esta forma sus propias impresiones. Sin embargo, es la publicación anónima en Ámsterdam en 1720 de otro relato de viaje la que permite ubicar al autor dentro del grupo de escritores que, como Foigny o Veiras, han decidido refugiarse en las posibilidades abiertas por el proceso de expansión ultramarina y conocimiento europeo del mundo. En efecto, *La vie, les avantures et le voyage de Groenland du révérend père cordelier Pierre de Mésange. Avec un Relation bien circonstanciée de l'origine, de l'histoire, des moeurs, et du Paradis des Habitants du Pole Arctique*,[151] junto a

---

148. Israel, Jonathan, *Les Lumières radicales...*, *op. cit.*, p. 660: "1720: Tyssot se mostró progresivamente más inclinado a correr riesgos imprudentes. En 1722, tuvo la temeridad de publicar bajo su propio nombre, en el *Journal Littéraire* de la Haya, un tratado de treinta y cinco páginas sobre la cronología bíblica, en el cual sostenía que el relato de la Creación en el *Génesis* debía ser comprendido en dos niveles: la comprensión literal estaba adaptada a los espíritus ignorantes de la mayoría, mientras que una lectura totalmente diferente, no literal, se dirigía a la gente más cultivada." Véase también p. 661.

149. El discurso sobre la cronología bíblica fue publicado en 1722-1723 bajo el título completo de *Discours de M. Simon de Tyssot, Sr. Patot, où dans la vuë de concilier les différents Nations au sujet de la Chronologie, il prétend démontrer Philosophiquement, et sans intéresser l'Ecriture Sainte, que le Ciel et la Terre, qu'il croit d'une ancienneté inexprimable, n'ont point été créez en six jours naturels, que les animaux ont aussi été produits depuis un tems immémorial; que le monde doit vraisemblablement encore durer des millons d'années: Et il finit par faire voire quelle doit être naturellement la cause de la fin de ce globe terrestre. Fait à l'occasion de son avenement au Rectorat, etc.*, Journal Littéraire (1722), La Haya, 1723. En el caso de sus *Lettres choisies*, alguna de sus más de mil páginas el autor admitía públicamente ser el autor de *Voyages et avantures de Jacques Massé*.

150. Israel, Jonathan, *Les Lumières radicales....*, *op. cit.*, p. 661. En Deventer, poco después de haberse trasladado de Delft, Tyssot lograría obtener un puesto como institutor de la congregación Valona y desde 1699 como profesor de matemática en la *École Ilustre* de dicha ciudad. Murió en Ysselstein en 1738.

151. *La vida, las aventuras y el viaje a Groenlandia del reverendo padre Pierre de Mésange. Con una relación bien circunstanciada del origen, la historia, costumbres y paraíso de los habitantes del Polo Ártico*, Ámsterdam, Etienne Roger, 1720, 2 vols.

Voyages et avantures..., son en gran medida los dos relatos de viaje que
han llevado a reconocer en Tyssot de Patot al principal representante
de la novela espinozista en lengua francesa.[152]

Aunque breve, la presentación de los cinco relatos utópicos que sustentan las hipótesis esbozadas en este libro resulta capital para analizar
el desarrollo del relato de viaje utópico en la modernidad temprana europea. En este sentido, es posible afirmar que la influencia de *Utopía* en
la escritura de relatos imaginarios posteriores se reflejó principalmente
en la utilización que sus autores hicieron del modelo creado por Moro en
tanto género literario. En efecto, antes que el término en sí mismo, fueron la forma y el funcionamiento del artificio creado por el humanista
inglés los que se replicaron en los relatos de este tipo publicados en lengua francesa a lo largo del siglo XVII. En lo que atañe a la forma, debe
señalarse que el uso de paratextos y de la intertextualidad en función de
relatos de viaje contemporáneos se conservó en tanto recurso distintivo
utilizado por este tipo de textos para crear verosimilitud. Por su parte, el
incremento en el flujo de información proveniente de ultramar permitió
hacer de los nuevos relatos utópicos narraciones tanto o más verosímiles
que la pergeñada por Moro en 1516. En lo que refiere al funcionamiento
o mecánica del relato, debe señalarse por último que el viaje de ida, la
observación y posterior interacción con la comunidad ideal hallada, así
como el regreso que posibilita relatar lo sucedido continuaron constituyendo el itinerario de viaje de toda nueva narración utópica.

Ahora bien, al margen del impacto de *Utopía*, el desarrollo de relatos de esta clase también debe ser comprendido como el producto de un
contexto socio-histórico en particular. En este sentido, el surgimiento
del relato utópico publicado en lengua francesa a lo largo del siglo XVII
debe ser analizado en relación con la situación político-religiosa de Francia en el siglo precedente, con el impacto de su experiencia en territorio
ultramarino y en función de otros ejercicios de reflexión filosófica desarrollados en los siglos XVI y XVII.

---

152. Israel, Jonathan, *Les Lumières radicales...., op. cit.*, p. 659: "Dejando de lado los Viajes filosóficos,
probablemente semi-ficcionales, del Barón de Lahontan, aparecidos en 1702, no hubo ninguna
otra tentativa de desarrollar el género innovador introducido por Foigny y Vairasse, incluso
cuando la notoriedad internacional de la Histoire des Sévarambes no se desmentía." Raymond
Trousson es de la misma opinión. Véase Tyssot de Patot, Simon, *La vie, les aventures et le
voyage de Groenland du Révérend Père Cordelier Pierre de Mésange*, V. I-II, con prólogo de
Raymond Trousson, Slatkine Reprints, Ginebra, 1979.

➤ CAPÍTULO III ⋘

Utopía y disidencia religiosa

1. El impacto de la Reforma en Francia como marco temporal: 1598-1685

A diferencia de la *Utopía* de Moro, que mencionaba la tolerancia religiosa sin que fuera una preocupación central, el análisis de los relatos utópicos escritos y publicados en lengua francesa entre 1616 y 1710 revela que el problema se ha vuelto fundamental, tanto en los temas abordados cuanto en los debates que se desarrollan entre los protagonistas de las sociedades imaginarias.[1] Pues si en *Utopía* sólo al final del segundo libro Hitlodeo hacía alusión a esa cuestión, en 1616 la *Histoire du grand et admirable Royaume d'Antangil* dedica la totalidad del quinto libro a la religión de ese pueblo. En este sentido, ya sea que las obras hayan sido publicadas en centros de disidencia religiosa como Ámsterdam y La Haya en las Provincias Unidas, en Ginebra, en bastiones protestantes en Francia tales como las ciudades de Saumur o Burdeos, o en la misma ciudad de París (si la obra era adaptada para pasar el severo escrutinio del censor), el vínculo entre utopía y disenso religioso resulta una clave de lectura ineludible para comprender la profusión de estos relatos en el siglo XVII.[2]

Al respecto, tanto Raymond Trousson como Jean-Michel Racault han resaltado la importancia del factor religioso en su vínculo con la crisis de la conciencia europea diagnosticada por Paul Hazard para las últimas décadas del siglo XVII. En términos del primero, "entre 1680 y 1715 se despliegan los años en los que se ha situado una crisis de la conciencia europea y en donde los utopistas expresan sus reivindicaciones. Una característica compartida por estas utopías de una era de transición es el lugar que otorgan al problema religioso".[3] La profusión de relatos utópicos en los años más próximos a la revocación del edicto de Nan-

1. Racault, Jean-Michel, *Nulle part et ses environs. Voyage aux confins de l'utopie littéraire classique (1657-1802)*, París, Presses de l'Université de Paris-Sorbonne, 2003, pp. 25-6.
2. Racault, Jean-Michel, *ibid.*, pp. 93-101.
3. Trousson, Raymond, *Sciences, techniques et utopies*, París, L'Harmattan, 2003, p. 60.

tes (1685) coincidiría entonces con el diagnóstico realizado por Hazard
acerca del comienzo, hacia 1680, de una era de crisis de las creencias y
valores tradicionales. En términos del historiador belga,

> ... casi todas las ideas que han parecido revolucionarias hacia 1760, o
> incluso hacia 1789, se habían expresado ya hacia 1680. Entonces se ha
> operado una crisis de la conciencia europea; entre el Renacimiento, del
> que procede directamente, y la Revolución francesa, que prepara, no
> la hay más importante en la historia de las ideas. A una civilización
> fundada sobre la idea de deber, los deberes para con Dios, los deberes
> para con el príncipe, los "nuevos filósofos" han intentado sustituirla
> con una civilización fundada en la idea de derecho: los derechos de la
> conciencia individual, los derechos de la crítica, los derechos de la razón,
> los derechos del hombre y del ciudadano.[4]

Ahora bien, si como ha señalado Frank Lestringant, el vínculo entre
utopía y disenso religioso debe comprenderse al calor de la Reforma,[5] el
marco temporal para analizar la producción de estas obras deja de estar
determinado exclusivamente por el período de la "crisis de la conciencia
europea" para extenderse a una etapa más amplia. En la periodización
trazada por este autor, el vínculo entre utopía y Reforma se extiende
entonces desde las referencias al concepto hechas por Rabelais, el jardín
soñado de Bernard Palissy a mediados del siglo XVI[6] y la publicación
de la *Histoire du grand et admirable Royame d'Antangil* en 1616, hasta algunos decenios después de la Revocación del Edicto de Nantes y
los inicios del Iluminismo. En el transcurso de este período los relatos
de tipo utópico resultaron de capital importancia para la comunidad
reformada, que encontró en ellos su medio de expresión privilegiado:
"la utopía abre, de hecho, un cuadro de pensamiento y de especulación,
desde donde puede a la vez denunciar de forma alegórica la impostura
del poder espiritual y esbozar un programa".[7]

A partir de este marco temporal, el *corpus* de utopías publicadas se
conforma por la *Histoire du grand et admirable Royaume d'Antangil*
(1616) y se completa con las tres grandes "utopías narrativas" publicadas en la segunda mitad del siglo XVII y principios del XVIII: *La Terre
Australe Connue* (1676) de Gabriel Foigny, la *Histoire des Sévarambes*
(1677-9) de Denis Veiras y *Les voyages et avantures de Jacques Massé*
(1710) de Simon Tyssot de Patot.[8] En este sentido, no es ya la segunda

4. Hazard, Paul, *La crisis de la conciencia europea (1680-1715)*, Madrid, Ediciones Pegaso, 1941,
    p. 9.
5. Lestringant, Frank, "Huguenots en utopie ou le genre utopique et la Réforme", París, *Société
    de l'histoire du Protestantisme français*, N° 146, 2000, pp. 254-5.
6. Lestringant, Frank, *ibid.*, p. 268.
7. Lestringant, Frank, *ibid.*, p. 255.
8. El autor también toma en cuenta a las llamadas contra-utopías satíricas como *L'Isle Sonnante*,
    el *Mappe-monde papistique* o la *Description de l'Isle de Formosa* de George Balmanaazaar,

mitad del siglo XVII la que merece exclusiva atención, sino lo que podría denominarse un largo siglo XVII. El vínculo entre utopía y disidencia religiosa trasciende por ello la revocación del edicto de Nantes para incluir las condiciones previas a este hecho y, más importante aún, ser comprendido a la luz del desarrollo del protestantismo en Francia en el transcurso del siglo XVI.

En principio, el deterioro del universo religioso a lo largo del siglo XVII operó como causa primera de la relativización de los criterios de verdad hasta entonces establecidos.[9] Esa incertidumbre, producto de la pluralidad religiosa, pareció encontrar, por su parte, una de sus múltiples manifestaciones en la producción de relatos utópicos, aunque las opiniones frente a este último punto están divididas. Mientras algunos investigadores han otorgado más importancia a la crítica al absolutismo dentro del conjunto de cuestiones abordadas por las utopías publicadas durante el reinado de Luis XIV, otros han considerado que fue la cuestión religiosa la que indudablemente se ubicó en el centro de sus preocupaciones.[10] Tal división debería sin embargo matizarse, pues no puede considerase que la política y la religión sean áreas de ingerencia independientes en una sociedad del Antiguo Régimen como la Francia del siglo XVII. Tal como ha señalado Michel De Certeau, en el transcurso de ese siglo el Estado ocupó de forma creciente el vacío que en muchos ámbitos había dejado una débil y cuestionada ortodoxia religiosa "al adquirir la fuerza administrativa y moral que condiciona[ba] cada vez más la supervivencia, la audiencia y el desarrollo de las iglesias...".[11] Es posible sugerir entonces que las narrativas utópicas publicadas en lengua francesa en el transcurso del siglo XVII surgieron en un contexto de centralización política por un lado y de descentramiento del mundo a raíz de la Reforma y posterior estallido de las Guerras de Religión (1562-1598) por otro.

En el caso particular de Francia, dos puntos de inflexión en términos religiosos parecen delimitar el período en el que fue producido el *corpus*

---

que considera formaron parte del *corpus* protestante de escritos anti-católicos en los que la cuestión geográfica ocupó un lugar relevante. Las obras mencionadas, sin embargo, no serán analizadas en la presente investigación por no tratarse de relatos de tipo utópico en el sentido estricto del término.

9. De Certeau, Michel, *L'écriture de l'histoire*, París, Gallimard, 1975, pp. 182-4. En la opinión de De Certeau, es este quiebre del mundo organizado en torno a una estructura bipolar (Iglesia-Hereje/Ateo/Infiel) el que propiciará el pasaje de un sistema religioso a una ética de las Luces en el siglo XVIII.

10. Algunos de los autores que han resaltado el carácter político de las obras son: Myriam Yardeni, *Utopie et révolte sous Louis XIV*, París, Nizet, 1980 y Jean Servier, *Histoire de l'utopie*, París, Gallimard, 1967. Jean-Michel Racault, por su parte, ha resaltado la importancia del componente religioso antes que la crítica al absolutismo. Racault, Jean-Michel, *Nulle part et ses environs...*, *op. cit.*, p. 9: "Incluso en las utopías de la época de Luis XIV, muchas veces interpretadas como una reacción de revuelta frente al absolutismo, debe matizarse. En la *Terre Australe Connue* de Foigny (1676), es sin duda la interrogación religiosa la que está en primer lugar."

11. De Certeau, Michel, *El lugar del otro. Historia religiosa y mística*, Buenos Aires, Katz Editores, 2007, p. 216.

de utopías seleccionado. Se trata de la promulgación del Edicto de Nantes en 1598, como tentativa de terminar con las mencionadas Guerras de Religión,[12] y su revocación en 1685 junto al consecuente fin de la tolerancia religiosa auspiciada por la monarquía francesa en el período precedente.[13] En términos generales, desde la segunda década del siglo XVI los conflictos religiosos que estallaron en Francia y en toda Europa no habían dejado otra opción a la monarquía francesa que determinar cuál sería su actitud frente al protestantismo. Esta, sin embargo, no sería unívoca y hasta la revocación del Edicto de Nantes, una serie de decisiones políticas y de alianzas estratégicas temporarias parecieron auspiciar la posible coexistencia de ambos grupos confesionales.[14] En este sentido, sólo a fines del siglo XVII se hizo evidente que la Corona francesa permanecería fiel al catolicismo, más allá de que la hostilidad hacia el protestantismo por parte de algunos sectores en el poder hubiese sido evidente desde los orígenes de la Reforma.

Lo cierto es que en los años previos a la promulgación del Edicto de Nantes, la intolerancia de la monarquía hacia el protestantismo se había vuelto cada vez más ostensible. Durante el reinado de Francisco I (1515-1547), por ejemplo, su actitud había pasado de la tolerancia relativa a un endurecimiento cada vez mayor.[15] En este sentido, si en un comienzo el monarca se había rodeado de personalidades favorables a la Reforma, muy pronto adoptaría una actitud de franca hostilidad hacia la profesión de la fe reformada y sus seguidores. En 1526 prohibió toda traducción francesa de las Sagradas Escrituras y dio inicio a las persecuciones que se acrecentarían bajo el reinado de Enrique II, entre 1547 y 1559. Dentro de las medidas tomadas por este último, se destaca (entre otras) la promulgación del Edicto de Écouen (1559) que ordenaba

---

12. Su punto más álgido había sido la masacre de San Bartolomé en agosto de 1572.

13. Para autores como Jean-Michel Racault, sin embargo, la atención debe ser puesta en la revocación del Edicto más que en su promulgación. Véase Jean-Michel Racault, *Nulle part et ses environs...*, *op. cit.*, pp. 93-4.

14. Jean Delumeau se ha referido hasta a "una política incoherente" por parte de la monarquía francesa en las décadas previas a la sanción del Edicto de Nantes. Véase Jean Delumeau, *Naissance et affirmation de la Réforme*, París, Presses Universitaires de France, 1965, p. 180. No es posible en el espacio de este trabajo resumir la historiografía reciente sobre las Guerras de Religión. Sugerimos consultar al respecto las obras de Mack P. Holt, *The French Wars of Religion, 1562-1629*, Cambridge, Cambridge University Press, 2005; Barbara Diefendorf, *Beneath the Cross: Catholics and Huguenots in Sixteenth-Century Paris*, Oxford, Oxford University Press, 1991, D. Crouzet, *Les guerriers de Dieu. La violence au temps des troubles de religion (vers 1525 – vers 1610)*, París, Champ Vallon, 1990, y Philip Benedict, "Religion and Politics in Europe, 1500–1700", en Von Greyerz, Kaspar, Siebenhüner, Kim, *Religion und Gewalt: Konflikte, Rituale, Deutungen (1500-1800)*, Göttingen, Vandenhoeck & Ruprecht, 2006, pp. 155–174.

15. Señalamos ya en el capítulo II cómo a raíz del *affaire des placards*, en 1534, la política de tolerancia hacia el protestantismo fue reemplazada por una actitud más hostil por parte de la Corona.

acabar con la vida de cualquier reformado que se rebelara o se diera a la fuga sin juicio previo.[16]

Entre 1562 y 1598 tuvieron lugar las llamadas Guerras de Religión, al final de las cuales el partido protestante pareció salir relativamente consolidado. Producto del poder alcanzado por ambas facciones, fue el temor a un nuevo estallido en esta larga guerra civil el que, en la opinión de Jean Delumeau, llevó a la sanción del Edicto de Nantes por parte de Enrique de Navarra, devenido Enrique IV desde 1589.[17] Con la sanción del edicto, parecía garantizarse la tolerancia religiosa en el reino.[18] Ahora bien, debe señalarse que el protestantismo continuó siendo un cuerpo desvalorizado,[19] situación que se mantendría hasta la revocación del decreto en 1685.

La relativa paz establecida en los ochenta y siete años que transcurrieron entre la promulgación del Edicto y su revocación no se tradujo entonces, al menos para los hugonotes que permanecieron en Francia, en la inexistencia total de conflicto. Por un lado, no siempre los principios sentados por la medida fueron puestos en práctica tal como allí se determinaba. Pues si bien se había promulgado la libertad de culto en todo el reino, su ejercicio "fue de hecho prohibido en todas las ciudades episcopales y archiepiscopales y en los bienes y señoríos eclesiásticos".[20] Asimismo, los consejeros protestantes fueron alejados de sus funciones o bien su poder disminuido frente a sus pares católicos. La tolerancia, entonces, no dejaba de ser relativa.

Por ello, más allá de las garantías brindadas por el Edicto, a lo largo del siglo XVII los enfrentamientos entre católicos y protestantes persistieron, y llegaron a su punto más álgido durante el sitio de la Corona francesa sobre la ciudad de La Rochelle (1627-1628) que le daría finalmente la victoria a Luis XIII.[21] Como bien ha señalado Nadia Minerva, "el período estuvo marcado, primero por la guerra religiosa y luego, tras

---

16. Delumeau, Jean, *ibid.*, p. 176.

17. Delumeau, Jean, *ibid.*, p. 183: "Decisión de un Rey que temía un nuevo estallido de la guerra civil, el Edicto de Nantes fue ante todo un producto de las circunstancias. De tal forma, fue constituido, no de un sólo texto sino de cuatro (13 de abril-2 de mayo de 1598): una proclama solemne, un anexo de 56 artículos "secretos" sobre el culto, una "cédula" relativa al trato de los ministros, finalmente un segundo grupo de artículos "secretos" sobre los lugares de 'refugio'."

18. En relación con este último punto, Delumeau ha hecho especial hincapié en la situación profundamente original en la que se encontró Francia a partir de 1598.

19. Delumeau, Jean, *ibid.*, p. 184. El autor, sin embargo, también ha señalado que la situación social y el rol de las familias hugonotas bajo el reinado de Enrique IV continuó siendo importante. Véase Jean Delumeau, *ibid.*, pp. 186-7.

20. Delumeau, Jean, *ibid.*, p. 184.

21. En 1637, el sínodo de Alençon había presentado al rey una lista que contenía los atropellos que los protestantes franceses sufrían entonces. En ella se mencionaba, "la suspensión del culto en 87 iglesias del reino autorizadas a celebrar; una veintena de cementerios reformados que no habían sido abiertos nuevamente, las condenas recibidas por aquellos protestantes que no habían decorado sus casas para las procesiones; la exclusión de los hugonotes de los cargos públicos; un decreto reciente acababa de prohibir a los calvinistas que fuesen notarios públicos

el asesinato de Enrique IV (1610), por la inseguridad e inestabilidad ligadas al resurgimiento del conflicto entre Barones y de la hostilidad religiosa".[22]

Frente al conflicto entre católicos y reformados, la política de Luis XIV (1643-1715) fue ambivalente en los primeros años de su reinado, pues si bien el objetivo último del rey era la eventual unificación de ambos credos, quedaba todavía por definir el método escogido para hacerlo.[23] Hacia 1669, sin embargo, pareció prevalecer una política de corte netamente anti-protestante, signada por las conversiones forzosas producto de las *dragonadas* enviadas por el rey.[24] En términos jurídicos, los derechos de esta minoría se verían recortados ese mismo año mediante la sanción de una declaración real en la que se precisaron cuáles eran los derechos pero sobre todo los límites de los sectores reformados.[25] A partir de esa fecha y en los años previos a la revocación del Edicto de Nantes, las libertades y derechos de los protestantes en Francia fueron cada vez más cercenados. Entre otras medidas de naturaleza similar, se excluyó a los hugonotes de todo cargo jerárquico y se les impidió ejercer prácticas tales como la medicina, u oficios y artes como los de libreros, impresores o apotecarios. Asimismo, se prohibieron los matrimonios mixtos y se arrasaron los lugares de culto protestante.

Por todo lo dicho, la revocación del Edicto de Nantes por medio del Edicto de Fontainebleau, sancionado por Luis XIV en 1685, no fue más que la coronación de una serie de medidas que, desde al menos una década atrás, habían terminado con la política de tolerancia religiosa propiciada en apariencia desde 1598. En términos jurídicos, la revocación se realizaría so pretexto de la futilidad del Edicto dada la cantidad insignificante de protestantes en Francia, producto en realidad de las abjuraciones forzosas.[26] Una de las consecuencias más significativas de esta medida fue el alto número de emigrantes clandestinos (hugonotes que no habían abjurado de su fe) que escaparon del reino. Sobre este último punto, el Edicto de Fontainebleau había establecido claramente que mientras los pastores debían abandonar el reino en un período no mayor a 15 días, los reformados laicos no tenían derecho a hacerlo. La disposición refrendaba aquella establecida en el edicto de 1669, que había prohibido a los súbditos del rey de Francia establecerse en el exterior sin autorización real. Antes y después de su promulgación, sin embargo,

y procuradores de distritos, el ejercicio de su función; las iglesias de Béarn no tenían el derecho de convocar a sus asambleas sonando las campanas." En Jean Delumeau, *ibid.*, p. 191.

22. Minerva, Nadia, "So close, so far: The puzzle of Antangil", en Avilés, M. A. y Davis, J. C. (eds.), *Utopian Moments. Reading utopian texts*, Londres, Bloomsbury Academic, 2012, p. 21.

23. Sobre la política de Luis XIV hacia los reformados, véase Jacques Le Goff y René Rémond (dir.), *Histoire de la France religieuse, XIVè-XVIIIè siècle*, T. 2, París, Seuil, 1988, pp. 478-9.

24. Le Goff, Jacques, y Rémond, René (dir.), *Histoire de la France...*, *op. cit.*, p. 483.

25. Delumeau, Jean, *Naissance et affirmation...*, *op. cit.*, p. 193. Véase también p. 195.

26. Le Goff, Jacques y Rémond, René (dir.), *Histoire de la France...*, *op. cit.*, p. 486.

el flujo de hugonotes que partían en forma clandestina para instalarse en países reformados había llegado a proporciones considerables.[27] Uno de los casos más ilustres de este proceso de emigración fue sin duda la partida de Pierre Bayle, quien entre otros intelectuales reformados, arribó a la ciudad de Rotterdam en 1681 tras el cierre de la Academia de Sedan ese mismo año.[28] Sobre este éxodo, sostuvo Jean Delumeau,

> Gracias a las "cadenas" de complicidad, ayudados en París por las embajadas de los países protestantes y en las fronteras por barqueros, campesinos o marineros frecuentemente católicos, unos 200.000 reformados dejaron de esta forma el reino, a pesar de las amenazas que pesaban sobre los fugitivos que eran capturados (la galera para los hombres y el relegamiento a una vida en prisión o un hospicio religioso para las mujeres). 22.000 fugitivos al menos se instalaron en Suiza; 25.000 en Brandenburgo (en 1699 se contaban 13.747 reformados franceses en Berlín y 1000 en Magdeburgo); 2000 en Suecia y en Dinamarca; 50.000 aproximadamente en Gran Bretaña; 60.000 sin duda en las Provincias Unidas, la "gran arca de los refugiados".[29]

Con alusiones más o menos explícitas, todas las utopías publicadas en este período dieron cuenta del conflicto latente. En efecto, la referencia en las epístolas, prefacios e introducciones a temas tales como la persecución religiosa, la intolerancia y la imposibilidad de practicar un culto libremente es un rasgo compartido por la totalidad de las obras estudiadas. En el caso de la *Histoire du grand et admirable Royaume d'Antangil* (1616), la dedicatoria que el autor anónimo de la obra dirige a los *"tres Hauts tres puissans et tres illustres Seigneurs, Messieurs*

---

27. Del conjunto de países reformados hacia los que huyeron los hugonotes, la influencia francesa en las Provincias Unidas parece haber sido mayor. En términos de Paul Vernière, "la influencia francesa también se ejercía de forma más directa sobre los Países Bajos. Sin ser todavía el refugio hacia el cual, después de la revocación del Edicto de Nantes en 1685, llegarán miles de protestantes franceses, muchos son los compatriotas que acogieron o atrajeron a lo largo del siglo. Son soldados, capitanes al servicio de los Estados, que desde la época gloriosa de Béarnais encontraron allí un admirable campo de acción contra el enemigo español donde podían servir a su fe sin traicionar su país. [...] Soldados, profesores, estudiantes, pastores, es entonces a toda una *élite* francesa que se abre Holanda. Toda una *élite* holandesa se encuentra bajo su influencia, habla su lengua, adopta sus modas." En Paul Vernière, *Spinoza et la pensée française avant la Révolution*, París, P. U. F., 1982, p. 9.

28. Bayle, Pierre, *Pensées diverses sur la comète, Introduction, notes, glossaire, bibliographie et index par Joyce et Hubert Bost*, París, Flammarion, 2007, p. 12: "Nos encontramos en 1681, la Francia de Luis XIV conoce un endurecimiento de la política frente a los protestantes –el cierre de la Academia de Sedan es una de las numerosas medidas tomadas para retirarles poco a poco los derechos de los que gozaban desde Enrique IV–, y los más lúcidos entre ellos comprenden que esta retahíla de decisiones hostiles prepara la próxima interdicción del protestantismo en todo el reino: la revocación del Edicto de Nantes, que tendrá lugar en octubre de 1685. Instalado en tierra protestante –Holanda es calvinista–, Bayle podía modificar enteramente su obra y bajar la máscara."

29. Delumeau, Jean, *Naissance et affirmation...*, *op. cit.*, p. 198.

les Estats des Provinces unies du païs bas" y el hecho de que, tal como indicara Alexandre Cioranescu, en varios ejemplares el nombre del impresor haya sido tapado por un papel indicando *"A Leyde, chez Jean Le Maire"*[30] parecen demostrar que más allá de que se tratara de un hugonote francés refugiado en Holanda (como ha sostenido Cioranescu)[31] o de un reformado francés de origen noble (como ha sostenido Wijngaaden),[32] la intención del autor es reivindicarse como francés pero ofrecer a las Provincias Unidas "la valiosa información" que ha conseguido. De tal forma, al comienzo de la dedicatoria el autor hace alusión al provecho que sus destinatarios podrían sacar de cuanto les está diciendo:

> Y dado que según la costumbre de quienes dan a conocer algún tratado, hace falta dirigírselo a alguien, juzgué no poder dirigirlo a nadie mejor que a vuestras excelencias, tanto debido a que por medio de la navegación que hice en sus barcos aprendí cuanto figura en el tratado, como porque dado que vuestro floreciente estado recién está comenzando a arrojar los primeros fundamentos de su gloria, ustedes podrán, al erigir este excelente edificio, servirse de los mármoles, pórfidos y alabastros: diamantes, esmeraldas y rubíes que se encuentran en este tratado, los cuales, bien aplicados, no podrán sino aportar mucho lustre y ornamento.[33]

Unas líneas más adelante, el autor dice haberse presentado al embajador del (ficticio) Reino de Antangil como un hombre de origen francés y haberle ofrecido un mapa de Francia e información valiosa acerca de sus leyes y costumbres a cambio de un informe equivalente sobre aquel reino.

---

30. Cioranescu, Alexandre, *"Le Royaume d'Antangil et son auteur"*, *Estratto Studi Francesi*, N° 19, Torino, Società Editrice Internazionale, 1963, p. 17.

31. Cioranescu, Alexandre, *ibid.*, p. 21: "Sea de quien fuere, este libro es la obra de un protestante refugiado en Holanda, que se propone instruir a sus correligionarios a través de una lectura fácil y sin pretensions."

32. Van Wijngaaden, Nicolaas, *Les Odyssées philosophiques en France entre 1616 et 1789*, Haarlem, Drukkerij Vijlbrief, 1932, p. 20: "Como últimos argumentos en defensa de la tesis que atribuye la obra del gentilhombre de Touraine a las prensas holandesas, debe señalarse la epístola dedicatoria a los 'Muy altos, muy poderosos y muy ilustres Señores, de los Estados de las Provincias Unidas de los Países Bajos' y la ausencia de una página de errata. La dedicatoria no solamente resalta el carácter reformado del autor, sino que también revela otras relaciones entre el utopista y la república que acogía desde 1616 tantos refugiados franceses. Puede observarse en la omisión de errata, que el autor no tuvo la ocasión de corregir las pruebas y adjuntar, una vez finalizada la impresión, una lista de correcciones para advertir a los lectores sobre las faltas que pudieron haber escapado su atención."

33. I. D. M. G. T., *Histoire du grand et admirable Royaume d'Antangil*, Saumur, Thomas Portau, 1616, Dedicatoria: "Et d'autant que selon la coustume de ceux qui mettent quelque traicté en lumiere, il lui faut donner une adresse: j'ai jugé n'en pouvoir donner une meilleure à celui-ci que vos Excellences, tant pour ce que par le moien de la navigation que j'ai faite sur vos vaisseaux j'y ai appris ce qui est dans ce traicté, que pour ce aussi que vostre Florissant Estat ne commençant encore qu'à jetter les premiers fondements de sa gloire, vous pourrez en eslevant le corps de cet excellent edifice, vous servir des marbres porphres & albastres: voire des diamants, esmeraudes & rubis qui sont en ce traicté, lesquels ne pourron, estans bien apliques, qu'y apporter beaucoup de lustre & ornement."

El día asignado, fuimos a visitar a este Embajador, al cual encontramos
tan afable, honesto y cortés hacia nosotros que, como si hubiésemos sido
sus iguales, nos preguntó sobre muchas y distintas cosas de Europa, y
principalmente del Reino de Francia, y viendo que le respondía perti-
nentemente a varias de sus preguntas, al final, preguntó al italiano de
qué nación era yo, y si yo no era francés: el italiano se lo confirmó, y él
me dijo que estaba muy complacido de poder aprender sobre las particularidades del origen y gestos de esas antiguas gentes, cuyo renombre
se hace sentir aún en todo el Oriente. De forma que no hay pueblo
en todo el mundo que no los tenga en gran estima y admiración, le
dije que esperaba no solamente contentarlo con aquello, sino además
darle un mapa y una descripción del Reino de Francia, y discurrir con
él sobre las leyes, hábitos y buenas costumbres de los pueblos que allí
habitan, siempre que a él también le complaciera hacer lo mismo, sin
celar cosa alguna de cuanto concernía al Reino grande y excelente de
Antangil de donde él venía...[34]

Según señala el relato, el encuentro descripto habría tenido lugar
en 1598, año en que la promulgación del Edicto de Nantes pareció poner fin al conflicto religioso imperante en Francia. Nadia Minerva ha
considerado la elección de esta fecha un elemento emblemático, acaso
el producto de una elección deliberada del autor.[35] Sin embargo, que el
narrador diga haber estado en la isla de Java en 1598 parece haber obe-
decido a la necesidad de ubicar el relato en un contexto verosímil. Ese
mismo año, la flota del holandés Van Neck (de la que el personaje dice
ser parte) había partido hacia el puerto de Bantam en lo que sería la
segunda expedición holandesa a Indonesia.[36]

---

34. I. D. M. G. T., *ibid.*, Dedicatoria: "Le jour assigné, nous ne faillimes d'aller visiter cest
    Ambassadeur, lequel nous trouvasmes autant affable, honneste & courtois envers nous, que
    si eussiones esté ses esgaux, nous entretenant sur plusieurs & diverses choses de l'Europe, &
    principalement du Royaume de France, & voiant que je lui respondois assez pertinemment sur
    plusieurs demandes qu'il me faisoit, en fin, il s'enquit à l'Italien de quelle nation j'estois, &
    si je n'estois point François: l'Italien l'en aiant asseuré, il me dit qu'il en estoit tres-aize, afin
    d'apprendre les particulairtez de l'origine & gestes de ces anciens preux, dont la renommé vole
    encore à present par tout l'Orient. De façon qu'il n'y a peuple qui ne les aie en grande estime
    & admiration, je lui dis à l'heure que j'esperois non seulement contenter en cela, mais encore
    davantage lui donner la carte & description du Royaume François, & lui discourir des lois,
    moeurs & bonnes coustumes des peuples qui y habitent, moiennant qu'il lui pleust aussi faire
    le semblable, ne me celant aucune chose de ce qui concerneroti le grand & excellent Royaume
    d'Antangil dont il venoit..."
35. Minerva, Nadia, "So close, so far...", *op. cit.*, p. 21: "La historia es un relato de los encuentros
    diarios del narrador con el embajador del Reino de Antangil, durante una visita a la isla de Java
    en 1598, una fecha que recuerda emblemáticamente el Edicto de Nantes y el regreso de la paz
    religiosa en Francia."
36. En 1598, Van Neck había partido del puerto de Texel con el objetivo de llegar a las Indias
    Orientales. Se trató de la segunda expedición holandesa a Indonesia. Tras algunas averías, la
    flota llegaría al puerto de Bantam a fines de ese mismo año.

En el caso de Gabriel Foigny, capuchino convertido al protestantismo y autor de *La Terre Australe Connue* (1676), la crítica de la intolerancia religiosa se manifiesta, por oposición, en su admiración hacia los australianos, cuya virtud sobrepasa la de "quienes se dicen cristianos pero viven peor que las bestias".[37] En el capítulo VI de la obra, al referirse a la religión de los australianos y compararla con la de los europeos, mediante la figura de un sabio anciano nativo de la Tierra Austral, Foigny cuestiona las motivaciones de las guerras de religión: "Pero, ¿cómo puede pensarse que le resultan agradables, cuando se destruyen los unos a los otros bajo pretexto de congraciarse con Él?", se pregunta el anciano. "¿No es entonces abusar de Su bondad el desgarrarse los unos a los otros, porque los unos imaginan que lo conocen mejor que los otros?"[38]

En la *Histoire des Sévarambes* (1677), la crítica de la intolerancia religiosa aparece en la cuarta parte del libro, cuando al describir "*la religion des Sévarambes d'aujourd'hui*"[39] el protagonista hace referencia a las persecuciones de su propio tiempo. En efecto, al mencionar la tranquilidad pública que el Estado de los Sévarambes garantiza, el Capitán Siden hace especial énfasis en el alto grado de tolerancia que prevalece en aquella tierra utópica en comparación con la violencia experimentada en otras regiones debido a conflictos religiosos. La tolerancia de aquel pueblo es la contracara de la persecución religiosa de la que el mismo autor sería víctima algunos años después de publicada la obra. En una clara comparación de ambos mundos, el protagonista expresa:

ya que a pesar de que entre los Sévarambes hay diversas opiniones en torno a la Divinidad, y que pueden verse seguido controversias abiertas donde todo el mundo puede ir; no existe sin embargo ningún otro país en el mundo donde se irriten menos por la religión, y en donde ella produzca menos querellas y guerras; mientras que en los otros estados, se la hace servir de pretexto para actos más inhumanos y más impíos ocultos tras la máscara de la piedad.

[...] No es así en este pueblo feliz, donde nadie puede oprimir a su prójimo, ni violar el derecho natural bajo ningún pretexto de Religión; donde no se sabría movilizar a un pueblo reacio a las rebeliones, a las masacres y a los incendios por un celo imprudente; y donde no pueden

---

37. Foigny, Gabriel, *La Terre Australe Connue*, en Frédéric Lachèvre, *Les successeurs de Cyrano de Bergerac*, París, Honoré Champion, 1922, p. 66.

38. Foigny, Gabriel, *La Terre Australe Connue...*, *op. cit.*, p. 112: "Mais comment peut-on penser qu'on lui est agréable, quand on se détruit l'un l'autre sous prétexte de luy plaire?" o "N'est-ce pas donc abuser de sa bonté que de se déchirer les uns les autres, parce que les uns s'imaginent qu'ils le connoissent mieux que les autres?"

39. "La religión de los Sévarambes de nuestros días."

adquirirse bienes ni honores con ardides, ni con las falsas apariencias de una piedad santa y simulada.[40]

En relación con el grado de censura existente en Francia en esta misma época, es importante destacar que el extracto aquí presentado pertenece a la edición holandesa de 1702 pero que las mismas palabras también se encuentran en la primera edición de la obra, publicada entre 1677 y 1679 con privilegio real y supervisada previamente por la celosa lectura del censor.[41]

Del conjunto de relatos analizados, la obra en que el doble proceso de división de la Iglesia entre católicos y protestantes y el paralelo nacimiento del Estado se manifiesta con más fuerza es la *Histoire de Calejava ou de l'île des hommes raisonnables* (1700). La descripción de las costumbres y prácticas religiosas de un pueblo imaginario al norte de Lituania que privilegia el gobierno de la razón por sobre toda creencia basada en la autoridad, los falsos razonamientos y las historias poco fiables, es precedida por una breve explicación de los motivos que llevaron a los protagonistas a alejarse de Francia. El relato comienza en esta última nación, cuando ante la inminente revocación del Edicto de Nantes (1685) y el temor a la persecución del protestantismo, deciden escapar de la intolerancia religiosa:

Lo que llevó a que estos tres franceses vieran la isla de Calejava es que Christofile, a causa de todos los edictos que se hacían en Francia contra aquellos de su religión, vio que se llegaría a la revocación del Edicto de Nantes. Para ponerse al amparo de esa tormenta, convirtió de manera

---

40. Veiras, Denis, *Histoire des Sévarambes peuples que habitent une partie du troisiéme continent, communément appellé La Terre Australe. Contentant une Relation du Gourvernement, des Moeurs, de la Réligion, et du Langage de cette Nation, inconnuë jusques à present aux Peuples de l'Europe...*, Ámsterdam, Estienne Roger, 1702, Tomo II, pp. 107-8. "car bien que parmi les Sévarambes il y ait diverses opinions touchant la Divinité, & qu'on y voye souvent des controverses ouvertes où tout le monde peut aller ; toutefois il n'y a peut-estre point de païs au monde où l'on s'échaufe moins pour la Religion, & où elle produise moins de querelles & de guerres ; au lieu que dans les autres Estats, on la fait souvent servir de pretexte aux actions les plus inhumanes & les plus impies sous le masque de pieté. [...] Il n'est pas de même parmi ces peuples heureux, où personne ne peut opprimer son prochain, ny violer aucunement le droit naturel sous aucun pretexte de Relgion ; où l'on ne sçauroit émouvoir une populace farouche aux rebellions, aux massacres & aux incendies par un zele inconsideré ; & où l'on ne peut enfin s'acquerir des biens & des honneurs ni par les ruses, ni par les fausses aparences d'une pieté seinte & simulée."

41. La publicación del primer volumen de la *Histoire des Sévarambes* en 1677 venía acompañada además por una dedicatoria al intendente Riquet, lo cual permite afirmar que Veiras contaba con la protección de estos influyentes personajes. Véase Antoine Adam, *Les libertins au XVIIè siècle*, París, Buchet-Chastel, 1986, p. 281. Este mismo extracto aparece en la edición parisina de la *Histoire des Sévarambes...* (con privilegio real) de 1677, Segunda Parte, Tomo II, pp. 286-9.

imperceptible todos sus bienes en metálico. Eudoxa y Alatre percibieron claramente el deseo que Christofile tenía de dejar Francia.[42]

El motivo de la partida es ciertamente verosímil puesto que, en términos generales, tal como se detalló en los párrafos precedentes, en los años anteriores a la revocación del Edicto de Nantes la política de Luis XIV hacia el protestantismo se había vuelto menos tolerante y había comenzado a controlar espacios de poder anteriormente abiertos a ambos credos. En el caso de la *Histoire de Calejava*, tras huir de la inminente persecución, tres de los cuatro personajes principales, *Christofile*, hijo de la Reforma, su hija *Eudoxe* y su yerno *Alatre*[43] llegan a Lituania (en aquel entonces parte de Polonia) para, tras un naufragio y una travesía de dos meses y medio en dirección desconocida, descubrir una sociedad radicalmente distinta de la que acaban de dejar atrás. Su permanencia en la isla de *Calejava* dependerá del buen uso de la razón que estos viajeros hagan, pues sus habitantes, los avaitas, les imponen como condición de permanencia en la isla la adopción de una serie de principios cristianos a partir del análisis razonado y no del recurso a la autoridad.[44]

En relación con *Voyages et avantures de Jacques Massé* (1710), la última obra del *corpus* seleccionado, debe señalarse que por cuanto fue escrita a comienzos del siglo XVIII, las críticas de la intolerancia religiosa que Simon Tyssot de Patot incluye deberían comprenderse como un rechazo no sólo de la política anti-protestante del reinado de Luis XIV sino también de la persecución de los hugonotes de la que su propia familia fue víctima en las décadas anteriores. Las aventuras de Jacques Massé comienzan a mediados del siglo XVII. En 1639, tras la muerte de David, padre de Jacques, el joven Massé parte de París hacia Dieppe para continuar sus estudios de cirugía con un nuevo maestro. Resulta de interés destacar que en el siglo XVII, la ciudad de Dieppe además de uno de los principales puertos franceses hacia el Nuevo Mundo también fue un centro protestante de importancia que sufrió las persecuciones ordenadas por Luis XIV en los años previos al Edicto de Fontainebleau (1685). Desde allí, en 1643 Massé parte en dirección a Martinica, pero llega a Lisboa a raíz de un naufragio.

---

42. Gilbert, Claude, *Histoire de Calejava ou de l'île des hommes raisonnables*, Édition critique établie para Yves Nérieux, París, Honoré Champion, 2012, p. 88: "Ce qui fut cause que ces trois français ont vu l'île de Calejave, c'est que Christofile, par tous les édits qu'on faisait en France contre ceux de sa religion, voyait bien qu'on allait à la révocation de l'Edit de Nantes. Pour se mettre à l'abri de cet orage, il mettait insensiblement tout son bien en argent comptant. Eudoxe et Alatre s'aperçurent bien du dessein que Christofile avait de quitter la France."

43. Los nombres son simbólicos y se corresponden con la "personalidad" de cada personaje. En términos de Nérieux, Christophile es un protestante convencido que ama a Dios, Eudoxa es en extremo supersticiosa y representaría a la buena fe, Alatre, buen matemático, filósofo y jurisconsulto, representaría al hombre que "no adora". Véase el estudio preliminar de Yves Nérieux en Claude Gilbert, *ibid.*, p. 35.

44. Supondrá esto la justificación por medio de la razón de dichos principios básicos al tiempo que el rechazo de la costumbre y de la autoridad como formas legítimas de conocimiento.

Durante su estadía en la capital portuguesa, hospedado por un cirujano reformado, lee la Biblia por primera vez. Más allá de que el encuentro con este personaje haya ocurrido antes de la interdicción del ejercicio de esta profesión impuesta a los hugonotes en Francia, el hecho de que Massé encontrara un cirujano reformado en Lisboa parece obedecer a la intención del autor de ilustrar el posible destino de un hugonote exiliado debido a las persecuciones. Tal como han señalado Élisabeth Labrousse y Robert Sauzet, en los años del exilio la península ibérica se convirtió en ocasiones en el paso obligado para los hugonotes que deseaban llegar a Inglaterra pero, debido al férreo control en los puertos franceses, no podían arribar directamente a ella:

> Tras elegir itinerarios a veces tortuosos e inesperados (por ejemplo, vía Saboya y la España católica, cuyas fronteras eran poco vigiladas), los hugonotes llegaban a Inglaterra (a veces una posta en el camino hacia sus colonias americanas), las Provincias Unidas (de donde algunos se fueron a la colonia del Cabo), diversas regiones de Alemania y, en particular, Brandenburgo...[45]

Tyssot de Patot se expresa nuevamente en contra de las guerras de religión y del conflicto entre católicos y protestantes por medio de la "fábula de las abejas", que narra al final de la obra en boca de un joven gascón. Sobre las luchas por motivos de religión, el personaje recurre a la siguiente metáfora:

> A veces incluso, esos abejorros obligan a colmenas enteras a hacer la guerra a otras colmenas, de forma que se ven a veces muchos miles de muertos de un lado y del otro, con el único propósito de sostener de cada lado las quimeras de sus abejorros contra las de los otros.[46]

Se observa en cada uno de estos relatos cómo la crítica a la intolerancia religiosa resultó un tema central de las obras que se publicaron a pesar de la censura bajo el reinado de los Borbones, o desde el exilio en aquella "gran arca de refugiados", tal como Delumeau calificara a las Provincias Unidas para el período posterior a la revocación. Sin duda, desde sus orígenes en la segunda década del siglo XVI, la Reforma y, en términos más generales, la disidencia religiosa habían ejercido no solamente una influencia determinante en el desarrollo del modelo utópico en lengua francesa sino en todos los ámbitos de la vida intelectual europea. Sus alcances tampoco dejaron indemne a *Utopía*. Ante la creciente

---

45. Le Goff, Jacques y Rémond, René (dir.), *Histoire de la France religieuse...*, *op. cit.*, Cap. IV: Au temps du roi soleil (1661-1720), p. 493.

46. Tyssot de Patot, Simon, *Voyages et aventures de Jacques Massé*, París, Bibliothèque des Lumières radicales, Éditions Amsterdam, 2005, p. 295: "Quelquefois même, ces frelons engangent des ruches entières à faire la guerre à d'autres ruches, de manière qu'on en voit quelquefois plusieurs milliers de tuées de part et d'autre, uniquement pour soutenir de chaque côté les chimères de leurs frelons contre celles des autres."

radicalización del conflicto religioso pocos años después de publicada la obra, el mismo Moro había tomado distancia respecto de su creación. Editada por primera vez en 1516, *Utopía* había antecedido lo que en el transcurso del siglo se convertiría en el feroz enfrentamiento entre católicos y protestantes. Posteriores lecturas de la obra, sin embargo, hicieron que en 1532 y al calor de los acontecimientos desencadenados por la Reforma, el humanista expresara su descontento ante las interpretaciones tergiversadas de sus escritos y los de su amigo Erasmo.[47] En efecto, en *The Confutation to Tyndale's answer* (1532), el ahora *Lord Chancellor* establecía enfáticamente:

> ... desearía que no solamente los libros de mi querido amigo [Erasmo] sino también los míos fuesen quemados, los suyos y los míos, con mis propias manos antes de que algunos (aunque más no sea a pesar suyo) los interpreten de manera equivocada.[48]

Ahora bien, que la cuestión religiosa sea un tema central en las utopías publicadas entre la promulgación del Edicto de Nantes y algunas décadas después de su revocación no significa, sin embargo, que se trate de relatos de corte netamente anti-católico y favorables al protestantismo. Por el contrario, es la disidencia religiosa, entendida como un lugar o espacio a partir del cual reflexionar y expresarse en términos que no necesariamente adscriben a uno u otro bando, la que prevalece en todos ellos. En cuanto al libertinismo, existen diferencias evidentes entre la sociedad descripta por el anónimo autor de la *Histoire du grand et admirable Royaume d'Antangil*, representativa de los principios reformados, y los relatos utópicos escritos en el contexto de la revocación del edicto, de carácter marcadamente heterodoxo. Pero ello no significa que los autores de este último conjunto de relatos adscribieran a aquella corriente, pues tal como ha demostrado Joan de Jean para los textos de Foigny y Veiras no hay en ellos ni un uso ni una defensa del vocablo o de las premisas defendidas por aquella tradición.[49]

Antoine Adam, por el contrario, considera que fue justamente el uso extendido que se hizo del término "libertino" en el mismo siglo XVII el que permitiría incluir las obras de Foigny y de Veiras dentro del *corpus*

---

47. El impacto y las posteriores interpretaciones de *Utopía* fueron analizados por David Weil Baker en *Divulging Utopia. Radical Humanism in sixteenth-century England*, Massachussets, University of Massachussets Press, 1999, p. 50.

48. Prévost, André, *L'Utopie de Thomas More, Présentation, texte original, apparat critique, exégèse, traduction et notes*, París, Nouvelles éditions MAME, 1979, p. 40.

49. De Jean, Joan, *Libertine strategies*, Columbus, Ohio University Press, 1981, p. 206: "Ambos textos son apenas pálidos herederos del explosivo prototipo de Cyrano, y deben ser situados completamente fuera de la tradición libertina francesa, con la cual, además, no hacen ningún intento por identificarse, tanto a través del uso del término libertino como de su defensa."

de textos de esta naturaleza.[50] Por su parte, siguiendo la perspectiva iniciada por René Pintard, Enriqueta Bezián de Busquets incluyó a estos autores dentro del grupo de libertinos tal como lo definiera Pintard originalmente. La autora especifica, no obstante, que se trataría de "otra cara del libertinismo francés".

Frente a la divergencia de opiniones, la noción de disidencia religiosa pareciera ser, una vez más, la que posibilita comprender el lugar excéntrico o marginal desde donde se pensaron y construyeron los relatos analizados. En definitiva, el relato de viaje de tipo utópico, o al menos aquel publicado en lengua francesa, se habría desarrollado en los intersticios abiertos tras la fragmentación de la Iglesia católica. Fue dentro del gran marco temporal determinado por la promulgación y la posterior revocación del Edicto de Nantes, sin embargo, que los cambiantes contextos y lugares de producción incidieron en las variaciones temáticas de las utopías estudiadas.

La diferencia más evidente entre la *Histoire du grand et admirable Royaume d'Antangil* y los relatos utópicos posteriores radicó entonces en la situación del protestantismo en Francia al momento de ser escritas las obras. En términos de Frank Lestringant: "mientras que las utopías de la Reforma combativa, surgidas en tiempos de las guerras de Religión y a principios del reino estabilizador de Enrique IV, expresan un ideal comunitario y una esperanza colectiva, aunque frágil y amenazada, las utopías en tiempos de la Revocación aparecen muchas veces como heterodoxas en el plano religioso".[51] En efecto, ya fue indicado el modo en que la Revocación del Edicto de Nantes atentó contra la cohesión de la comunidad protestante en Francia, que a partir de 1685 careció de reconocimiento jurídico, e hizo de la Reforma en Francia un no lugar.[52]

En el caso de la *Histoire du grand et admirable Royaume d'Antangil*, publicada en Saumur en 1616, la religión practicada en el país imaginario reproduce casi en su totalidad los principios defendidos por el calvinismo frente al culto católico. Asimismo, la obra, que antecede en algunos años a la aparición de la *Nueva Atlántida* de Francis Bacon (1626) o la *Ciudad del Sol* de Tomasso di Campanella (escrita en 1602 pero publicada en 1623), retoma la estructura ya planteada por Moro oponiendo en este caso el perfecto funcionamiento del Reino de Antangil al disenso religioso y la lucha armada de los años precedentes a 1598.

De signo más radical, *La Terre Austral Connue* (1676) de Foigny, la *Histoire des Sévarambes* (1677) de Denis Veiras, *Les voyages et avantures de Jacques Massé* (1710) de Simon Tyssot de Patot, profesor de escuela

50. Adam, Antoine, *Les libertins au XVIIè siècle*, París, Buchet-Chastel, 1986, p. 7: "Pero en el siglo XVII se tomó el hábito de poner el mismo epíteto de libertino a hombres que no tenían nada más en común que el gusto y los hábitos de la independencia, pero que hacían de su libertad usos bien diferentes."

51. Lestringant, Frank, "Huguenots en utopie...", *op. cit.*, p. 292.

52. Lestringant, Frank, *ibid.*, p. 292.

reformado en la pequeña ciudad de Deventer, o la *Histoire de Calejava* publicada anónimamente en 1700 desarrollan algunas de las argumentaciones más fuertes presentadas por los escépticos en torno a los falsos milagros, la datación bíblica, el monogenismo y el deísmo. Todas ellas se hacen eco de las propuestas radicales que pronto se sintetizarían en las figuras de Bayle, Descartes y Spinoza, o en personajes aún más controvertidos como Isaac de la Peyrère, cuyas reflexiones circulaban en escritos clandestinos y eran discutidas en los círculos intelectuales de los que estos autores eran parte en el período en que desarrollaron su obra. La temática religiosa continuaría siendo relevante hasta principios del siglo XVIII. Un claro ejemplo de ello es la *Relation du voyage de l'isle d'Eutopie* de François Lefebvre, publicada por primera vez en 1711, donde por medio de un viajero desconocido que azarosamente arriba a la isla de *Eutopía*,[53] ubicada en los mares del Atlántico sur, el autor hace una exhaustiva crítica a la forma laxa en que se practican los preceptos del evangelio en Europa.

La crisis de la conciencia europea a la que alude Paul Hazard en relación con el pensamiento europeo entre 1680 y 1715 aparece entonces como una crisis propia de su tiempo, y no ya como precursora del racionalismo iluminista de las décadas siguientes. Al respecto, Jonathan Israel ha propuesto adelantar y descentrar el momento de crisis, al sostener que aquella se produjo en los decenios precedentes a 1680 y no estuvo necesariamente focalizada en Francia e Inglaterra sino en las Provincias Unidas,[54] cuyo rol en tanto núcleo de la disidencia religiosa y del libre pensamiento no debe ser desestimado al momento de analizar las utopías seleccionadas.

Por otra parte, el hecho de que la mayoría de los autores de utopías en lengua francesa de este período haya debido exiliarse por motivos de fe también resulta ilustrativo del estrecho vínculo entre utopía y conflicto religioso en el siglo XVII. Dado que la mayoría se desempeñó como profesor de liceo en las comunidades protestantes que los acogieron, el carácter pedagógico que imprimieron en sus obras bien puede ser considerado una adaptación *sui generis* al *topos* horaciano de lo *utile dulci*, inserto ahora en un nuevo contexto.

En efecto, en 1516 el reducido círculo humanista al que Moro había destinado su obra comprendía las alusiones, guiños y, en términos generales, el componente lúdico de *Utopía*.[55] Hacia mediados del siglo XVII, sin embargo, aquel círculo había dado paso a un público lector inmerso en un conflicto político-religioso de larga duración que al minar el establecimiento de un único criterio de verdad había hecho posible la

53. El autor juega aquí con el doble significado que Moro había atribuido a su propio neologismo. *Utopía* como no lugar pero también como *eu-topía* o "lugar de la felicidad."

54. Israel, Jonathan, *Radical Enlightenment. Philosophy and the Making of Modernity, 1650-1750*, Oxford, Oxford University Press, 2001.

55. Macherey, Pierre, *De l'utopie!*, Lille, De l'incidence Éditeur, 2011, p. 119.

inusitada experiencia de imaginar más de uno.[56] La traducción libre de
la *Utopía* de Moro realizada por Nicolas de Gueudeville en 1715 es un
claro ejemplo de ello. Tergiversando el sentido original de la obra y en
abierta oposición al reinado de Luis XIV, la versión que el francés, ex-
benedictino exiliado en Holanda, produjo del texto de Moro, presenta su
plan de República como una posibilidad remota pero futura:

> *La Utopía de Tomás Moro, Canciller de Inglaterra; Idea ingeniosa para
> remediar la infelicidad de los Hombres; & para procurarles completa
> felicidad. Esta obra contiene EL PLAN DE UNA REPÚBLICA cuyas
> Leyes, sus Usos, & sus Costumbres tienden únicamente a hacer que el
> paso por la vida de las Sociedades Humanas transcurra de la forma más
> dulce imaginable. República, que se volverá infaliblemente real, cuando
> los mortales se conduzcan por medio de la Razón.*

Con el objetivo de explorar el contenido religioso de los relatos utópicos seleccionados, a continuación se analizarán los problemas que discuten, los debates y reflexiones que retoman, y el modo en que, a partir
de los recursos literarios propios del género, hicieron visibles una serie
de críticas que, de una forma u otra, escaparon a la censura.

2. Reelaboración del modelo utópico en función del conflicto religioso

Una de las consecuencias más duraderas de la Reforma en Europa
fue sin duda la ampliación del campo de la especulación filosófica. En
efecto, la división religiosa entre católicos y protestantes, y la paralela
subdivisión de ambos grupos en nuevas y más específicas facciones, alcanzaron no sólo a las altas esferas de ambas iglesias sino a los estratos
intermedios y laicos que en el transcurso de los siglos XVI y XVII adquirieron inusitado protagonismo en los debates, controversias y posterior
difusión del problema religioso. Al calor de la tolerancia y de la libertad promovida por las Provincias Unidas, por ejemplo, las discusiones
teológicas y las especulaciones que de ellas derivaban se volvieron particularmente frecuentes entre los hugonotes allí refugiados. De todas
estas nuevas prácticas, una de las consecuencias más evidentes fue el
creciente número de "teólogos 'racionales' que, sin ser 'socinianos', como
los acusaban sus adversarios conservadores, iban lo suficientemente lejos
en esa dirección".[57] En la segunda mitad el siglo XVII, los intentos por
conciliar la razón con la fe o la felicidad con la virtud devinieron para
estos jóvenes refugiados cuestiones prioritarias.

56. Popkin, Richard, *La historia del escepticismo desde Erasmo hasta Spinoza*, México, Fondo de Cultura Económica, 1986, p. 41.

57. Le Goff, Jacques y Rémond, René, *Histoire de la France religieuse, op. cit.*, p. 500.

Las búsquedas de este tipo también ocurrieron dentro de otros ámbitos y credos. A partir de mediados del siglo XVII, dentro del catolicismo, ex-monjes, curas, maestros, doctores y hombres de letras partieron de Francia hacia otras regiones de Europa al encuentro de mayor libertad intelectual.[58] Las razones fueron múltiples. En principio, Israel ha sostenido que este flujo de personas, inquietudes y textos fue producto de una transformación fundamental cuyos orígenes se ubican entre fines del siglo XVI y comienzos del XVII. En aquel entonces, el gran cambio se había dado cuando las concepciones mecanicistas aplicadas al movimiento de los astros determinaron la forma de concebir el funcionamiento del orden natural y en consecuencia desafiaron las explicaciones más tradicionales de estos fenómenos y su fundamentación teológica. En términos de este autor,

> es sin duda el surgimiento de los poderosos nuevos sistemas filosóficos, que descansan en el progreso científico de principios del siglo XVII y particularmente en las concepciones mecanicistas de Galileo, el que engendrará en primer lugar el vasto *Kulturkampf* que vio enfrentarse a las ideas tradicionales que concernían al hombre, a Dios y al universo, legitimadas en la teología contra las concepciones seculares y mecanicistas, cuyo fundamento era independiente de toda legitimación teológica...[59]

Por su parte, el escepticismo también desempeñó un papel importante en la puesta en duda de la veracidad y el estatus de las escrituras bíblicas. Desde esta perspectiva filosófica pareció sembrarse la duda respecto del criterio de autoridad sobre el que se basaban las posturas religiosas sustentadas en las Sagradas Escrituras. Richard Popkin ha hecho particular hincapié en el fuerte vínculo que en el siglo XVI existió entre el estudio del texto bíblico y los usos del escepticismo que, "rescatado" de la Antigüedad, fue puesto al servicio de cuestiones contemporáneas.[60] Desde la segunda mitad del siglo XV, a partir del descubrimiento de algunos manuscritos de Sexto Empírico, había revivido en Europa el interés por su posible aplicación a problemas propios del período.[61]

A mediados del siglo XVII, en gran medida a causa de la Reforma, el escepticismo se había convertido ya en una valiosa herramienta para abordar todo estudio exegético del texto bíblico. Al respecto, es nuevamente Popkin quien llama la atención acerca del uso específico que se hizo de esta corriente de pensamiento en el marco de la llamada "regla de la fe": "una de las principales avenidas por las cuales las miradas escépticas de la Antigüedad se incorporaron al pensamiento renacentista

---

58. Israel, Jonathan, *Radical Enlightenment...*, *op. cit.*, p. 575.

59. Israel, Jonathan, *Les Lumières radicales. La philosophie, Spinoza et la naissance de la modernité (1650-1750)*, París, Éditions Amsterdam, 2005, p. 39.

60. Popkin, Richard, *The history of Scepticism. From Savonarola to Bayle. Revised and expanded edition*, Oxford, Oxford University Press, 2003, p. 219.

61. Popkin, Richard, *ibid.*, p. XX.

tardío fue una de las disputas centrales de la Reforma, la disputa sobre las bases del conocimiento religioso, o lo que fue llamado la 'regla de la fe'".[62] En este contexto de creciente incredulidad, pensadores como Isaac de la Peyrère, Pierre Bayle o Baruch Spinoza fueron quienes, a partir de una mirada escéptica, llevaron aún más lejos el análisis crítico de la Biblia.

Desde múltiples ámbitos y perspectivas filosóficas, la palabra revelada y, de forma más general, el contenido de las Sagradas Escrituras comenzaron a ser minuciosamente examinados con la intención de constatar o refutar los hechos religiosos. Tal como ha señalado Lise Leibacher-Ouvrard en referencia a este punto, en el transcurso del siglo XVII el racionalismo adoptó frente a la tradición bíblica una postura cada vez más antagónica: "por todos lados la búsqueda de transparencia racional llegará a negar lo sobrenatural cristiano que exige la transposición y vive de la Figura, de una trascendencia determinante para el hombre religioso".[63]

En este contexto, los calificativos "deísta", "epicureísta", "sociniano" o "spinozista", se convirtieron en los términos más utilizados para designar a los nuevos disidentes religiosos. Con frecuencia, sin embargo, fueron asignados de forma indistinta, debiendo aclararse en cada ocasión cuál era la característica específica que hacía al acusado digno de ese nombre. Más allá de esto, lo cierto es que todos ellos encarnaron la creencia de que sólo a través de la razón humana podían comprenderse las manifestaciones naturales de una divinidad indiferente al destino del hombre.[64] Puede afirmarse entonces que, antes de que se esparciera por Europa a partir de la pluma de Voltaire, el deísmo o la creencia en la existencia de un dios que no se había manifestado ante los hombres habían ganado su lugar en el pensamiento disidente francés del siglo XVII.[65] En cuanto al amplio espectro de significados que el término "deísta" llegó a tener, C. J. Betts ha señalado:

> La ausencia de una identidad acordada para los "deístas" se confirma por la frecuencia con la que los autores de los siglos XVI y XVII definen la palabra, encuentran necesario explicar el término casi invariablemente. Hacia fines del siglo, mientras la controversia entre protestantes y católicos se intensifica, frases tales como "deísta o sociniano", "deísta o epicureísta", "deísta o spinocista", se hacen predominantes. Las mismas indican que la palabra podía ser sinónimo de varias actitudes que en sí

---

62. Popkin, Richard, *ibid.*, p. 3.

63. Leibacher-Ouvrard, Lise, *Libertinage et utopies sous le règne de Louis XIV*, Ginebra-París, Droz, 1989, p. 43: "Por su lógica como por su lengua, los hombres racionales estarán en las antípodas del realismo de la Palabra que funda ciegos ante el hecho de que lo maravilloso es la verdad del cristiano, lo milagroso su realidad, y la Figura, la portadora de una transparencia otra."

64. Abbagnano, Nicola, *Diccionario de Filosofía*, México, Fondo de Cultura Económica, 1963, p. 295.

65. Delumeau, Jean, *El catolicismo de Lutero a Voltaire*, Barcelona, Ed. Labor, 1973, p. 251.

mismas tienen poco en común, excepto que los socinianos y Spinoza
eran considerados, generalmente con polémica exageración, responsables
de haber echado abajo la creencia en las Escrituras por medio de sus
métodos de crítica racional.[66]

Los múltiples abordajes y propuestas que en términos religiosos realizan las obras que conforman el *corpus* de utopías estudiadas deberían
comprenderse entonces en función de este contexto. Pues en definitiva,
aquel no lugar que representa la utopía fue la plataforma perfecta desde
donde reflexionar en torno de las creencias propias y ajenas. Vale para
ello recordar la prevalencia dada por Paul Ricoeur a la función de no
lugar que representa la utopía. En efecto, fue desde ese espacio creado
arbitrariamente que los relatos utópicos seleccionados reflexionaron en
torno a un conjunto de teorías y postulados fruto de los debates contemporáneos. A su vez, debe ser señalado que aquel no lugar que representan *La Terre Australe Connue*, la feliz tierra de los *Sévarambes* o el
perfecto reino de *Bustrol* fue también el lugar de la libre expresión, en
tanto ninguna de estas utopías pareció comprometerse con algún credo
en particular. Por su parte, Frank Lestringant ha considerado que esta
radicalización del contenido de las obras se debió al carácter cada vez
más marginal de sus propios autores:

> Después de Antangil, el utopista no ocupa más el borde sino el mar-
> gen. No es más el humanista católico que se detiene en el umbral de
> la Reforma y mira más allá o en el campo enemigo, el reformado que
> proyecta en el jardín soñado o el esbozo realizado de la sociedad ideal,
> el sueño realizado de la sociedad evangélica. Las vías que se abren de
> allí en más a la utopía, y en particular a la utopía protestante, son a
> la vez más radicales y desesperadas; es el proscripto buscando asilo, o
> bien el marginal, desclasado edificando por cuenta propia un universo
> compensatorio.[67]

Ciertamente, aquel círculo humanista al que Moro había dirigido su
obra ha desaparecido al calor de la Reforma. Pero, a diferencia de Lestringant, es posible sugerir que los autores de relatos utópicos que se
exilien en las Provincias Unidas, en Ginebra o desde el anonimato en
la misma Francia no fueron necesariamente personajes desesperados
o desclasados. Sus modestos puestos en liceos y el hecho de que fueran
aceptados por las distintas comunidades protestantes demuestran, por

66. Betts, C. J., *Early deism in France: from the so called 'deistes' of Lyon to Voltaire's Lettres philosophiques*, La Haya, Martinus Nijhoff Publishers, 1984, p. 264. Por su parte, David Rice McKee ha señalado que la obra de Tyssot de Patot debe ser considerada la fuente básica del deísmo crítico. Véanse David Rice McKee, *Simon Tyssot de Patot and the Seventeenth-Century Background of Critical Deism*, Johns Hopkins University Press, 1941 y Richard Popkin, *Isaac La Peyrère (1596-1676). His life, work and influence*, Leiden, E. J. Brill, 1987, p. 123.

67. Lestringant, Frank, "Huguenots en utopie...", *op. cit.*, p. 290.

el contrario, que no se trató de personajes aislados sino de hombres que supieron acomodarse hábilmente a los requerimientos de las nuevas sociedades que integraron, al tiempo que desde los bordes o márgenes, desde el anonimato y los falsos pies de imprenta, encontraron también la forma de expresar sus propias opiniones sobre los debates contemporáneos. En este sentido, la marginalidad representó ante todo la posibilidad de experimentar, al otorgar la libertad de acción y de expresión propia de los espacios intersticiales.

En términos historiográficos, es preciso señalar que el análisis de los temas religiosos presentes en los relatos de tipo utópico que componen el *corpus* seleccionado fue abordado inicialmente en los estudios de Geoffroy Atkinson[68] y posteriormente en el valioso trabajo de Lise Leibacher-Ouvrard sobre el vínculo entre utopía y libertinaje en el reino de Luis XIV. A su vez, las reflexiones de C. J. Betts resultan fundamentales para comprender el desarrollo del deísmo francés en el siglo XVII. Sin duda, las contribuciones de estos autores han sido sustantivas para ubicar las influencias recibidas por los escritores de las utopías aquí analizadas. En la deconstrucción de ese "complejo mosaico de ideas" que constituye cada obra, también corresponde mencionar los abordajes generales aunque no menos eruditos de Jonathan Israel sobre el Iluminismo radical, y una serie de estudios más específicos tales como el de Yves Nérieux acerca de la *Histoire de Calejava* o el de Aubrey Rosenberg respecto de la figura de Simon Tyssot de Patot.

Lejos de aquellas interpretaciones tendientes a analizar el *corpus* de utopías en función de los acontecimientos que tuvieron lugar tiempo después, el presente libro se centra, como ya se ha dicho, en el vínculo de estas fuentes con sus contextos de producción. Desde esta perspectiva, antes que calificar a la *Terre Australe Connue* de libertaria[69] o considerarla una manifestación consciente del liberalismo racionalista tal como han hecho María Luisa Berneri y Harold Laski respectivamente,[70] el objetivo es comprender estas obras al calor de los debates contemporáneos y de las condiciones materiales de producción de sus propios autores.

En cuanto al vínculo del tema religioso con las herramientas de enunciación provistas por el modelo moreano, debe señalarse que por tratarse justamente de relatos utópicos, las ideas religiosas más controvertidas se manifestaron siempre por el recurso del extrañamiento, que permitió al autor presentar las ideas más controvertidas sin necesariamente adscribir abierta o directamente a ellas. De tal forma, por medio de la figura de un sabio anciano perteneciente a la comunidad utópica descripta o del diálogo con algún otro protagonista que cuestionara las costumbres europeas y reivindicara las propias, los autores de las utopías

---

68. Atkinson, Geoffroy, *The extraordinary voyage in French literature...*, *op. cit.*, 1920.

69. Berneri, María Luisa, *Viaje a través de la utopía*, Ed. Proyección, Buenos Aires, 1961.

70. Laski, Harold, *El liberalismo europeo*, México, Fondo de Cultura Económica, (1939) 1979, p. 106.

analizadas generaron el distanciamiento necesario para, así como había
hecho Moro a través de Hitlodeo, resaltar desde "lejos" los problemas
cercanos. En relación con la figura del sabio anciano, que volverá a ser
utilizada en el siglo XVIII para similares propósitos, Carlo Ginzburg
ha resaltado la importancia de la arenga como una forma de denuncia
velada a la conducta europea.[71]

Por su parte, Jean-Michel Racault ha señalado que lejos de tratarse de una conversación entre dos personajes, el objetivo de este tipo de
diálogos es la confrontación de ambos mundos, el europeo y el utópico,
de modo tal que queden expuestos los principios y las costumbres de
las sociedades representadas.[72] En este sentido, las conversaciones de
las que participan los protagonistas con la mencionada figura del sabio
anciano o, para el caso, con cualquier otro representante de la sociedad utópica descripta cumplen, según Racault, "una función análoga
a la normalización ideológica bajo el pretexto de aportar información
'objetiva' sobre ese nuevo mundo. Frente a la racionalidad exigente de
su interlocutor y a la superioridad evidente del modelo social que encarna, el representante de las normas europeas hace triste figura..."[73]
En otras ocasiones, es la misma ingenuidad del protagonista la que lo
lleva a conclusiones abiertamente en contra de la moral y costumbres
establecidas. Por último, aunque con menor frecuencia, es simplemente
un narrador omnisciente quien describe las prácticas religiosas de la
comunidad utópica "descubierta".

No se trata aquí, sin embargo, de pasar revista o enumerar la serie
de temas que las obras en su conjunto tocan.[74] Antes bien, el objetivo es
analizar las principales críticas que en materia religiosa abordaron, desde
distintos puntos de vista, cada uno de los relatos de las utopías estudiadas.

3. La sociedad ideal como reverso del disenso religioso: escepticismo y exégesis bíblica en el exotismo de lo maravilloso

En función de comprender la aparición de temáticas nuevas en los
relatos utópicos publicados en el transcurso del siglo XVII, conviene exa-

---

71. Véase Carlo Ginzburg, *History, rhetoric, and proof*, Hanover y Londres, University Press of New England, 1999, p. 73.

72. Racault, Jean-Michel, *Nulle part et ses environs...*, *op. cit.*, p. 368.

73. Racault, Jean-Michel, *ibid.*, p. 166.

74. En este sentido, cabe recordar la advertencia realizada por Pierre-François Moreau en relación con la disposición de temas en el *corpus* utópico: "El mecanismo que engendra una obra singular, o un grupo de obras, no es un catálogo de temas; es fundamentalmente un dispositivo, intelectual y literario a la vez, que enlaza esos temas y sus ilustraciones en un nudo preciso, los ordena según su jerarquía propia y les otorga un sentido y función de acuerdo con aquello que hace a su objetivo esencial", en Pierre-François Moreau, *La utopía. Derecho natural y novela del Estado*, Buenos Aires, Hachette, 1986, p. 99.

minar en primer lugar los componentes principales que hacen a la organización religiosa de cada sociedad utópica. En el caso de la *Histoire du grand et admirable Royaume d'Antangil*, la religión es en su mayor parte un fiel reflejo del calvinismo francés. Por ello, los habitantes de Antangil,

> sólo creen en dos Sacramentos, a saber: el Bautismo y la Santa Cena, uno que nos limpia del pecado original, dándonos ingreso al Reino de Dios, el otro que nos alimenta y une con Jesucristo por medio de su Santo Espíritu en toda santificación.[75]

Rechazan la existencia del Purgatorio y la intercesión de los Santos.[76] Tampoco veneran y adoran la cruz ni las imágenes de los Santos.[77] Al igual que lo habían sido las Academias protestantes de Sedán y Saumur en los años previos a que cerraran, en Antangil la Academia es el lugar privilegiado donde se forman los futuros dirigentes del reino y el personal administrativo.[78] En lo que refiere a la salvación de las almas, aunque se asigna predominantemente a la misericordia de Dios, también se hace lugar a la salvación por las obras, algo que resulta al menos curioso y que merece investigarse mejor.[79] Sobre las prácticas religiosas del pueblo de Antangil, el autor sostiene:

> Creen que sin las obras nadie puede ser salvado, y que quien quiera alcanzar la vida eterna debe necesariamente hacerlas, de forma que más allá de que haya sido la misericordia de Dios la causa eficiente de la salvación (...), sí requiere de buenas obras, como signo y marca de la verdadera fe (la cual como dice Santiago opera por las buenas obras) prometiendo remunerar hasta un vaso de agua.[80]

---

75. I. D. M. G. T., *Histoire du grand et admirable royaume d'Antangil, op. cit.*, p. 182: "Premierement ils ne croient que deux Sacremens, sçavoir est, le Baptesme & la saincte Cene, l'un qui nous lave du péché originle, nous donnant entrée au Royaume de Dieu, l'autre qui nous nourrit & unit avec Jesus Christ par le moien des son S. Esprit en toute sanctification."

76. I. D. M. G. T., *ibid.*, p. 182-3.

77. I. D. M. G. T., *ibid.*, p. 184: "Quant à la veneration & adoration de la croix, & images des Saincts, ils n'en parlent aucunement: n'aians images, statues, ni representations dans les temples, ni aussi dehors, horsmis la croix, pour marque & souvenance de la mort & passion de nostre Seigneur Jesus Christ, & non pour l'adorer." [En cuanto a la veneración y adoración de la cruz, e imágenes de los Santos, no hablan nunca de ellas: tampoco tienen imágenes, estatuas, ni representaciones en los templos, ni tampoco afuera, más allá de la cruz, como marca y recuerdo de la muerte y pasión de nuestro Señor Jesucristo, y no para adorarla.]

78. I. D. M. G. T., *ibid.*, capítulo XI, p. 157.

79. En el caso del luteranismo, por ejemplo, más allá de postularse la salvación por la fe y no por la obras, la realización de estas últimas es interpretada como la prueba o señal de los elegidos de Dios.

80. I. D. M. G. T., *ibid.*, p. 182: "Ils croient que sans les oeuvres nul ne peut estre sauvé, & qu'il les faut necessairement faire qui veut parvenir à la vie eternelle, d'autant que bien que ce soit la misericorde de Dieu qui soit la cause efficiente de salut estant mis en liberté par le lavement du Baptesme, si est-ce qu'il requiert les bonnes oeuvres, comme estans signe & marque necessaire

Más allá de que no se trate entonces de una utopía netamente calvinista, lo cierto es que existe una gran diferencia entre la propuesta religiosa de esta obra y la de los relatos utópicos posteriores.

En el caso de *La Terre Australe Connue*, la cuestión religiosa es parte de los cuatro temas centrales abordados por Foigny. Junto a la superioridad de la razón por sobre la costumbre, la preferencia por la igualdad de bienes frente a los principios de una sociedad estamental y la reivindicación del poder del hombre frente a la naturaleza, el autor presenta al deísmo como instancia superadora de las guerras de religión. No significa que estos sean los únicos temas ni corrientes de pensamiento retomadas por Foigny en la elaboración de la obra. Como bien ha señalado Lise Leibacher-Ouvrard, la convergencia de teorías, creencias y postulados, a veces contradictorios, que se despliegan en el texto, llega por momentos a confundir al lector y no necesariamente da cuenta de un conjunto homogéneo de ideas a las que Foigny estaría adscribiendo.[81] En relación con el método que ha escogido para presentar cada una de estas ideas, resta decir que la introducción de los temas se realiza a partir de la descripción de algunas de las características y costumbres de la comunidad o del diálogo entablado por el protagonista, Jacques Sadeur, con la figura de un sabio anciano, representante de los habitantes del lugar.

El hecho de que los australianos sean todos hermafroditas permite a Foigny defender el uso de la razón. Sin la necesidad de buscar en el *otro* la satisfacción de sus necesidades, liberados de la pasión que enceguece a la razón, la comunidad hallada por Sadeur en tierras australes está conformada por seres más razonables y, por ello, más felices. Así lo expresa Suains, el sabio anciano con el que Sadeur discute estos problemas:

> En cuanto a nosotros, somos hombres enteros y no hay ninguno de entre nosotros que no tenga todas las partes de nuestra naturaleza con todas sus perfecciones; esto hace que vivamos sin esos deseos animales de unos por otros, de los cuales siquiera podemos oír hablar. Esto hace que podamos vivir solos, sin la necesidad de precisar nada. En fin, esto hace que estemos contentos y que nuestro amor no tenga nada de carnal.[82]

Además de hacerlos un pueblo feliz, la racionalidad de sus habitantes y el despojo de sus pasiones les permiten organizar todos los aspectos de la vida en sociedad sin la necesidad de un Estado regulador por sobre el común de los habitantes. En este sentido, a diferencia de las sociedades estamentales de Antiguo Régimen o de la estratificada sociedad ginebrina, desde donde Foigny escribe, los australianos descriptos por

---

de la vraie foi (laquelle comme dit Sainct Jaques opere par bonnes oeuvres) promettant remunerer jusques à une verre d'eau."

81. Leibacher-Ouvrard, Lise, *Libertinage et utopies...*, *op. cit.*, pp. 73-8.

82. Foigny, Gabriel, *La Terre Australe Connue*, en Lachèvre, Frédéric, *op. cit.*, p. 100. Véase también Geoffroy Atkinson, *The extraordinary voyage...*, *op. cit.*, p. 56.

él no disponen más que de su propia razón (principio estructural de su organización social y común a todos) para gobernar sus vidas de la mejor manera posible.

Ahora bien, lejos de ser una creación exclusiva de Foigny, el tópico del hermafroditismo no era nuevo. Es probable que el ex-capuchino haya leído o escuchado hablar del *Prae Adamitae*, obra por entonces prohibida del protestante francés Isaac de La Peyrère.[83] Como bien ha sostenido Richard Popkin, a raíz de las continuas interdicciones de esta obra, la figura de La Peyrère adquirió una relevancia inusitada en la Europa de aquellos años, por lo que no es aventurado suponer que Foigny hubiese estado al tanto, de una forma u otra, de aquellos postulados. En términos de Popkin, "la primera condena de *Prae-Adamitae* fue en Holanda. En vista del número de condenas y refutaciones que ocurrieron en 1655-56, para el tiempo en que fue arrestado, La Peyrére debe haber sido uno de los más notorios autores de Europa".[84]

En su *Prae Adamitae*, el autor cuestionaba la idea de un único pueblo descendiente de Adán a partir de la interpretación de los versículos 13 a 15 del capítulo quinto de la epístola de Pablo a los Romanos. Al postular una versión radicalmente distinta, La Peyrère se alejaba así del tradicional relato bíblico en torno a la creación del hombre.[85] En la opinión de este autor, contrariamente al monogenismo bíblico, antes de la creación de Adán había existido una raza de hombres creados a imagen y semejanza de Dios, símbolo de unidad y perfección, que no había caído en el pecado original.[86]

Algunos años después de la publicación de *La Terre Australe Connue*, Pierre Bayle, en su *Dictionaire Historique et Critique* (1697) asociaría los postulados de Foigny con las teorías de la mística francesa Antoinette Bourignon, que por entonces circulaban en el norte de Europa. A pesar de que las obras completas de Bourignon habían sido publicadas durante ese mismo año, es probable que previamente Foigny hubiese leído dos de sus escritos.[87] Para la mística francesa, Dios había creado originalmente un hombre completo, a su imagen y semejanza, que en el momento de la caída había dejado de ser perfecto, abandonando por ello su condición bisexual. Haya sido por influencia de La Peyrère o de

83. La Peyrère, *Prae Adamitae*, Ámsterdam, 1655.

84. Popkin, Richard, *The History of...*, *op. cit.*, p. 229.

85. La obra fue publicada en latín con el título completo de *Praeadamitae, sive Exercitatio super versibus duodecimo, decimotertio, e decimoquarto, capitis quinti Epistolae d Pauli ad Romanos*. Editada un año más tarde en inglés se tituló: *Men before Adam, or, a discourse upon the twelfth, thirteenth, and fourteenth verses of the fifth Chapter of the Epistle of the Apostle Paul to the Romans*.

86. Dado que el debate en torno a la existencia de una raza preadamítica cobró dimensiones sin precedentes que excedieron la propuesta de La Peyrère, el tema sólo será abordado tangencialmente en la presente investigación. Véase para ello David N. Livingstone, *Adam's ancestors: race, religion, and the politics of human origins*, Johns Hopkins University Press, 2008.

87. Leibacher-Ouvrard, Lise, *Libertinage et utopies...*, *op. cit.*, p. 59.

Bourignon, lo cierto es que en la Tierra Austral el hermafroditismo es considerado condición de lo perfecto, y el mismo Sadeur en más de una ocasión compara a los australianos con el hombre pre-adámico. En efecto, en el capítulo V de la *Terre Australe Connue*, al referirse a la constitución de los australianos y a sus costumbres, el vínculo que Foigny establece con las teorías debatidas en la misma época se vuelve aún más claro: "Al ver a este pueblo, podría decirse fácilmente que Adán no ha pecado en ellos, y que son lo que nosotros hubiésemos sido sin aquella fatal caída", sostiene Sadeur, quien previamente ha resaltado la condición del hermafrodita por sobre la de cualquier europeo al preguntarse: "¿No es más perfecto contener uno mismo lo necesario para perfeccionar el cuerpo de un hombre, que compartirlo?"[88]

En cuanto a las posibles influencias de Foigny en la invención de un pueblo que no fuese hijo de Adán, debe precisarse por último que la existencia de una raza otra en las Antípodas había sido objeto de controversia desde el siglo IV en adelante. Mientras Isidoro de Sevilla la había sugerido, San Agustín la había negado categóricamente. La unicidad del género humano fue puesta en duda nuevamente en el siglo XII, cuando Lambert de Saint-Omer postuló la existencia de una tierra en las antípodas, separada del resto por el mar, desconocida por los hijos de Adán y "sin vínculo alguno con nuestra raza".[89] Ciertamente, desde mucho tiempo antes, la existencia o no de las Antípodas había implicado también preguntarse acerca de la habitabilidad de la superficie terrestre, y en este sentido, sobre el posible desarrollo de más de una raza de hombres.

En esta descripción de la organización religiosa del pueblo australiano, el postulado más radical es, sin embargo, el que refiere al concepto de religión en sí mismo. Como bien explica Sadeur, "podría decirse que su gran religión es no hablar de Religión".[90] Sobre el origen de este postulado, los estudios pioneros de investigadores como Geoffroy Atkinson asociaron la propuesta de Foigny con la gran influencia que el relato de viaje y su descripción de las sociedades en ultramar habían ejercido en este período.[91] Trabajos de investigación más recientes han señalado que la alusión encubierta al conflicto religioso reinante en Europa no puede ser desestimada. En esta línea, lo que parece haber llevado a Foigny a establecer que "la gran religión es no hablar de ella" han sido las guerras de religión reinantes en Europa desde inicios del siglo XVI. Conviene para ello retomar las indicaciones de Jean-Michel Racault, quien más

---

88. Foigny, Gabriel, *La Terre Australe Connue*, en Lachèvre, Frédéric, *op. cit.*, p. 98: "n'est-ce pas plus de perfection de contenir seul ce qui est requis pour perfectionner le corps d'un homme, que de le partager?" y p. 105: "A voir ce gens, on diroit facilement qu'Adam n'a pas péché en eux, et qu'ils sont ce que nous aurions été sans cette cheute fatale."

89. Besse, Jean-Marc, *Les grandeurs de la Terre. Aspects du savoir géographique à la Renaissance*, Lyon, ENS Éditions, 2003, p. 61.

90. Foigny, Gabriel, *La Terre Australe Connue*, en Lachèvre, Frédéric, *op. cit.*, p. 108: "...on pourroit dire que leur grande Religion est de ne point parler de Religion."

91. Atkinson, Geoffroy, *The extraordinary voyage in French literature...*, *op. cit.*, p. 67.

allá de haber abordado el estudio del relato utópico desde el campo de la crítica literaria, adjudica a la reposición del contexto un papel determinante a la hora de comprender los usos y adaptaciones que los escritores de utopías hicieron de lo que podría considerarse una agenda temática propia de la modernidad.[92]

Es posible suponer entonces que si los australianos no hablan de religión es porque saben que son las múltiples interpretaciones sobre una divinidad "incomprensible" las que llevan a los malentendidos y a las opiniones encontradas.[93] Además de posicionarse contra los conflictos entre católicos y protestantes, Foigny también critica las revelaciones y falsos milagros, aspectos que en su opinión contribuyen a crear disenso religioso. Su postura contraria a las religiones reveladas así como su frecuente defensa del deísmo se presentan, en este sentido, como articuladas respuestas frente al conflicto religioso del que no deja de dar cuenta.

Por su parte, en la *Histoire des Sévarambes*, se alienta la libertad de culto individual siempre que en última instancia se respete la ley suprema que rige al conjunto de los ciudadanos: "todo el mundo tiene permitido ser de la religión que quiera".[94] El narrador aclara, no obstante, que existe una religión de Estado dedicada a adorar tres entidades de distinta naturaleza: un dios ininteligible (representado por un velo negro detrás del altar),[95] el Sol y la Patria (representada por una mujer amamantando a varios niños).[96] En este sentido, "sólo hay un culto exterior permitido, más allá de que todos los que tienen sentimientos particulares posean plena libertad de consciencia…"[97] La idea de un culto exterior que aspira a la cohesión social y habilita simultáneamente libertad en la práctica privada individual constituye la característica más sobresaliente de la religión descripta por Veiras, el límite del culto

---

92. Racault, Jean-Michel, *Nulle part et ses environs…*, *op. cit.*, p. 10. En la opinión de este investigador, "nos prohibimos comprender lo propio de la literatura utópica de la época clásica si omitimos ubicarla en su propio contexto ideológico. (…) incluso (y sobre todo, tal vez) en los textos de inspiración libertina".

93. Foigny, Gabriel, *La Terre Australe Connue*, en Lachèvre, Frédéric, *op. cit.*, p. 112.

94. Veiras, Denis, *Histoire des Sévarambes…*, *op. cit.*, T. II, p. 108: "il est permis à tout le monde d'estre de la Religion qu'il veut".

95. Este ser infinito, invisible, independiente y todo poderoso gobierna todas las cosas por su eterna providencia. Veiras, Denis, *Histoire des Sévarambes…*, *op. cit.*, T. II, p. 112-3. Sobre la simbología detrás del velo negro, véase Denis Veiras, *ibid.*, T. II, p. 113.

96. Veiras, Denis, *ibid.*, T. II, p. 81 y 115. Asimismo, prevalece la creencia de que el Sol otorgó al gran legislador Sevarias (cuya figura se asemeja a la del rey Utopos) sus rayos y el libro de leyes, que este último habría dejado después a los Sévarambes (Veiras, Denis, ibid., T. II, p. 81). Su descripción del culto al sol retoma algunos de los aspectos esbozados por Tomasso di Campanella en su obra *Ciudad del Sol*. Para más información sobre este culto tripartito véase Denis Veiras, *ibid.*, T. II, p. 115.

97. Veiras, Denis, *ibid.*, T. II, p. 105: "…il n'y a qu'un culte extérieur qui soit permis, bien que tous ceux qui ont des sentimens particuliers, ayent pleine liberté de conscience… "

privado es la seguridad pública.[98] Es gracias a esta combinación que se evitan los conflictos religiosos pues "los Sévarambes tienen por máxima no molestar a nadie con sus opiniones particulares, siempre y cuando se obedezcan exteriormente las leyes y se adecúen a las costumbres del país, en lo que concierne al bien de la sociedad".[99] Por otra parte, el poder temporal y espiritual están representados en la figura del virrey.

En relación con la *Histoire de Calejava*, el hecho de que la obra comience y termine con el epígrafe "No rechaces con desdén los obsequios que te he preparado con fiel dedicación, antes de haber comprendido su valor",[100] extraído del poema lucreciano *De Rerum Natura*, debería entenderse como una guía de lectura propuesta por el propio autor a un público lector que necesariamente debe interpretar la obra en términos epicúreos. La popularidad de Lucrecio (s. I d.C) dentro del círculo de librepensadores del siglo XVII había sido en realidad mérito del primer humanismo y más particularmente de Poggio Bracciolini, quien en 1417 había descubierto un antiguo manuscrito del autor en Alemania, rápidamente multiplicado en diversas copias e impresiones. A su vez, la publicación, en esta misma época, de las *Vidas de filósofos* de Diógenes Laercio, que dio a conocer la figura de Epicuro y gran parte de su doctrina, allanaron el camino de obras del estilo de *De Rerum Natura*. La primera traducción de la obra de Lucrecio en lengua francesa fue el *Himno de Venus*, realizada por Joaquín Du Bellay en 1558. Por su parte, Montaigne lo cita numerosas veces y más adelante, Saint-Évermond y Gassendi comentarán los postulados del pensador antiguo en distintos compendios.[101]

En cuanto a *De Rerum Natura*, la obra fue traducida por primera vez al francés en 1650,[102] aunque es probable que Papillon, en el caso de haber sido el verdadero autor de la *Histoire de Calejava*, accediera al poema en su versión original. A pesar de que la obra había sido prohibida en algunas escuelas de Italia y de que las ideas lucrecianas sobre la pluralidad de mundos habían sido retomadas por Giordano Bruno y por ello, atacadas por la Iglesia, no formó parte de la literatura clandestina del siglo XVII. Antes de integrar el vasto *corpus* de libros prohibidos

---

98. Al respecto, Veiras insiste: "... bien qu'il soit permis à tout le monde de croire tout ce qu'il veut, il n'est pourtant permis à personne de troubler le repos public ni de violer les droits de la societé sous quelque pretexte que ce puisse être." en Denis Veiras, *ibid.*, T. II, p. 109.

99. Veiras, Denis, *ibid.*, T. II, p. 105: "... les Sévarambes ont pour maxime de n'inquieter personne pour ses opinions particulieres, pourveu qu'il obeïsse extérieurement aux loix, & se conforme à la coustume du Pays, dans les choses qui regardent le bien de la societé."

100. *Ne mea dona, tibi studio disposta fideli, Intellecta prius quam sint, contempta relinquas.*

101. En torno a la recepción de la obra de Lucrecio y su importancia para la emergencia de la modernidad véase Stephen Greenblatt, *The Swerve. How the World Became Modern*, Norton, Nueva York, 2012.

102. A cargo de dicha empresa estará M. de Marolles. Se destaca también la edición de T. Le Fève, en la ciudad de Saumur en 1662.

del siglo XVIII,[103] *De Rerum Natura* fue traducida por Bossuet, quien
presentó al heredero de la corona francesa, *Louis le Grand Dauphin*,
una filosofía "reputada de irreverente y atea".[104]

En el caso de la *Histoire de Calejava*, las máximas inspiradas en el
pensamiento de Lucrecio son la negación de la inmortalidad del alma,
la búsqueda de conocimiento por medio de la percepción derivada de
los sentidos y la búsqueda de la felicidad como fin último en esta vida.
"Dios no exige nada de nosotros para sí, solamente nos ordena ser felices. No somos felices o infelices sino a través de la sensación de placer
o de dolor",[105] proclama el avaita en una de sus últimas conversaciones
con *Alatre*. Podría decirse entonces que, lejos de presentarse como una
versión radicalmente distinta de la sociedad dada, la sociedad utópica
propuesta por Gilbert/Papillon no parece alejarse demasiado de la larga
tradición epicúrea que, tal como ha señalado Richard Popkin, adquirió
particular relevancia en el marco de la crisis escéptica y en el contexto
de búsqueda de un nuevo criterio de verdad que caracterizó a los siglos
XVI y XVII.[106]

En relación con la religión avaita propiamente dicha, el autor parte
de un primer y único postulado a partir del cual se derivan los demás.
En Calejava, el uso de la razón es lo que hace a los avaitas verdaderos
hombres, y por ello distintos de los demás. Es esta primera distinción
la que permite al autor presentar una religión cristiana que se aparta
en sus prácticas y fundamentos tanto del catolicismo como del protestantismo europeo. Esta religión-otra es la única marca que, en principio, posibilitaría diferenciar a un avaita de otro hombre. En efecto, tal
como lo establece el relato, de no haber conocido por azar las leyes de
un médico sabio que entabló una estrecha amistad con el rey de los *ma-
rothiens* (este era el nombre de los avaitas antes de decidir designarse

---

103. Esto no implica sin embargo, que no existiesen detractores. Como bien ha señalado Francisco
Socas: "El cardenal Melchior de Polignac (1661-1741) dedicó a la refutación del epicureísmo
un largo y detallado poema en nueve libros titulado *Anti-Lucretius sive de Deo et Natura*,
compuesto a fines del siglo XVII y publicado por partes hasta la edición completa de 1747. A
lo largo de sus 13.000 versos Polignac desempeña a la perfección el papel de *simia Lucreti*,
remendando su forma, estilo y versificación, pero a la vez trastornando todos sus contenidos
y haciendo una ardua defensa de la providencia divina, la inmortalidad del alma y demás",
en Lucrecio, *La Naturaleza. Introducción, traducción y notas de Francisco Socas*, Madrid,
Editorial Gredos, 2003, p. 74.

104. Lucrecio, *ibid.*, p. 71. La traducción de Bousset es de 1680.

105. Gilbert, Claude, *Histoire de Calejava ou de l'île des hommes raisonnables*, Édition critique établie
para Yves Nérieux, París, Honoré Champion, 2012p. 199: "Dieu n'exige rien de nous pour lui,
mais il nous commande seulement d'être heureux. Nous ne sommes heureux ou malheureux
que par le sentiment du plaisir ou de la douleur." Sobre el significado de la felicidad para los
"avaitas", véase también p. 167.

106. Popkin, Richard, *La historia del escepticismo..., op. cit.*, pp. 41-3. Véase también Richard
Popkin, "Epicureanism and Scepticism in the Early 17th Century", en Palmer, R., Hamerton-
Kelly, R., *Philomathes. Studies and Essays in the Humanities in Memory of Philip Merlan*,
Springer, Países Bajos, 1971, pp. 346-357.

como tales), los habitantes de *Calejava* no hubiesen sido demasiado distintos del resto de la humanidad.[107]

La principal diferencia de la religión avaita respecto del catolicismo o del protestantismo en Europa es, por lo tanto, la primacía del uso de la razón por sobre el autoritarismo y la tradición, pero también el deísmo que los avaitas profesan. Es por ello que el avaita obliga a sus visitantes a comportarse no en función de sus creencias, tradición, o moral heredada, sino siguiendo las órdenes de su propia razón:

> Deben, dijo el avaita, reemplazar esa guía por otra, es la razón. Todo el mundo desea someterse a su yugo, y no hay nadie que no sepa que no hay buena acción que no sea razonable y que no hay acción razonable que no sea buena; que es justo tomar esa guía feliz que nos conduce siempre al bien, y el bien se encuentra en todos los lugares a los que ella nos conduce. En consecuencia, nosotros no dependemos más que de nosotros mismos, y nos convertimos por ello, de alguna forma, en dioses.[108]

El hecho de creer en la independencia de Dios respecto de los hombres lleva a los avaitas a rechazar la existencia de un pueblo elegido así como a descartar formas de adoración como el rezo y el ayuno. El cristianismo racionalista profesado en la isla de *Calejava* se presenta, en este sentido, como radicalmente opuesto en sus prácticas tanto a Roma cuanto a Ginebra. La teología y moral de este pueblo ha sido considerada por ello el primer sistema religioso deísta, pues "los 'avaitas' profesan una forma completa y coherente de religión natural, obviamente cartesiana en carácter, que es independiente del cristianismo y, en cierta medida, opuesto a él".[109] Una lectura minuciosa de la obra ofrece innumerables ejemplos de las inclinaciones deístas del autor. De todos ellos, el más sobresaliente es aquel en torno a la mencionada "independencia de Dios"

---

107. Al respecto, señala el autor: "Quoique ces Insulaires croyent mériter le nom d'hommes par excellence, ils n'en sont neanmoins redevables qu'à un pur hazard" y más adelante: "L'Isle tira son nom de ce lui de cette montagne, aprez qu'Ava y eût jeté les fondemens d'une République en établissant de nouvelles Loix, & principalement celle de l'égalité entre les Citoyens, mieux que Thesée ne fit à Athénes...", Gilbert, Claude, *Histoire de Calejava ou de l'île des hommes raisonnables. Avec le paralelle de leur morale & du Christianisme*, Chez Jacques Lessaye, 1700, p. 6 y 13. ["Más allá de que estos insulares crean merecer el nombre de hombres por excelencia, se lo deben al más puro azar", "La Isla lleva el nombre de esa montaña, despúes de que Ava estableció los fundamentos de una República, promulgando nuevas Leyes, y principalmente aquella de la igualdad entre los ciudadanos, mejor de lo que Teseo hizo en Atenas..."].

108. Gilbert, Claude, *Histoire de Calejava...*, *op. cit.* (2012), p. 104: «Il leur faut, dit l'Avaïte, remplacer cette guide d'une autre, c'est la raison. Tout le monde veut bien plier sous son joug, et il n'y a personne qui ne sache qu'il n'y a point de bonne action qu'elle ne soit raisonnable et qu'il n'y a point d'action raisonnable qui ne soit bonne; qu'il est juste de prendre cette heureurse guide qui nous conduit toujours au bien, et le bien se trouve partout où elle nous conduit. En la suivant, nous ne dépendons que de nous-mêmes, et nous devenons par là, en quelque façon, des dieux.»

109. Betts, C. J., *Early deism in France...*, *op. cit.*, p. 117.

en esta tierra. Al señalar la distancia existente entre el creador y su obra, el avaita explica:

> Dios es el creador del universo. Existe por sí mismo y nosotros dependemos en todo totalmente de él. Es a través suyo que nuestra alma ve, siente, piensa y desea. ¿Pero qué le devolvemos nosotros por tantos beneficios? Nada. Su independencia lo ubica por encima de todo. No debe quemársele incienso ni hacérsele ofrendas, holocaustos y sacrificios. Es de sí y de sus fondos solamente que obtiene toda su grandeza y su felicidad. De allí que los Avaitas infieran que Dios, por su parte, no requiere de nosotros que carguemos innecesariamente el pesado fardo de realizar varias ceremonias tan incómodas como superfluas.[110]

Voyages et avantures de Jacques Massé (1710), por su contenido y los problemas que aborda, se inserta en una de las últimas etapas del proceso de racionalización y secularización descriptos al comienzo de esta sección. Si, tal como se indicó en los apartados precedentes, el desarrollo que había comenzado durante la Reforma se había intensificado a mediados del siglo XVII[111] y radicalizado aún más en las primeras décadas del siglo XVIII,[112] la obra de Tyssot de Patot bien puede considerarse un claro exponente de este último período.

En principio, además de la organización religiosa del pueblo utópico descripto por Patot, sobresale la crítica exhaustiva a la verdad revelada, a los falsos milagros y a un conjunto de presupuestos bíblicos. A diferencia de sus predecesores, Patot no dedica un capítulo entero a describir la religión del pacífico Reino de Bustrol ni a contraponerla con las prácticas religiosas europeas. Es a lo largo de la obra que desliza, por medio del

---

110. Gilbert, Claude, *Histoire de Calejava...*, *op. cit.* (2012), p. 134: "Dieu est l'ouvrier de tout l'univers. Il existe par lui-même et nous dépendons en tout et entièrement de lui. C'est par lui que notre âme voit, qu'elle sent, qu'elle pense et qu'elle veut. Mais que lui rendrons-nous pour tant de bienfaits? Rien. Son indépendance le met au-dessus de tout. Il n'a que faire d'encensement, d'oblations, ou d'holocaustes et de sacrifices. C'est de lui seul et de son fonds uniquement qu'il tire toute sa grandeur et toute sa félicité. De là les Avaïtes infèrent que Dieu, pour son compte, n'exige point de nous que nous nous chargions inutilement du pesant fardeau de plusieurs cérémonies aussi incommodes que superflues."

111. Israel, Jonathan, *Lumières radicales...*, *op. cit.*, p. 28: "En la Europa de mediados del siglo XVII la aplastante mayoría de los debates conciernen al hombre, a Dios y a los 'confesionales' –es decir católicos, luteranos, reformistas (calvinistas) o anglicanos–: lo que está en juego en las luchas que oponen a los eruditos era ante todo establecer cuál de los bloques confesionales poseía el monopolio de la verdad y recibía de Dios vocación por la autoridad. Era una civilización en la cual casi nadie desafiaba los principios del cristianismo ni los fundamentos del sistema aristocrático, de la monarquía, de la propiedad territorial y de la autoridad eclesiástica, que se creían establecidas por Dios."

112. Israel, Jonathan, *ibid.*, p. 30: "Se encuentran abundantes pruebas del rápido cambio en el comportamiento y en las creencias del conjunto de la sociedad engendrado por las nuevas ideas a través de toda Europa. En efecto, ningún otro período de la historia europea conoció un proceso de racionalización y secularización tan profundo como el vivido en los decenios que precedieron a Voltaire."

protagonista o de algún otro personaje, una serie de postulados de corte netamente heterodoxo e impugna algunas de las máximas defendidas por el catolicismo y el cristianismo reformado.[113]

En cuanto a las críticas más frecuentes a la Biblia o algún otro aspecto religioso aparecidas en los relatos utópicos analizados, merece el primer lugar la crítica a los falsos milagros, que en este mismo período también se manifestaba en los escritos de Baruch Spinoza. Desde sus primeras obras, el filósofo había sostenido que "los milagros 'por sobre la naturaleza', no menos que 'milagros' contrarios a la naturaleza, son un absurdo, y cuando las Escrituras hablan de un 'milagro' esto no debe significar nada más que, como hemos dicho, un hecho natural que sobrepasa, o se cree que sobrepasa, el entendimiento humano".[114] Aunque al igual que el filósofo, tanto Foigny como Veiras realizan una crítica a los falsos milagros y a la candidez del pueblo que cree en ellos, no es posible constatar fehacientemente el acceso que ambos autores pudieron haber tenido a la obra de Spinoza. La influencia de la *Ética* sobre los relatos utópicos mencionados es, sin embargo, posible.[115] Como ha señalado Lise Leibacher-Ouvrard, más allá de que el texto póstumo fuera publicado en 1677, sus ideas ya eran conocidas en determinados círculos intelectuales.

Ahora bien, para poder rastrear la influencia de este pensador en las utopías analizadas, deben tenerse en cuenta la *Cogitata Metaphysica* de 1663 y el *Tractatus Theologico-Politicus* de 1670 por encima de su *Ética*. Es probable que el contenido de ambas obras (cuya circulación había sido prohibida en las Provincias Unidas) llegara a difundirse entre los círculos frecuentados por estos autores de utopías. En la opinión de Jonathan Israel, de forma mediada o directa, el impacto de los argumentos esbozados por Spinoza para denunciar la existencia de 'falsos milagros' y desmentir esa noción, se haría sentir muy pronto entre los lectores contemporáneos y en las generaciones venideras. En términos del historiador,

> Las inflexibles formulaciones del prontamente notorio capítulo VI 'Sobre los Milagros', o 'las impías falsificaciones' como las llamaba Henry More, iban a reverberar por décadas en toda Europa, haciéndose eco en los numerosos intentos por refutarlas, repercusiones amplificadas entre otras publicaciones por la oración de Müller en Altdorf, que incluye largas citas al pie de la letra del texto de Spinoza.[116]

Esto no significa, sin embargo, que los argumentos esbozados por Spinoza hayan sido los únicos en permear estos relatos utópicos. En

---

113. Tyssot de Patot, Simon, *Voyages et avantures de Jaques Massé*, Bordeaux, Chez Jaques L'Aveugle, 1710, p. 158.

114. Israel, Jonathan, *Radical Enlightenment..., op. cit.*, p. 221.

115. Leibacher-Ouvrard, Lise, *Libertinage et utopies..., op. cit.*, p. 87.

116. Israel, Jonathan, *Radical Enlightenment..., op. cit.*, p. 219.

muchas ocasiones, la confluencia de teorías de diversa procedencia o la interpretación que los autores hicieron de ellas, llevaron a nuevas y extrañas formulaciones cuyas fuentes no siempre pueden ser rastreadas con precisión.[117] Tal como ha sido esbozado en el apartado precedente, los escritores de las utopías analizadas no fueron eruditos ni estuvieron necesariamente formados en las materias que describieron por lo que postulados provenientes del atomismo, del panteísmo y del estoicismo podían convivir sin grandes dificultades.

Desde esta perspectiva analítica, las críticas presentes en las obras de Veiras y Tyssot de Patot resultan las más relevantes. En el caso de Veiras, es en la quinta y última parte de la *Histoire des Séverambes* (aquella publicada sin privilegio real) donde, a partir de la descripción de los engaños pergeñados por Stroukaras u Omigas, un falso profeta, es negado el milagro y son atacados el sacerdocio y las Sagradas Escrituras. La existencia de un falso profeta entre los stroukarambes (pues así se llamaban los sévarambes antes de la llegada del gran legislador Sevarias) permite a Veiras poner en evidencia los mecanismos más corrientemente utilizados para engañar a los crédulos y ganar adeptos.[118] En una analogía un tanto evidente, Veiras denuncia los artilugios de Stroukaras, el impostor, para convencer al pueblo de que él es el hijo del dios sol:

> de entre todos los medios de los que se servía para legitimar sus imposturas, el de la piedra maravillosa de la que hemos hablado era el más eficaz, y se dice que después de haberla recubierto, y de haber reconocido las virtudes, creyó poder servirse de ella para convencer al Pueblo crédulo de que tenía relación con el Sol y de que ese Astro era su Padre. [119]

La analogía continúa cuando, muerto Stroukaras, su culto es perpetuado por su hijo y luego por sus sacerdotes. Su figura, así como la de Jesucristo, se volverá omnipresente y se le rendirán cultos cuyo fin último es en realidad aprovecharse de la masa crédula. Tal como explica el narrador hacia el final de la obra:

---

117. Lise Leibacher-Ouvrard ha señalado el eclecticismo imperante en las obras de Foigny y Veiras. Leibacher-Ouvrard, Lise, *Libertinage et utopies...*, *op. cit.*, p. 87-8. Por su parte, al emprender el estudio de la *Histoire de Calejava*, Yves Nérieux también ha calificado este tipo de obras como un verdadero mosaico filosófico. Véase Claude Gilbert, *Histoire de Caléjava...*, *op. cit.* (2012), p. 38.

118. Sobre la lucha de los racionalistas contra los milagros, véase Paul Hazard, *La crisis de la conciencia...*, *op. cit.*, capítulo II, p. 139.

119. Veiras, Denis, *Histoire des Sévarambes...*, *op. cit.*, T. II, p. 135: "entre tous les moyens dont il se servoit pour authoriser ses impostures, celuy de la pierre merveilleuse dont nous avons parlé étoit le plus efficace, et l'on dit qu'après l'avoir recouvrée, et en avoir reconnu les vertus, il crut pouvoir s'en servir utilement pour persuader au Peuple credule qu'il avoit du commerce avec le Soleil, et que cet Astre estoit son Pere."

Desde entonces, aquellos templos se multiplicaron en gran número, y Stroukaras se encontraba en todos a la vez, y daba respuestas al mismo tiempo en muchos lugares distintos y alejados los unos de los otros, sin que nadie hallara eso extraño, o al menos, osara hablar a causa del peligro y de la funesta experiencia que varios ya habían tenido, que valía más callarse que oponerse a los abusos ya autorizados por el tiempo, la costumbre y los falsos prodigios.[120]

En términos comparativos, la crítica a los falsos milagros formulada por Foigny es bastante más reducida que la realizada por Veiras. En efecto, para Foigny los milagros son utilizados por las distintas religiones para fundamentar sus propias creencias y ganar de esta forma adeptos. Una vez más, a través de una conversación mantenida entre Sadeur y Suains, en boca del primero Foigny explicará al sabio anciano la forma en la que funcionan las distintas religiones en Europa: "Respondí que se podía perdonar tal procedimiento por el celo que cada parte tiene por extender su Religión, que cada uno cree tan buena que se apoya en revelaciones particulares, la confirma con milagros y toma a Dios por su autor".[121]

En cuanto a las últimas dos obras que componen el *corpus* estudiado, por tratarse de escritos publicados entre 1700 y 1710 (si ha de juzgarse la fecha establecida en el pie de imprenta), al momento de analizar la crítica a los falsos milagros también debe tomarse en cuenta la influencia que pudo haber ejercido la obra de Pierre Bayle. En el caso de la *Histoire de Calejava* (1700), parece evidente la ingerencia de la tesis defendida por el propio Bayle en sus *Pensées diverses sur la comète de 1680* (1682), obra en la que el filósofo denunciaba la prevalencia a lo largo de la historia de la superstición y de la idolatría, al tiempo que llamaba a combatir la primera con la razón filosófica.[122]

Nuevamente en concordancia con el pensamiento de Bayle, una de las principales críticas al cristianismo en la *Histoire de Calejava* es la fe en la autoridad (y la costumbre) y no en la razón como formas de llegar a Dios. La comparación que uno de los protagonistas realiza entre el cristianismo, el mahometanismo y la religión de los avaitas es en este sentido similar, al quedar demostrado el carácter histórico de las creen-

---

120. Veiras, Denis, *ibid.*, T. II, p. 156: "Depuis ce temps-là ces Temples se multiplierent beaucoup, et Stroukaras se trouvoit à tous, tout à la fois, et rendoit des réponses en un meme moment dans plusieurs endroits differens et fort éloignez les uns de autres, sans que personne trouvast cela estrange, ou du moins en osast parler à cause du danger, et de la funeste experience que plusieurs avoient deja faite, qu'il valoit mieux se taire que de s'opposer à des abus déja authorisez pour le temps, la coutume, et de faux prodiges."

121. Foigny, Gabriel, *La Terre Australe Connue*, en Lachèvre, Frédéric, *op. cit.*, p. 112: "Je répondis qu'on pouvoit excuser ce procédé par le zèle que chaque partie conserve d'étendre sa Religion, qu'un chacun croit si bonne qu'il l'appuye sur des révélations particulières, la confirme par des miracles, et en prend Dieu pour l'Autheur."

122. Israel, Jonathan, *Radical Enlightenment...*, *op. cit.*, p. 333.

cias y denunciar el gusto por lo maravilloso y la fe en los misterios de la Biblia como sinónimos de superstición.[123] Al criticar el culto a Dios y la superstición que lo envuelve, dice el avaita:

> No se pueden encontrar en la superstición más que pretextos para defender y justificar a los ateos. La razón quiere que el hombre sea infinitamente inferior a Dios y el supersticioso rebaja a este Ser supremo por debajo de la naturaleza humana, lo vuelve sujeto a sensibilidades y caprichos que hasta un hombre honesto no querría rebajarse: no es más razonable creer que no hay Dios que pensar que disfruta de un culto extraño tal como el que se pretende que él exige de nosotros...

En *Voyages et avantures de Jacques Massé* (1710), la crítica a los falsos milagros debe ser entendida como producto de la influencia del pensamiento de Spinoza. Como ha señalado Richard Popkin, la negación por parte del filósofo de los milagros y de todo poder sobrenatural ha sido considerada una de las críticas más fuertes dentro del conjunto de sus postulados. En el caso específico de los milagros, Spinoza sostiene que en tanto no existe una excepción al orden natural divino de la existencia, la posibilidad de un milagro debe descartarse por inverosímil.[124] En su objetivo de analizar las Sagradas Escrituras en función de los argumentos presentados por Descartes, Spinoza se había apoyado a su vez en algunas de las ideas sostenidas por Isaac de La Peyrère, antes de que este último fuera obligado a convertirse al catolicismo.[125]

Por su parte, Tyssot de Patot recurre a la doctrina de la unicidad de la materia defendida por Spinoza[126] para negar la posibilidad del mi-

123. Gilbert, Claude, *Histoire de Calejava...*, *op. cit.*, 1700, p. 73-4: "On ne peut trouver que dans la superstition des pretextes pour défendre & justifier les Athées. La raison veut que l'homme soit infiniment inférieur à Dieu, & le spuersticieux ravale cet Estre supréme au dessous de la nature humaine, il le rend sujet à des sensibilités & à des caprices juqu'ausquelles un honête homme ne voudroit pas s'abaisser: n'est il pas plus raisonnable de croire qu'il n'y a point de Dieu que de penser qu'il prend plaisir à un culte étrange que celui que l'on prétend qu'il exige de nous..."

124. Popkin, Richard, *The history of...*, *op. cit.*, p. 241: "Si la profecía no producía un conocimiento especial, el segundo bastión de la religión revelada, los milagros, sólo desinformaban y se presentaban como un terreno apto para la superstición. Antes de pasar revista a los casos de supuestos actos milagrosos, Spinoza siembra dudas sobre la posibilidad de que los milagros ocurran en general y de que exista una ley divina especial conocida a través de la información religiosa."

125. Popkin, Richard, *ibid.*, p. 239: "...el escepticismo de Spinoza frente a la religión revelada, que aparece principalmente en el *Tractatus Theologico-Politicus*, el apéndice del libro 1 sobre la Ética, y algunas de sus cartas, crece de su contacto con las ideas de La Peyrère, y debido a su aplicación del método cartesiano al conocimiento revelado."

126. Israel, Jonathan, *Les lumières radicales...*, *op. cit.*, pp. 197-8: Spinoza defiende la "doctrina de la simplicidad del universo y de la unicidad de la sustancia, por lo que supone que el pensamiento y la materia son ambos inherentes, doctrina que elimina la divina providencia y todo gobierno del mundo, y que constituye la fuente de aquello que se llama, en otros términos, corriente naturalista, materialista y monista que culminará con La Mettrie y Diderot."

lagro, en tanto acontecimiento único y excepcional. Con esta negación, refuta a su vez el influjo de la Providencia en el orden material de las cosas. Ambos postulados son presentados en una de las conversaciones mantenidas por Massé con el juez y párroco del pueblo utópico a donde llega primero. El tema se repite luego en la descripción que el narrador hace de la organización religiosa del reino y en las conversaciones que el protagonista entabla con un prisionero de origen oriental que conoce en Goa o con el gascón de Serfelli. En boca del prisionero oriental, por ejemplo, Tyssot de Patot explica que los milagros deben ser comprendidos en sentido metafórico:

> En fin, debo decirle que incluso los milagros que se atribuyen a este gran personaje no deben ser entendidos al pie de la letra sino en sentido impropio y figurado, como también se comprenden todas las parábolas del Evangelio.[127]

Asimismo, al describir cómo opera la monarquía de la tierra utópica que visita, Massé critica la representación de falsos milagros y trucos varios que solían hacerse para demostrar al pueblo el poder del soberano. Sobre este último punto, Raymond Trousson ha destacado que "el pueblo no siempre conoció un soberano gentil. En efecto, los primeros reyes se decían Hijos del Sol en la Tierra. Esta descendencia los hacía muy ambiciosos, y los niños se volvían cada día peores que sus padres".[128] Lo mismo había sucedido en la tierra de los Sévarambes de Denis Veiras, relato en el que Tyssot pareciera haberse inspirado.

La impostura de un pueblo elegido es otro de los tópicos que los trabajos analizados comparten. En el caso de Foigny, es nuevamente en una conversación con el sabio Suains que Sadeur es atacado por el anciano. En oposición a lo que considera una postura egoísta y soberbia propia de todo pueblo que se considera elegido por Dios, el australiano enfatiza lo insignificante de la naturaleza humana frente a la magnificencia de Dios: "En fin, estamos persuadidos de que somos tan poca cosa en relación con Él que no merecemos que nos tenga en cuenta, ni que nos tome en consideración de manera alguna".[129]

En la *Histoire de Calejava*, el autor parece retomar nuevamente algunas de las ideas esbozadas por Bayle en sus *Pensées diverses sur la comète...* En uno de los diálogos filosóficos mantenido entre el avaita y los protagonistas, el primero expresa dudas respecto de la posible existencia de un pueblo entre otros al que Dios haya tenido en mejor consi-

127. Tyssot de Patot, Simon, *Voyages et aventures...*, *op. cit.*, p. 266: "Enfin, il faut que je vous disc que les miracles mêmes que l'on attribue à ce grand personnage ne se doivent point entendre à la lettre, mais dans un sens impropre et figuré, comme on entend aussi toutes les paraboles de l'Évangile."

128. Trousson, Raymond, *Voyages aux pays de nulle part. Histoire littéraire de la pensée utopique*, Bruselas, Éditons de l'Université de Bruxelles, 1999, p. 104.

129. Foigny, Gabriel, *La Terre Australe Connue*, en Lachèvre, Frédéric, *op. cit.*, p. 113.

deración. Dado que todos los hombres son iguales, dice, no debería haber entonces uno cuyo contacto con el creador sea privilegiado. En la tercera lección del libro III, la postura del autor frente a la posible existencia de un pueblo elegido se vuelve aún más clara. Para Gilbert/Papillon, nadie puede alardear de haber sido escogido frente al resto:

> En efecto, dado que la creación es única y definitiva, por las leyes naturales, Dios nos creó a todos iguales frente a las reglas que instauró al crear el mundo. En consecuencia, el autor pone en duda la predilección de Dios por el pueblo judío, por Moisés o en términos más generales, por toda persona que pretenda beneficiarse de una protección divina.[130]

Por su parte, Simon Tyssot de Patot también condena la soberbia del pueblo de Israel como único depositario de la palabra de Dios y el hecho de que por ello se considere un pueblo escogido por la divinidad entre muchos otros. Más allá de que esta crítica no era nueva, en el caso de *Voyages et avantures...* la misma se refuerza gracias a las muchas conversaciones que Massé entabla con el rey de las tierras australes a las que ha llegado o a sus conversaciones con el párroco y juez local:

> Es necesario, retomó el juez, que ustedes vivan en climas afortunados, ya que la divinidad se comunica de esta forma con los hombres; o hace falta, para decirlo mejor, que la gente de vuestro mundo sea vana y presuntuosa para tener la desvergüenza de publicar a viva voz que el Espíritu universal se rebaja hasta alguien en particular y se familiariza con una lombriz de tierra. Aquello me parece insoportable, y si ese mismo Dios tuviera el mínimo interés en su gloria, no dejaría de castigar rigurosamente vuestro orgullo.[131]

A la impugnación de la existencia de un pueblo elegido debe sumarse la desconfianza en la verdad revelada en la medida en que ésta responde a los intereses del poder político. La fábula de las abejas, narrada hacia el final de la obra, expresa con claridad este postulado.[132] Esta alegoría sirve no sólo para poner en evidencia la utilidad política que ha tenido

---

130. Gilbert, Claude, *Histoire de Calejava..., op. cit.* (2012), Libro VI- 3eme leçon, p. 54.

131. Tyssot de Patot, Simon, *Voyages et avantures..., op. cit.* (2005), p. 104: "Il faut de bonne foi, reprit le juge, que vous habitez des climats bien fortunés, puisque la divinité s'y communique ainsi aux hommes; ou il faut, pour mieux dire, que les gens de votre monde soient biens vains et présomptueux d'avoir l'impudence de publier hautement que l'Esprit universel s'abaisse jusqu'au particulier et se familiarise avec un ver de terre. Cela me paraît insupportable, et si ce même Dieu prenait le moindre de intérêt à sa gloire, il ne manquerait pas de punir rigoureusement votre orgueil."

132. Dicha fábula parece haberse inspirado en la controvertida *Fábula de las Abejas*, publicada por el filósofo holandés Bernard Mandeville en 1714. Israel, Jonathan, *Les lumières radicales..., op. cit.*, p. 662: "La novela llega a su punto culminante cuando el personaje que evoca a Spinoza expone una parábola que dice haber escuchado de un filósofo árabe. Esa 'Fábula de las abejas' –que debía sin duda algo al libro de Mandeville, publicado poco tiempo antes– fue la parte de la novela que suscitó más interés en París, como lo informó más tarde el Marqués de Argenson."

el control de la palabra de Dios para algunos, sino también para denunciar las persecuciones religiosas y guerras que a causa de ello se han dado en Europa desde el siglo XVI. A través del joven gascón, Tyssot de Patot expresa:

> Son los abejorros los que enseñan a las abejas que quieren escucharlos toda esta historia, con infinidad de circunstancias que no hemos abordado aquí. Incluso en las diferentes colmenas, y la historia y las circunstancias son tan variadas que algunas la reciben de una forma y otras de otra, y algunas otras no creen en nada de todo ello. Estas últimas son amenazadas por los abejorros a sufrir castigos rigurosos después de su muerte, mientras que las abejas que siguen sus consejos reciben grandes recompensas.

> A veces, incluso, esos abejorros comprometen a colmenas enteras a hacer la guerra a otras colmenas, de forma que se observan muchas miles muertas de un lado y del otro, solamente para sostener de cada lado las quimeras de sus abejorros contra las de los otros.[133]

En cuanto al problema de la fidelidad a las Sagradas Escrituras, en el caso de Foigny son constantes las alusiones al hombre pre-adamítico y a la forma en la que éste se vinculaba con la existencia de los hermafroditas. Además de adscribir al pensamiento de Isaac de la Peyrère, Foigny se enfrentó así con la datación propuesta por el texto bíblico, según la cual el hombre contemporáneo descendía de una primera y original pareja creada por Dios.

Por su parte, en la obra de Veiras la impugnación de la datación bíblica no tiene que ver con la supuesta existencia de un hombre pre-adámico ni con la descendencia de esta primera creación sino con la inclusión de otras formas de registro del tiempo no necesariamente coincidentes con la propuesta judeo-cristiana. En efecto, en la quinta y última parte de la *Histoire des Sévarambes*, en boca de Scromenas, un elocuente habitante de la Tierra Austral, Veiras deja entrever que la medición del tiempo es relativa de cada cultura, por lo que no existiría entonces ni un tiempo universal ni una cultura más capacitada que otra para dar cuenta de él.[134] Es posible pensar que por medio de los distintos relatos de viaje,

---

133. Tyssot de Patot, Simon, *Voyages et aventures de Jacques Massé, op. cit.* (2005), p. 294: "Ce sont ces frelons qui enseignent aux abeilles qui les veulent écouter toute cette histoire, avec une infinité de circonstances qu'on n'a pas touchées ici. Dans les différentes ruches même, et l'histoire et les circonstances sont tellement variées que les unes la reçoivent d'une manière, les autres d'une autre, et quelques-unes n'en croient rien du tout. Ces dernières sont menacées par les frelons de punitions fort rigoureuses après leur mort, au lieu que les abeilles qui suivent leurs avis doivent recevoir alors de grandes récompenses." Sobre las persecuciones religiosas dice: "Quelquefois même, ces frelons engangent des ruches entières à faire la guerre à d'autres ruches, de manière qu'on en voit quelquefois plusieurs milliers de tuées de part et d'autre, uniquement pour soutenir de chaque côté les chimères de leurs frelons contre celles des autres", Simon Tyssot de Patot, *ibid.*, p. 295.

134. Veiras, Denis, *Histoire des Sévarambes, op. cit.*, T. II, p. 226.

habían llegado a oídos de Veiras noticias sobre los complejos sistemas de medición del tiempo utilizados por las culturas milenarias de Oriente. Gracias a ellas, pudo relativizar, mediante los Sévarambes, la noción de una única medida del tiempo.

En el caso de la *Histoire de Calejava*, si bien la datación bíblica no es abordada específicamente, siempre que se hace uso de las Sagradas Escrituras se las toma como un texto de apoyo para fundamentar otras ideas, pero no como verdades en sí mismas.[135] De tal forma, al igual que Baruch Spinoza, el autor de esta utopía interpreta algunos relatos bíblicos como simples alegorías: "¿Puede creerse en sentido literal que el animal nombrado hablaba y caminaba de otra forma que no fuera arrastrándose? Todo el relato, sin duda, tiene el aire de una alegoría".[136] En la opinión de Yves Nérieux, mediante este procedimiento el autor busca confirmar la moral natural.[137]

Tyssot de Patot por su parte, aborda el problema de la datación bíblica en dos ocasiones. En primer lugar, cuando tras leer la Biblia, Massé se pregunta respecto de la factibilidad de que el mundo haya sido creado en siete días y alega, con argumentos científicos y contrastando el relato bíblico con la periodización china y con la de las sociedades precolombinas, la imposibilidad de que haya podido realizarse en el tiempo propuesto.[138] La mecánica se repite luego con otras explicaciones escriturales que resultan confusas o irreales. En cuanto al Arca de Noé, Massé la juzga demasiado pequeña para que entren los animales y la comida necesarios para hacer frente al diluvio por un período tan prolongado, lo cual lo lleva a sostener que no fue "universal", sino que solamente ocurrió en Palestina. Sobre la demografía del mundo, el protagonista también demuestra la imposibilidad de llegar a las cifras actuales de haber sido sólo Adán y Eva quienes comenzaron a procrear la raza humana. Por último, sobre el Pentateuco, descarta la posibilidad de que Moisés haya alguna vez escrito un relato en el que se narra su propia muerte.

Lejos de ser novedoso, el tema estaba siendo discutido desde tiempos de Isaac de La Peyrère, autor con quien Tyssot de Patot parece coincidir en más de un aspecto.[139] El hecho de que sus obras hayan sido prohibidas en Holanda pero paradójicamente hayan alcanzado gran popularidad

---

135. Gilbert, Claude, *Histoire de Calejava, op. cit.* (2012), p. 65: "...las Escrituras son tomadas como textos de apoyo y no como textos de autoridad."

136. Gilbert, Claude, *ibid.*, p. 169: "Croit-on que dans le sens propre, l'animal qui en est la figure ait jamais parlé et marché qu'en rampant? Tout ce récit, sans doute, a l'air d'une allégorie." Véase también p. 72.

137. Gilbert, Claude, *ibid.*, p. 71.

138. Esto mismo había sido ya realizado por La Peyrère. Richard Popkin, *The history of...*, *op. cit.*, p. 223: "La Peyrère combinó la información histórica pagana con la reciente información del explorador y argumentó que sobre la base de todo ello, la hipótesis pre-adamita era la mejor forma de reconciliar las Escrituras con los hechos conocidos sobre la humanidad. Los mexicanos y los chinos tienen información que demuestra que su historia antecede a la historia bíblica."

139. Popkin, Richard, *ibid.*, p. 221.

en Europa explica de algún modo el contacto que Tyssot de Patot pudo haber tenido con los temas tratados por el pensador francés.[140]

A modo de conclusión es posible afirmar que de todas las obras estudiadas, la de Tyssot de Patot se presenta como el intento más sistemático, dentro de los límites impuestos por el relato utópico, de abordar los debates más álgidos en materia de religión. A lo largo de la obra, la presencia de diálogos en torno a la datación bíblica, a la idea de un pueblo elegido o a los falsos milagros dan cuenta del interés del autor por intervenir, aunque de manera anónima y desde la seguridad ofrecida por el modelo utópico, en los debates contemporáneos. De todos ellos, prevaleció la defensa del carácter metafórico del texto bíblico. La primera vez que Massé asevera esto es durante su estadía en Lisboa cuando, hospedado por un cirujano reformado, se acerca a la palabra de Dios:

> No hay que mentir, la primera vez que la leí, lo cual hice en muy poco tiempo, la tomé por una novela bastante mal resumida, que trataba sin embargo de fábulas sagradas. El Génesis, en mi opinión, era pura ficción: la ley de los Judíos y sus ceremonias, una broma y vanas puerilidades; las profecías, un abismo de oscuridad, y un galimatías ridículo; y el evangelio un fraude piadoso, inventado para ilusionar a las mujeres indefensas y a los espíritus del común.[141]

Massé interpreta la Biblia como "pura ficción" y contrasta lo que objeta de ella con la información proveniente de distintos relatos de viaje y los avances científicos de su tiempo.[142] Aplica además reglas de lógica para refutar, por ejemplo, la existencia de la luz antes de la creación del

140. Popkin, Richard, *ibid.*, p. 224: "El libro se publicó y fue inmediatamente denunciado en Holanda, Bélgica y Francia. Si La Peyrère no vio las implicaciones escépticas de su teoría, sus críticos sí lo hicieron. La primer condena vino de parte del presidente y del Consejo de Holanda y Zelanda el 26 de noviembre de 1655 (dos meses después de que el libro hubiese aparecido); en él el *Prae-Adamitae* es considerado escandaloso, falso, en contra de la palabra de Dios, y un peligro para el estado."

141. Tyssot de Patot, Simon, *Voyages et aventures...*, *op. cit.* (2005), p. 26: «Il ne faut pas mentir, la première fois que j'en fis la lecture, ce qui fut expédié en fort peu de temps, je la pris pour un roman assez mal concentré, que je traitais pourtant de fables sacrées. La Genèse, selon moi, était une pure fiction: la loi des Juifs et leurs cérémonies, un badinage et de vaines puérilités; les prophéties, un abîme d'obscurités, et un galimatías ridicule; et l'évangile une fraude pieuse, inventée pour bercer des femmelettes et des esprits du commun.»

142. Tyssot de Patot, Simon, *ibid.*, p. 27: "Cent voyages que j'avais lus m'assuraient que les femmes en général, qui habitent aux Indes orientales, dans l'Afrique et dans l'Amérique, aux environs de l'équateur, ne souffrent guère de douleur lorsqu'il s'agit de mettre une créature humaine au monde. Jusque-là que celles du Brésil vont ordinairement se délivrer proche de quelque fontaine ou rivière, où elles se lavent elles-mêmes, nettoient le petit enfant et le portent ensuite à leurs maris qui se mettent d'abord au lit, en font les couches, et en reçoivent les félicitations pendant que la femme s'occupe à aller chercher et apprêter de quoi les bien régaler." [Cien viajes que había leído me aseguraban que las mujeres en general, que habitan las Indias Orientales, África y América, a la altura del Ecuador, no sufren jamás dolor cuando traen una criatura al mundo. Incluso, las de Brasil van generalmente a dar a luz cerca de alguna fuente o río, donde ellas mismas se lavan, limpian al pequeño niño y lo llevan luego a sus maridos que se meten

sol y las estrellas. Una tercera lectura de la Biblia lo lleva finalmente a comprender que toda ella es una alegoría (más allá de que trate de conciliar esto con el mensaje cristiano presente en los evangelios). Esta idea se repite más adelante, cuando, en una conversación con el párroco del pueblo utópico, éste señala las incompatibilidades entre el relato bíblico y "la naturaleza de las cosas":

> Esta creación sobre la que nos acaba de hablar, continuó él mirándome fijamente, es pura alegoría, que encuentro bastante tosca en su género y fabricada por un autor que ignora en demasía la naturaleza de las cosas; al punto que hace preceder los efectos a la causa, ya que, siguiendo lo que usted ha dicho, en el primer día fue creada la luz y en el cuarto aparecieron las luminarias de donde provenía aquella luz. Con certeza, en cuanto al resto, la idea de un Dios que trabaja y descansa no puede ser digerida más que por un pueblo tosco e ignorante al que se quiere controlar, y sobre el cual este señor Moisés del que usted habló, pretendía imponerse como señor temporal, mientras que su hermano Aaron dominaba sus consciencias sin límite alguno.[143]

La misma crítica vuelve a aparecer al final cuando, encarcelado por la Santa Inquisición, Massé conversa con un prisionero oriental que se dice cristiano pero que en realidad no profesa religión alguna. Este hombre ha sido instruido por un jesuita y, más allá de aceptar algunos de los preceptos del cristianismo, hace varias críticas que podrían comprenderse como las del propio Tyssot de Patot contra la religión revelada. En una de las muchas conversaciones que sostiene con Massé, por ejemplo, pone en duda el concepto de la Santa Trinidad y hace hincapié en la interpretación literal de la Escritura: "no podía comprender cómo los hombres razonables, que se jactaban de estar iluminados por las luces de la Revelación, no veían que su culto estaba cubierto de las más espesas tinieblas del paganismo".[144] Ciertamente, la semejanza de este personaje con la figura de Spinoza es grande: ambos son constructores

---

primero en el lecho y reciben las felicitaciones mientras que la mujer se ocupa de ir a buscar y preparar algo para darles.]

143. Tyssot de Patot, Simon, *ibid.*, p. 114: "Cette création dont vous venez de nous entretenir, poursuivit-il en me regardant fixement, est une pure allégorie, que je trouve assez grossière dans son genre, et fabriquée par un auteur fort ignorant de la nature des choses; jusque-là qu'il y fait précéder les effets à la cause, puisque suivant ce que vous avez dit, le premier jour la lumière fut créée, et le quatrième parurent les luminaires dont cette lumière nous vient. Il est certain, au reste, que l'idée d'un dieu qui travaille et qui se repose ne peut être digeré que par des peuples fort grossiers et ignorants que l'on voulait maîtriser, et dont ce Moïse duquel vous parles prétendait être le seigneur temporel, tandis que son frère Aaron avait une domination sans borne sur leurs consciences."

144. Tyssot de Patot, Simon, *ibid.*, p. 260 y 266: "Il ne pouvait pas comprendre comment les hommes raisonnables, qui se vantent d'être éclairés des lumières de la Révélation, ne voient pas que leur culte est enveloppé des ténèbres les plus épaisses du paganisme."

de lentes y al igual que sucedió con el filósofo, el prisionero chino es presentado como el arquetipo del ateo virtuoso.[145]

4. El papel de las Provincias Unidas en la difusión de nuevas y contestatarias ideas

En la Europa del siglo XVII, dar a conocer un escrito en forma impresa volvía necesario cumplir con una serie de requisitos formales, referidos principalmente al contenido de lo que se deseaba publicar. En el caso particular de Francia, la autorización era otorgada por la Corona mediante un "privilegio real" que implicaba la asignación de los derechos de publicación a una casa editorial en detrimento de otras y por un tiempo determinado.[146] La obtención de tal privilegio, sin embargo, implicaba haber pasado por el control de un censor asignado por la misma Corona con el objetivo de depurar, aprobar o rechazar, por las razones que fueran, la difusión de una obra. Ciertamente, este fue el motivo por el que gran parte de los escritos que en términos de Jonathan Israel deberían considerarse constitutivos del Iluminismo radical fueron publicados con falsos pies de imprenta y deliberadamente datados con años de aparición equivocados.

Durante el reinado de Luis XIV, la quema de libros por parte de los parlamentos locales, la promulgación de edictos que condenaban la publicación de alguna obra en particular o las inspecciones realizadas en imprentas, librerías y pasos aduaneros en busca de ediciones ilícitas ponen en evidencia el celoso control del Estado frente al crecimiento y divulgación de ideas disidentes. Dichas medidas no impidieron, sin embargo, la entrada de libros prohibidos desde las Provincias Unidas o el florecimiento de publicaciones clandestinas en la misma Francia.[147]

En lo que refiere al *corpus* de obras estudiado, basta recordar el caso de la *Histoire du grand et admirable Royaume d'Antangil* (1616) y su falso pie de imprenta "*À Leyde...*" pegado sobre una de las copias que aún conserva la Biblioteca Nacional de Francia, cuando la obra había sido publicada ese mismo año en Saumur y no en Leiden. Por su parte, la reedición francesa de *La Terre Australe Connue* en 1692 fue posible gracias a la supresión de los pasajes más polémicos de la versión original, impresa en Ginebra en 1676, y a la reivindicación de la fe cristiana por sobre las prácticas religiosas australianas hecha en el prefacio de

145. Albiac, Gabriel, *La Synagogue vide. Les sources marranes du spinozisme*, París, PUF, 1994, p. 32. Tyssot de Patot, Simon, *Voyages et aventures...*, *op. cit.* (2005), Cap. 6, p. 266: "j'ai de quoi passer mon temps à faire des lunettes d'approche et des microscopes." [Paso mi tiempo haciendo lentes de aumento y microscopios.]

146. Braga, Corin, *Du paradis perdu à l'antiutopie aux XVI-XVIII siècles*, París, Garnier Classiques, 2010, p. 210.

147. Israel, Jonathan, *Radical Enlightenment, op. cit.*, p. 99.

la nueva versión.[148] En cuanto a la *Histoire de Calejava* (1700) sólo presentaba su año de publicación (considerado falso por algunos autores) y fue sólo a partir del inventario realizado por Papillon en su *Bibliothèque des auteurs de Bourgogne* de 1742 que la obra fue adscripta al oscuro abogado dijonés Claude Gilbert.

La tolerancia vivida en las Provincias Unidas,[149] por el contrario, distaba mucho de la situación en Francia. De tal forma, no debe resultar sorprendente que un conjunto relativamente grande de las obras consideradas dignas de censura bajo el reinado de Luis XIV haya sido primero publicado en Ámsterdam, Rotterdam o La Haya para luego circular clandestinamente en Francia.[150] En efecto, en lo que refiere al comercio clandestino, desde mediados del siglo XVII Holanda concentraba la producción y exportación de libros prohibidos que, entre otros países de Europa, alimentaban el creciente mercado francés, dependiente en gran medida de las Provincias Unidas.[151]

Sin ir más lejos, la versión dada por el propio Isaac de la Peyrère acerca de cómo su controvertido *Prae-Adamitae* se había publicado finalmente en Ámsterdam en 1655 da cuenta de la efervescencia del mercado librero en esa ciudad y de su avidez por publicar obras de carácter heterodoxo. El académico Richard Popkin, quien la considera no más que una anécdota, ha señalado:

> La Peyrère fue a Ámsterdam y su versión de cómo el libro logró publicarse es más cómica, aunque probablemente menos exacta. Dijo que ocurrió a pesar suyo. Cuando llegó a Ámsterdam, tuvo que cargar su manuscrito a todos lados con él ya que no tenía lugar donde dejarlo. En Ámsterdam, dijo, "Caí dentro de una multitud de impresores" que querían publicar su trabajo. Como el manuscrito era abultado y él no lo podía cargar a todos lados donde iba y tenía miedo de perderlo, La Peyrère dijo: "Me vi obligado por esta razón a aprovecharme de la bondad de los impresores de Ámsterdam, y de la libertad que tenía para publicar el libro.[152]

El papel de las Provincias Unidas en la gestación y posterior difusión de las ideas que, a diferencia del Renacimiento y la Reforma, repercutirían como nunca antes en el mundo entero,[153] resulta un elemento capi-

148. Betts, C. J., *Early Deism in France...*, *op. cit.*, pp. 65-6.

149. Y en menor medida en ciudades como Ginebra.

150. Sobre el complejo mercado editorial, la publicación de obras más allá de la censura y su circulación en Francia véase Robert Darnton, *Los* best sellers *prohibidos en Francia antes de la Revolución*, Buenos Aires, Fondo de Cultura Económica, 2008, aunque su trabajo se centre particularmente en el siglo XVIII.

151. Israel, Jonathan, *Radical Enlightenment...*, *op. cit.*, p. 99.

152. Popkin, Richard, *The history of...*, *op. cit.*, p. 224.

153. Israel, Jonathan, *Les Lumières radicales...*, *op. cit.*, p. 23: "... si el Iluminismo marca la etapa más decisiva de la historia de Europa en su camino a hacia la secularización y la racionalización,

tal para comprender los circuitos de circulación y difusión de las obras que componen el objeto de esta investigación. En este sentido, Jonathan Israel ha sugerido que el pensamiento ilustrado no debería ser considerado deudor de Francia e Inglaterra sino del proceso de racionalización y secularización que, iniciado en las Provincias Unidas a partir de 1650, terminaría con la hegemonía secular de la teología en el mundo del saber, erradicaría lentamente las prácticas mágicas y la creencia en lo sobrenatural, y finalmente conduciría a desafiar abiertamente toda herencia del pasado.[154]

En principio, la tolerancia religiosa existente en las Provincias Unidas parece haber desempeñado un papel en extremo relevante al convertirse para muchos en aquella *Nueva Jerusalén* del norte evocada por Gabriel Albiac en su estudio acerca de los orígenes del espinozismo y su influencia marrana.[155] Desde mediados del siglo XVII, libertad de comercio y tolerancia religiosa se presentaron como dos aspectos indisociables de la prosperidad a la que aspiraba la nación recientemente liberada. La fórmula del éxito había sido rápidamente reconocida por sus propios habitantes, para quienes las premisas del enriquecimiento eran la libertad de culto y el comercio internacional: "el comercio requiere libertad... la libertad religiosa es la mejor forma de atraer y de conservar a los extranjeros ... sin extranjeros nuestros comerciantes se verían obligados a pagar salarios tan elevados a sus obreros y sirvientes que aquellos se llevarían gran parte de los beneficios y vivirían mejor que sus amos", habría expresado el comerciante Jean de la Court sentenciosamente.[156]

Terminada la Guerra de los Treinta Años, tras la firma de la Paz de Münster en 1648 y del consecuente tratado de Westfalia mediante el cual España reconocía la independencia de las Provincias Unidas, éstas se habían constituido con rapidez en una "excepción en el paisaje europeo, mayoritariamente monárquico...".[157] La situación se modificaría parcialmente en 1672, con la restitución de Guillermo II en calidad

---

éste no concierne solamente a la civilización occidental, sino indudablemente también al mundo entero."

154. Israel, Jonathan, *ibid.*, p. 28. Pierre-François Moreau coincide en este punto al analizar la obra de Baruch Spinoza. Véase Pierre-François Moreau, *Que sais-je? Spinoza et le Spinozisme*, París, PUF, 2003. Este punto, sin embargo, merece ser debatido al tratarse más que de una nación específica, de un movimiento con circuitos de interacción que trascienden la esfera nacional y funcionan en base a intrincadas redes de sociabilidad y circulación.

155. Albiac, Gabriel, *La Synagogue vide...*, *op. cit.*, p. 18: "El 'Paraíso holandés', esa nueva 'Jerusalén del Norte' que es la ciudad de Ámsterdam, no deja lugar, ni dejará nunca jamás lugar, a pesar de sus recaídas y sus crisis políticas, al infierno de la hoguera".

156. Albiac, Gabriel, *ibid.*, p. 102: "Se trata de una sociedad donde el comercio y la tolerancia son pensados como fenómenos necesariamente vinculados".

157. Moreau, Pierre-François, *Que sais-je?...*, *op. cit.*, p. 12.

de estatúder, más allá de que no se instaurara entonces una monarquía propiamente dicha.[158]

En términos religiosos, finalizada la batalla contra la intolerancia y el férreo control de España, la división en distintas ramas y tendencias de un protestantismo que en los años previos a 1648 se encontraba unificado no impidió que prevaleciera la tolerancia y, con ella, la libertad de imprimir. Tal como ha sido esbozado en las líneas precedentes, podían allí publicarse y discutirse problemas que hubiese resultado imposible plantear sin riesgo alguno en Francia o cualquier otro país en esta misma época. A su vez, en términos materiales, desde mediados del siglo XVII, contaban para ello con más de 700 editores o libreros poseedores de prensas en 57 ciudades de la República de Holanda. Como bien ha sugerido Margaret Jacob respecto del papel de las imprentas, "bajo el impulso de esta masiva ola intelectual, la evolución de la sociedad hacia un mundo más secular se había vuelto inevitable".[159]

Como ningún otro país de Europa en el siglo XVII, el poder de difusión que esta próspera industria editorial otorgaba resultó sin duda un arma importante a la hora de crear enemigos, de fortalecer vínculos congregacionales o, como se verá en el capítulo V, de proponer una visión del mundo *no europeo* y del poder de las naciones que podían acceder a él. Según Benjamin Schmidt, "los holandeses ganaron el concurso de representar un Nuevo Mundo cuyo encuentro fue experimentado, en mayor parte, como un asunto textual. Debido a que los holandeses de la modernidad temprana poseían el imperio de la imprenta, que ocupaba el primer lugar en Europa; las imprentas de Amberes, Ámsterdam, y Leiden produjeron un flujo de historias, pliegos sueltos, y geografías que sirvieron como un conducto crucial entre el Nuevo Mundo y el Viejo".[160] Asimismo, el hecho de que el término *"livres de Hollande"* se haya vuelto en Francia una acepción genérica para designar todo tipo de literatura clandestina, hubiese o no sido impresa en las Provincias Unidas, demuestra con suficiente claridad el poder de estas últimas sobre el comercio librero de toda Europa.[161]

---

158. La revolución cultural ocurrida tras la Guerra de los Treinta Años y de la que *Les voyages et avantures*... son indudablemente causa y efecto ha sido esbozada por Israel en los siguientes términos: "No es sino despúes de la Guerra de los Treinta Años, y con el comienzo de la crisis intelectual europea, que emergió una cultura de la lectura, de la edición y de la bibliofilia profundamente ampliada, que estuvo en los orígenes mismos de una revolución intelectual". Israel, Jonathan, *Les Lumières radicales...*, *op. cit.*, p. 153.

159. Jacob, Margaret, "Les Lumières radicales", en Secrétan, Catherine, Dragon, Tristan, Bove, Laurent (dir.), *Qu'est-ce que les Lumières "radicales"? Libertinage, athéisme et spinozisme dans le tournant philosophique de l'âge classique*, París, Éditions Amsterdam, 2007, p. 29: "Más de 700 editores o libreros tenían buriles o imprentas a mediados del siglo XVII en 57 ciudades de la república de Holanda."

160. Schmidt, Benjamin, *Innocence abroad. The Dutch imagination and the New World, 1570-1670*, Cambridge, Cambridge University Press, 2001, p. xix.

161. Israel, Jonathan, *Radical Enlightenment...*, *op. cit.*, p. 101.

Es en este contexto de tolerancia religiosa, libertad de prensa y crecimiento comercial, que se produjo la llegada del enorme caudal de inmigrantes franceses que por motivos religiosos debieron abandonar sus regiones de origen e instalarse de forma definitiva en las comunidades protestantes que los acogieron. Fue éste el caso de la familia de Simon Tyssot de Patot, que se vio obligada a huir de Francia tras la intensificación de las persecuciones contra el protestantismo en la segunda mitad del siglo XVII y se instaló finalmente en la ciudad de Delft. También el de Denis Veiras quien, como ya fue visto en el capítulo precedente, habría emigrado hacia las Provincias Unidas poco tiempo después de la revocación del Edicto de Nantes en 1685. Por último, el caso de la familia Spinoza también puede sumarse a la lista de inmigrantes que por motivos religiosos fueron acogidos por las Provincias Unidas. Tras escapar de España luego de la expulsión judía de 1492, la familia Spinoza había buscado refugio en Portugal para luego, en condición de judíos conversos, instalarse en la ciudad de Ámsterdam.

Por su parte, Pierre-François Moreau ha destacado el atractivo que ofrecían las Provincias Unidas en un siglo conmovido por los enfrentamientos religiosos:

> Es esta atmósfera la que explica que hayan venido a instalarse a las Provincias Unidas quienes huían de la persecución. Es el caso de muchos hugonotes franceses, antes y después de la Revocación del Edicto de Nantes. También es la razón por la que fueron impresos en las Provincias Unidas libros que no podrían haber sido publicados en los países donde fueron escritos. [162]

Es posible suponer que la libertad de prensa reinante en las Provincias Unidas impactó tanto en las lecturas como en los escritos de los hugonotes allí refugiados. Como han señalado Élisabeth Labrousse y Robert Sauzet, la ausencia casi total de censura tanto allí como en Inglaterra y los aires de libertad que se respiraban, ampliaron de forma exponencial la visión del mundo de los recién llegados, que no tuvieron otra opción más que dejar atrás los prejuicios y condicionamientos de sus lugares de origen.[163] Ciertamente, la producción literaria de los hugonotes refugiados fue en un principio de carácter combativo y acusatorio de las políticas adoptadas por Luis XIV en el marco de la revocación del Edicto de Nantes.[164] Hacia fines del siglo XVII, sin embargo, fueron las

162. Moreau, Pierre-François, *Que sais je ?...*, *op. cit.*, p. 16.

163. Le Goff, Jacques y Remond, René (dir.), *Histoire de la France religieuse...*, *op. cit.*, p. 498.

164. Le Goff, Jacques y Remond, René (dir.), *ibid.*, p. 500: "La producción literaria del Refugio, casi toda impresa en Holanda, fue en principio obra de combate, apología cien veces retomada del protestantismo francés, denuncia argumentada e ilustrada de mil relatos terribles acerca de la política de Versalles y de lo inequitativo de la Revocación..." Sobre la importancia de las gacetas utilizadas por los refugiados franceses para difundir las noticias de Francia o denunciar los atropellos sufridos por sus correligionarios véase Bernard Vogler, "La dimension religieuse

publicaciones periódicas eruditas y literarias las que determinaron los circuitos de colaboración internacional en términos culturales.[165]

En relación con el *corpus* de relatos utópicos analizado, fue en aquella *República de las Letras* donde se dio a conocer, en los primeros decenios del siglo XVIII, *Voyages et avantures de Jacques Massé*. Asimismo, la popularidad alcanzada por la *Histoire des Sévarambes* de Denis Veiras en los años posteriores a su primera edición también debe atribuirse al impulso que obtuvo desde las Provincias Unidas por medio de las numerosas ediciones que allí se realizaron: "la novela de Veiras fue reimpresa muchas veces, sobre todo en los Países Bajos, y se convirtió en una de las novelas clandestinas más conocidas a fines del siglo XVII. Fue además una de las fuentes de inspiración de un texto más audaz todavía, probablemente escrito en 1680-1682 titulado: *Histoire des Ajaoiens*".[166] Basta para ello recordar que la obra de Veiras se publicó en la ciudad de Ámsterdam en 1682, 1702, 1716 y 1787. Asimismo, la *Terre Australe Connue* de Foigny, que había sido publicada en Ginebra por primera vez, volvería a ser publicada en las Provincias Unidas en 1732 y 1787-9.

Ahora bien, tampoco debería sobreestimarse la tolerancia en países protestantes. El falso pie de imprenta de la primera edición de *La Terre Australe Connue* que indicaba "À Vannes..." (cuando en realidad había sido impresa en Ginebra), o el hecho de que *Voyages et avantures de Jacques Massé* también indicara falsamente que la obra había sido publicada "À Bordeaux..." en 1710 (cuando apareció por primera vez en La Haya entre 1714 y 1717)[167] demuestran que si bien existía un alto grado de tolerancia, los autores de los relatos utópicos analizados optaron por borrar todo dato que en principio permitiera reconocerlos. En efecto, Simon Tyssot de Patot sólo habría confirmado ser el autor de *Voyages et avantures de Jacques Massé* en una carta dirigida a su hijo hacia 1720.[168]

En materia de intolerancia, herejía y disenso en las Provincias Unidas, resulta de interés señalar que, en 1674, la corte de Holanda ya había condenado los escritos de Hobbes, Spinoza y Meyer y, en consecuencia, prohibido su publicación.[169] A su vez, en el período en que publicaron sus obras, tanto Spinoza como Tyssot de Patot fueron sancionados por las propias comunidades en las que estaban insertos. El primero fue expulsado mediante un *herem* por el *Mahamad* de la sinagoga en 1656. Por su parte, tras hacerse público el vínculo entre Tyssot y sus *Voyages*

---

dans les relations internationales en Europe au XVIIe siècle (1618-1721)", en *Histoire, économie et société*, 1991, año 10, n°3: *Prières et charité sous l'Ancien Régime*, p. 388.

165. Vogler, Bernard, "La dimension religieuse... ", *op. cit.*, p. 389.

166. Israel, Jonathan, *Les Lumières radicales...*, *op. cit.*, 658.

167. Israel, Jonathan, *ibid.*, p. 660: "*Voyages et avantures de Jacques Massé*, obra publicada clandestinamente en Burdeos en 1710, si creemos en la información de tapa, pero que apareció de hecho en La Haya, probablemente en 1714."

168. Israel, Jonathan, *ibid.*, p. 660.

169. Moreau, Pierre-François, *Que sais je?*, *op. cit.*, p. 26.

et avantures..., este debió abandonar la comunidad protestante en Deventer y su puesto en el liceo local para retirarse de la vida pública por
tiempo indefinido.[170]

Aunque en Ginebra, el caso de Gabriel de Foigny había sido similar.
De origen capuchino pero convertido a la fe reformada desde 1666, en
1676 también había publicado su relato utópico *La Terre Australe Connue*
con un falso pie de imprenta y una extraña historia que lo vinculaba al
escrito sólo de manera tangencial. Tras conocerse que la obra era suya,
su distribución fue prohibida y, una vez que se obtuvo de él una confesión
pública y salió a la luz un conjunto mayor de ofensas a la comunidad, el
consistorio de Ginebra decidió finalmente su expulsión que, es preciso
señalar, no fue causada por la publicación de *La Terre Australe Connue*
sino por una serie de comportamientos considerados impropios de los
que Foigny fue acusado posteriormente.

Puede observarse entonces que si bien las Provincias Unidas eran
consideradas por muchos tierras de libertad editorial, la aplicación de la
censura también era frecuente allí en tiempos de convulsión religiosa.
En otras palabras, el fenómeno de la censura fue un rasgo característico
de toda Europa en este período: "a través de todo el continente, si bien
con distintos grados de intensidad, los puntos de vista considerados in-
aceptables fueron suprimidos y los editores, impresores, y vendedores
de libros, además de los autores de aquellos libros que contenían ideas
ilícitas fueron castigados".[171] Asimismo, también debe revisarse el énfasis
en los obstáculos para que en esta misma época se publicaran y circula-
ran escritos de este tipo en Francia. Más allá del grado de intolerancia
atribuido por Israel a la Francia de mediados del siglo XVII, lo cierto es
que existió un alto nivel de circulación de ideas y publicaciones que desafiaron los límites impuestos por la censura. En efecto, es Israel quien,
paradójicamente, se encarga de demostrarlo al referirse a las influencias
recíprocas en materia de relatos de viaje y filosofía entre Francia y los
Países Bajos para esta misma época:

> Los intercambios entre los Países Bajos y Francia, que jugarán un papel
> tan determinante en la constitución del pensamiento radical en la época
> de las primeras Luces, concernían no solamente obras de filosofía y de
> crítica bíblica, de teoría científica, de teología y de análisis político, sino
> también relatos de viaje filosóficos o deístas.[172]

---

170. Israel, Jonathan, *Les Lumières radicales...*, *op. cit.*, p. 661: "Tyssot fue denunciado frente
    al consistorio valón de Deventer, se le prohibió la comunión, fue publicamente humillado y
    expulsado de la comunidad reformada, luego los magistrados lo declararon culpable de blasfemia,
    de ateísmo, de obscenidad y de spinozismo, tras lo cual fue retirado de su puesto y expulsado
    de la ciudad."

171. Israel, Jonathan, *Radical Enlightenment...*, *op. cit.*, p. 97.

172. Israel, Jonathan, *Les Lumières radicales...*, *op. cit.*, p. 657.

❧ CAPÍTULO IV ❧

Utopía y alteridad

1. El relato de viaje como traductor de la otredad

Los relatos de viaje que entre los siglos XVI y XVIII se editaron, circularon y estuvieron sujetos a la crítica de lectores de distinta índole, operaron en más de una forma como mecanismos de traducción, al permitir que las culturas y espacios recientemente descubiertos se volvieran asibles al público. Esto fue posible en la medida en que existió ese "saber compartido" al que ha referido François Hartog en su estudio sobre los escitas desde la mirada de Heródoto. Tal como ha señalado el historiador francés, todo relato de viaje "traduce" aquello que resulta desconocido en términos que tanto el narrador como el lector conocen. El mismo proceso implica a su vez la creación de un *otro*, "traducido" ante los ojos de un lector que sin haber visto aquello que se le describe comparte con el narrador una serie de códigos y referencias que le permiten imaginarlo. Sobre este último punto Hartog ha resaltado la importancia de percibir los mecanismos por medio de los cuales el narrador "hace creer al destinatario en el *otro* que construye".[1] Aquella *retórica de la alteridad* consta de una serie de recursos narrativos y lógicas de argumentación que, en el relato de viaje en sentido amplio, responden a las reglas operatorias de la fabricación del *otro*.

El proceso de "traducción" del *otro* se vale de esta forma de una serie de recursos literarios que harían posible su comprensión, al volverlo más próximo o inteligible al *mismo*.[2] El relato de viaje se presenta entonces como "la narración de una cercanía (un encuentro) y una distancia

---

1. Hartog, François, *El espejo de Heródoto. Ensayo sobre la representación del otro*, Buenos Aires, Fondo de Cultura Económica, 2002, p. 205: "Si el relato se desplaza entre un narrador y un destinatario, presente implícitamente en el propio texto, el problema es descubrir cómo 'traduce' al *otro* y cómo hace creer al destinatario en el *otro* construido." (Las cursivas son nuestras.)

2. Hartog, François, *ibid.*, p. 207.

irreductibles, que se constituyen textualmente al mismo tiempo...".[3] En términos del propio Hartog,

> a partir de la relación fundamental que instaura entre dos conjuntos la diferencia significativa, se puede desarrollar una retórica de la alteridad que desplegarán los relatos que hablan principalmente del otro, los relatos de viaje en sentido amplio. Un narrador, que pertenece al grupo *a*, va a referir *b* a la gente de *a*; están el mundo donde se relata y el mundo relatado; cómo inscribir de manera persuasiva el mundo relatado en el mundo donde se relata: tal es el problema del narrador, quien se ve confrontado por un problema de *traducción*.[4]

La retórica de la alteridad es presentada como un elemento o característica propia del relato de viaje "en sentido amplio",[5] en la medida en que es entendido como un ensayo de representación del *otro*. En función de lo antedicho, la inversión, la comparación, la alusión a maravillas, curiosidades o excepciones, la denominación, la descripción y la ausencia de marcas de enunciación se presentarían como recursos indispensables en el momento de traducir al *otro* y, en consecuencia, de "hacer creer al destinatario que la traducción es fiel". Pero este "efecto de credibilidad" producido por la retórica de la alteridad es también consecuencia de la utilización de otros recursos que legitiman al narrador en su rol de testigo. En este sentido, además del poder traductor de la mencionada retórica, la credibilidad se construye sobre lo que el narrador dice haber visto o haber escuchado, o en función de lo que Hartog denomina el "juego de la enunciación".[6]

La figura del viajero-narrador resulta por ello de crucial importancia, pues en su condición de traductor de la otredad, construye a través del relato de viaje un espacio *otro* que delimita y sobre todo diferencia el *aquí* del *allí*. A la perspectiva planteada por Hartog, conviene sumar la propuesta de Anthony Pagden, quien en *European Encounters with the New World* ha destacado esta figura en su papel de intérprete o mediador entre dos mundos.[7]

---

3. *Cristobal Colón: Diario, cartas y relaciones: antología esencial.* Selección, prólogo y notas de Valeria Añón y Vanina Teglia, Buenos Aires, Corregidor, 2012, p. 48.

4. Hartog, François, *El espejo de Heródoto...*, *op. cit.*, p. 207.

5. Hartog, François, *ibid.*, p. 30: "En la lectura de algunos de los *lógoi* dedicados a los otros, se aborda el texto de Heródoto como un relato de viajes, es decir, como un relato cuya intención es traducir al otro en los términos de un saber compartido griego y que, para hacer creer en el otro que ha construido, elabora toda una retórica de la alteridad."

6. Hartog, François, *ibid.*, p. 247.

7. Pagden, Anthony, *European Encounters with the New World*, New Haven & Londres, Yale University Press, 1992. Desde el campo de la literatura y haciendo especial énfasis en el relato utópico, Jean-Michel Racault también ha destacado la función mediadora del viajero-narrador. Jean-Michel Racault, *Nulle part et ses environs. Voyage aux confins de l'utopie littéraire classique, 1657-1802*, París, Presses de l'Université de Paris-Sorbonne, 2003, p. 143.

En efecto, de acuerdo con Pagden, el posible encuentro de Europa con otros mundos u otros habitantes había constituido desde mucho tiempo antes un problema o preocupación.[8] Esto no había impedido, sin embargo, que la idea de movimiento fuese valorada en términos positivos, mediante un reconocimiento de la necesidad de viajar como una de las características constitutivas del hombre. En opinión de este historiador, entre el temor a lo desconocido y la naturaleza viática del hombre, el viajero surge como una figura mediadora, cuyo viaje o trayecto siempre ha servido para dividir un universo de otro. El viaje dejaría de ser comprendido como un simple desplazamiento de ida y vuelta para convertirse, de esta forma, en el pasaje de un mundo a otro, del que en última instancia sólo el viajero puede dar cuenta en la medida en que regresa.[9]

Pagden hace especial énfasis en el hecho de que en el transcurso de la modernidad temprana, Europa nunca dejó de ser el modelo o matriz del cual partía el viajero.[10] El análisis del *corpus* de fuentes seleccionado permite sugerir que la aseveración que Pagden formula a partir del análisis de crónicas, relaciones y relatos publicados entre los siglos XVI y XVIII atañe además al conjunto de viajes imaginarios y, dentro de este grupo, a la serie de relatos utópicos publicados en el mismo período. En efecto, en su estudio de la utopía narrativa clásica, Jean-Michel Racault ha enfatizado el papel de Europa como punto de partida, y por ello mismo de comparación, frente a las sociedades utópicas "descubiertas". En un minucioso análisis en torno a la importancia del trayecto desde y hacia el lugar de origen, al igual que Pagden para las experiencias de viaje por él analizadas, Racault afirma que "es siempre del mundo de referencia europeo del que parte el viajero-narrador, en tanto que el otro lado utópico ocupa una posición geográficamente lejana que lo ubica en relación con el viejo continente en una situación de simetría invertida..."[11]

En cuanto a la existencia de espacios o estadíos intermedios en todo trayecto de ida y vuelta, merece señalarse que todo desplazamiento desde un punto A a un punto B se produce a través de una serie de escalas que en gran medida hacen al viaje en sí mismo. Tal como ha señalado Jimena Rodríguez, el "itinerario" es el eje estructurador del relato de viaje en la medida en que "ocupa la totalidad del relato y organiza todo del material narrativo en una sucesión cronológica de nombres de lugares y su descripción".[12] Podría decirse entonces que la *partida*, la *travesía*,

8. Pagden, Anthony, *European Encounters with the New World, op. cit.*, p. 2.

9. Sobre la figura del viajero como descubridor de mundos véase José Emilio Burucúa, *El mito de Ulises en el mundo moderno*, Buenos Aires, Eudeba, 2013.

10. Pagden, Anthony, *ibid.*, p. 3: "Pero el aislamiento nunca podía ser completo. El viajero retornaría a casa algún día, cambiado quizás, pero conservando aún un sentido de dónde estaba su *domus*. Durante generaciones, el colono miró a Europa como fuente de legitimidad, como un modelo para construir su Nueva España, Nueva Inglaterra, Nueva Francia."

11. Racault, Jean-Michel, *Nulle part et ses environs..., op. cit.*, p. 143.

12. Rodríguez, Jimena, *Conexiones transatlánticas. Viajes medievales y crónicas de la conquista de América*, México, El Colegio de México, 2010, p. 44, citado en *Cristóbal Colón: diarios,*

el *encuentro* y el *retorno* constituyen las cuatro fases de todo relato de viaje en la modernidad temprana europea. En el caso particular de los viajes emprendidos a América, el mar Atlántico actuó desde un comienzo como aquel espacio de transición entre el mundo conocido y el mundo por conocer, en tanto la travesía náutica en sí misma representaba para el viajero la disolución entre la partida y el arribo a aquello que esperaba encontrar. Una vez más, es Jean-Michel Racault quien ha resaltado el valor atribuido por los viajeros temprano-modernos al cruce de la línea equinoccial.[13] Hasta mediados del siglo XVIII la experiencia o coraje de la tripulación de todo viaje transoceánico se medía en función de quiénes habían cruzado o no el Ecuador. De los muchos testimonios escritos en torno a este rito de pasaje en el sentido más literal del término, la atención que Antoine-Joseph Pernety dedica a esta experiencia en su *Histoire d'un voyage aux Isles Malouines fait en 1763 et 1764*, publicada en 1770, se encuentra entre las más notables.[14]

Por su parte, en los relatos utópicos analizados, la travesía hacia y desde las sociedades imaginarias descriptas también contó con sus escalas intermedias. A modo de preludio de lo que sucedería después, es en ellas que el narrador percibe indicios de una alteridad que en la fase del encuentro con la sociedad utópica se manifiesta de forma absoluta. En relación con este punto, las reflexiones de Jean-Michel Racault merecen atención nuevamente. Al igual que Pagden había hecho con los relatos de viaje, Racault sugiere interpretar estas secuencias intermedias como instancias mediadoras en el trayecto hacia y desde un no lugar. A diferencia de Pagden, sin embargo, los naufragios, tempestades, salvatajes y arribadas forzosas no son interpretados por Racault como causantes de una ruptura espacial sino como garantes de una continuidad entre estos dos mundos, que de lo contrario permanecerían desconectados.[15] En términos de este autor, son justamente los distintos obstáculos y desafíos que el viajero-protagonista encuentra en su desplazamiento desde y hacia la sociedad ideal los que le permiten no solamente arribar sino también regresar para dar cuenta de lo vivido en aquellos parajes.

---

cartas y relaciones..., *op. cit.*, p. 49.

13. Racault, Jean-Michel, *Nulle part et ses environs...*, *op. cit.*, p. 362.

14. Pernety, Joseph-Antoine (Dom), *Histoire d'un voyage aux Isles Malouines fait en 1763 et 1764*, París, Chez Saillant & Nyon, 1770, capítulo II: *Le Baptême de la Ligne*, pp. 107-124. En este capítulo, Pernety describe la ceremonia de bautismo de Bougainville así como de otros miembros de la tripulación, realizada por el "presidente de esos parajes", el *Bonhomme la Ligne*. Este no es más un marinero que ya la ha cruzado y que se disfraza como "Señor de la Línea" para bautizar con agua de mar a quienes nunca lo han hecho. Pernety explica que siguiendo la costumbre, una vez bautizados, los tripulantes debían realizar una "ofrenda" en metálico a este personaje y a todo su séquito. Toda la tripulación se reúne para observar el bautismo y tanto el Señor de la Línea como sus seguidores, disfrazados, bailan al ritmo del tamborín.

15. Racault, Jean-Michel, *Nulle part et ses environs...*, *op. cit.*, p. 144. Siguiendo la nomenclatura asignada por René Démoris, Racault se refiere a estas instancias como espacios "sas", distinguiendo a su vez dos grupos: los "sas" internos, y los externos.

Si el pasaje hacia y desde tierras desconocidas fuera analizado en relación con la competencia ultramarina y la expansión geográfica de los siglos XVII y XVIII, las escalas intermedias entre Europa y utopía podrían a su vez entenderse como el pasaje obligado que toda nación europea con ambiciones comerciales y políticas en ultramar debía realizar en el marco de los viajes de exploración y ocupación territorial transoceánica del período. En este sentido, los relatos analizados parecen poner en evidencia que entre Europa y utopía existía un complejo entramado de rutas comerciales, actas de posesión, informes de navegación velados y una maestría en el arte de la navegación que sólo algunas naciones dominaban.

En lo que refiere al carácter y función de los llamados espacios intermedios, debe añadirse por último que además de acrecentar el carácter verosímil de la obra (al realizarse en muchos de los relatos utópicos analizados una "escala" en algún enclave colonial como Goa, el Congo o Madagascar), la utilización de este recurso también cumplió con una función anticipatoria. En efecto, la introducción de aspectos maravillosos en las descripciones de lugares ya descubiertos y explorados por navegantes contemporáneos tuvo por objetivo preparar al protagonista, y en consecuencia al lector, para aquella sociedad radicalmente distinta a la que arribaría en los siguientes capítulos. Es en esas breves estadías y parajes donde el viajero advierte cambios en el paisaje, las costumbres, la flora, la fauna y otros detalles que actúan de esta forma como preludio de aquel mundo aún más extraño que pronto encontrará.[16]

Por último, en este proceso de construcción de la otredad, debe tenerse en cuenta que, ya sea de forma paulatina o inmediata, la imagen del *otro* construida y plasmada en las narrativas de viaje publicadas dependió en gran medida de aquello que el viajero esperaba encontrar. Ciertamente, al momento de iniciarse los grandes viajes de descubrimiento existía una larga tradición de *otros* distantes que, desde la *Historia Natural* (s. I d.C.) de Plinio el Viejo hasta el *Livre des merveilles* (s. XIII) de Marco Polo o los viajes del supuesto Jehan de Mandeville (s. XIV), nutrió al imaginario europeo de un amplio repertorio de hombres y bestias factibles de ser hallados en los márgenes del mundo conocido. La influencia de estas imágenes en la experiencia del descubrimiento ha sido resaltada por Pagden, para quien "la mayoría de quienes dejaron Europa para ir a 'otros mundos', cualquiera fueran sus objetivos, partían con un repertorio de extraños tipos humanos y animales que sirvió para individualizar lo que de otra manera era una categoría enteramente amorfa".[17]

Aquella larga tradición europea de seres fantásticos, que descriptos en el siglo I d.C. por Plinio habían sido luego representados iconográ-

---

16. Racault, Jean-Michel, *ibid.*, p. 146. El autor, sin embargo, considera que el intento de crear verosimilitud y la función anticipatoria de los espacios intermedios son contradictorios.

17. Pagden, Anthony, *European Encounters...*, *op. cit.*, p. 10.

ficamente, pareció poblar las mentes de los exploradores al comienzo
de la expansión europea. En términos editoriales, las reediciones de la
Historia Natural realizadas en el Renacimiento, las del *Liber chronicarum* (Nuremberg, 1493) de Hartmann Schedel o las de los viajes de
Jehan de Mandeville fueron tal vez las obras que presentaron de forma
más completa al lector aquel muestrario de seres fantásticos pero posiblemente existentes. En el *Liber chronicarum o Crónica universal*, por
ejemplo, se encontraba representada la totalidad de los seres fantásticos
descriptos por Plinio.[18] Dividida en siete partes correspondientes a cada
una de las etapas en la historia de la humanidad, la *Crónica universal* es considerada en la actualidad uno de los primeros y más exitosos
ejemplos de la naciente industria editorial. En este sentido, es probable
que las más de 1800 imágenes que se incluyeron en los 600 folios, dentro
de las cuales se cuentan los monstruos de Plinio, hayan despertado la
avidez del público lector y en consecuencia contribuido a garantizar el
éxito editorial de la obra. La obra de Schedel, que fue publicada en dos
lenguas (alemán y latín), sería reeditada tres veces en los años que siguieron a su publicación. Por su parte, las reediciones hechas a lo largo
del siglo XVI permiten dar cuenta del perdurable deseo por adquirir un
ejemplar a pesar de su elevado costo.[19]

En función de lo antedicho es posible sugerir que la difusión de las
imágenes mencionadas creció en la misma medida en que se multiplicaron las ediciones de este tipo de obra pero también impresiones menos
costosas, como las que se hicieron por ejemplo de los viajes de Marco
Polo y Jehan de Mandeville en el mismo período. Un claro ejemplo de
ello es la portada de la edición española de los viajes de Mandeville que
posiblemente buscó atraer la atención del lector mediante la presentación, en primer plano, de las figuras de un acéfalo, un cinocéfalo y un
esciápodo.[20] Además del gusto por la maravilla que la inclusión de estas
imágenes y descripciones podía alentar, debe señalarse que en el transcurso de la Edad Media la posible existencia de tales seres también fue
utilizada por figuras como san Agustín e Isidoro de Sevilla como un
argumento válido para probar la omnipotencia del Dios creador.[21] Aho-

---

18. Schedel, Hartmann, *La chronique universelle, 1493. L'édition de Nuremberg, coloriée et commentée, Introduction et appendice par Stephan Füssel*, España, Taschen, 2001, p. 9. Véase también el folio 12.

19. Schedel, Hartmann, *ibid.*, p. 8: "No es sorprendente que la obra haya generado entusiasmo en los lectores de la época, que haya sido publicada tanto en latín como en alemán, que haya sido objeto de tres reediciones en diez años y que su elevado precio no haya desalentado, así parece, a la extensa clientela de personas deseosas de procurarse una copia; fue plagiada en varias oportunidades a lo largo del siglo XVI y continúa ejerciendo todavía hoy fascinación en el lector." Para más información en relación con la cantidad de ventas y numerosas reimpresiones que se hicieron de la obra, véase también p. 32.

20. Duviols, Jean-Paul, *L'Amérique espagnole vue et revée selon les récits de voyage de Christophe Colomb à L. A. de Bougainville 1492-1768*, París, Promodis, 1985, p. 33.

21. *L'image du monde en 1493. Histoire naturelle et surnaturelle dans la chronique de Nuremberg.* Avec un *Préface* par Philippe Dupont, Caen, Bibliothèque Municipale de Caen, 1993, p. 70:

ra bien, al margen de esta representación simbólica, resulta de interés
recordar que, en términos geográficos, toda narrativa que diera cuenta
de estos seres los ubicaría siempre en los confines del mundo conocido.
Jean-Paul Duviols ha señalado:

> A partir de la tradición mitológica greco-latina –centauros, sirenas, har-
> pías, minotauros, etc.– la Edad Media había mantenido y ampliado las
> creencias más fantásticas. Engendrados por miedos ancestrales, mante-
> nidos vivos por la tradición cristiana del infierno –dragones, basiliscos,
> bestia del Apocalipsis con múltiples caras, avatar de la antigua hidra,
> etc.–, los híbridos y los monstruos de todo tipo atormentaban a los ino-
> centes. Más allá de su frecuente representación simbólica, una tradición
> confusa los expulsaba a las provincias poco visitadas, o mejor todavía,
> a los confines del mundo conocido. Asimismo, los textos de referencia,
> cuya seriedad no había sido aún puesta en duda, les atribuían localiza-
> ciones geográficas bastante precisas pero contradictorias, se tratara de
> Heródoto, de Plinio, de san Agustín, de Isidoro de Sevilla, de Estrabón,
> de Marco Polo o de John Mandeville.[22]

Cuando entre fines del siglo XV y principios del XVI se produjo la
ampliación de los márgenes o límites del *Orbis Terrarum*, el corrimien-
to o reubicación espacial de aquellos seres fantásticos en suelo americano resultó no ser más que una consecuencia lógica. La experiencia o
la representación de lo *otro* se convirtieron de esta forma en uno de los
temas-eje del desplazamiento al Nuevo Mundo.[23] En efecto, una vez iniciado el proceso de expansión ultramarina, exploradores y navegantes
trasladaron la existencia de estos seres a aquellas regiones aún inexploradas del mundo. La comprobada influencia que los relatos de Jehan de
Mandeville y Marco Polo tuvieron en las expectativas y primeros viajes
emprendidos por Colón constituye al día de hoy uno de los casos más
llamativos y estudiados en torno al encuentro de mundos y construcción
de un nuevo tipo de alteridad.[24] Al respecto, merece ser destacado uno de
los trabajos más emblemáticos acerca de la "herencia" que en términos
representacionales tanto españoles como portugueses trajeron a América.

"Según Plinio el Viejo (Hist. Nat., VII, 2), los pueblos extraños y monstruosos, descritos por
él en algunas palabras o frases, vivían en el Oriente. San Agustín (Ciudad de Dios, XVI, 8) e
Isidoro de Sevilla (Etim., XI, 3) darán crédito a aquellas fábulas. La existencia de tales pueblos
era una prueba, según ellos, de la omnipotencia de Dios."

22. Duviols, Jean-Paul, *L'Amérique espagnole..., op. cit.*, p. 33.

23. *Cristobal Colón: Diario, cartas y relaciones..., op. cit.*, p. 48.

24. Se destacan entre otros los trabajos de Sérgio Buarque de Holanda, *Visão do Paraíso. Os motivos
edênicos no descobrimento e colonização do Brasil*, São Paulo, Companhia Editora das Letras,
(1952) 2010, Tzvetan Todorov, *La conquista de América. El problema del otro*, Buenos Aires,
Siglo XXI, 1982, Juan Gil, *Mitos y utopías del descubrimiento*, Madrid, Alianza Editorial, 1989
y Stephen Greenblatt, *Marvelous Possessions. The Wonder of the New World*, University of
Chicago Press, 1991.

Se trata de *Visão do Paraíso* (1959), obra del intelectual brasileño Sérgio Buarque de Holanda, quien a partir del minucioso estudio de cada uno de los mitos que impulsaron a navegantes y aventureros a emprender el viaje a América desentramó las distintas visiones del mundo que se pusieron en juego en aquel primer arribo de españoles y lusitanos a las costas americanas.[25]

En el caso de Colón y desde la crítica literaria, los estudios más recientes han acordado en el hecho de que las descripciones del mundo y los relatos de viaje más difundidos en los siglos XIII y XIV se volvieron en sí mismos matrices de interpretación del *otro* en la primera fase de la expansión ultramarina. En palabras de Valeria Añón y Vanina Teglia, "los modelos literarios previos, como los de Pierre D'Ailly y Marco Polo referidos a Oriente, conforman las mediaciones discursivas a partir de las cuales Colón elabora su propia visión del mundo".[26] Sobre este último punto, Jean-Paul Duviols ha sugerido que la pervivencia de tales mediadores tampoco cesaría en el siglo siguiente, e incluso ciertos mitos sobrevivirían hasta el siglo XVIII.[27] A partir del relato del viaje a Guyana del inglés Lawrence Keymis (1596), el historiador francés constata que, lejos de tratarse de un proceso propio de la primera etapa de expansión, hacia fines del siglo XVI la descripción de las poblaciones americanas aún se encontraba bajo el influjo de aquellos modelos literarios. En términos de Lawrence Keymis, lugarteniente de Raleigh, "los supuestos acéfalos se llaman en lengua caribe *Chiparemias* y en lengua guyana *Ewaipanomas*. Casi no me atrevo a relatar lo que [el cacique] me dijo de ciertos otros Caribes: que están de día en el mar, como los anfibios, y salen de él a la noche".[28] El relato de Keymis así como una variada selección de producciones literarias e iconográficas permiten a Duviols hacer énfasis en la influencia que el imaginario antiguo y medieval (por medio de la autoridad libresca) ejerció en la percepción que los viajeros europeos tuvieron de América. El autor retoma para ello algunos de los principios esbozados por el historiador búlgaro Tzvetan Todorov, para quien entre los siglos XVI y XVIII el encuentro de Europa con otras realidades había resultado un proceso de reconocimiento antes que uno de conocimiento.[29]

---

25. Buarque de Holanda, Sérgio, *Visão do Paraíso: os motivos edênicos no descobrimento e colonização do Brasil*, San Pablo, Companhia das Letras, 2010. En relación con el tema referido se destaca particularmente el capítulo 2: *Terras incógnitas*, pp. 53-78.

26. *Cristobal Colón: Diario, cartas y relaciones*, op. cit., p. 26.

27. Duviols, Jean-Paul, "L'Amérique espagnole au XVIe siècle selon les récits de voyages", *Histoire, économie et société*, 1988, 7º año, nº3, p. 314.

28. Duviols, Jean-Paul, *L'Amérique espagnole...*, op. cit., p. 39. La cita pertenece a Lawerence Keymis, *Relation de la Guiane*, 1596, en *Recueil de Coreal*, tomo II, p. 271.

29. Todorov, Tzvetan, "Les Récits de voyage et le colonialisme", *Le Débat*, 18 de enero de 1982, p. 97, en Duviols, Jean-Paul, *L'Amérique espagnole vue et revée...*, op. cit., p. 13. Esta idea-guía constituye el basamento de la obra del historiador, cuya obra *La conquista de América: el problema del otro* (1982) sintetiza su pensamiento en torno al impacto del Nuevo Mundo.

En oposición a este último autor, Stuart Schwartz ha planteado que el encuentro entre europeos y no europeos entre los siglos XVI y XVIII no debería ser concebido como el resultado de la simple correspondencia entre aquello que se esperaba hallar y aquello que efectivamente se halló. Antes bien, muchas de las concepciones y expectativas previas debieron reajustarse e incluso descartarse frente a un conjunto de experiencias y encuentros inéditos. En lo que refiere a este último punto, Schwartz ha hecho hincapié en la "tensión dinámica" existente en el complejo encuentro entre mundos, matizando la idea de una transferencia sin equívocos presentada por Torodov:

> el proceso fue complicado e inestable. Cualquiera hayan sido los entendimientos y expectativas previas, más allá de lo generalizado que haya estado el entendimiento de 'otros', los contactos en sí causaban reajustes y reevaluaciones en la medida en que cada bando era forzado a reformular sus ideas sobre sí mismo y sobre el otro en vista de acciones imprevistas y posibilidades impensadas. Por lo tanto, una tensión dinámica entre entendimientos previos y expectativas, y nuevas observaciones y experiencias se ponía en marcha con cada encuentro, y era modificada en la medida en que aquellos encuentros cambiaban con el tiempo.[30]

Desde la perspectiva del Nuevo Historicismo, Stephen Greenblatt parece zanjar la cuestión al resaltar que las representaciones que se producen a partir del contacto con el *otro* deberían comprenderse como procesos relacionales, locales e históricamente contingentes.[31] En este sentido, el factor que habría permitido la comprensión del Nuevo Mundo y en consecuencia posibilitado el ejercicio de alguna acción sobre él es para Greenblatt el asombro o la maravilla (*wonder/marvel*) en tanto medio o vehículo del hombre moderno para interpretar y asimilar lo desconocido.[32] Resulta de interés señalar que la idea de maravilla introducida por Greenblatt, coincidentemente, constituye uno de los mecanismos de aprehensión del *otro* analizados por Hartog en su retórica de la alteridad.

En lo que refiere específicamente al relato utópico, donde todo es artificio y el encuentro con un *otro* es construido deliberadamente, a partir de lo señalado por Greenblatt es posible sugerir que la presencia de la maravilla o de lo asombroso no debería ser comprendida entonces como una característica propia de este tipo de narrativas, sino como un recurso constitutivo de todo relato de viaje en este período. La introducción de componentes maravillosos en el relato utópico se presentaría entonces como un recurso más para crear verosimilitud, en la medida en que las maravillas, curiosidades o el *thôma* (según Hartog)

---

30. Schwartz, Stuart B. (ed.), *Implicit Understandings: Observing, Reporting and Reflecting on the Encounters between Europeans and Other Peoples in the Early Modern Era*, Cambridge, Cambridge University Press, 1994, p. 3.

31. Greenblatt, Stephen, *Marvelous Possessions...*, *op. cit.*, p. 12.

32. Greenblatt, Stephen, *ibid.*, p. 22.

"produce, en términos generales, un efecto de seriedad".[33] Por ello, en lo que concierne a las representaciones del *otro* y al papel del relato de viaje como constructor de alteridad, parece más conveniente analizar la forma en que los elementos de la ya mencionada retórica de la alteridad fueron utilizados por los relatos de viaje utópicos escritos al calor de la expansión ultramarina, que hablar de una división tajante entre relatos de viaje reales e imaginarios.

Ciertamente, en términos historiográficos el cambio entre la forma de analizar el relato de viaje tal como fue concebido por autores como Atkinson o Chinard y aquella de Greenblatt o Hartog ha sido sustantivo. A pesar de que la narrativa utópica no ha sido tratada por ninguno de los dos últimos autores, las herramientas que proponen son fundamentales a la hora de observar los mecanismos de construcción del *otro* en el relato de viaje en "sentido amplio", como diría Hartog, y detectar que su estructura y mecanismos de validación son compartidos por todo relato, sea este real o imaginario, en términos de Atkinson.

2. El impacto del relato de viaje contemporáneo en las utopías del siglo XVII: el juego de la verosimilitud

Por su propia definición, todo relato utópico supone la descripción de una sociedad *otra* que difiere en su totalidad de la moral y costumbres de la sociedad del autor para ejercer desde aquel no lugar una mirada crítica sobre la sociedad dada. Esto no significa, sin embargo, que las narrativas de este tipo no hayan abrevado en temas y estructuras propias de la literatura de viaje publicada en el mismo período. En palabras de Hartog, "el relato jamás es una fuente original, siempre viene de otro relato y la travesía de la narración de viajes es también la de otras narraciones..."[34] La construcción de una otredad imaginaria en las utopías temprano modernas analizadas debe comprenderse por ello en el marco de las informaciones provistas por los relatos de viaje del período, cuya popularidad había aumentado ininterrumpidamente desde los inicios de la expansión transoceánica.[35]

La necesidad de crear un relato verosímil que contribuyera al buen funcionamiento del modelo utópico pareció abastecerse entonces de anécdotas, imágenes e itinerarios cuya abundancia y disponibilidad habían florecido en el contexto de la expansión transoceánica del siglo XVII.[36]

33. Hartog, François, *El espejo de Heródoto...*, *op. cit..*, pp. 222-3: "Todo parece estar sometido al siguiente postulado: allá en el país de los otros, no pueden faltar las maravillas-curiosidades."

34. Hartog, François, *El espejo de Heródoto...*, *op. cit.*, p. 275.

35. Racault, Jean-Michel, *Nulle Part et ses environs...*, *op. cit.*, p. 123: "Nuestra nación ha cambiado el gusto por las lecturas, y en lugar de novelas, que han caído en desuso junto a La Calprenède, los viajes se han vuelto estimables y predominantes en la Corte y en la ciudad."

36. Lise Leibacher-Ouvrard ha indicado los que considera fueron algunos de los "préstamos" más relevantes. Leibacher-Ouvrard, Lise, *Libertinage et utopies sous le règne de Louis XIV,*

Mientras que *Utopía* había sido publicada por primera vez en un período en el que el horizonte de expansión ultramarina y la comprensión de las sociedades otras eran aún limitados, hacia la segunda mitad del siglo XVII el conocimiento del mundo sin duda se había incrementado. Coincidentemente, las referencias a viajes, expediciones y naufragios así como a las prácticas culturales de los distintos pueblos descriptos ocuparon un lugar creciente en las narrativas utópicas en lengua francesa que circularon junto a ellas. Cabe destacar el papel desempeñado por la intertextualidad, cuya presencia es indiscutida tanto en el nivel de los relatos de viaje de los que las utopías adoptaron ciertos elementos cuanto en el de las imágenes y saberes geográficos de los que también se apropiaron para construir sus relatos.

La recopilación de viajes a las Indias orientales y occidentales realizada por la familia de Teodoro de Bry entre 1590 y 1634[37] muy probablemente proveyó información clave que los autores de utopías retomaron al escribir sus relatos. A principios del siglo XVII la colección presentada por los De Bry era considerada una pieza indispensable para quien quisiera tener acceso a la iconografía del mundo ultramarino.[38] Gran parte de los relatos allí incluidos fueron el resultado del proceso de acopio y distribución realizado por las Provincias Unidas, que jugaron un papel preponderante en la concentración de este tipo de información. Como ha señalado Michiel van Groesen, en el transcurso del siglo XVII las ciudades de Ámsterdam, Rotterdam y La Haya se contaban ya entre los principales centros de edición en Europa. En lo que concierne a la publicación individual de relatos de viaje, la primacía de la joven nación también resultaba indiscutida: "Por el solo número de trabajos publicados, las artes de la navegación se habían vuelto uno de los géneros pioneros en el mundo editorial de las Provincias Unidas hacia fines del siglo XVII –especialmente gracias a la actividad del editor y librero Claesz".[39]

Ahora bien, en lugar de proponer una influencia recíproca entre viajes reales e imaginarios, parece más acertado evaluar el impacto que las noticias de ultramar y la experiencia del descubrimiento en sí mis-

---

Ginebra-París, Droz, 1989, pp. 182-3: "La descripción de la vida salvaje hace pensar en Quirós y Gonneville; la "robinsonada" recuerda a las aventuras de Pelsaert que Thevenot publica en 1663; no es descabellado pensar que Bernier y Tavernier hayan provisto el exotismo oriental, los harenes de mujeres veladas y el despotismo persa; la persecución de los Parsis es un hecho histórico relatado, entre otros, por Dellon; en cuanto a la construcción utópica, mezcla la historia de los hebreos con el informe de Garcilaso sobre los Incas, y para compensar, agrega ciertas reminiscencias del imperio chino que, desde la *Historia del gran reino de la China* (1588) de Mendoza y las relaciones posteriores de Ricci y de Semmedo, suplantaba a la civilización muerta de Perú en el imaginario del momento."

37. Van Groesen, Michiel, *The Representations of the Overseas World in the De Bry Collection of Voyages (1590-1634)*, Leiden y Boston, Brill, 2012, p. 2.

38. Van Groesen, Michiel, *ibid.*, p. 46.

39. Delmas, Adrien, "From travelling to history: An outline of the VOC writing system during the 17th century", en Delmas, Adrien, y Penn, Nigel, *Written culture in a Colonial context. Africa and the Americas, 1500-1900*, Ciudad del cabo, UCT Press, 2011, Part II, 5, p. 99.

ma pudieron haber tenido en el relato de viaje en sentido amplio. Como ha señalado Vita Fortunati en relación con la escritura utópica, a causa de la intertextualidad los límites entre utopía y relato de viaje no fueron siempre tan fáciles de trazar. En términos de la autora, "un aspecto común entre la utopía y el relato de viaje es la continua mezcla entre ficción y realidad, y esto es aún más asombroso si se piensa que en el *Cinquecento*, Europa, gracias a los descubrimientos geográficos, se abre al conocimiento de nuevos hechos que ponen en discusión al viejo mundo conocido".[40]

La intertextualidad o inclusión de elementos propios del relato de viaje debe entenderse entonces como un factor clave del relato utópico, cuya eficacia narrativa sólo es posible en tanto la utopía se presenta al lector como un relato de viaje verosímil. En efecto, en esa construcción de una otredad de carácter imaginario que es la utopía, el uso de elementos verosímiles se presentó como un requisito indispensable para crear el marco adecuado en el cual insertar a la sociedad ideal. La sociedad utópica fue entonces descripta como podía serlo cualquier otra sociedad recientemente descubierta. En el caso de *Utopía* ha sido señalado ya cómo la inclusión de cartas, de un alfabeto y poema utópicos y la referencia al viaje de Américo Vespucio habían contribuido a hacer del texto un relato posible. Tanto es así que, a poco de ser publicado, algún lector poco avezado lo había tomado por cierto. Por su parte, en 1678, la recientemente publicada *Histoire des Sévarambes* también había sembrado dudas acerca de su pretendida autenticidad. Según ha indicado Lise Leibacher-Ouvrard, la inclusión de elementos realistas en la obra había llevado a que el mismo *Journal des scavants* reconociera que "algunos habían considerado al texto 'como una gran idea y otros habían creído de buena fe todo aquello que se informaba sobre el descubrimiento de los Sévarambes'".[41]

El caso del *Journal des scavants* no sería el único. Hacia el final de una de sus *Cartas filosóficas*, en una comparación del papel de los teólogos y el de los filósofos, junto con figuras de la talla de Montaigne, Locke y Bayle, Voltaire había incluido a un "tal Jacques Massé" dentro de este último grupo. Así como lo señala Raymond Trousson, el filósofo "toma por autor al héroe del relato, error que se repetirá hasta fines del siglo XIX".[42] A su vez, tampoco debería olvidarse la reflexión manuscrita en

40. Fortunati, Vita, "Escritura de viaje y escritura utópica entre realidad y ficción", en Vita Fortunati y Oscar Steinberg (comp.), *El viaje y la utopía*, Buenos Aires, Ed. Atuel, 2001, p. 73.

41. Leibacher-Ouvrard, Lise, *Libertinage et utopies...*, *op. cit.*, p. 181. Para Atkinson, la postura del propio *Journal* también es ambivalente. Atkinson, Geoffroy, *The Extraordinary Voyage in French Literature before 1700*, Nueva York, Columbia University Press, 1920, p. 92: "La reseña sobre la Segunda Parte de la *Histoire des Sévarambes*, que apareció en el *Journal des Scavans* en 1678, es graciosa al adoptar una postura intermedia y dudar acerca de catalogar la novela como el relato de un viaje real o como una obra de ficción."

42. Tyssot de Patot, Simon, *La vie, les aventures et le voyage de Groenland du Révérend Père Cordelier Pierre de Mésange*, V. I-II, Avec une préface de Raymond Trousson, Ginebra, Slatkine

la contratapa de la *Histoire du grand et admirable Royaume d'Antangil* que, a pesar de señalar que la obra no era más que un banal discurso de moral, expresaba la decisión del lector de colocar el relato en la sección de las "Islas de Asia". Más allá de que no siempre existan registros de la forma en que estas obras fueron recibidas, lo cierto es que siguiendo con mayor o menor rigor las características del modelo iniciado por Moro, todos los relatos utópicos publicados en lengua francesa entre principios del siglo XVII y principios del siglo XVIII hicieron uso de paratextos, referencias a acontecimientos y figuras del período e imitaron el formato del relato de viaje (*i.e.*, título, organización de los capítulos, introducción de elementos fantásticos, enunciación en primera persona, etc.) para hacer de sus obras narraciones verosímiles.

En el caso de la *Histoire du grand et admirable Royaume d'Antangil*, la inclusión de un mapa desplegable y de un índice topográfico[43] en el que se enumeran ciento veintinueve lugares del reino cumple la función, en primera medida, de ofrecer una representación espacial del no lugar descripto.[44] A su vez, el hecho de que en la dedicatoria el narrador se presente como un francés que ha decidido embarcarse en una flota holandesa bajo el mando del Almirante Jacob Cornelisz van Neck, para viajar a los mares del Sur y ver con sus propios ojos las riquezas, costumbres y maravillas descriptas en los relatos de viaje contemporáneos, es sin duda una referencia a un personaje real y a una conducta habitual del período en relación con los viajes ultramarinos:

> Quise embarcarme bajo el mando del Almirante Jacques Corneille Necq con el objetivo de ver por mí mismo las cosas raras y admirables que leemos de los autores modernos, y también para reconocer y considerar las diversas costumbres y formas de los gobiernos de Reyes, Príncipes y Repúblicas...[45]

Reprints, 1979, p. VII.

43. *Table des lieux principau tant des villes que rivieres du grand Royaume d'Antangil*. Frank Lestringant ha señalado que el índice topográfico incluido en el libro toma parte del léxico malayo y javanés incluido por el Almirante Van Neck en su propio diario de viaje. Frank Lestringant, *Le huguenot et le sauvage*, Ginebra, Droz, 2004, p. 455. Véanse las figuras 1 y 2 del presente libro.

44. Sobre esta cuestión véase Olivier Leplatre, "Déplier l'utopie (Histoire du grand et admirable Royaume d'Antangil, 1616)", *Textimage*, N° 2 Cartes et Plans, verano de 2008. En opinión de Leplatre el mapa opera como una zona de transición entre el mundo del texto y la realidad exterior

45. I. D. M. G. T., *Histoire du grand et admirable Royaume d'Antangil Incogneu jusques à present à tous Historiens & Cosmographes: composé de six vingts Provinces tres-belles & tres-fertiles. Avec la description d'icelui, & de sa police nom pareille, tant civile que militaire. De l'instruction de la jeunesse. Et de la religion. Le tout en cinq livres.* Par I. D. M. G. T., À Saumur, Par Thomas Portau, 1616, Dedicatoria: "Il me print envie de m'embarquer sous la conduite de l'Admiral Iaques Corneille Necq afin de pouvoir voir à l'oeil les choses rares & admirables que nous lisons entant d'autheurs modernes, & aussi pour recognoistre & considerer les diverses moeurs & manieres de gouvernements des Rois, Princes & Republiques..."

Cornelisz van Neck había sido el encargado de liderar la segunda expedición comercial holandesa a Indonesia entre 1598 y 1599. Al año siguiente, Cornelis Claesz, considerado en aquel entonces el principal editor de narrativas de viaje en la República de Holanda, publicó ese relato por primera vez en holandés. A su vez, en 1607 una versión de la segunda expedición de van Neck dada por el capellán Roelof Roelofsz sería incluida en el octavo volumen del *India Orientalis* publicado por la familia De Bry.[46] En función de las fechas y datos provistos en la *Histoire du grand et admirable Royaume d'Antangil*, es probable que la referencia a van Neck haya procedido de la lectura de la primera y no de la segunda de sus expediciones a Oriente, sobre todo si se toma en cuenta que aquel primer relato de viaje también había sido publicado por Claesz, esta vez en francés, en 1609.[47]

Por otra parte, fue señalado ya cómo viajeros franceses eran contratados por la Compañía holandesa de Indias Orientales (VOC) para participar en viajes al Este. El hecho de que la acción transcurra en Bandam (Bantam), a donde efectivamente había arribado van Neck y donde parece reinar el cosmopolitismo (entre los personajes mencionados se encuentra el propio van Neck, el narrador de origen francés, Francisco Renuchio, un comerciante italiano que le presenta al embajador de Antangil, y el mismo embajador) también dota de verosimilitud al relato.[48] La mención del narrador acerca de que ha leído sobre las maravillas, riquezas y costumbres extrañas que podían hallarse en regiones aún desconocidas del mundo sin duda refleja la variedad de noticias que circulaban en las Provincias Unidas, destinatarias a su vez de la dedicatoria.

En la misma línea, en el libro primero *"Traittant de la description du grand & admirable Royaume d'Antangil"* ("Acerca de la descripción del gran y admirable Reino de Antangil") el narrador proporciona con extremo detalle la ubicación geográfica del reino, lo cual también contribuye a hacer del relato un texto verosímil. En este sentido, además de haber sido considerada la primera utopía francesa, la obra merece especial atención por resultar el primer relato utópico en ubicar a la sociedad ideal descripta en tierras australes. El reino se sitúa "al Sur de la gran Java; su largo se extiende seis grados por debajo del Trópico de Capricornio, y por el Oeste hacia el Polo Antártico hasta el grado 50, lo que sería 22 grados en total, correspondiente a trescientas treinta leguas; su largo es un poco menos que cien, de forma tal que su figura es como un rectángulo, y tiene de diámetro sesenta mil leguas".[49]

---

46. También existe una versión en latín del mismo autor publicada en la quinta parte del *India Orientalis* en 1601.

47. Van Groesen, Michiel, *The Representations of the Overseas World...*, *op. cit.*, p. 120, 353.

48. Leplatre, Olivier, "Déplier l'utopie", *Textimage*, N°2 Cartes et Plans, été 2008, p. 6.

49. I. D. M. G. T., *Histoire du grand et admirable...*, *op. cit.*, p. 1: "au Su de la grande Java; sa longeur s'estend six degrez par deça le Tropique de Capricorne, & le Ouest vers le Pole Antarctique jusqu'au 50. degré, qui seroit 22. degrez en tout, revenans à toirs cens trente lieuës; Sa largeur

Ciertamente, entre los siglos XVI y XVIII, la posibilidad de hallar dicho continente, cuya existencia supuesta era representada en mapas y atlas, llenó de expectativas a las potencias coloniales europeas. La riqueza de la tierra, la abundancia y el buen clima fueron algunas de las características atribuidas a esta región aún inexplorada del globo, que se convirtió a lo largo del siglo XVII en el sitio de preferencia donde ubicar a las sociedades utópicas descriptas. En consonancia con ello, el Reino de Antangil se presenta como aquél donde podían encontrarse las frutas más exóticas,[50] los caballos eran mejores que los de España,[51] las tierras eran fértiles[52] y las montañas ricas en minerales.[53]

Además de explotar el *topos* de la abundancia en tierras australes, el autor de Antangil también menciona la presencia de animales salvajes o exóticos tales como grandes cocodrilos, hipopótamos y serpientes.[54] La

---

est un peu moins de deux cens, tellement que sa figure est comme quarré longuet, & contient de tour mille soixante licuës."

50. I. D. M. G. T., *ibid.*, p. 11: "...tous les fruicts qui se trouvent aux Indes, comme Cocos, Annanas, bonanas, mangoas, betel, palmites, mirabolans, canelle, poivre, gyrophle, gingembre, mastic, benioin, grane guaiac, bresil & plusieurs autres fruicts, bois & drogues exquises." [... todas las frutas que se encuentran en las Indias, como cocos, piñas, bananas, mangos, betel, palmitos, nueces de mirabolans, canela, pimienta, clavo de olor, gengibre, lentisco, benjuí, grano guaiac, brasil y muchos otros frutos, maderas y drogas exquisitas.] Nótese aquí el recurso de la enumeración, propio de los relatos de viaje publicados en esta época.

51. I. D. M. G. T., *ibid.*, capítulo VI, p. 15: "Quant aux chevaux, asnes & mulets, ils sont beaucoup plus excellens que ceux d'Egypte, Perse et Hyspagne." [En cuanto a los caballos, asnos y mulas, son mucho mejores que aquellos de Egipto, Persia y España.]

52. I. D. M. G. T., *ibid.*, p. 9: "Quant aux autres lieux qui sont entre le gran lac & la fin du goulphe, il sont si abondans & fértiles, qu'il seroit impossible de les espiser de bleds, vins & toutes sortes de frnicts (sic), & qui plus est tres grande quantité de pierreries se tirent aux montagnes qui sont à l'entour de ce lac, les meilleures & plus fines que l'on puisse recouvrer en toutes les indes, dont il se fait un grand & riche trafic, de façon que par telles richesses les affaires publiques peuvent estre sousstenues sans charger le peuple." [En cuanto a los otros lugares que se encuentran entre el gran lago y el final del golfo, son tan abundantes y fértiles, que sería imposible agotar sus reservas de trigo, vinos y todo tipo de frutas (sic), y además hay gran cantidad de piedras preciosas que se cogen de las montañas que se encuentran alrededor del lago, las mejores y más finas que se pueden obtener en todas las Indias, en donde el tráfico es grande y abundante, de forma que a causa de tales riquezas los asuntos públicos pueden sustentarse sin gravar al pueblo.]

53. I. D. M. G. T., *ibid.*, p. 9: "Les hautes montagnes abondent en toutes sortes de mineraux comme or, argent, cuivre esttain, plomb, & fer, & aussi en demi mineraux, comme soulphre, vitriolo, alun, cinabre, antimoine & marcasites." [Las altas montañas abundan en todo tipo de minerales, como el oro, la plata, el cobre, el estaño, el plomo y el hierro, y también en semi-minerales como el sulfuro, el vitriolo, el alum, el cinabrio, el antimonio y la marcasita.]

54. I. D. M. G. T., *ibid.*, p. 12: "Outre les poissons que nous avons par deçà, dont tous les fleuves & lacs sont tres-bien garnis, les parties des fleuves situez sous le Tropique sont pleines de cocodrilles de prodigieuse grandeur, contenans en longueur plus de dix brasses, lesquels font quelques fois domage au retail qui paist le long de bords. Il y a des hyppodromes, ou chevaux marins fiers & cruels; de grands serpens de totues couleurs, qui excedent six brasses en longueur, lesquels ne sont ni dangereux, ni veneneux, mais quasi de la nature des tortues." [Además de los peces que tenemos por aquí, de los cuales todos los ríos y lagos están provistos, las partes de los ríos situadas bajo el Trópico están llenas de cocodrilos de enorme tamaño, de más de

inclusión de estos seres fue producto del deseo de satisfacer a un lector ávido de noticias sobre animales maravillosos o desconocidos. En principio, este había sido el objetivo de la familia De Bry en la elaboración del *India Orientalis* y *Occidentalis*, donde toda mención a estos animales había sido acompañada de sus respectivos grabados.[55] Cocodrilos de prodigioso tamaño habían sido ilustrados en el volumen II del *India Occidentalis* (1591) y en el XI del *India Orientalis* (1618-1619), exagerando las descripciones en las que estas representaciones pictóricas se basaban.[56] Por su fecha de publicación, el autor de *Antangil* no pudo haber tenido acceso al segundo de estos volúmenes, publicado dos años después de la aparición de esta obra, en 1616. El impacto que pudo haber tenido la escena en que los indígenas timucua de Florida acechaban a dos cocodrilos, presente en el Volumen II (Figura XXVI) del *India Occidentalis*, no debe, sin embargo, ser desestimado.

Figura 3. Teodoro de Bry, *India Occidentalis* II, ill. Xxvi, Frankfurt, 1591, edición en alemán.

seis brazas de largo, los cuales a veces hacen estragos con el ganado que pasta a lo largo de sus bordes. Hay hipopótamos, caballos marinos feroces y crueles, grandes serpientes de todos colores, que exceden las seis brazas de largo, las cuales no son ni peligrosas ni venenosas, sino casi de la naturaleza de las tortugas.]

55. Van Groesen, Michiel, *The Representations of...*, *op. cit.*, p. 150.

56. Van Groesen, Michiel, *ibid.*, p. 151.

A su vez, el hecho de que el narrador aclare que el gran y floreciente Reino de Antangil era "desconocido hasta el presente a los antiguos historiadores y cosmógrafos, pero sin embargo muy famoso en las regiones de China, Trapobana y Java"[57] también debe ser interpretado como un recurso propio de los relatos de viaje del período, que legitimaron sus descripciones a partir del descrédito o de la falta de información en relatos anteriores.[58] Ha sido señalado ya cómo en el siglo XVI al cruzar la línea equinoccial el padre Joseph de Acosta había puesto en duda el saber de los Antiguos. Para el caso francés, en la segunda mitad de ese siglo, en sus respectivos viajes a las costas de Brasil, tanto André Thevet como Jean de Léry habían afirmado ser testigos de "cosas jamás vistas por los antiguos".[59]

Por último, en relación con las semejanzas entre el relato utópico y la estructura de todo relato de viaje, en el caso de la *Histoire du grand et admirable Royaume d'Antangil* merecen destacarse la elección del título y la enumeración de las bondades del terreno. Sobre este último punto, Lestringant ha atribuido la descripción de las riquezas con las que cuenta el reino a un programa de explotación más que al deseo de realizar un inventario o lista de singularidades.[60] Ciertamente, podría tratarse de ello, aunque la aseveración debería matizarse. Todos los relatos de viaje que en esta época se centraron en territorios recientemente descubiertos tuvieron por objetivo presentar de la forma más completa posible las características de la flora, fauna, población y accidentes geográficos relevados. En este sentido, las descripciones hechas en la *Histoire du grand et admirable Royaume d'Antangil* podrían ser interpretadas como una contribución más a la creación de un relato similar al que cualquier otra *Historia*[61] podía llegar a proponer sobre la tierras descubiertas.

En un minucioso análisis de la prosa narrativa en tiempos del descubrimiento y la conquista, Walter Mignolo ha señalado que los textos que en este período llevan el vocablo "historia" deben entenderse como narrativas cuyo objetivo es proveer un "informe de lo visto o lo aprendido por medio de las preguntas".[62] La entrevista realizada por el narrador de la *Histoire du grand et admirable Royaume d'Antangil* al embajador

---

57. "*incognu jusques à present aux anciens Historiens & Cosmographes*, mais toutes fois tres-fameux aux regions de Chine, Taprobane & Java."

58. Hartog, François, *El espejo de Heródoto, op. cit.*, p. 286.

59. Martínez, Carolina, "Tras las huellas de una singular experiencia colonial: la Francia Antártica en los orígenes de la modernidad temprana europea", en Gandini, M. Juliana, López Palmero, Malena, Martínez, Carolina, Paredes, Rogelio C., *Fragmentos imperiales. Textos e imágenes de los imperios coloniales en América (S. XVI-XVIII)*, Buenos Aires, Biblos, 2013, p. 63.

60. Lestringant, Frank, "Huguenots en utopie ou le genre utopique et la Réforme", París, *Société de l'histoire du Protestantisme français*, N° 146, 2000, p. 290.

61. Entendida como un tipo discursivo particularmente exitoso en tiempos de los primeros viajes de exploración,

62. Mignolo, Walter, "Cartas, crónicas y relaciones del descubrimiento y la conquista", en *Historia de la literatura hispanoamericana*, Madrid, Ediciones Cátedra, 1982, vol. I, p. 75.

podría interpretarse entonces en ese sentido. Una serie de preguntas realizadas a un testigo ocular, como podía ser el embajador, posibilitarían entonces la redacción de la obra destinada a ilustrar a los Grandes e Ilustres Señores de las Provincias Unidas. En su caracterización de las nociones de *Crónica* e *Historia*, Mignolo advierte que a diferencia de la *Crónica*, la *Historia* "no contiene, de ninguna manera, el componente temporal de su definición".[63] Esto podría explicar la ausencia de la dimensión temporal que caracteriza a los relatos utópicos analizados. La *Historia* vendría a ser en este sentido algo así como un "informe de los tiempos de los cuales, por su trayectoria vital, es contemporáneo", visión que según Mignolo se repite entre los tratadistas de la historiografía de los siglos XVI y XVII.

Dado que la *Histoire du grand et admirable Royaume d'Antangil* no es la única en adoptar el vocablo (se encuentra también la *Histoire des Sévarambes* y la *Histoire de Calejava ou de l'isle des hommes raisonnables*) debe aclararse por último que toda *Historia* en esta época tuvo como finalidad la instrucción del pueblo.[64] A partir de este presupuesto, Mignolo divide los objetivos del género en dos niveles: uno filosófico y uno público, para señalar luego que el segundo reviste una "utilidad comunitaria".[65] Si en el transcurso del siglo XVII "la tendencia más marcada es hacia la *Historia particular*" (de una nación o de una región) y su fin es el de la utilidad comunitaria, es posible pensar entonces que, con el objetivo de ser considerados verosímiles, los relatos utópicos también se presentaron como *Historias* de algún reino o nación en particular. El hecho de que todos ellos ofrezcan a la comunidad de lectores las bondades de estos pueblos en sus respectivos prefacios parece validar esta hipótesis.[66]

En el caso de *La Terre Australe Connue* (1676), Foigny busca insertar las aventuras de Jacques Sadeur en la secuencia de expediciones previas en busca de la Tierra Austral incógnita. De tal forma, desde el prefacio al lector, el narrador se encarga de autenticar su relato de viaje mediante una vinculación con los viajes exploratorios iniciados por el portugués Pedro Fernández de Quirós a principios del siglo XVII. Al servicio del rey de España, había navegado por el Pacífico Sur con la esperanza de descubrir la Tierra Austral y convertirla en posesión española para dar nuevos bríos al ya alicaído imperio. La referencia al frustrado proyecto de Fernández de Quirós muy probablemente provino de su Octavo Memorial que, enviado al rey de España en 1610, había sido traducido al francés bajo el título completo de *Copie de la Requeste présentée au*

---

63. Mignolo, Walter, *ibid.*, p. 75.

64. Lise Leibacher-Ouvrard, sin embargo, ha interpretado la utilización de este tipo títulos en los relatos utópicos como una herramienta más en la creación de verosimilitud. *Libertinage et utopies...*, *op. cit.*, p. 184.

65. Mignolo, Walter, "Cartas, crónicas y relaciones...", *op. cit.*, p. 77.

66. Basta para ello recordar el *topos* de lo *utile dulci* presente en la mayoría de los relatos utópicos analizados.

Roy d'Espagne par le capitaine P. Ferdinand de Quir sur la découverte de la cinquiesme partie du Monde intitulée terre Australe incogneue en 1617,[67] aunque también pudo haber sido obtenido del *Indiae Orientalis Pars X*, publicado por la familia De Bry en 1613.[68] Sobre el impacto de esta última obra en la narrativa de Foigny, el ex-capuchino parece haber recurrido a esta colección de viajes en varias ocasiones.

Además de Quirós, en la secuencia de viajeros citada por Foigny también aparecen los descubrimientos de Fernando de Magallanes y del capitán francés Binot Paulmier de Gonneville, a quienes el narrador critica por no haber provisto datos precisos acerca de la Tierra Austral y sus habitantes. Tal como ha sido señalado en los párrafos precedentes, la desestimación de los descubrimientos realizados en viajes anteriores era una estrategia común de todo relato de viaje que se presentara como la versión más completa sobre la región descripta. Es por ello que el narrador reconoce la importancia de Fernández de Quirós y su almirante Luis Paéz Torres en la provisión de información sobre Terra Australis,[69] aunque, sostiene, su conocimiento del área haya sido sin duda superficial:

> Este es el resumen de los relatos de aquellos dos personajes cuya memoria no puede ser más que gloriosa; a continuación se verá que si bien ellos no recorrieron aquel vasto país, se acercaron mucho a él. No es este, sin

---

67. *Copia del Requerimiento presentado al rey de España por el Capitan P. Fernando de Quiros acerca del descubrimiento de la quinta parte del mundo llamada tierra Austral desconocida.* Sobre la difusión del memorial en Europa, Juan Pimentel ha señalado: "En España, antes de un año, ya había sido impreso en tres ocasiones (Madrid, Pamplona y Sevilla). Al año siguiente, en 1611, se publicó en italiano (Milán), en alemán (Augsburg) y de nuevo en castellano (Valencia). En 1612 conoció cuatro ediciones, tres en Ámsterdam y una en Colonia, tanto en holandés como en latín. Los dos años siguientes se publicó cinco veces en el ámbito germano (Frankfurt, Leipzig, etc.). En 1617 en francés e inglés, y así sucesivamente durante todo el siglo XVII y el XVIII", en Juan Pimentel, *Testigos del mundo: ciencia, literatura y viajes en la Ilustración*, Madrid, Marcial Pons Historia, 2003, p. 90.

68. El original de la traducción al latín realizada por la familia De Bry para ser incluida en el décimo volumen de la colección había sido publicado en Madrid en 1610 bajo el título *Memorial dio a S. M. sobre el descubrimiento que hizo en 1606 de las tierras australes, y submario breve y derrotero del viaje que hizo el capitán P. F. De Quirós*. En Van Groesen, Michiel, *The Representations of the Overseas..., op. cit.*, p. 506.

69. Foigny, Gabriel, *La Terre Australe Connue, c'est-a-dire la description de ce pays inconnu jusqu'ici, de ses moeurs et de ses coutumes para M. Sadeur, avec les avantures qui le conuisirent en ce Continent et les particularitez de séjour qu'il y fit durant trente-cinq ans et plus, et de son retour, réduites et mises en lumière par les soins et la conduite de G. F.* À Vannes, par Jaques Verneuil, 1676, en Lachèvre, Frédéric, *Les successeurs de Cyrano de Bergerac*, París, Librairie Ancienne Honoré Champion, 1922, p. 64: "Il est vrai que comparant la relation de Fernandes de Quir, Portugais, avec la description qui doit suivre, on est obligé d'avouer que si quelqu'un en est approché cet honneur lui est deu privativement à tous ses devanciers." [Es cierto que comparando la relación de Fernández de Quirós, portugués, con la descripción que sigue, está uno obligado a admitir que si alguien se acercó, ese honor le es exclusivamente suyo y privativo a sus predecesores.]

embargo, más que un leve esbozo que altera más que satisface, puesto que no particulariza en nada.[70]

Las informaciones que el narrador presenta como el vivo testimonio de Quirós y Paéz Torres no son, sin embargo, del todo fidedignas y por momentos se asemejan más a lo que luego serán sus propias "descripciones" de los habitantes de la Tierra Austral que a las realizadas por el mencionado navegante portugués.[71] Más allá de estas diferencias, lo cierto es que en términos generales, en su *Octavo Requerimiento*, Quirós ya había retratado a la Tierra Austral como una tierra excelente por su clima, fertilidad, materias primas y extensión:

Diría que, como se verá a continuación, las tierras que he visto en el grado 15 son mejores que España, y que otras, que se encontraban en las alturas del frente, deberían ser un paraíso en la tierra.[72]

Si se toma en cuenta que era ya la octava vez que Quirós pedía su apoyo al rey y que por su parte éste hacía caso omiso de todas esas requisitorias,[73] es posible pensar que fue el mismo Quirós quien se vio compelido a describir hiperbólicamente las tierras australes por descubrir. Expresiones como las siguientes bien podrían ser interpretadas en este sentido: "La grandeza de la tierra recientemente descubierta, al juzgar por lo que he visto, y por lo que el Capitán Don Luis Paez de Torres, Almirante bajo mi mando, informó a Vuestra Majestad está bien establecida".[74] De la misma manera, es probable que el enigma construido en torno al carácter de los habitantes del interior del continente también haya sido creado por el portugués con el propósito de entusiasmar

---

70. Foigny, Gabriel, *La Terre Australe Connue...*, en Lachèvre, Frédéric, *Les successeurs...*, *op. cit.*, p. 65: "Voilà le recourci des rapports de ces deux personnages dont la mémoire ne peut estre que glorieuse, et la suite fera voir que, s'ils n'ont pas parcouru ces vastes pays, ils en ont approché de fort près. Ce n'est cependant qu'un léger crayon qui altère plus qu'il ne satisfait, puis qu'ils ne particularisent rien."

71. Mientras que Quirós describe a los hombres como de baja estatura y saludables, Foigny, al "reproducir" la descripción de Quirós, los hace más grandes y altos.

72. Fernández de Quirós, Pedro, *The Voyages of Pedro Fernandez de Quiros, 1595 to 1606*, Translated and Edited by Sir Clements Markham, Londres, Hakluyt Society, 1904, Vol. II, Eighth Memorial submitted to His Majesty by the Captain Pedro Fernandez de Quiros on the subject of his discoveries, p. 478.

73. Fernández de Quirós, Pedro, *ibid.*, p. 477: "...say that with this I have presented to Your Majesty eight memorials relative to the settlement which ought to be made in the land which Your Majesty ordered to be discovered in Austrialia Incognita; without, up to this time, any resolution being taken nor any reply made to me, nor hope given to assure me that I shall be sent out." [... con esto, he presentado a Vuestra Majestad ocho memoriales respecto del establecimiento que debería realizarse en las tierras que Vuestra Majestad ordenó fuesen descubiertas en la Austrialia Incognita; sin, hasta el momento, haber tomado ninguna resolución o haberme respondido, o haberme dado la esperanza de que allí seré enviado.]

74. Fernández de Quirós, Pedro, *ibid.*, p. 478: "The greatness of the land newly discovered, judging from what I saw, and from what the Captain Don Luis Paez de Torres, the Admiral under my command, reported to Your Majesty is well established."

al rey respecto de los beneficios que podía obtener España de aquellas tierras, en el caso de ser descubiertas. La utilización de frases como la que sigue resultaba sin duda una atractiva invitación al envío de nuevas expediciones: "Declaro que todo lo visto y descrito se encuentra en la costa, por lo que podría esperarse que en el centro del país tales y mayores riquezas puedan ser encontradas de la forma en que puede adelantarse por lo que ya ha sido visto".[75]

A lo largo de *La Terre Austral Connue*, aunque ya sin aludir a Quirós abiertamente, Foigny vuelve a servirse de las descripciones presentes en el *Octavo Memorial*. Al igual que el portugués, quien había hecho particular hincapié en la abundante y sabrosa fruta hallada en tierras australes, Foigny hace de los australianos un pueblo frutívoro.[76] Asimismo, también había sido Quirós el primero en señalar que las cálidas temperaturas y el clima saludable habían impedido que sus navegantes enfermaran durante su estadía en aquellas regiones,[77] algo que Foigny recalca repetidas veces. Respecto del clima, nuevamente es Quirós quien primero celebra la ausencia de insectos y alimañas en el supuesto continente austral,[78] aspecto que no deja de señalar Foigny cada vez que se refiere a las maravillas de esta región:

No se ven ni moscas, ni orugas, ni ningún insecto, no saben lo que es una araña, ni una serpiente ni otras bestias venenosas. En una palabra, es un país bendecido que, en tanto contiene todas las rarezas y delicadezas imaginables, está exento de todas las incomodidades que nos rodean.[79]

---

75. "I declare that all that was seen and has been described is on the sea shore; so that it may be hoped that in the heart of the country such a and so great riches will be found as are foreshadowed by what has already been seen." En *The Voyages of...*, *ibid.*, pp. 480. Véase también página 482.

76. Foigny, Gabriel, *La Terre Australe Connue...*, en Lachèvre, Frédéric, *Les successeur des...*, *op. cit.*, p. 92: "Ils n'ont ni four, ni marmite pour cuire acucune viande, ils ne sçavent ce que c'est que cuisine et cuisinier." [No tienen ni horno, ni marmita para cocinar carne alguna, no saben lo que es la cocina ni el acto de cocinar.]

77. Fernández de Quirós, Pedro, *The voyages of...*, *op. cit.*, p. 484: "...the temperature and salubrity of the air is seen in all that has been said, and in this, that we all being strangers, none fell ill during a time of working..." [...la temperatura y salubridad del aire se ve en todo lo antedicho, y en lo siguiente, que siendo todos extranjeros, ninguno cayó enfermo durante los tiempos de trabajo...]

78. Fernández de Quirós, Pedro, *The voyages of...*, *op. cit.*, p. 485: "I have not seen sand deserts, nor any kind of thistles, nor thorny trees, nor trees with roots above ground, nor mangroves, ... nor crocodiles in the rivers, nor poisonous reptiles in the woods, nor the ants that are very harmful in houses, nor jiggers, nor mosquitos." [No he visto desiertos, ni ningún tipo de cardo, ni árboles espinosos, ni árboles con raíces sobre el suelo, ni manglares, (...) ni cocodrilos en el río, ni reptiles venenosos en los bosques, ni de las hormigas que son tan dañinas en las casas, ni pulgas, ni mosquitos.]

79. Foigny, Gabriel, *La Terre Australe Connue...*, en Lachèvre, Frédéric, *Les successeurs de...*, *op. cit.*, p. 94: "On n'y voit ny mouches, ny chenilles, ny aucun insecte, ils ne savent ce que c'est qu'araignée, que serpens et qu'autres bêtes venimeuses. En un mot c'est un païs de bénédiction qui, contenant toutes les raretez et toutes les délicatesses imaginables, est exempt de toutes les incommoditez qui nous environnent."

En cuanto al clima beneficioso y las bondades de la Tierra Austral
en términos de salud, resulta de interés señalar que al igual que Foigny
y el anónimo autor de la primera utopía francesa, Denis Veiras también
resalta esta cuestión hacia el final de la *Histoire des Sévarambes*. Debe
advertirse, sin embargo, que en el caso de Veiras los efectos benéficos
de la Tierra Austral se relacionan con las prácticas de este pueblo y no
necesariamente con los beneficios del clima. Por ello, hacia el final de
la obra Siden explica que tras haber pasado largos años en la Tierra
Austral, el contingente de europeos había mejorado visiblemente sus
condiciones físicas:

> Es casi increíble cuánto cambió la constitución de nuestros cuerpos
> en tres o cuatro años, por la sobriedad, el ejercicio moderado, por
> los divertimentos que mezclamos con nuestro trabajo, o por la escasa
> preocupación que teníamos de las cosas de la vida. Nuestros hombres
> y mujeres rejuvenecieron casi todos y se volvieron mucho más fuertes
> y vigorosos de lo que eran antes.[80]

Retomando al análisis de la *La Terre Australe Connue*, debe señalarse
que así como Quirós había hecho en el *Octavo Requerimiento* al rey de
España,[81] hacia el final del prefacio el narrador insta a la Corona francesa a tomar aquellas tierras en posesión.[82] Ciertamente, el llamado a la
conquista y ocupación fue un aspecto común a todos los relatos de viaje
escritos en nombre o al servicio de alguna de las casas reales europeas
en aquella época. Sin embargo, que en el caso de Foigny sea Francia la
llamada a conquistar la elusiva Tierra Austral contribuye aún más a
generar un efecto de realidad, dado que la búsqueda de aquella *Quinta Pars* constituyó uno de los objetivos más duraderos de la monarquía
francesa en términos de expansión.

Así como en la *Histoire du grande et admirable Royaume d'Antangil*,
Foigny también provee las coordenadas exactas del continente austral,
que ubica con precisión geográfica "en el meridiano 340 hacia el grado 52

---

80. Veiras, Denis, *Histoire des Sévarambes*, *op. cit.*, T. II, pp. 292-3: "Il est presque incroyable
combien la constitution de nos corps changea dans trois ou quatre ans de temps, par la sobrieté,
par l'exercise moderé, par les divertissements que nous mêlions à nostre travail, ou par le peu
de soucy que nous avions des choses de la vie. Nos hommes et nos femmes rajeunirent presque
tous, & devinrent beaucoup plus forts & plus vigoreux qu'ils n'estoient auparavant."

81. Fernández de Quirós, Pedro, *The voyages of...*, *op. cit.*, p. 485: "These are, my Lord, the great
recommendations and excellencies of the lands I discovered, of which I took possession in the
name of Your Majesty, under your royal standard, and so say the acts which I have here." [Estas
son, mi Señor, las grandes recomendaciones y excelencias de las tierras que he descubierto, de
las cuales tomé posesión en nombre de Vuestra Majestad, bajo su estandarte real, como ilustran
los acontecimientos que he descripto aquí.]

82. Foigny, Gabriel, *La Terre Australe Connue...*, en Lachèvre, Frédéric, *Les successeurs de...*, *op.
cit.*, p. 65.

de elevación austral...".[83] Este recurso en particular, también presente
en las obras de Veiras[84] y Tyssot de Patot[85] ha sido calificado por Jean-
Michel Racault como una característica propia de las utopías australes
de mediados del siglo XVII que, en términos del autor, reprodujeron para
sus propios fines el afán por la medición y cuantificación propio de aquel
siglo.[86] En este sentido, la diferencia respecto del siglo anterior resulta
bastante clara. En 1516, Moro se excusaba por no haber apuntado la
ubicación exacta de la isla de *Utopía* porque alguien había tosido cuando ésta había sido dada. En 1676, en cambio, la pretendida erudición de
Sadeur respecto de la ubicación del continente austral demostraba los
avances de la expansión europea en ultramar, al darse una ubicación
ficticia para una zona de la que algunas noticias efectivamente se tenían.

La referencia e inclusión de elementos propios del "paisaje austral"
(o al menos de lo que en este período se creía propio de aquellas tierras),
también debe considerarse un recurso utilizado por el autor para construir
un relato verosímil. Al respecto, se destaca principalmente la presencia
del ave Roc o Garuda de la cual el protagonista depende para llegar y
partir de la Tierra Austral.[87] Es probable que la presencia de esta cria-

83. La descripción continúa con todavía más precisión. Foigny, Gabriel, *La Terre Australe Connue...*,
en Lachèvre, Frédéric, *Les successeurs de...*, *op. cit.*, p. 89: "au trois cent quarantième méridien
vers le cinquante-deuxième degré d'élévation australe, et elle avance du côté de la Ligne en
quarante méridiens jusques au quarantième degré..."

84. Veiras, Denis, *Histoire des Sévarambes*, Ámsterdam, Estienne Roger, 1702, p. 30: "Le matin
estant venu, & le Soleil ayant dissipé l'épaisseur des broüillards, nous trouvâmes que nôtre
vaisseau tenoit à un banc de sable proche du rivage d'une Isle, ou d'un Continent que nous ne
connoissions pas." [Una vez que se hizo de día y el sol despejó el espesor de la bruma, vimos
que nuestro barco había encallado en un banco de arena próximo a la orilla de una isla, o de un
continente que no conocíamos.]

85. Tyssot de Patot ubica las tierras utópicas a 1.000 o 1.200 leguas al sur de la isla de Santa Helena
(descubierta por los portugueses en 1502 pero en manos de los ingleses desde mediados del siglo
XVII). "Enfin, Dieu voulut, par une bonté toute particulière, que le vingt-troisième jour, autant
doux que les autres avaient été cruels, nous vinssions échouer sur un rivage qui nous était tout à
fait inconnue, où après avoir pris hauteur à midi, examiné les horloges et corrigé l'estime autant
qu'il nous était possible, nous trouvâmes que nous étions aux environs du soixantième degré
de longitude, et du quarante-quatrième de latitude australe, c'est-à-dire à mille ou douze cents
lieues de Sainte-Hélène," en Tyssot de Patot, Simon, *Voyages et aventures de Jacques Massé*,
París, Éditions Amsterdam, 2005, p. 46. [Finalmente Dios quiso, por una bondad particular, que
el vigésimo tercer día, tan dulce como los otros habían sido crueles, encalláramos en una orilla
que nos era desconocida, donde después de haber medido la altura al mediodía, examinado los
relojes y corregido la estimación tanto como nos fue posible, vimos que estábamos alrededor
de los sesenta grados de longitud, y de los 44 grados de latitud austral, es decir a mil o mil
doscientas leguas de Santa Helena.]

86. Racault, Jean-Michel, *Nulle part et ses environs...*, *op. cit.*, p. 75: "*La Terre Australe Connue*
de Foigny (1676) y *L'Histoire des Sévarambes* de Veiras (1677-9) inauguran la utopía es su
'nueva fórmula' desarrollada en el último cuarto del siglo XVII a partir de una imitación de
las técnicas de autentificación y del realismo formal de las relaciones verídicas: aquí, la óptica
es mimética, la ficción disimula su verdadera naturaleza bajo una apariencia documental."

87. A la que primero vencerá en pleno vuelo ganándose así la estima de los australianos y luego
domesticará para ser llevado sobre sus espaldas.

tura en tierras australes se haya debido a la ya mencionada colección de
viajes de Teodoro de Bry. En principio, la familia De Bry fue la encargada de presentar las más ricas y extrañas imágenes sobre los hombres y
animales hallados en tierras australes que, descriptas en los relatos de
viaje recopilados, fueron traducidas en representaciones visuales por el
grabador y su familia. Tal como ha señalado Geoffroy Atkinson,

> los numerosos volúmenes, que contenían relatos de viaje, naufragios,
> exploraciones, descripciones de la flora y fauna, y cuadros en latín y
> lenguas indígenas son ricos en mapas. Sus ilustraciones, sin embargo ...
> son todavía más interesantes ... aparecen allí bestias nunca antes vistas en
> tierra y en mar; la vaca marina con cuernos, el unicorno, monstruos de
> dos cabezas, la gigantesca ave Rok, éstas y muchas otras supersticiones,
> generalmente asociadas a la Edad Media, pervivieron hasta entrado el
> siglo XVII en esta cosmografía.[88]

En el caso del ave Roc, el *Americae (o Indiae Occidentalis) Pars IV*,
que reproducía fragmentos del *Primer Viaje en Torno al Globo* del navegante de Vicenza Antonio Pigafetta, incluía un grabado en el que la
criatura era retratada asiendo un elefante mientras Magallanes cruzaba
el estrecho que luego llevaría su nombre.[89] Pigafetta había partido con
Magallanes a la primera expedición de circunnavegación del globo terrestre en 1519, para regresar tres años después junto a Juan Sebastián
Elcano. Fue él el primer navegante moderno que proveyó una descripción
detallada de los monstruos alados adoptados luego por Foigny.[90]

---

88. Atkinson, Geoffroy, *The imaginary voyage...*, *op. cit.*, p. 2.

89. El grabado de Magallanes cruzando el estrecho, diseñado por Stradanus, grabador de Teodoro
    de Bry, ha sido reproducido en Jean Paul Duviols, *L'Amérique espagnole...*, *op. cit.*, p. 40:
    "Magallanes. Dibujo de Stradanus. Grabador Theodoro de Bry (*Americae pars IV*, Francfort,
    1594). Más allá de la representación alegórica de las divinidades de la mitología clásica (Júpiter,
    Eolo, Apolo), Stradanus puebla las regiones meridionales de América con dos antiguos mitos
    (el grifo y la sirena) y uno nuevo: el gigante traga flechas."

90. Sobre la figura del Ave Roc y la migración de imágenes fantásticas de Oriente a Occidente,
    véase Rudolf Wittkower, *L'Orient fabuleux, Traduit de l'anglais par Michèle Hechter*, París,
    Thames & Hudson, 1991, pp. 133-6.

Figura 4. Teodoro de Bry, *America pars quarta*, Descubrimiento del mar magallánico, Il. xv, Frankfurt, 1594 (fuente: *Bibliothèque Nationale de France*, Cartes et Plans, Rés. Ge FF 8185).

En su fabulosa historia de aves colosales y un árbol gigantesco, el navegante dice haber escuchado la historia de que "al norte de Java la mayor, en el golfo de China, llamado por los Antiguos Sinus Magnus, hay (...) un árbol enorme llamado campanganghi en el que se posan ciertas aves, llamadas guruda, tan grandes y vigorosas que pueden levantar un búfalo y aun un elefante, y llevarle volando...".[91] La misma descripción es retomada luego por Foigny, aunque con algunas variaciones. A su vez, aunque con distintas características físicas, las proezas de los "grifos" o aves gigantes se encontraban ya en los relatos de Marco Polo, quien al igual que Pigafetta había negado haberlos visto pero los describía de la misma forma.[92]

Pigafetta, sin embargo, además de mencionar a estas aves y describirlas en detalle, también narra la historia de un niño, único sobreviviente de un naufragio, que asiéndose de una planchuela había logrado nadar hasta la guarida del ave y salvar milagrosamente su vida escondiéndose bajo su ala y descendiendo junto con ella a tierra firme en el momento en

---

91. Pigafetta, Antonio, *Primer viaje en torno del globo*, Buenos Aires, CEAL, 1971, p. 151.

92. Polo, Marco, *Viajes*, Buenos Aires, Espasa-Calpe, 1951, p. 189: "Los que los han visto dicen que en realidad son como inmensas águilas. Y cuentan que son tan fuertes que se llevan en el aire a un elefante y lo dejan caer desde lo alto, de modo que se revientan al llegar al suelo. Entonces el grifo baja a comer y a saciarse de él"; "Con las alas abiertas mide treinta pasos, y las alas miden doce pasos de largo."

que ésta se aprestaba a cazar un búfalo.[93] El parecido con los repetidos naufragios de los que es víctima Sadeur y con las formas que encuentra para salvarse desde que es niño resulta ciertamente llamativo, al presentarse el texto de Foigny como una adaptación *sui generis* de uno de los tópicos clásicos de la literatura de viaje. Llamadas *Urgo* por los habitantes de la Tierra Austral, en la opinión de Sadeur estas aves son:

> del tamaño de nuestros bueyes, de una cabeza larga que termina en punta, con un pico del tamaño de un gran pie y más filoso que el acero afilado. Tienen verdaderos ojos de buey, que salen de su cabeza, dos grandes orejas, plumas rojizas y blancas, un cuello para nada delgado sino muy ancho, un cuerpo de doce pies de largo y de cuatro de ancho, con una cola de plumas grandes y curvas, un estómago bajo sus plumas a prueba de golpes y duro como el hierro, patas más menudas que grandes, que terminan en cinco espantosas garras capaces de llevar fácilmente un peso de trescientas libras.[94]

Por otra parte, el hecho de que Pigafetta también mencionara la existencia de una isla solamente habitada por mujeres a las que fecundaba el viento y que aparentemente daban muerte a los hombres que osaban visitarlas muestra nuevamente que la inclusión de elementos maravillosos o fantásticos en los relatos de viaje no era exclusiva del relato utópico. Sadeur, por su parte, no verá cocodrilos en el Nilo, pero sí ovejas rojas, verdes, amarillas y azules[95] y hombres-tigre en el sur de África.[96] Tampoco hay en la *Terre Austral Connue* mujeres fecundadas por el viento como las que describe Pigafetta, pero sí el total de su población es hermafrodita, algo que no debía resultar extraño a quien había leído *Les voyages fameux du Sieur Vincent Le Blanc*, obra editada en Francia en 1648[97] y en la que se establecía la existencia de un gran

---

93. Pigafetta, Antonio, *Primer viaje...*, *op. cit.*, pp. 151-2.

94. Foigny, Gabriel, *La Terre Australe Connue...*, en Lachèvre, Frédéric, *Les successeurs de...*, *op. cit.,* p. 135: "Les quatrièmes oyseaux sont de la grosseur de nos boeufs, d'une tête longue qui finit en pointe, avec un bec d'un grand pied plus dur et plus affilé que l'acier aiguirsé. Ils ont de vrais yeux de boeuf, qui sortent de leur tête, deux grandes oreilles, des plumes rousses et blanches, un col aucunement délié, mais fort large, un corps long de douze pieds et large de quatre avec une queuë de plumes grandes et recourbée un estomach sous leurs plumes à l'épreuve des coups et dur comme fer, des pattes plus menuës que grosses finissantes en cinq effroyables serres capables d'enlever facilement un poids de trois cens livres."

95. Foigny, Gabriel, *ibid.*, p. 78. Lise Leibacher-Ouvrard ha señalado que la inclusión de ovejas de colores podría haberse debido a la influencia de los viajes de Jehan Mandeville o a las descripciones del cosmógrafo real André Thevet en su *Cosmographie Universelle* de 1575. Véase Lise Leibacher-Ouvrard, *Libertinage et utopies...*, *op. cit.*, p. 191.

96. Foigny, Gabriel, *La Terre Australe Connue...*, en Lachèvre, Frédéric, *Les successeurs de...*, *op. cit.*, p. 80.

97. Le Blanc, Vincent, *Les voyages fameux du Sieur Vincent Le Blan, Marseillois, qu'il a faits depuis l'aage de douze ans iusques à soixante, aux quatre parties du monde, à savoir, aux Indes Orientales et Occidentales ...*, París, Bergeron, 1648.

número de hermafroditas en la isla de Sumatra.[98] Más allá de su vínculo con el uso de la razón, tal como ha sugerido Lise Leibacher-Ouvrard, la inclusión del tema del hermafroditismo también pudo haberse inspirado en el *Imago Mundi* de Pierre d'Ailly, quien además había mencionado al inmortal pueblo de los hiperbóreos y su recurso al suicidio (comportamiento que Foigny también atribuye a los australianos que describe.)[99]

En el caso de los dos relatos utópicos hasta aquí analizados, la inclusión de elementos fantásticos y la búsqueda de verosimilitud no se presentan como procesos excluyentes. Antes bien, la inclusión del componente maravilloso o *thôma* parece operar como un elemento de validación más en la construcción de un relato de viaje verosímil. En las utopías posteriores, en cambio, la presencia de lo maravilloso disminuye al punto de que, a excepción de ciertas características de los Sévarambes, ninguna de las sociedades descriptas presenta rasgos extraordinarios en lo que refiere a sus características físicas o a las de su entorno.[100]

Por otra parte, el hecho de que las escalas intermedias realizadas por Sadeur en su viaje hacia y desde la Tierra Austral se hayan producido en sitios de los que sí se tenían noticias pero que al mismo tiempo continuaban resultando exóticos, tales como el Reino del Congo o Madagascar, también debe considerarse una estrategia en la construcción de un relato verosímil. En el caso de Madagascar, es probable que Foigny haya obtenido la información necesaria para describir la isla de la relación escrita por Etienne de Flacourt, Director general de la Compañía francesa del Oriente y Comandante de la isla, publicada por primera vez en 1661.[101]

Por último, en lo que refiere específicamente al contexto histórico en que se desarrolla el relato, las desventuras del protagonista se inscriben en la lucha hispano-lusitana de las primeras décadas del siglo XVII. Esto

---

98. Le Blanc, Vincent, *ibid.*, Tomo I, Cap. XXIII, p. 138: "...il y a une chose remarquable en cette isle, c'est qu'elle porte plusieurs hommes hermaphrodites; ce qui semble provenir de la trop grande abondance de semence, mais imparfaite, causée par les espiceries et drogues chaudes du pais." [...hay algo notable en esta isla, y es que contiene muchos hombres hermafroditas; lo que pareciera provenir de la abundante, pero imperfecta, simiente generada por las especias y las drogas calientes del país.] Al respecto, Atkinson señala que el hermafroditismo era una de las rarezas que más se reportaban en los relatos de viaje. Véase Atkinson, Geoffroy, *The Imaginary Voyage...*, *op. cit.*, p. 58. Por su parte, Vittor Ivo Comparato señala que el tema no era una novedad absoluta y cita para ello la edición de 1605 de *L'isle des hermaphrodites*. Véase Vittor Ivo Comparato, *Utopía. Léxico de política*, Buenos Aires, Nueva Visión, 2006.

99. Leibacher-Ouvrard, Lise, *Libertinage et utopies...*, *op. cit.*, p. 191.

100. Algo similar ocurre con los relatos que fueron producto de experiencias de viaje concretas. A modo de hipótesis podría sugerirse que, en términos generales, la inclusión de elementos maravillosos fue más frecuente en las primeras décadas de los grandes viajes de descubrimiento que en la etapa más avanzada. En otras palabras, en la medida en que fueron extendiéndose las áreas conocidas del globo, el *thôma* perdió protagonismo en las descripciones provistas por los relatos de viaje.

101. Flacourt, M. de, *Histoire de la grande isle de Madagascar, Composée par le Sieur de Flacourt, Directeur General de la Compagnie Françoise de l'Orient et Commandant pour Sa Majesté dans la dite Isle et Isles adjacentes ...*, París, Chez Gervais Clouzier, 1666. Véase Jean-Michel Racault, *Nulle part...*, *op. cit.*, p. 126. La obra fue publicada una segunda vez en 1666.

se observa en dos episodios: el tratamiento que recibe Sadeur de parte de los portugueses en Madagascar;[102] y el enfrentamiento de 1623 entre el señorío leal a Felipe II que ha acogido al protagonista en Portugal y los portugueses que se oponen a la ocupación española.

La *Histoire des Sévarambes*, por su parte, también se presenta como un relato rico en paratextos, referencias a acontecimientos históricos y poseedor de la estructura narrativa propia de todo relato de viaje. El efecto verosímil logrado por Veiras radicó en la inserción de las aventuras del Capitán Siden, su protagonista, en el marco de un naufragio real que tuvo lugar en las costas de Australia en 1656 y del que, en principio, no hubo sobrevivientes. Desde el prefacio Veiras pone particular empeño en resaltar el hecho de que se trata de un relato verídico y advierte a quienes han leído *La República* de Platón, la *Utopía* de Moro y la *Nueva Atlántida* de Bacon[103] que no se trata de una "creación ingeniosa" como la de ellos sino de la narración de un acontecimiento auténtico:

> Si han leído la *República* de Platón, la *Eutopía* del caballero Moro, o la *Nueva Atlántida* del canciller Bacon, que no son más que imaginaciones ingeniosas de estos autores, creerán tal vez que las Relaciones de los países recientemente descubiertos, donde encontrarán algunas cosa maravillosas, son de este tipo.[104]

La referencia a estos autores, sin embargo, también podría percibirse como un doble guiño al lector, al insertarse Veiras en la genealogía de escritores de utopías que él mismo crea (Platón, Moro, Bacon) por un lado y clamar no pertenecer a ella por el otro.[105] En efecto, tras admitir que es poco lo que se sabe del Tercer Continente y que su relato suplirá esa falta, el narrador explica: "Está escrito de una forma tan simple que nadie, espero, dudará de la veracidad de su contenido, el Lector podrá notar con facilidad que tiene todas las características de una Historia

---

102. Bezián de Busquets, Enriqueta, *Otras caras del libertinismo francés (S. XVII), La République des Lettres (Tomo 6)*, Imprenta Central de la Universidad Nacional de Tucumán, San Miguel de Tucumán, 2008, p. 40.

103. Publicada por primera vez en 1627 por Willian Bawley, amigo de Bacon.

104. Veiras, Denis, *Histoire des Sévarambes, op. cit., Au Lecteur*: "Si vous avez leu la Republique de Platon, l'Eutopia du Chevalier Morus, ou la nouvelle Atlantis du Chancelier Bacon, qui ne sont que des imaginations ingenieuses de ces Auteurs, vous croirez peut-estre que les Relations des Païs nouvellement découverts, où vous trouverez quelque chose de merveilleux, sont de ce genre."

105. El juego entre lo dicho y lo no dicho también puede observarse en los anagramas de Denis Veiras presentes en las figuras de Siden (Denis) y del gran legislador Sevarias (Vairasse). Michel Onfray ha advertido que se trató de un recurso típico del pensamiento barroco para crear una alteridad radicalmente opuesta a la del presente del autor. Pocos años antes, Cyrano, a partir del personaje de Drycona, había recorrido los Estados e Imperios del sol con igual máscara y una clara intención de darse a conocer. Véase Michel Onfray, *Los libertinos barrocos. Contrahistoria de la filosofía, III,* Barcelona, Editorial Anagrama, 2009, p. 209.

verdadera".[106] El mismo recurso había sido utilizado por Moro en *Utopía*, donde mediante la carta de Gilles a Busleiden (incluida por el propio Moro en la primera edición de su obra) se había comparado a Rafael Hitlodeo con Platón y Ulises, aunque se destacaba que el primero era un hombre aún más experimentado que Vespucio en materia de viajes.

De las "otras pruebas que apoyan la veracidad de esta Relación",[107] tal como explicara Veiras, se destacan particularmente la inserción del relato en el marco del mencionado naufragio del navío holandés *Vergulde Draeck*, o Dragón de Oro, a mediados del siglo XVII y la descripción de la muerte del protagonista en las costas del Canal de La Mancha en el marco de la tercera guerra anglo-holandesa (1672-1674),[108] de la que muy probablemente el propio Veiras había participado en tanto agente de la Corona británica. La biografía de Veiras revela que en 1672, año en que estalló este conflicto, había sido enviado a La Haya en una misión diplomática. Coincidentemente, al año siguiente escribiría en inglés la primera versión de la obra.

En lo que refiere al *Vergulde Draeck*, comandado por Pieter Albertz y perteneciente a la Compañía Holandesa de Indias Orientales (VOC), el navío había partido rumbo a Batavia (hoy Jakarta) en 1655 y naufragado en 1656 en las cercanías de Australia. Esto último permite a Veiras presentar al protagonista como un miembro más de la tripulación, de la que en verdad jamás volvió a saberse. Con el propósito de vincular su relato con el naufragio, el autor adjunta a su vez un conjunto de "documentos" que, al igual que en *Utopía*, funcionan como paratextos. En primer lugar se mencionan las personas que vieron la partida del Dragón de Oro desde el puerto de Texel hacia Batavia pero jamás supieron de su regreso.

> Distintas personas de Holanda, poco tiempo después de la muerte del Capitán Siden, aseguraron al médico, a quien él había hecho su heredero, que en el período indicado al comienzo de esta Historia, había partido de Texel un navío nuevo, llamado Dragón de Oro, con destino a Batavia, cargado de plata, pasajeros y otras cosas y que creían había naufragado ya que después de eso no habían vuelto a tener noticias de él.[109]

---

106. Veiras, Denis, *Histoire des Sévarambes...*, *op. cit.*, Prefacio: "…Elle est écrite d'une maniere si simple, que personne à ce que j'espere, ne doutera de la verité de ce qu'elle contient…"

107. Veiras, Denis, *Histoire des Sévarambes...*, *op. cit.*, Prefacio: "… Il y a beaucoup d'autres preuves que appuyent la verité de cette Rélation."

108. Israel, Jonathan I., *Conflicts of Empires: Spain, the Low Countries and the struggle for world supremacy, 1585-1713*, Londres y Río Grande, The Hambledon Press, 1997, p. 305: "La confrontación anglo-holandesa en torno a problemas comerciales y coloniales trajo aparejada tres amargas guerras navales (1652-4; 1665-7, 1672-4) que constituyen el más directo y violento ataque lanzado contra el comercio y la navegación holandesa durante el siglo XVII."

109. Veiras, Denis, *Histoire des Sévarambes...*, *op. cit.*, Prefacio.

También se menciona al abogado de la Compañía Holandesa de Indias Orientales, Pieter Van-Dam, quien ocupó verdaderamente el cargo entre 1652 y 1706, a Joan Maetsuycker, gobernador de Batavia entre 1653 y 1678, y se incluye una carta de un tal Thomas Skinner, supuesto sobreviviente del naufragio. Con el objetivo de enfatizar aún más el carácter auténtico de las pruebas, el mismo narrador invita luego a comparar los "testimonios" ofrecidos al inicio con el relato presentado.[110] En cuanto a la inclusión de figuras históricas en el relato, se destaca la analogía que el autor hace entre el personaje ficticio Van de Nuits, quien es presentado como el mejor amigo de Siden durante el viaje, y Pieter van Nuyts, el primer navegante holandés en explorar la costa sur de Australia.

En efecto, Van Nuyts fue uno de los muchos exploradores holandeses que desde principios del siglo XVII navegaron aquellas costas. A partir de los viajes de Cornelis de Houtman y Jacob Cornelisz van Neck (1595-1598) así como de la creación de la VOC, la exploración de los mares del Pacífico Sur se volvió uno de los objetivos principales de las Provincias Unidas en términos comerciales. En 1606, Willem Jansz había bordeado la costa oeste de Nueva Guinea hasta el Golfo de Carpentaria. Diez años después, Dirk Hartog recorrió la costa oeste de Australia, que volvió a ser navegada por Houtman en 1619. En 1623 Carstenz y Colster bordearon las costas del norte, más adelante bautizadas *Tierras de van Diemen, Arnhem y Carpentaria*. Finalmente en 1627, Nuyts llegó a la costa sur, o *Tierra de van Nuyts* a partir de entonces.[111]

A diferencia del exótico viaje de Foigny, el itinerario de Siden es bastante más verosímil. En primer lugar, al igual que muchos jóvenes franceses del período, en 1655 el protagonista se embarca en un navío holandés con el objetivo de ir a las Indias Orientales en busca de riqueza y aventuras.[112] Por su parte, la descripción del naufragio ocurrido después y la estricta organización de los sobrevivientes en tierra pueden haber sido construidos a partir de las noticias que a mediados del siglo XVII se habían obtenido del naufragio de otro navío holandés, el *Batavia*, en las costas orientales de Australia. Este se había producido en realidad en 1629, pero los pormenores del naufragio y del complot que dividió a los sobrevivientes se dieron a conocer en Europa recién en 1647, cuando

110. Veiras, Denis, *ibid.*, Prefacio: "Le lecteur pourra, s'il luy plaît, comparer cette Lettre avec la Rélation de l'Autheur, et juger après cette comparaison, si dans des matieres si peu connues, on peut avoir un tèmoignage plus fort que celuy-cy, pour établir la verité de cette Histoire." [El lector podrá, si le place, comparar esta carta con la Relación del autor, y luego de esta comparación juzgar si en asuntos tan poco conocidos se puede tener un testimonio más contundente que éste para establecer la veracidad de esta historia.]

111. Fausett, David, *Writing the New World. Imaginary Voyages and Utopias of the Great Southern Land*, Nueva York, Syracuse University Press, 1993, pp. 24-5.

112. Veiras, Denis, *Histoire des Sévarambes…*, *op. cit.*, Primer Tomo, p. 24-5: "… je m'embarquay avec mon amy sur le Navire nommé le Dragon D'Or, nouvellement construit et équipé pour Batavia. (…) Nous levasmes l'anchre du Texel le 12, jour d'Avril 1655." […me embarqué con mi amigo en el navío llamado Dragón de Oro, recientemente construido y equipado para Batavia (...) Levamos anclas de Texel el día 12 de abril de 1655.]

el holandés Francisco Pelsaert, capitán del navío, publicó su diario de viaje. En 1663 Melchisédech Thévenot incluiría una breve traducción de dicho diario en sus *Rélations des diverses voyages...*, obra a la que Veiras pudo haber accedido en algún momento.[113]

En principio, la decisión de repartir a las mujeres entre la tripulación masculina y la severa reglamentación impuesta a los sobrevivientes por Siden se asemejan a los acontecimientos que en el relato de Pelsaert habían tenido lugar cuando éste había partido rumbo a Java en busca de auxilio. En el caso del *Batavia*, tras la partida del Capitán Pelsaert, algunos sediciosos:

acabaron fácilmente con esta última tropa que era la más débil; mataron a todos a excepción de siete niños y algunas mujeres, esperaban acabar con la misma facilidad con la tropa de Vveybe-hays, y mientras abrieron las cajas de los comerciantes que se habían salvado del barco. De las suntuosas telas que había, Jerôme Cornelis hizo hacer trajes para la tropa, eligió guardias que hizo vestir de escarlata con dos franjas de encaje en oro y plata, y como si las mujeres hubiesen sido parte del botín, tomó una para él y dio una de las hijas del Ministro a uno de los principales de su tropa, y abandonó al uso público a las tres otras; también hizo algunos reglamentos sobre la forma en la que ellas debían servir.[114]

En el caso de la *Histoire des Sévarambes*, el reparto de mujeres tras el naufragio en tierras australes es similar al de los sobrevivientes del *Batavia*, aunque ambos casos hayan derivado luego en resultados distintos. Mientras los sediciosos del *Batavia* cometieron horribles crímenes por los que después fueron juzgados, en la *Histoire des Sévarambes* Siden logra coordinar esfuerzos para una supervivencia conveniente a los hombres del grupo:[115]

finalmente fue resuelto que cada Oficial principal tendría una mujer para sí, y que cada uno de ellos elegiría una según su rango. Distribuimos a las otras en diversas clases según el rango de personas y arreglamos tan

113. Atkinson, Geoffroy, *The Extraordinary Voyage...*, *op. cit.*, p. 23.
114. Thevenot, Melchisedek, *Relations de divers voyages curieux...*, París, Jacques Langlois, 1663, p. 55: "...ils vinrent aisément à bout de cette derniere truppe qui estoit la plus foible; ils y tuerent tout, à l'exception de sept enfans & de quelques femmes, ils esperoient venir à bout avec la mesme facilité de la trouppe de Vveybe-hays, & cependant ouvrirent les caisses des marchands qu'on avoit sauvées du vaisseau. Jerôme Cornelis fit faire de riches étoffes qui y estoient, des habits pour la troupe, se choisit des gardes qu'il fit habiller d'écarlatte avec deux frandes dentelles d'or & d'argent; et comme si les femmes eussent esté une partie du butin, en prend une pour luy, donna une des filles du Ministre à un des principaux de sa troupe, & abandonna à l'usage public les trois autres; il fit mesem quelques Reglements pour la maniere dont elles devoient servir."
115. Atkinson, Geoffroy, *The Extraordinary Voyage...*, *op. cit.*, p. 98. Atkinson detalla las razones que claramente demuestran cómo Veiras había comenzado la obra retomando algunos pasajes narrados por Pelsaert y publicados posteriormente por Thévenot.

bien la cosa que los Oficiales inferiores podían vivir con una mujer dos noches de cada semana, la gente del común una y algunos una vez cada diez días, teniendo en cuenta la edad y la dignidad de cada uno.[116]

En cuanto a otras narrativas de viaje de las que la *Histoire des Sévarambes* pudo haberse hecho eco, Raymond Trousson ha señalado que, así como en los casos de Foigny y Tyssot de Patot, el relato de Veiras también fue tributario de los *Comentarios reales de los Incas* de Garcilaso de la Vega, publicados por primera vez en 1609 y 1617, y traducidos al francés por Jean Baudouin en 1633. En opinión de este autor, es probable que alguna copia de las numerosas reimpresiones que se hicieron entre los siglos XVII y XVIII haya llegado a manos de estos autores, aunque no hay forma de comprobar si el culto al sol del que habla Veiras fue en realidad producto de sus lecturas del Inca Garcilaso.[117] En efecto, solamente en el Prefacio hay una referencia explícita a las "Historias de Perú, de México y de la China", que el narrador dice deben ser tomadas por ciertas.

En cuanto a la forma en la que el relato está organizado, su estructura se asemeja a lo que en el siglo XVII fue un requisito formal de la VOC a todo aquel que redactara un informe de viaje en áreas bajo su control. Tal como ha indicado Adrien Delmas al respecto,

El 6 de diciembre de 1621, un *plakaat* demandó que un *daghregister* fuera mantenido (conservado) en todos los territorios de la Compañía, donde se debía anotar 'todo lo que ocurre allí que nos involucra así como lo que involucra a los ingleses y cualquier otro, quien quiera que fuera, sin importar las fuentes.' En esta época, la VOC tenía un pie en Batavia, Ternate y Banda, y, en el curso del siglo XVII, la Compañía se extendería a Madagascar, Timor, Malaca, Colombo, Surat, Mocha, Deshima, Tonkin, etc. En todos estos puestos de comercio, las autoridades eran responsables de mantener un informe diario sobre los hechos ocurridos. Instrucciones mucho más detalladas sobre cómo guardar esta herramienta epistemiológica de la VOC fueron emitidas en 1643 y completadas en 1670.[118]

---

116. Veiras, Denis, *Histoire des Sévarambes*, *op. cit.*, T. I, p. 69: "enfin il fut resolu, que châque principal Officier auroit une Femme pour luy, & que châcun d'eux en choisiroit una selon son rang. Nous distribuâmes les autres en diverses classes selon le rang des personnes, & reglâmes si bien la chose, que les Officiers inférieurs pouvoient habiter avec une Femme deux nuits de châque semaine, les gens du commun une, & quelques-uns une fois seulement en dix jours, ayant égard à l'âge & à la dignité de chacun."

117. Trousson, Raymond, *D'utopie et d'utopistes*, París-Montreal, L'Harmattan, 1998, capítulo IV. Trousson no será el único en considerar las descripciones hechas del Perú una fuente de inspiración de la obra de Veiras. Lise Leibacher-Ouvrard también ha considerado que la información acerca de aquella región fue la que en gran medida inspiró algunos pasajes de la obra de Veiras.

118. Delmas, Adrien, "From travelling to history…", *op. cit.*, Parte II, 5, p. 107.

Con el objetivo de tener un control más certero de sus dominios en ultramar, para la VOC todo lo observado debía registrarse en seis áreas de importancia según la descripción exacta de los lugares en posesión de la Compañía, el gobierno y leyes de aquellas regiones, las costumbres de sus habitantes y los recursos disponibles. Por último, también debían registrarse la capacidad militar y comercial tanto de la VOC como de sus enemigos. Aunque no en el mismo orden, en el caso de la *Histoire des Sévarambes*, después de describir el naufragio y el primer contacto con este pueblo, la segunda, tercera, cuarta y quinta partes de la obra siguen esta línea. En la segunda parte se describen las ciudades, riquezas y composición del ejército de los *Sévarambes*. La tercera parte gira en torno a la historia y leyes del reino y la cuarta aborda el tema de los hábitos, costumbres y religión de este pueblo.

En lo que refiere a la creación de verosimilitud, resta decir que el uso de la primera persona para enfatizar lo visto o la experiencia de lo vivido también es un rasgo característico de la obra de Veiras, quien hace particular hincapié en la veracidad de los hechos narrados por Siden.[119] La importancia del narrador-testigo no es, sin embargo, exclusiva del relato de viaje utópico. Tal como señalara François Hartog, en toda narrativa de viaje solamente el viajero, en tanto único testigo de la alteridad, se encuentra habilitado para confirmar la validez de lo narrado.[120]

En cuanto a la *Histoire de Calejava*, a diferencia de las utopías analizadas hasta el momento, la obra no se caracteriza por el uso excesivo de elementos verosímiles. Algunos investigadores han atribuido esto a una posible falta de interés por parte del autor, y han considerado que la obra no es más que un diálogo filosófico, carente de los recursos retóricos presentes en otros relatos utópicos,[121] mientras que otros han enfatizado su carácter realista. Dentro de este último grupo, Marc Serge Rivière sostiene que "Gilbert lleva el realismo geográfico un paso más allá, al localizar su tierra ideal en la provincia de Polonia, más próxima a casa pero lo suficientemente lejos para crear un clima de misterio".[122]

En lo que refiere específicamente a la validación o autenticación de lo narrado, debe señalarse que, al igual que en las obras precedentes, el

---

119. Veiras, Denis, *Histoire des Sévarambes...*, *op. cit.*, Prefacio: "Je vous assure avec toute la sincerité d'une personne mourante, que dans tous mes écrits il n'y a rien qui ne soit fort véritable..." [Les aseguro con toda la sinceridad de una persona moribunda, que en todos mis escritos no hay nada que no sea cierto.]

120. Hartog, François, *El espejo de Heródoto*, *op. cit.*, p. 247.

121. Gilbert, Claude, *Histoire de Caléjava ou de l'île des hommes raisonnables*, Édition critique établie para Yves Nérieux, París, Honoré Champion, 2012, p. 35: "Es difícil en consecuencia clasificar la obra de forma categórica entre las utopías o los relatos de viaje. Se puede decir que estos distintos aspectos son tratados de forma expeditiva, sea por torpeza o por el interés de ir a lo esencial."

122. Rivière, Serge Marc, *Utopia in 1700. A study of the Histoire de Calejava by Claude Gilbert, with a preface by P. M. Conlon*, Department of Modern Languages, James Cook University of North Queensland, Townsville, Australia, 1987, p. 8.

autor utiliza el recurso de los "manuscritos hallados" para justificar la
publicación de la obra sin por ello comprometerse. La obra, explica Gilbert/
Papillon, ha sido redactada a partir de un conjunto de manuscritos que
aparentemente llegaron de manera fortuita a manos del narrador. Con
la intención de dar a conocer a los cristianos de poca fe las costumbres
razonables de los avaitas, éste los ordenó y puso luego a disposición del
lector.[123] Coincidentemente, si en 1676 Denis Veiras explicaba cómo el
capitán Siden antes de morir había entregado a un supuesto editor un
baúl que contenía varios papeles en los que narraba sus aventuras, en
la *Histoire de Calejava*, aunque con poco detalle, el narrador también
aclara la forma en que llegó a sus manos el desordenado conjunto de
experiencias manuscritas:

> Christofile y Samieski se embarcaron, pero apenas tocaron tierra firme,
> el primero enfermó y al cabo de ocho días murió; le solicitó al otro que
> hiciera llegar a uno de sus parientes en Francia una caja, en la cual se
> encontraron hojas sueltas sin continuidad ni orden, escritas, tanto de
> su puño, como del de su yerno y de su hija. Ese pariente ordenó y dio
> una coherencia a las hojas sueltas; por mi parte, no he hecho más que
> abreviar, tal vez demasiado, la obra de ese pariente.[124]

A diferencia de los relatos precedentes, el hecho de que en la *Histoire
de Calejava* no sea revelada la ubicación exacta de la isla o continente
utópico se justifica como una necesidad de los avaitas para proteger su
reino. Tal como explica uno de ellos, ante la naturaleza perfecta del sitio "descubierto", la negativa a revelar su localización se presenta como
la única forma de prevenir su destrucción en manos de una Europa que
avanza en el proceso de descubrimiento y conquista del mundo. Son los
mismos avaitas, entonces, quienes confiesan no querer revelar dónde
viven para evitar ser expoliados de la misma forma en que los europeos
han hecho en los países recientemente descubiertos.[125] De forma similar,
en la *Histoire des Sévarambes* los propios habitantes del reino tenían
orden de viajar a Europa y Asia en busca de conocimientos pero disfrazados de persas para evitar develar la existencia del lugar: "mediante
las personas que enviamos a Asia y a Europa, bajo el nombre y la vesti-
menta de los persas, aprendemos de tiempo en tiempo todo lo que sucede
en las más ilustres naciones de vuestro continente, sabemos las lenguas
y tomamos todos los avances en las ciencias, las artes y las costumbres,

123. Gilbert, Claude, *Histoire de Calejava ou de l'Isle des hommes raisonnables, op. cit.*, p. 325.

124. Gilbert, Claude, *ibid.*, p. 325: "Christofile & Samieski s'embarquerent, mais à peine ils eurent
pris terre, que le premier tomba malade, & au bout de huits jours il mourit; il recommanda fort
à l'autre de faire tenir à un de ses parens en France une cassette, dans laquelle on a trouvé des
feuilles volantes sans suite & sans ordre, écrites, tant de sa main, que de celles de son gendre
& de sa fille: Ce parent donna un ordre & une suite à ces feuilles volantes; pour moi je n'ai fait
que d'abreger, & peut-être trop l'ouvrage de ce parent."

125. Gilbert, Claude, *Histoire de Calejava,* (s/p de imprenta) 1700, p. 27-8.

que juzgamos podrían contribuir a la felicidad de nuestro estado".[126] En
Voyages et avantures de Jacques Massé, publicada en 1710 pero probablemente escrita algunos años después, hacia el final el protagonista
señala no haber querido dar las coordenadas precisas del reino utópico
hallado para impedir que los conocimientos que ha adquirido sean utilizados en beneficio de otras potencias ultramarinas y futuras incursiones.[127]

Por último, en lo que refiere al carácter verosímil de *Voyages et avantures de Jacques Massé*, más allá de que las obras de Foigny y Veiras
parecieran desplegar más recursos y alusiones, las referencias utilizadas por Tyssot de Patot no deben ser desestimadas. En primer lugar, el
relato comienza en 1639 con la muerte del capitán David Massé, padre
de Jacques, quien perece tras estallar un cargamento de pólvora que
su barco transportaba. Coincidentemente, es éste el mismo año en que
la armada imperial española derrota a los franceses en la batalla de
Thionville. Por otra parte, la referencia que el autor hace a las figuras
de Descartes, Hobbes, Gassendi, Galileo, Copérnico e, indirectamente, a
Isaac de La Peyrère y Spinoza, también permite enmarcar las peripecias
y debates descriptos en la obra en un período histórico determinado.[128]

Teorías como las sostenidas por Copérnico y Galileo no sólo habían
revolucionado el mundo de la astronomía sino que, desde mediados del
siglo XVII, también habían posibilitado el cuestionamiento de la autoridad
eclesiástica en toda otra serie de temas.[129] En este sentido, es probable
que Tyssot de Patot haya accedido a ellas por medio de las compilaciones
eruditas de Moréri y de Bayle y no de primera mano. Ciertamente, las
explicaciones científicas provistas por el protagonista, en un despliegue
de erudición del que seguramente Tyssot de Patot se sentía orgulloso,
revelan la implacable difusión y asimilación de los avances en materia
científica por un público no necesariamente erudito. En cuanto al vínculo entre relato utópico y conocimiento científico, Raymond Trousson

---

126. Veiras, Denis, *Histoire des Sévarambes...*, op. cit., V. I, p. 169: "... de sorte que par le moyen
des personnes que nous envoyons en Asie & en Europe, sous le nome & sous l'habit de Persans,
nous aprenons de temps en temps tout ce qui se passe dans les plus illustres Nations de vostre
Continent, nous en sçavons les langues, & en tirons toutes les lumieres dans les Sciences, les
Artes & les moeurs, que nous jugeons pourvoir contribuer à la felicité de nostre Estat." En los
párrafos precedentes el narrador explica que el comercio con otras naciones está prohibido
"por miedo a que sus vicios también corrompan a los Sévarambes." ["de peur que leurs vices
ne corrompissent aussi les Sévarambes."]

127. Tyssot de Patot, Simon, *Voyages et avantures de Jacques Massé*, Burdeos, 1710, Cap. XVI.

128. Trousson, Raymond, *Voyages aux pays de nulle part. Histoire littéraire de la pensée utopique*,
Bruselas, Éditons de l'Université de Bruxelles, 1999, p. 103: "... con frecuencia la obra parece un
cajón de sastre donde el autor, feliz de exhibir su saber, lanza de forma desordenada descripciones
sobre la fauna y la flora de la Sabana, discusiones sobre el clima, sobre el sistema heliocéntrico
de Copérnico e invectivas contra la Biblia. La novela también toma la forma de un gran curso
de ciencia sobre temas de lo más diversos, donde Jacques Massé y sus interlocutores disertan
doctamente *omni re scibili*..."

129. Israel, Jonathan, *Les Lumières radicales. La philosophie, Spinoza et la naissance de la modernité
(1650-1750)*, París, Éditions Amsterdam, 2005, p. 57.

confirió al escritor de utopías el importante papel de intérprete y difusor
de los avances de la época:

> los utopistas se convirtieron a veces en difusores de los conocimientos
> científicos y técnicos de su tiempo. En un siglo que verá el desarrollo
> de la astronomía, los utopianos de Moro se interesan en "el trayecto
> de los astros y en el movimiento de los cuerpos celestes", en la *Cris-*
> *tianópolis* de Andreae y la *Ciudad del Sol* de Campanella, se hace
> alusión al telescopio; el microscopio permite a los científicos de Bacon
> explorar un universo invisible a simple vista. *The Man in the Moon* es
> para Francis Godwin el pretexto para verificar las teorías de Copérnico
> sobre la rotación de la Tierra; Cyrano de Bergerac cita a Tycho Brahe,
> Copérnico o Galileo; tras las experiencias de Malpighi, Swammerdam
> y Leeuwhoek, Tyssot de Patot diserta sobre lo infinitamente pequeño y
> refuta la generación espontánea.[130]

A su vez, también deberían ser considerados elementos verosímiles
la ubicación de la tierra desconocida a donde llega el protagonista, la
referencia al circuito comercial entre Lisboa y Goa, la presencia de piratas ingleses en el Mediterráneo y en las costas de África y el peligro
que ello implicaba para navíos españoles y portugueses, puesto que en
definitiva no se trataba sólo del itinerario de viaje de Massé sino de todo
comerciante en la ruta hacia las Indias Orientales vía la circunnavegación de África.

Por otra parte, el hecho de que ninguna de las características físicas
del pueblo que describe sean "fantásticas", y que su desarrollo material
sea similar o menor[131] al de Europa en aquel entonces, también podría
considerarse una forma de dotar a este pueblo utópico de un carácter
verosímil. En relación con el "paisaje austral", al igual que sus predecesores Tyssot también apela al tópico de la abundancia. En efecto, apenas el protagonista arriba a la costa, comienzan las descripciones de la
disponibilidad de animales para la caza:

> Había todo tipo de caza en abundancia y, entre otros, grandes pollos,
> más pesados que los pavos, que eran grasosos y muy suculentos. El pes-
> cado tampoco nos faltaba en lo absoluto, porque teníamos una buena
> provisión de redes, anzuelos y otros instrumentos adecuados para la
> pesca. Las tortugas eran raras, pero eran bellas y buenas. (...) La carne
> nos parecía excelente, y la grasa sobrepasaba en delicadeza los platos
> más exquisitos del mundo...[132]

130. Trousson, Raymond, *Sciences, techniques et utopies*, París, L'Harmattan, 2003, p. 81.

131. Desconocen el reloj y es así como el protagonista y su compañero relojero se ganan la vida y
el aprecio de los notables del reino.

132. Tyssot de Patot, Simon, *Voyages et aventures...*, París, Éditions Amsterdam, 2005, p. 47: "y avait
de toute sorte de gibier en abondance, et entre auters de grosses poules, plus pesanes que des
coqs-d'indes, qui étaient grasses et très succulentes. Le poisson ne nous manquait point du tout

Por último, merecen destacarse dos episodios que hacia el final de la obra refuerzan una vez más el componente realista de lo narrado. En primer lugar, al ser rescatados por un navío español, con el objetivo de evitar volver allí alguna vez, Laforet, compañero de aventuras de Massé, se encarga de explicar al capitán que no hay nada que merezca su interés en aquellas tierras. Por su parte, a modo de conclusión es el propio Massé quien explica no haber querido publicar el escrito antes de su muerte por miedo a que su conocimiento de aquellas tierras fuese codiciado por otras naciones y se viera obligado a guiarlas hasta aquella Tierra Austral.[133] Ambas intervenciones explicarían entonces la razón por la que el hallazgo de tales tierras ha sido tan bien resguardado.

Resta decir que al igual que en el caso de las utopías anteriores, la publicación de ciertos relatos de viaje en la misma época pudo haber desempeñado un papel de importancia en la recreación de distintos episodios verosímiles que vive el protagonista. En este sentido, es probable que los *Six voyages* de Jean-Baptiste Tavernier (1713), los muy populares *Voyages en Afrique, Asie, Indes orientales et occidentales* de Jean Mocquet, publicados por primera vez en 1665 (y seguidos de numerosas ediciones) o los *Voyages de Mr Dellon avec sa relation de l'Inquisition de Goa, augmentée de diverses pieces curieuses*, publicados en Colonia en 1709, de forma más o menos evidente, hayan ejercido algún tipo de influencia en la escritura de *Voyages et avantures de Jacques Massé*.

Las similitudes entre algunos de los episodios narrados en estos relatos y las aventuras de Massé fueron rastreadas por Atkinson en uno de los primeros estudios realizados sobre viajes imaginarios franceses a principios del siglo XVIII. Entre ellas se destaca la historia de Laforet, compañero de Jacques Massé durante su estadía en el reino de Bustrol y responsable de la partida de ambos personajes a causa de un furtivo encuentro amoroso con la segunda esposa del rey. Según Atkinson, este episodio pudo haberse fundado en una de las historias narradas por Jean-Baptiste Tavernier en sus seis viajes.[134] En el cuarto capítulo del quinto libro de los *Six voyages*, Tavernier presenta la *Histoire tragique & mémorable de Rodolfe Stadler natif de Zurich, sous le règne du mesme Cha-Sefi qui l'avoit retenu à son service*, que según Atkinson se asemeja al episodio narrado por Tyssot de Patot, aunque tampoco deberían soslayarse las diferencias sustantivas que existen entre uno y otro relato. Tanto Stadler como Laforet son relojeros, ambos tienen buen trato con el rey y, aunque con distinta suerte, se ven envueltos en intrigas amorosas que hacen que sus vidas corran peligro. En el caso de Stadler,

---

non plus, parce que nous avions bonne provision de filets, d'hameçons et d'autres instruments propres à la pêche. Les tortues y étaient rares, mais elles étaient belles et bonnes. (...) La chair nous paraissait excellente, et la graisse surpassait en délicatesse les mets du monde les plus précieux..."

133. Tyssot de Patot, Simon, *ibid.*, p. 316.

134. Atkinson, Geoffroy, *The Extraordinary voyage in French literature from 1700 to 1720*, París, Honoré Champion, 1922.

el rey, que jamás ha tenido un maestro-relojero en su corte, lo acoge de buen grado y paga con generosidad cada servicio prestado.[135] Su rechazo a "abandonar la religión cristiana y hacerse mahometano", sin embargo, lo lleva a perder la vida cuando, tras ser acusado del asesinato de un joven hombre que frecuentaba a su mujer, no acepte la propuesta del rey para ser salvado. Laforet, por su parte, decide huir del reino de Bustrol tras caer bajo los encantos de la segunda mujer del rey (que lo enamora para obtener de él un reloj), por temor a las represalias del soberano.

En el caso de los viajes de Jean Mocquet, el vínculo parece incluso menos evidente, puesto que es solamente en el libro IV donde el viajero narra algunas historias sobre los jesuitas en China a partir del relato de un hombre encontrado en Goa. En el caso de Massé, su encuentro con un chino también se produce en las galeras de Goa. Las conversaciones que mantienen en uno y otro relato, sin embargo, son de distinta índole.[136] Por otra parte, los viajes de *monsieur* Dellon y el relato de su cautiverio en tanto prisionero de la Inquisición en Goa también parecieran haber inspirado a Tyssot de Patot. Elementos tales como la descripción de las condiciones de la prisión, el comportamiento del tribunal inquisitorial y las falsas acusaciones que lo llevan a comparecer ante él se asemejan en ambos relatos.[137] Al igual que Dellon, mientras Massé espera ser juz-

---

135. Tavernier, Jean-Baptiste, *Les six voyages de M. Jean-Baptiste Tavernier, Ecuyer, Baron d'Aubone, qu'il a fait en Turquie, en Perse et aux Indes, pendant l'espace de quarante ans, & par toutes les routes que l'on peut tenir: accompagnez d'observations particulieres sur la qualité, la Religion, le Gouvernement, les Coûtumes & le Commerce de chaque païs, avec les Figures, les Poids, & la valeur des Monnoyes qui y ont cours.* Nouvelle édition, revüe, corrigée par un des Amis de l'Autheur, compagnon de ses Voyages, & augmenté de cartes et d'estampes curieuses. Imprimé a Roüen, & se vend à Parìs, Chez Pierre Ribou à la décente du Pont Neuf, à l'image de S. Loüis, Avec aprobation et privilege, 1713, Livre V, Chap. IV, p. 240: "Rodolfe y étant arrivé il remit incontinent l'horloge en bon état, & le Roi, très satisfait de son ouvrage & de sa personne, lui ordonna une pension de trente romans, avec des vivres pour lui, un valet & deux chevaux, lui commandant de lui faire quelque autre piece d'horlogerie." [Rodolfo compuso el reloj, y el rey, muy satisfecho de su obra y persona, le ordenó una pensión de treinta romanos, con víveres para él, un valet y dos caballos, enconmendándole alguna otra pieza de relojería.]

136. Mocquet, Jean, *Voyages en Afrique, Asie, Indes orientales et occidentales, faits par Jean Mocquet,* Garde du Cabinet des Singularitez du Roy, aux Thuilleries. Divisez en six livres, & enrichis de figures, A Roüen, Chez David Berthelin, dans la Court du Palais, 1665, p. 333: "Ce fut un Chinois appellé Ioan Pay Secretaire de Dom André Furtado, qui me conta toutes ces histoires, à quoy j'adiousteray ce que l'on me rapporta en ces pays-là du Royaume de Pegu proche de cettui-cy de Sain, où il estoit arrivé depuis quelques annees la chose la plus estrange & prodigieuse du monde." [Fue un chino llamado Juan Pay, secretario de Don Andrés Furtado, quien me contó todas esas historias, a las cuales agregaré lo que se me contó en aquel Reino de Pegu cercano al de Sain, donde había sucedido hace algunos años la cosa más extraña y prodigiosa del mundo.]

137. Dellon, M., *Voyages de Mr Dellon avec sa relation de l'Inquisition de Goa, augmentée de diverses pieces curieuses; et L'Histoire des Dieux qui adorent les gentils des Indes,* Colonia, chez les héritiers de Pierre Marteau, 1709, p. 20: "Le sujet ou le pretexte de la jaloussie de Manoel Furtado de Mendonça, furent les frequentes, mais inocentes visites que je rendois à une dame qu'il aimoit, & dont il n'étoit que trop aimé, ce que j'ignorois alors, & comme il jugeoit par les apparences, il appréhenda que je ne fusse plus aimé que lui." [La razón o el pretexto de los celos de Manuel Furtado de Mendoza fueron las frecuentes pero inocentes visitas que yo hacía a una dama que él amaba, y por la cual era amado, lo que yo ignoraba, y como él juzgaba por

gado en Goa se encuentra con un chino que le cuenta cómo, a pedido de
su padre, fue instruido por un jesuita cuando niño.

Por último, merecen un comentario aparte los segmentos dedicados
en cada relato a la descripción del alfabeto y lengua utópicos. El tema,
que ha constituido un objeto de investigación en sí mismo, ha sido incluido en este apartado con la finalidad de resaltar la estrecha conexión
entre el relato utópico y los debates contemporáneos en torno a la existencia de una lengua ideal.[138] En este sentido, a excepción de la *Histoire
du grand et admirable d'Antangil* (cuya fecha de publicación es anterior
al desarrollo de estos debates en Europa), todos los relatos analizados
abordan el problema de la lengua desde el artificio de sus propias sociedades utópicas.[139] En el caso de la *Histoire des Sévarambes*, la inclusión
de un apartado entero sobre la lengua *Sévarambe* (su fonética, gramática y sintaxis) respondió muy probablemente al hecho de que a mediados
del siglo XVII el debate intelectual en la Inglaterra de Carlos II (donde
Veiras había residido), giraba en torno a la búsqueda de la lengua perfecta.

La necesidad de crear una lengua universal, que había comenzado
de la mano de Bacon, rápidamente había seducido a las figuras más pro-
minentes de la recientemente fundada Royal Society (1660).[140] En este
sentido, no es casual que Veiras o Foigny escribieran tras la aparición de
los tres más destacados proyectos sobre lenguas filosóficas.[141] En 1647,
Francis Lodwick había publicado su *Common Writing*, George Dalgarno
publicaría su *Ars Signorum* en 1661 y en 1668 John Wilkins (miembro
fundador de la propia Royal Society) su *Essay Towards a Real Character
and a Philosophical Language*, que ha sido considerado por Umberto Eco
el más importante entre ellos. En términos del filósofo italiano, hacia
1650 "la cuestión (ya) no era descubrir la lengua perdida de Adán sino

---

las apariencias, no quiso que yo fuese más amado que él.] Tyssot de Patot, Simon, *Voyages et
aventures…*, *op. cit.*, p. 438-9: "…Dieu étoit témoin de mon innoncence, & que ce ne pouvoit
être qu'un mal intentionné, et peut-être jaloux de ce que je faisois bien mes affaires, qui m'avoit
joué le mauvais tour de m'accuser de quelque crime que je n'avois jamais commis." [Dios era
testigo de mi inocencia, y de que no podía ser más que un mal intencionado y tal vez celoso
de que yo hiciera bien mis cosas, que me había jugado la mala pasada de acusarme de algún
crimen que yo jamás había cometido.]

138. Comparato, Vittor Ivo, *Utopía: léxico de política*, Buenos Aires, Nueva Visión, 2006, p. 122:
"El camino abierto por Tomás Moro y Comenio es perfeccionado por ellos con gramatical
profesionalidad (Foigny y Veiras), llevando las neolenguas cada vez más al corazón de la
escritura utópica; serán el modelo para las innumerables variantes que buscarán en una lengua
universal el fundamento de la unidad del género humano."

139. Aunque Moro debería ser considerado el verdadero precursor por haber incluido en la primera
edición de *Utopía* un alfabeto y un poema en dicha lengua.

140. Eco, Umberto, *Serendipities. Language and Lunacy*, EUA, First Harvest, 1999, p. 78-9: "Los
inventores de lenguas, que serán llamadas filosóficas y apriorísticas porque fueron construidas
sobre la base de una visión filosófica del mundo determinada, no apuntaban más a convertir
al infiel o recuperar aquella comunión mística con Dios que distinguía a la lengua perfecta de
Adán, antes bien, apuntaban a fomentar el intercambio comercial, la expansión colonial y la
difusión de la ciencia."

141. Eco, Umberto, *ibid.*, p. 81.

diseñar *ex novo* un lenguaje filosófico y artificial".[142] El ejemplo más importante en este sentido fue el del mencionado John Wilkins, para quien la meta era crear "una lengua nueva, artificial, inspirada en principios filosóficos y capaz de resolver con medios naturales lo que lenguas santas de cualquier tipo, continuamente buscadas y jamás halladas del todo, no eran capaces de proporcionar".[143] Sobre la figura de Wilkins, resulta de interés destacar que además de su producción científica también fue el autor de ensayos que podrían considerarse cercanos al tema utópico tales como el "Descubrimiento de un nuevo mundo en la luna" (1638).

La inquietud de Veiras por dar forma a una gramática *Sévarambe*, que él mismo describe como la más perfecta de todas las conocidas en el mundo, bien podría ser interpretada en aquella línea. En efecto, tras explicar el funcionamiento de esa lengua, Siden expresa: "Todas estas razones y el cuidado que ponen en el aprendizaje de los principios de la gramática, hacen que hablen mejor y se expresen más claramente que ninguna nación del mundo".[144] Acaso una visión utópica del lenguaje, común a la búsqueda de sus contemporáneos, inserta en un escrito donde la propuesta es toda ella un ensayo de sociedad.[145]

Al igual que Veiras, en la *Terre Australe Connue* Foigny también dedica un capítulo entero (por cierto mucho más breve que el de Veiras) a "la lengua australiana" y a la forma en la que es estudiada en aquel país. La primera edición de la obra, de hecho, incluía signos entreverados (correspondientes a las distintas letras del alfabeto europeo) que no pudieron ser reproducidos en las ediciones subsiguientes.

142. Eco, Umberto, *Algunas consideraciones acerca de las lenguas perfectas*, Buenos Aires, Oficina de Publicaciones del C. B. C., 1995, p. 35. También deben incluirse *De Arte Grammatica Libri Septem* de Gerhard Vossius publicada en Ámsterdam en 1635, la *Biblia Sacra Polyglotta* (1657) de Brian Walton y *Janua Lingua Reserta* de Comenio entre otras.

143. Eco, Umberto, *La búsqueda de la lengua perfecta*, Barcelona, Crítica, 1994, p. 185. Para Eco, la idea ya había sido esbozada por Iohannes Amos Comenius en su *Pansophiae Prodromus* (1639) y en los manuscritos de su autoría que por aquella época circulaban en el ambiente inglés.

144. Veiras, Denis, *Histoire des Sévarambes...*, *op. cit.*, Segundo Tomo, p. 268: "Toutes ces raisons et le soin qu'ils prennent tous d'apprendre les principes de la Grammaire, font qu'ils parlent mieux, et s'expriment plus nettement qu'aucune Nation du monde..."

145. El interés de Veiras por la lengua no terminó, sin embargo, en la utopía de los Sévarambes. Pocos años después de haber publicado esta obra, el francés publicó dos libros más dedicados a la gramática. En 1682 la *Grammaire méthodique, contenant les principes de cet art et les règles les plus nécessaires de la langue françoise dans un ordre clair et natural* y al año siguiente la misma en su versión inglesa.

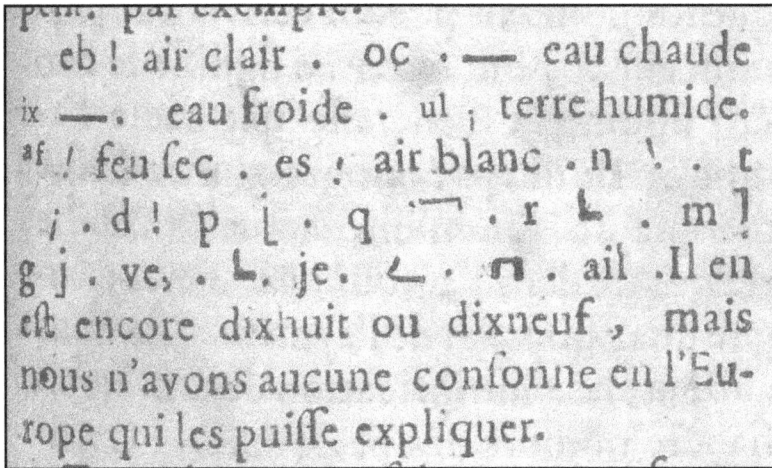

Figura 5. "No tenemos ninguna consonante en Europa que los pueda explicar" (Nous n'avons aucune consonne en l'Europe qui les puisse expliquer). Signos del alfabeto australiano según Foigny. En: Gabriel de Foigny, *La Terre australe connue, c'est-à-dire la description de ce pays inconnu jusqu'ici, de ses moeurs et de ses coutumes, par Mr Sadeur, avec les avantures qui le conduisirent en ce continent... réduites et mises en lumière par les soins et la conduite de G. de F.*, Vannes, J. Verneuil, 1676, Capítulo IX, p. 171. (Fuente: *Bibliothèque Nationale de France*).

La descripción de la forma y los criterios con los que se ensamblan las distintas letras que constituyen el alfabeto australiano de Foigny, sin embargo, ha sido considerada por Eco una parodia de los mencionados ensayos reales, en tanto el autor muestra las limitaciones que las lenguas creadas *a priori* podían tener, o lo entreveradas que podían llegar a ser. En la lengua australiana, señala Sadeur, todas las palabras comportan la explicación y la definición en su composición misma, al ser su esencia parte de su naturaleza.[146] En consecuencia, los niños de la Tierra Austral aprenden la composición y el funcionamiento del mundo en la medida y al ritmo en que aprenden a hablar. Resulta contradictorio entonces (y aquí se destaca el componente lúdico que detecta Eco) que tras una complejísima explicación sobre el criterio a tener en cuenta para armar los monosílabos que constituyen las palabras, Sadeur sostenga haber dominado la lengua de la Tierra Austral en muy poco tiempo.[147] Algo similar ocurre en *Voyages et avantures de Jacques Massé*, donde el protagonista también aprende con celeridad el idioma del Reino de Bustrol. Tras explicar en el capítulo VI el uso de los tres tiempos verbales que

---

146. Foigny, Gabriel, *La Terre Australe Connue...*, en Lachèvre, Frédéric, *Les successeurs de..., op. cit.*, p. 131.

147. Eco, Umberto, *Serendipities..., op. cit.*, p. 90: "La crítica a las apriorísticas lenguas filosóficas aparece en gran parte, como he demostrado, en obras satíricas francesas. Tal vez esto no sea una mera casualidad: fue en Francia donde tomó forma la primera crítica radical del proyecto en los serios trabajos de Dalgarno, Wilkins y Lodwick."

poseen y dar algunas pautas sobre cómo hablarla, el narrador se jacta de haber dominado la lengua local en apenas seis meses.[148]

Ahora bien, más allá de que se tratara o no de una parodia o ridiculización del intento de crear una lengua perfecta, la creencia de que podían concebirse nuevas lenguas filosóficas que funcionaran universalmente también pareció sustentarse en la información contenida en los relatos de viaje sobre el uso de símbolos y figuras como formas de comunicación en las nuevas sociedades descubiertas. Sobre este último punto, Paul Cornelius ha demostrado la influencia que las culturas orientales y mesoamericanas tuvieron en los idiomas ideales imaginados entre mediados del siglo XVII y principios del siglo XVIII, puesto que "ninguna de estas lenguas usaba letras y alfabetos como los europeos".[149] En este sentido, vale también recordar las anotaciones realizadas por Antonio Pigafetta sobre las distintas lenguas encontradas en su viaje alrededor del mundo a comienzos del siglo XVI o la lista de vocablos sobre la lengua tupí incluida por Jean de Léry al final de su *Histoire d'un voyage faict en la terre du Brésil* (1578). En esa misma época, los alcances y limitaciones del lenguaje como reflejo y reproductor del orden social ya habían sido percibidos por Montaigne, quien al analizar la lengua "caníbal" en su célebre ensayo había asociado la simplicidad de los "salvajes" a la inexistencia de ciertos términos: "las palabras que expresan la mentira, la traición, el disimulo, la avaricia, la envidia, la difamación y el perdón son desconocidas".[150]

3. La utopía como productora de alteridad y el problema del *otro* en la modernidad temprana

De las múltiples definiciones y manifestaciones de una otredad cultural que tuvieron lugar en la Europa occidental de la primera modernidad, el relato utópico se presenta convincentemente como el productor de alteridad por excelencia, al ser las sociedades utópicas "descubiertas", a sabiendas y en su totalidad, imaginadas por sus autores. En este sentido, entre los siglos XVI y XVII, la literatura utópica operó extremando aquel encuentro radical con una otredad de un nuevo tipo que, en el con-

---

148. Tyssot de Patot, Simon, *Voyages et aventures...*, *op. cit.*, (2005), pp. 84-5. En el caso de Tyssot de Patot, la breve explicación del funcionamiento de la lengua utópica parece responder más a la imitación que este autor hace de la obra de Veiras, que a un interés genuino por esta cuestión.

149. Sobre la influencia de China en particular, el autor ha señalado: "El conocimiento de la existencia de la lengua china por parte de los europeos del siglo XVII fue una de las más importantes influencias en el movimiento por una lengua universal que se desarrolló en aquella época. Primeramente, porque debido al conocimiento de los símbolos chinos más comúnmente escritos, un número de europeos propuso una lengua universal para Europa", en Paul Cornelius, *Languages in Seventeenth and Early-Eighteenth Century Imaginary Voyages*, Ginebra, Droz, 1965, p. 25.

150. Montaigne, Michel de, *Ensayos* (I), Buenos Aires, Hyspamérica, 1984, "De los Caníbales", p. 154.

texto de los viajes de exploración y descubrimiento, se había manifestado ya en las experiencias y reflexiones de navegantes y filósofos por igual. Ahora bien, lejos de los patagones descriptos por Antonio Pigafetta en su *Primer viaje alrededor del mundo* (1524) o de las poblaciones antropófagas tupinambá conocidas por Jean de Léry durante su breve estadía en las costas de Brasil (1557-8), en el caso particular del relato utópico, la creación voluntaria de un *otro* que difiere en todo de la propia sociedad en la que se inserta el autor es además condición indispensable para que la utopía funcione.[151] Dentro de los múltiples recursos literarios a disposición de la ya mencionada retórica de la alteridad, la inversión se presenta entonces como la figura privilegiada, al darle existencia a un *otro* que por oposición permite criticar el mundo propio. De tal forma, si en el relato de viaje "en sentido amplio" la inversión (basada en la descripción por oposición de la sociedad hallada) permite la traducción de esa sociedad en términos compartidos tanto por el viajero-narrador como por su público lector, en el caso del relato de viaje utópico este recurso exacerba la oposición con la sociedad propia. En términos de François Hartog, esta se vería reflejada de forma especular en un mundo de ficción:

> Para traducir la diferencia, el viajero dispone de la figura más cómoda de la inversión en la cual la alteridad se transcribe en "antimismo". Es concebible que los relatos de viaje o las utopías recurran frecuentemente a ella, porque construye una alteridad "transparente" para el oyente o lector: ya no hay *a* y *b* sino simplemente *a* e inverso de *a*; asimismo, es concebible que sea la figura privilegiada del discurso utópico, cuyo proyecto no es jamás sino hablar del mismo.[152]

La figura de la inversión aparece entonces como el recurso privilegiado del relato utópico que recrea un *otro* para poder, en esa comparación, denunciar los males e incongruencias de la sociedad propia. Esto no significa, sin embargo, que las narrativas utópicas no apelen a otros elementos disponibles en aquella retórica de la alteridad propia del relato de viaje. También la comparación, la mención de maravillas o curiosidades, la descripción, la ausencia (o, por el contrario, la enfática presencia) de marcas de enunciación y la enumeración se encuentran presentes en el relato utópico en su condición de traductor de la otredad.[153]

Ahora bien, si el juego de la inversión es el que prevalece, en los casos analizados, la contracara de las sociedades ideales descriptas es la Europa dividida. En efecto, además de tomar en cuenta la influencia de los relatos e imágenes de nuevos tipos de alteridad producto de la expansión ultramarina, las sociedades ubicadas en tierras australes o

---

151. Racault, Jean-Michel, *Nulle Part et ses environs...*, *op. cit.*, p. 14.

152. Hartog, François, *El espejo de Heródoto*, *op. cit.*, p. 207.

153. Para una definición más completa de todos estos procesos de traducción véase François Hartog, *El espejo de Heródoto*, *op. cit.*, p. 227-236.

en los mares del norte también deberían ser comprendidas en el marco del enfrentamiento entre católicos y protestantes que se desarrolló a lo largo del período estudiado. La multiplicación del número de *otros* había comenzado con la fragmentación del universo confesional en una miríada de parcialidades religiosas. El vínculo entre utopía, Reforma y alteridad ha sido especialmente estudiado por Jean-Michel Racault, para quien "en tanto portadora por su propia naturaleza de una reflexión sobre la alteridad, la utopía también permite pensar la diferencia hugonota en su doble especificidad: franceses ante los países extranjeros del Refugio, reformados frente a una Francia oficialmente católica".[154]

En este sentido, es posible suponer que las sociedades imaginadas representaron en gran medida todo aquello que no era la Francia del siglo XVII: tolerante, racional, igualitaria en muchos aspectos, organizada, justa y autosuficiente. Los australianos descriptos por Foigny en la *Terre Australe Connue*, por ejemplo, por ser hermafroditas, se presentan como seres racionales. Por su parte, los avaitas de la *Histoire de Calejava*, son descriptos por Gilbert como hombres razonables por antonomasia.

> Calejava en la lengua del País significa Tierra del hombre; es así como sus habitantes quieren que se la llame, dado que piensan que no hay personas más razonables que ellos sobre la tierra; consideran los sentimientos de otros pueblos tan extravagantes, sus costumbres tan ridículas, que no tienen ninguna dificultad en negarles la condición de hombres...[155]

Otra de las grandes diferencias entre las sociedades descriptas y su contracara europea fue la tolerancia religiosa. En la descripción del Reino de Antangil, por ejemplo, la intolerancia en materia de fe es propia de un pueblo vecino que termina con la vida de Byrachil, discípulo de Santo Tomás y fundador de los principios cristianos sobre los que se basa el reino.[156] Entre los Sévarambes, la profesión de otras confesiones está permitida a condición de que sea privada y de que, a la par, todos los ciudadanos acaten el culto público. Por su parte, entre los australianos de Foigny, el problema religioso ha sido resuelto al quedar prohibido hablar de religión. Los avaitas de Calejava, por último, aceptan ciertos principios religiosos siempre que hayan sido razonados.

A diferencia de las naciones europeas, tampoco practican estas sociedades la pena de muerte y, cuando lo hacen, el objetivo es evitar la

---

154. Racault, Jean-Michel, *Nulle part et ses environs...*, *op. cit.*, p. 10

155. Gilbert, Claude, *Histoire de Calejava ou de l'Isle des hommes raisonnables. Avec le paralelle de leur morale & du Christianisme*, (s/pie de imprenta), 1700, p. 3-4: "Calejava dans la langue du Pays signifie Terre d'homme; c'est ainsi que ses habitans veulent qu'on l'appelle, dans la pensée qu'ils ont qu'il n'y a qu'eux sur la terre qui soient raisonnables; ils trouvent les sentimens des autres Peuples si extravagans, leurs coûtumes si ridicules, qu'ils ne font point de difficulté de leur refuser la qualité d'hommes..."

156. Esto es relatado en el capítulo XVI cuyo título es *Du glorieux martyre de Byrachil disciple de Sainct Thomas, fondateur des Eglises de Dieu au Royaume d'Antangil*.

tortura. En *Voyages et avantures de Jacques Massé*, por ejemplo, los habitantes del Reino de Bustrol no sólo no la conocen sino que nunca han visto armas de fuego. En un ejercicio de extrañamiento un tanto forzado, Tyssot de Patot explica el desconcierto del rey ante la guerra de la siguiente forma:

> Las armas de fuego les eran totalmente desconocidas, y las hubiera estimado, de no ser por el mal uso que se hace de ellas. Nada lo hacía estremecerse más que los relatos que le hacía a veces de nuestras guerras y de las sangrientas batallas que causan. No podía comprender cómo el pueblo es lo suficientemente ciego para dirigirse a la masacre y a la destrucción de su especie por temas tan banales y que no involucran más que los intereses, la ambición, o los caprichos de un solo hombre.[157]

La pena de muerte tampoco se practica entre los Sévarambes, salvo que la falta cometida haya sido por demás grave.[158] En Antangil, aunque existe la pena capital, la tortura está prohibida. El narrador saluda esta medida y hace especial énfasis en el hecho de que "... aquello que es todavía más humano en este pueblo, es que tienen dos tipos de suplicios, la horca y la espada. En cuanto a las crueles torturas, están prohibidas, puesto que se cree que la palabra forzada y arrebatada por la violencia del tormento, no es prueba suficiente para comprobar los delitos".[159]

La condena al ocio también es una característica compartida por las sociedades utópicas descriptas. Esta ya había sido establecida en *Utopía*, donde todos estaban obligados a trabajar seis horas por día, que eran suficientes para producir todo lo que la población necesitaba para vivir. A diferencia de la Inglaterra de Enrique VIII, Moro había determinado que en la isla de Utopía "se exime de trabajar, como máximo, a unos quinientos hombres y mujeres que tengan la edad y el vigor como para hacerlo".[160] En la *Histoire des Sévarambes*, el capitán Siden junto con el resto de la tripulación es invitado a trabajar "por miedo a que su holga-

---

157. Tyssot de Patot, Simon, *Voyages et avantures de Jacques Massé*, Burdeos, chez Jacques l'Aveugle, 1710, pp. 219-20: "Les Armes à feu lui étoient aussi tout à fait inconnuës, & il les auroit estimées, n'eût été le mauvais usage qu'on en fait. Rien ne le faisoit plus frémir que les Relations que je lui faisois par fois de nos Guerres, & des sanglantes Batailles qu'elles causent. Il ne pouvoit pas comprendre, comment le Peuple est assez fou pour courir ainsi au Massacre, & à la destruction de son Espece, pour des sujets si legers, & où il ne s'agit souvent que des intérêts de l'ambition, ou des caprices d'un seul homme."

158. Veiras, Denis, *Histoire des Sévarambes, op. cit.*, T. II, p. 49: "On ne punit jamais de mort, à moins que ce ne soit pour quelque crime énorme, mais on condamne à plusieurs années d'emprisonnement selon la qualité du crime." [No se condena a muerte, salvo que no sea a causa de un crimen enorme, pero sí se condena a varios años de prisión según el tipo de crimen.]

159. *Histoire de grand et admirable Royaume d'Antangil, op. cit.*, p. 53: "ce qui est encore de plus humain en ce peuple, c'est qu'ils ont que deux sortes de supplices, assavoir la corde & l'espée. Car quand aux cruelles gehennes, elles sont defenduës, n'estimans pas que la parole forcée & extorquée par la violence des tormens, soit suffisante preuve à verifier les delicts."

160. Moro, Tomás, *Utopía*, Buenos Aires, Colihue, 2014, p. 81.

zanería se volviera un mal ejemplo para los Sévarambes, a los cuales les estaba prohibida por las Leyes fundamentales del Estado".[161] Por su parte, en la *Histoire de Calejava*, el narrador explica en el segundo diálogo del Libro V que "los frutos de la tierra y las obras de los particulares son puestos en los almacenes, y los Caludes los distribuyen a cada uno según sus necesidades".[162] Nadie está exento de trabajar tampoco, lo cual hace que con la colaboración de todos, las horas de trabajo por persona se reduzcan a 5 horas por día. Christofile admira esta política, que a su vez compara con la situación en Francia:

> Confieso que si en Francia la nobleza, la Iglesia, los monjes, los mayordomos, los sirvientes inútiles, la gente del palacio, los holgazanes, los productores de cosas vanas y superfluas compartieran con los otros el trabajo que produce alguna ventaja real y efectiva; habría para cada uno lo suficiente para su sostén...[163]

Al igual que en *Utopía*, los valores del mundo moderno también son cuestionados en la *Histoire des Sévarambes*: si en la isla de Moro el oro era utilizado para hacer bacinillas o los grilletes de los esclavos, en el relato de Veiras el dinero no existe.[164] Hacia el final de la tercera parte, el capitán Siden compara las costumbres de los Sévarambes con las de otras naciones para diferenciar claramente la justicia que reina "allí" en relación a la injusticia del "aquí":

> en el fondo, las cosas son las mismas, pero la forma de distribuirlas es distinta. Tenemos entre nosotros gente que rebosa de bienes y de riquezas, y otros a quienes les falta todo. Tenemos gente que pasa su vida en la holgazanería y la voluptuosidad, y otros que sudan sin cesar para ganar su miserable vida. Tenemos quienes son criados en dignidad y que no son dignos ni capaces de ejercer los cargos que poseen; y tenemos finalmente otros que tienen mucho mérito pero que faltándoles bienes de fortuna se pudren en el lodo y están condenados a una eterna bajeza.

---

161. Veiras, Denis, *Histoire des Sévarambes*, *op. cit.*, T. I, p. 192. Asimismo, el tiempo de los Sévarambes está dividido en tres partes, dedicadas al trabajo, al placer y al reposo. Véase Veiras, Denis, *ibid.*, T. I, p. 279: "de peur que leur oisivité ne fût de mauvais exemple aux Sévarambes, ausquelles elle étoit defenduë par les Loix fondamentales de l'Estat."

162. Gilbert, Claude, *Histoire de Calejava*, *op. cit.* (1700), p. 119: "les fruits de la terre & les ouvrages des particuliers sont mis dans des Magasins, & les Caludes les distribuent à chacun selon ses besoins..."

163. Gilbert, Claude, *ibid.*, pp. 120-1: "J'avoüe que si en France la Noblesse, l'Eglise, les Moines, les Valets, les Domestiques inutiles, les gens de Palais, les faineants, les Ouvriers des choses vaines & superflûes partageoient avec les autres le travail qui produit quelque avantage réel & effectif; il n'y en auroit pas pour chacun autant qu'il en faut pour se bien porter"

164. Veiras, Denis, *Histoire des Sévarambes*, *op. cit.*, T. I, p. 135: "car ils ne s'en servent dans aucun endroit de leur domination, & estiment l'usage pernicieux." [...debido a que no lo utilizan en ninguna parte de sus dominios y estiman que su uso es prenicioso.]

Pero entre los Sévarambes nadie es pobre, a nadie le faltan las cosas necesarias y útiles de la vida, cada uno participa de los placeres y divertimentos públicos, sin que por gozar de todo ello tenga necesidad de atormentar el cuerpo y el alma con un trabajo duro y agobiante.[165]

En la *Histoire de Calejava* se condena la equiparación de la felicidad con la posesión de bienes materiales. Povocar el extrañamiento para cuestionar el valor del dinero o la veracidad del texto bíblico es sin duda uno de los recursos de los que se vale el relato utópico para hacer reflexionar al lector desde la distancia. El avaita, anfitrión de los franceses allí exiliados, increpa a sus huéspedes de la siguiente manera:

¿Qué significa para ustedes, dice el avaita, que no falte nada? ¿Es tener un lecho rico y magnífico, o dormir cómoda y tranquilamente? ¿Es tener una mesa servida con vajilla de plata o comer con apetito? ¿Es ser llevado en una silla como enfermo o caminar plenamente sano? ¿Es tener un gorro bordado para cubrir una cabeza agitada con mil preocupaciones, o un simple gorro de lana capaz de evitarle el frío a una cabeza libre de preocupaciones? En una palabra, que nada falte consiste en tener un fastuoso excedente cargado de miles de incomodidades, o no tener más que lo necesario y agradable en conformidad con la naturaleza; y los europeos se contentan con una felicidad imaginaria mientras se sienten realmente infelices. Toman lo extravagante por cortesía y son lo suficientemente insolentes como para tratar de bárbaras a otras naciones.[166]

---

165. Veiras, Denis, *Histoire des Sévarambes, op. cit.*, p. 318-9: "les choses sont les mêmes dans le fond, mais la maniere de les distribuer est differente. Nous avons parmi nous des gens qui regorgent de biens & de richesses, & d'autres qui manquent de tout. Nous en avons qui passent leur vie dans la fainenatise & dans la volupté ; & d'autres qui suent incessamment pour gagner leur miserable vie. Nous en avons qui sont élevés en dignité & qui ne sont nullement dignes ni capables d'exercer les charges qu'ils possedent ; Et nous en avons enfin, qui ont beaucoup de merite, mais qui manquant des biens de fortune croupissent miserablement dans la bouë & sont condamnez à une éternelle bassesse. Mais parmi les Sévarambes personne n'est pauvre, personne ne manque des choses necessaires & utiles à la vie, & chacun a part aux plaisirs & aux divertissemens publics, sans que pour jouïr de tout cela, il ait besoin de tourmenter le corps & l'ame par un travail dur & accablant."

166. Gilbert, Claude, *Histoire de Calejava..., op. cit.* (2012), p. 93: "Qu'appelez-vous, dit l'Avaïte, ne manquer de rien? Est-ce avoir un lit riche et magnifique, ou dormir à son aise et tranquillement? Est-ce avoir une table servie en vaiselle d'argent ou manger avec appétit? Est-ce être porté en chaise malade, ou aller à pied en santé? Est-ce avoir un bonnet en broderie pour couvrir une tête agitée de mille soins, ou un simple bonnet de laine capable de garantir du froid une tête exempte de soucis? En un mot, ne manquer de rien, consiste-t-il à avoir un fastueux superflu chargé de mille incommodités, ou à n'avoir que le nécessaire accompagné de l'agréable parce qu'il est conforme à la nature; et les européens se contentent d'une félicité imaginarie pendant qu'ils se sentent réellement malheureux. Ils prennent leur extravagante pour une politesse, et sont assez insolents pour tratier de barbares les autres nations."

El ejercicio de sacar intencionadamente un fenómeno del ámbito de la percepción automatizada se remontaba en realidad al siglo II d.C.[167] pero desde el siglo XVI había estado íntimamente ligado a la experiencia del viaje y al encuentro con no-europeos propios de la modernidad temprana. En su ensayo "De los Caníbales", a través de los supuestos comentarios realizados por los tupíes tras su recibimiento por Carlos IX en la ciudad de Ruán en 1562, Montaigne había buscado mirar desde la distancia aquella sociedad de la que formaba parte.[168] En el siglo XVIII, este ejercicio devino una práctica extendida de la literatura ilustrada que, a partir de Voltaire, utilizó al extrañamiento como deslegitimador político, social y religioso. Por su parte, las preguntas lanzadas por el avaita en la cita precedente se asemejan a las que muchos años después Denis Diderot formularía en boca de Orou, el habitante de Tahítí que en diálogo con el supuesto capellán de la expedición de Louis Antoine de Bougainville hacía ver al lector lo extraño de sus propias costumbres. En efecto, en el *Supplément au voyage de Bougainville* (1772), a partir del desconocimiento del indígena respecto de la historia bíblica, Diderot criticaría a la religión revelada haciendo un guiño al lector que sí la conocía.[169]

De todas las características atribuidas a las sociedades utópicas en comparación con las costumbres y moral europeas, la diferencia más significativa es sin duda el hecho de que estas naciones *otras* son presentadas como pueblos felices. En el caso de la *Histoire du grand et admirable Royaume d'Antangil*, la idea de que se trata de una comunidad ideal está expresada en la dedicatoria que el autor hace a los grandes señores de las Provincias Unidas. Foigny, por su parte, alude a las "grandes luces" de los australianos en relación con las "tinieblas en las que están envueltos nuestros espíritus".[170] En el caso de Tyssot de Patot, el autor deja entrever las bondades del reino de Bustrol cuando su protagonista se encuentra ya lejos de él y nadie puede comprender por qué ha dejado todo lo bueno que allí había. A través de la mirada incrédula de uno de

---

167. Ginzburg, Carlo, *Ojazos de madera. Nueve reflexiones sobre la distancia*, Barcelona, Ed. Península, 2000, p. 19. Ginzburg señala que el ejercicio del extrañamiento era practicado por Marco Aurelio desde el siglo II a. C. como una técnica moral para dominar las pasiones basada en la deconstrucción de las representaciones cotidianas de las cosas.

168. Montaigne, Michel de, *Ensayos* (I), *op. cit.*, p. 160: "alguien les preguntó qué habían encontrado más admirable [...] Dijeron ante todo que hallaban muy extraño que tantos hombres barbudos, corpulentos y armados (debían referirse a los suizos de la guardia del rey) se sometiesen a obedecer a un niño, y que no se eligiera más bien a uno de ellos para el mando. Luego, como en su lengua se llaman a los hombres "la mitad", los unos de los otros, expusieron que habían advertido que existían entre nosotros personas llenas y hartas de toda clase de comodidades, mientras sus mitades mendigaban por las puertas, demacrados por el hambre y la pobreza. Y lo que asombraba a tales extranjeros era que esas miradas menesterosas tolerasen tal injusticia y no asiesen a los otros por el cuello y les quemaran las caras."

169. Diderot, Denis, *Supplément au voyage de Bougainville*, París, Mille et une nuits, 1975, p. 31.

170. Foigny, Gabriel, *La Terre Australe Connue...*, en Lachèvre, Frédéric, *Les successeurs de..., op. cit.*, p. 67.

los sobrevivientes del naufragio que había permanecido en la costa durante la partida de Massé, el autor afirma:

> Se encontraban en un lugar donde gozaban de dos ventajas a la vez: todo
> el mundo allí es igual, no hay más que algunas personas que tienen hacia
> las otras una pequeña deferencia voluntaria, a causa de sus virtudes y
> del cuidado que se toman para administrar la justicia; eran próximos al
> rey, que los alimentaba con el excedente de un país abundante y fértil,
> de un país bendecido y pacífico, donde tanto los soldados como los
> verdugos están prohibidos, y donde la sangre del hombre es sagrada y
> se encuentra al reparo de la furia y de la tiranía de los grandes; ¿qué
> más querían, por favor? [171]

El elogio más vigoroso, sin embargo, parece encontrarse en la *Histoire des Sévarambes*, donde el narrador se refiere constantemente a la
"feliz nación" de los Sévarambes y desafía al lector a encontrar otra tan
dichosa en este mundo: "En fin, si se toma en cuenta la felicidad de este
pueblo, se verá que es tan perfecto como puede serlo en este mundo, y
que todas las otras naciones son infelices en relación con ella".[172]

4. "Antiguos, modernos y salvajes" en la construcción del relato utópico

Han sido analizados hasta aquí la función del relato de viaje como "traductor" de la otredad, el impacto de los relatos de viaje contemporáneos en
la autenticación de la narrativa utópica y el carácter intrínseco del relato
utópico como productor de alteridad. En relación con este último punto
se destacaron los elementos que, presentes en cada una de las fuentes estudiadas, dan forma a una sociedad que se presenta como ideal en tanto
actúa como contrapunto de los males atribuidos a la sociedad desde la que
se escribe. En esta construcción de una alteridad en su totalidad artificial, no debe olvidarse sin embargo, que lejos de ser creaciones *ex-nihilo*,
muchas de las máximas o modelos presentados por los relatos utópicos
fueron tomados tanto de la Antigüedad clásica como de ciertos principios
y teorías modernas. A su vez, aunque mantenido a cierta distancia, la pre-

---

171. Tyssot de Patot, Simon, *Voyages et aventures de Jacques Massé*, París, Éditions Amsterdam,
2005, p. 236: "Vous étiez dans un lieu où vous jouissez de ces deux avantages à la fois: tout le
monde y est égal, il n'y a que quelques personnes pour qui les autres ont une petite déférence
volontaire, à cause de leurs vertus et des soins qu'ils prennent d'administrer la justice parmi
eux; vous étiez même familiers avec le roi, qui vous nourrissait de la graisse d'un pay abondant
et fertile, d'un pays de bénédiction et de paix, d'où les soldats aussi bien que les bourreaux son
bannis, et où le sang de l'homme est sacré et à l'abri de la rage et de la tyrannie des grands; que
vouliez vous d'avantage, je vous en prie?"

172. Veiras, Denis, *Histoire des Sévarambes, op. cit.*, T. I, p. 320: "Enfin, si l'on considere le bonheur
de ce Peuple, on trouvera qu'il est aussi parfait qu'il le puisse estre en ce monde, & que toutes
les autres Nations sont tres-malheureuses au prix de celle-là."

sencia del *salvaje* como un tercer elemento en la comparación del *mismo* y lo *otro* también se evidencia en las fuentes analizadas.

La elección de estos tres elementos en este capítulo dedicado a analizar el vínculo entre utopía y alteridad retoma la tríada compuesta por *antiguos*, *modernos* y *salvajes* analizada hace ya algunos años por François Hartog. En su obra, el historiador francés presentaba a las figuras mencionadas como tres tipos distintos de otredad que en distintas combinaciones se habían hecho presentes en el pensamiento europeo entre los siglos XVI y XVIII. A partir de la llegada de Europa a América, a los *antiguos*, aquellos *otros* del pasado, había venido a sumársele un nuevo tipo de otredad, la del *salvaje*, que coexistiría a partir de entonces en los márgenes del mundo conocido.[173] En el transcurso del llamado descubrimiento del Nuevo Mundo, la anterior dinámica entre antiguos y modernos había dado paso a nuevas combinaciones al agregarse un tercer personaje en cuestión, la figura del salvaje y sus diversas connotaciones.[174]

La referencia a las figuras del *antiguo*, del *moderno* y del *salvaje* no significa, sin embargo, que en las utopías analizadas exista alusión alguna a los debates que en los siglos XVI y XVII giraron en torno a ellas. En efecto, el debate lascasiano del siglo XVI o la querella de los Antiguos y Modernos del siglo XVII no son temas tratados en las fuentes analizadas. Más allá de esto último, es posible afirmar que la presencia de lo antiguo, lo moderno y lo salvaje sí ocupó un lugar determinado en los relatos utópicos estudiados. En principio, al igual que Moro había hecho con Luciano de Samosata, con el objetivo de caracterizar sus propias sociedades utópicas algunos autores parecieron retomar ciertas máximas heredadas de la Antigüedad. A instancias de su autor, la *Histoire de Calejava* (1700), por ejemplo, debía ser leída en clave lucreciana. En este sentido, si en el siglo XVI Moro había interpretado a Platón en clave lucianesca e insertado a *Utopía* en la misma tradición iniciada por el *Relato verídico* (s. II d.C.), en el siglo XVIII las leyes de los avaitas de Calejava parecieron sustentarse ante todo en el epicureísmo defendido por Lucrecio.

En relación con la presencia de los llamados modernos, debe señalarse que si bien las ideas expresadas por pensadores como Bayle, Descartes, Malebranche, Spinoza o La Peyrère fueron incorporadas en estos relatos utópicos, pasaron por el tamiz de la "traducción". En otras palabras, fueron interpretadas por los autores de utopías que luego volcaron sus

173. Hartog, François, *Anciens, Modernes, Sauvages*, París, Galaande Éditions, 2005, p. 20. En la opinión de Michel De Certeau, no serán estos nuevos otros solamente "salvajes": con el relato de viaje como vehículo, toda cultura diferente se convertirá en un punto de comparación y medición de la propia. De Certeau, Michel, *L'écriture de l'Histoire*, París, Gallimard, 1975, p. 170.

174. Hartog, François, *Anciens, modernes, sauvages*, op. cit., p. 20: "'Nuestro mundo acaba de encontrar un otro', desconocido por los Antiguos, como daba cuenta Montaigne. La onda expansiva de ese segundo movimiento, mayor, se propagó y se hizo sentir por mucho tiempo en las orillas del Mundo Antiguo. El Nuevo Mundo, se encontró conmocionado de punta a punta. Es esa fisura que los relatos del descubrimiento tratarán de captar y reducir. La aparición de un tercer término, volvió el juego más abierto, pero también más problemático."

propias conclusiones en sus textos. En *Voyages et avantures de Jacques Massé*, por ejemplo, el pensamiento de Spinoza sólo se manifiesta a través de las interpretaciones hechas por Tyssot de Patot. Lo mismo podría decirse en el caso de la teoría pre-adamítica de Isaac de La Peyrère, que es interpretada *sui generis* por Gabriel Foigny, o en el caso de Denis Veiras y su confusa interpretación del atomismo tal como aparece en el libro quinto a partir del discurso de Scromenas.[175]

Por otra parte, debe también advertirse que a partir de la crítica o desestimación tanto del saber antiguo como del moderno, los relatos utópicos analizados –al igual que todo relato de viaje en esta época– se presentaron como las últimas versiones de las teorías o descripciones propuestas. La puesta en duda de toda noticia o información anterior a la propia debe ser entendida como una estrategia más empleada con el fin de crear verosimilitud. A su vez, la crítica a un saber anterior se inserta en un contexto más general en el que todos los relatos de viaje eran examinados minuciosamente y con frecuencia puestos en duda ante la publicación de nuevas experiencias. Estos procesos de comparación y contraste han sido advertidos por Peter Burke, para quien:

> Las descripciones de viajes fueron sometidas a examen crítico con el mismo rigor que los relatos de acontecimientos. A medida que aumentó el número de viajeros a países lejanos que publicaron relatos de lo que habían visto, se hicieron más evidentes las contradicciones entre ellos. Algunos viajeros criticaron las inexactitudes de otros. (...) Para otros, algunos escritores más antiguos habían sido simplemente unos mentirosos, ya que nunca habrían estado en los lugares que afirmaban haber visto.[176]

De los relatos de viaje que se legitimaron como versiones fidedignas de aquello que realmente había sucedido, se destaca el caso del ya mencionado pastor hugonote Jean de Léry, quien había iniciado su *Histoire d'un voyage faict en la terre du Brésil* (1578) poniendo en duda el saber antiguo y las noticias contemporáneas (presentadas por el capuchino André Thevet) para contraponerlos con aquello que, él mismo afirmaba, "había visto con sus propios ojos". En efecto, Léry acusa a Thevet de mentir cosmográficamente[177] –en alusión al título que desde el reinado de Enrique IV comportaba el denostado fraile y a la obra que este último mo publicara en 1575.[178] Thevet, por su parte, critica a los Antiguos por

---

175. Veiras, Denis, *Histoire des Sévarambes, op. cit.*, T. II, pp. 223-4.

176. Burke, Peter, *Historia social del conocimiento*, Barcelona, Paidós, 2002, p. 260: "Varios libros de viajes adoptaron la forma de relatos de ficción, desde los viajes de sir John Mandeville, que Richard Hakluyt eliminó deliberadamente de la segunda edición de su famosa colección, hasta la *Descripción histórica y general de Formosa* (1704) de George Psalamanazar."

177. Gandini, M. Juliana, López Palmero, Malena, Martínez, Carolina, Paredes, Rogelio C., *Fragmentos imperiales. Textos e imágenes de los imperios coloniales en América (siglos XVI-XVIII)*, Buenos Aires, Biblos, 2013, p. 49.

178. Se trata de *La cosmographie universelle d'André Thevet, illustrée de diverses figures des choses plus remarquables veuës par l'auteur* (1575).

no haber anunciado la habitabilidad de todo el globo o la existencia del
continente americano entre otras cosas.[179] En ambos casos, la denuncia
de la mentira pareciera cumplir con la doble función de producir y a la
vez permitir la proliferación de relatos de viaje: "escribo para denunciar
el relato del otro: por lo tanto, producen nuevos escritos".[180]

Ahora bien, en lo que refiere al relato utópico, dicha puesta en cuestión
de la veracidad de los textos fue la que paradójicamente permitió presen-
tarlos como versiones "mejoradas" o actualizadas de descubrimientos y
noticias anteriores.[181] Basta para ello recordar los prefacios de la *Histoire
du grand et admirable Royaume d'Antangil*, de la *Histoire des Sévarambes* o de la *Terre Australe Connue*. En los tres casos, los autores recalcan
el hecho de que la información acerca de las tierras australes no ha sido
mucha ni tampoco fidedigna y en consecuencia presentan su relato como
una forma de suplir esta falta. En el caso particular de la *Terre Australe
Connue*, resulta de interés señalar que en el capítulo IV, al entrar en la
descripción de la Tierra Austral, el narrador opone el conocimiento adquirido frente a la experiencia, para dar la razón a esta última. Al referirse
al clima de la Tierra Austral, Sadeur explica que contrariamente a "los
geógrafos, que habiendo dividido la tierra en dos partes iguales por la Línea que llaman Equinoccial, atribuyen igual calor que frío de un lado y
de otro", la experiencia de aquellos que han permanecido en las regiones
del sur ha demostrado que viven en un verano perpetuo.[182]

De la tríada analizada, tal vez el lugar más enigmático es el ocupado por la figura del salvaje, que en el relato utópico parece tener un
papel secundario y en extremo diferente del que desempeñó dentro del
pensamiento ilustrado de mediados del siglo XVIII. En principio, en
el conjunto de estas utopías los salvajes son presentados como seres
irracionales, violentos y en abierto enfrentamiento con las poblaciones
utópicas descriptas. Ocupa así un tercer lugar, al diferenciarse de la
Europa que se ha dejado atrás y de la sociedad utópica a la que se llega.

En el caso de la *Histoire du grand et admirable Royaume d'Antangil*,
las poblaciones bárbaras se encuentran pasando la frontera sur del reino: "está limitado del lado de nuestro Polo por el gran mar de las Indias:

179. Thevet, André, *Les singularitez de la France Antarctique*, Avec notes et commentaires par Paul
Gaffarel, París, Maisonneuve, 1878, capítulo XIX: "Que non seulement tout ce qui est soubs la
ligne est habitable, mais aussi tout le mõde est habité, cõtre l'opinion des anciens", pp. 91-7.

180. Hartog, François, *El espejo de Heródoto, op. cit.*, pp. 276-7.

181. Racault, Jean-Michel, *Nulle part et ses environs..., op. cit.*, p. 127: "Las interferencias de lo
real y de lo ficticio explican, como las diversas formas de contaminación o de hibridación entre
viajes imaginarios y viajes reales, el estatus generalmente incierto de la literatura de viajes en
este período: pseudo-viajes recibidos como relatos verídicos, leídos como novelas."

182. Foigny, Gabriel, *La Terre Australe Connue...*, en Lachèvre, Frédéric, *Les successeurs de...*,
op. cit., p. 93: "les Géographes, qui ayant divisé la terre en deux partie égales par la Ligne
qu'ils nomment Equinoxiale, mettent autant de chaleur et de froid d'un côté et de l'autre."
Las conclusiones a las que arriba Sadeur, no son sin embargo demasiado lógicas. Más allá de
esto último, el pasaje permite observar la contraposición entre el saber heredado y aquel que
es producto de la experiencia que, en caso de esta obra, es reivindicado.

del lado Antártico, por ciertas montañas altas y eternamente nevadas, llamadas Sariché, que están habitadas por gente en extremo bárbara y cruel..."[183] Foigny por su parte se refiere a los Fondins, enemigos acérrimos de los australianos, como seres similares a los europeos. Se enfrentan con los australianos en una feroz batalla de la que Sadeur también participa y a raíz de la cual, por acercarse demasiado al enemigo y no ser lo suficientemente cruel, es condenado a muerte por los hermafroditas: "Tan pronto como oyeron aquellas quejas, me propusieron el fruto del reposo de manera muy desagradable, y acepté muy libremente..."[184]

En la *Histoire des Sévarambes*, el capitán Siden se refiere a la existencia de pueblos bárbaros próximos al Polo Sur con los que los Sévarambes han intentado entablar algún tipo de comercio pero no han tenido éxito. Estos "van desnudos, en invierno se cubren con las pieles de las bestias que matan cuando cazan... Son más o menos toscos según se acerquen o alejen del sol, pero pueden encontrarse en las islas mar adentro habitantes bárbaros con los cuales los Sévarambes no han podido jamás comerciar".[185] Al comienzo del relato, en una carta de un tal Thomas Skinner, quien en teoría había participado del frustrado intento de rescatar a los sobrevivientes del Dragón de Oro, el mismo afirma que comúnmente se cree que en el interior de la Tierra Austral "hay gentes de gran tamaño, que no tienen nada de bárbaro y que llevan a quienes pueden atrapar con ellos a su país".[186]

Por último, en el caso de Tyssot de Patot, las poblaciones salvajes han acechado a los sobrevivientes del naufragio en el transcurso de la estadía de Jacques Massé en el reino de Bustrol y también lo hacen a su regreso. Desconocen las armas de fuego y son descriptas de la siguiente manera: "Nos dimos clara cuenta de que eran salvajes: eran aproximadamente setenta hombres, todos altos y bien formados, cubiertos de pieles hasta las piernas, cargados con arcos y flechas: una gran parte de ellos tenía mazas de cinco a seis pies de largo".[187]

---

183. I. D. M. G. T., *Histoire du grand et admirable...*, *op. cit.*, p. 1: "Il est limité du costé de nostre Pole de la grand mer des Indes: De l'Antarctique de certaines hautes montagnes tousjours pleines de neige, nommées Sariché, habitées de gens fort barbares & cruels."

184. El llamado "fruto del reposo" comido en exceso llevaba a una muerte segura. Foigny, Gabriel, *La Terre Australe Connue*, en Lachèvre, Frédéric, *Les successeurs de...*, *op. cit.*, p. 152: "Aussitot qu'on eût oüy ces plaintes, on me proposa le fruit du repos avec des paroles fort désobligeantes, et je l'acceptay fort librement."

185. Veiras, Denis, *Histoire des Sévarambes*, *op. cit.*, T. II, p. 57-8: "vont tout nuds, quoy que dans l'Hyver ils se couvrent des peaux des bêtes qu'ils tuent à la chasse (...) Ils sont plus ou moins grossiers selon qu'ils s'approchent ou s'éloignent du Soleil, mais on trouve dans des Isles fort avancées dans la mer des Habitans barbares avec qui les Sévarambes n'ont jamais pû lier de commerce assuré."

186. Veiras, Denis, *ibid.*, *Au lecteur*: "il y a des peuples de grande taille, qui n'ont rien de barbare, & qui menent ceux qu'ils peuvent attraper avec ceux dans leur Païs."

187. Tyssot de Patot, Simon, *Voyages et avantures de Jacques Massé*, *op. cit.*, (1710), p. 364: "nous reconnumes fort bien qu'ils étoient Sauvages: ils pouvoient être autour de soixante & dix hommes, tous grands & bien faits, couverts de peau jusques sur les jambes, & chargez d'Arcs & de Fleches : une grande partie avoit des Massues de cinq à six pieds de long."

➤❧ CAPÍTULO V ❧◄

Utopía y renovación cosmográfica

1. Expansión geográfica y competencia ultramarina: cosmógrafos, navegantes y editores construyen una imagen moderna del mundo

El proceso de expansión ultramarina que comenzó a fines del siglo XV y se desarrolló con mayor intensidad en los siglos siguientes desencadenó una serie de transformaciones de las que los relatos utópicos también formaron parte. De todos los cambios desatados, fueron tres los de consecuencias más profundas. En primer lugar, el descubrimiento de nuevos espacios y regiones alentó la competencia ultramarina entre naciones que, a sus históricas rivalidades en el continente europeo, sumaron las disputas por el control de las rutas comerciales a Oriente y por la ocupación y el usufructo de territorios en ultramar. Paralelamente, en términos geográficos, el proceso de expansión ultramarina dio lugar a una imagen "totalmente inédita y más inmediata del 'mundo'", en tanto se transformó la manera de concebir la magnitud y límites del *Orbis Terrarum*.[1] Además de integrar los nuevos descubrimientos y plasmar el avance de los imperios europeos, la nueva geografía –y con ella una nueva cartografía y topografía– reemplazó en el transcurso de los siglos XVI a XVIII las imágenes de la Tierra heredadas de la Antigüedad y la Edad Media.

Sin duda, los aportes de cosmógrafos y navegantes fueron fundamentales en la construcción de una nueva imagen del mundo. Aunque tampoco debe olvidarse el papel de los editores, que fue igualmente importante. A través de su labor, también dieron cuenta de las transformaciones en la *imago mundi*, constituyendo a su manera una tercera manifestación del cambio. En efecto, más allá del impacto que los nuevos descubrimientos pudieron haber tenido en el Viejo Mundo,[2] el interés por publicar las experiencias de viajeros europeos en ultramar a través de distintas compilaciones de viaje fue un rasgo característico de los si-

---

1. Pagden, Anthony, *Señores de todo el mundo, Ideologías del imperio en España, Inglaterra y Francia (en los siglos XVI, XVII y XVIII)*, Barcelona, Editorial Península, 1997, p. 56.

2. Van Groesen, Michiel, *The Representations of the Overseas World in the De Bry Collection of Voyages (1590-1634)*, Brill, Leiden-Boston, 2012, p. 26.

glos XVI y XVII. En la opinión de Michiel van Groesen, el gusto por el enciclopedismo que era en realidad una herencia del Renacimiento se vio impulsado por el arribo de noticias frescas que mantuvieron vigente el interés del público a lo largo del siglo XVI:

> Los esfuerzos por compilar una colección de viajes están firmemente enraizados en esta tradición enciclopédica, y el hecho de que los más importantes trabajos en este género aparecieran en el período comprendido entre 1550 y 1650, indica la estrecha asociación entre la colección de curiosidades exóticas, la publicación de antologías comprensivas sobre varios temas y la recolección de relatos de viaje. Dichas actividades y publicaciones agrupaban los logros del Renacimiento, y los volúmenes eran devorados por un grupo relativamente amplio de lectores curiosos.[3]

En términos editoriales, la difusión de las novedades de ultramar no fue, sin embargo, inmediata. Como bien ha señalado Pierre-François Moreau, a causa del celo con que las potencias ultramarinas ibéricas protegieron sus propios descubrimientos, existió un hiato entre las primeras experiencias de viaje y su divulgación en la prensa.[4] Correspondió esta última tarea a editores ingleses y holandeses, quienes muchas veces en colaboración con los propios navegantes, difundieron en Europa aquello que España y Portugal habían decidido celosamente guardar.[5] Las recopilaciones iniciales, no obstante, estuvieron a cargo de italianos. En 1507 se publicó la primera colección de relatos de viaje en Europa, que llevó por título *Paesi novamente retrovati*. En ella, el académico de Vicenza, Francazaio Montalboddo, compiló los primeros relatos disponibles de los viajes hasta entonces realizados a América, Asia y África, evadiendo así el celo español. La colección, que además fue traducida a varios idiomas, sería reeditada numerosas veces en las décadas siguientes.

---

3. Van Groesen, Michiel, *ibid.*, p. 31.

4. Moureau, François, *Le théâtre des voyages. Une scénographie de l'âge classique*, París, Presses Universitaires Paris-Sorbonne, 2004, p. 17: "Los Grandes Descubrimientos tardaron algún tiempo en hacer gemir a las prensas europeas, ya que al igual que la cartografía, la literatura geográfica era del dominio de los secretos celosamente guardados por los portugueses, catalanes, genoveses y venecianos que, solos, podían dar novedades de los mundos alumbrados por el progreso técnico y el ardor colonial." Margriet Hooglviet introduce por su parte la prevalencia de los autores antiguos para explicar el desfasaje entre descubrimiento y divulgación. Hooglviet, Margriet, *Pictura et Scriptura. Textes, images et herméneutique des* mappae mundi *(XIIIe-XVIe siècles)*, Bélgica, Brepols, Turnhout, 2007, p. 107: "...los descubrimientos geográficos de los siglos XV y XVI no transformaron inmediatamente las prácticas científicas de la época. Los descubrimientos tampoco llevaron a la introducción del empirismo en el sentido moderno del término. Los eruditos del Renacimiento aspiraban sobre todo a la imitación de los modelos clásicos y apelaban siempre al argumento de los autores para comprobar sus aserciones."

5. Van Groesen, Michiel, *The Representations of the Overseas World, op. cit.*, p. 29: "Solo la sistemática cooperación de los navegantes y editores en Inglaterra y la República holandesa, a medida que el siglo llegaba a su fin, abrió la puerta al conocimiento del mundo ultramarino a un grupo de lectores más amplio."

Le siguieron los tres volúmenes de *Delle navigationi et viaggi* del veneciano Giovanni Battista Ramusio, cuyas primeras ediciones fueron realizadas entre 1550 y 1559. En esta obra, además de presentar al público un conjunto de viajes antiguos y modernos, Ramusio, quien también había colaborado con la traducción al italiano de *De Orbe Novo* (1529) de Pedro Mártir de Anglería, incluyó por primera vez una serie de imágenes sobre la flora y fauna descubiertas y un *discorsi* crítico para la mayoría de ellas.[6] El mundo anglosajón seguiría la tendencia con la publicación de las *Principall Navigations* (1589-1600) de Richard Hackluyt y su secuela, la colección de viajes publicada por el ministro anglicano Samuel Purchas en 1625. Bajo el elocuente título de *Hakluytus Posthumus or Purchas his pilgrimes*, Purchas, quien había adquirido el material utilizado por Hackluyt, retomaba su obra y agregaba material que él mismo había recolectado entre 1610 y 1620.

El valor académico de la obra de Purchas, sin embargo, resultaba bastante menor al de colecciones previas, advirtiéndose un cambio en comparación con las obras publicadas en el siglo precedente. En principio, a diferencia de las colecciones de viaje publicadas en el siglo anterior, la compilación de Purchas y la mayoría de las colecciones que se realizaron a lo largo del siglo XVII carecieron de la erudición y precisión teórica de sus antecesoras, al tiempo que apuntaron a un público más vasto y menos pretencioso frente al material que les era presentado. En cuanto a la diferencia cualitativa entre las colecciones de viaje de uno y otro siglo, la ingerencia cada vez mayor de los editores ha sido señalada por Michiel Van Groesen como un factor explicativo de peso, pues

> a diferencia de Montalboddo, Thevet, y Ramusio, los De Bry, Hulsius, y Purchas modificaron los relatos para poder llegar a un vasto grupo de lectores. (...) a raíz del éxito de los De Bry, y como parte del continuo crecimiento de la industria de la imprenta, libreros y editores antes que humanistas y geógrafos coordinaron la siguiente generación de compilaciones.[7]

La alusión a la familia de grabadores y editores De Bry no es, en este sentido, casual. De todas las compilaciones publicadas en el siglo XVII, su colección de viajes, editada entre 1590 y 1634, fue una de las más influyentes en la divulgación de una determinada imagen del Orbe Terrestre y sus habitantes.[8] Presentada en dos series de trece y doce volúmenes respectivamente, las llamadas *Americae* o *India Occidentalis* e *India Orientalis* ofrecieron al lector los relatos de la mayoría de los viajes que desde fines del siglo XV habían sido realizados a América y

---

6. Van Groesen, Michiel, *ibid.*, pp. 40-1.

7. Van Groesen, Michiel, *ibid.*, p. 370.

8. Shirley, Rodney, *Courtiers and Cannibals, Angels and Amazons. The art of the decorative cartographic titlepage*, Países Bajos, HES & DE Graaf Publishers, 2009, p. 76.

Asia. La compilación, que fue publicada en latín y en alemán,[9] presentaba a su vez la colección más exhaustiva de grabados sobre las primeras descripciones del mundo descubierto.[10] Más allá de su valor iconográfico, su inclusión obedeció, al menos en parte, a un objetivo político.

En un contexto de creciente competencia ultramarina y en el marco de los conflictos religiosos que asolaban Europa en este período, las poderosas imágenes grabadas incluidas por los De Bry tuvieron el propósito de fomentar la Leyenda Negra y promover al mismo tiempo la colonización protestante en el Nuevo Mundo. En este sentido, merece señalarse la opinión de Michèle Duchet, para quien la marca distintiva de la colección fueron sus componentes ideológicos. Más allá de los intereses comerciales y del propósito de proveer una visión de conjunto de los viajes exploratorios realizados hasta entonces, Duchet considera que la colección presentada por los De Bry tuvo por principal objetivo "publicar el conjunto de textos escritos por los viajeros protestantes, todos violentamente anti-españoles y anti-católicos, poner en evidencia las atrocidades cometidas en el Nuevo Mundo en nombre del Papa y servir de esta forma a la causa de las naciones protestantes, se tratara de holandeses o de ingleses".[11]

Si bien la validez de esta interpretación para el conjunto de la colección publicada por los De Bry ha sido recientemente cuestionada,[12] es posible distinguir esta actitud anti-española en otras publicaciones realizadas por la familia de grabadores. La versión ilustrada que en 1598 los De Bry produjeron de la *Brevísima Relación* de Bartolomé de las Casas[13] ya había instalado en la conciencia europea la identificación entre los protestantes y los indígenas americanos, sendas víctimas de la tiranía española.[14] Los grabados del texto lascasiano remitían a los *topos* del martirio cristiano y del infierno, y a la vez representaban perturbadoras escenas de cacería, todos ellos eficaces recursos para enfatizar

9. El primer volumen de *Americae* también fue lanzado en inglés y francés.

10. A su vez, los grabados realizados por los De Bry se volverían imágenes arquetipales del Nuevo Mundo. Van Groesen, Michiel, *The Representations of the Overseas World, op. cit.*, p. 387.

11. Duchet, Michèle (dir.), Daniel Defert, Frank Lestringant, Jacques Forge, *L'Amérique de Théodore de Bry. Une Collection de voyages protestante du XVIè siècle. Quatre études d'iconographie*, París, Éditions du CNRS (Centre National de la Recherche Scientifique) y Centre Régional de Publication de Meudon-Bellevue, 1987, p. 10.

12. Otras interpretaciones en torno a las motivaciones del emprendimiento de la familia De Bry han sido recientemente propuestas por autores tales como Michiel van Groesen y Anna Greve. Véase Anna Greve, *Die Konstruktion Amerikas. Bilderpolitik in den Grands Voyages aus der Werkstatt de Bry*. Colonia-Weimar-Viena, Böhlau, 2004 y Michiel van Groesen, *op. cit.*

13. Van Groesen, Michiel, *The Representations of the Overseas World, op. cit.*, p. 117. La Relación de Las Casas no fue incluida en la colección referida. Un estudio exhaustivo de las numerosas ediciones del texto lascasiano puede consultarse en: Roger Chartier, *La mano del autor y el espíritu del impresor*, Siglos XVI-XVIII, Buenos Aires, Editorial Katz, 2016, capítulo 4: "Textos sin fronteras", pp. 89-122.

14. Lestringant, Frank, "Genève et l'Amérique: le rêve du Refuge huguenot au temps des guerres de Religion (1555-1600)", *Revue de l'histoire des religions,* tomo 210, n° 3, 1993, p. 346.

la inhumanidad de los perpetradores de las crueldades relatadas y, de manera concomitante, la inocencia radical de las víctimas americanas.[15] Más allá de la edición de la *Brevísima Relación*, en términos generales, la postura ideológica de los De Bry pareció corresponderse con la procedencia de los relatos que conformaron ambas series, aunque la inclusión mayoritaria de las expediciones hechas por holandeses e ingleses también pudo haberse debido al "giro hacia el norte" que tomaron los viajes exploratorios en las primeras décadas del siglo XVII. En efecto, el cuarenta por ciento de los viajes incluidos en la colección fueron de origen holandés y el treinta por ciento de origen inglés. En porcentajes bastante menores se encontraban luego los relatos de franceses, italianos, alemanes y españoles.[16] El lugar preponderante de los viajes realizados por las Provincias Unidas en *India Orientalis* respondió en gran medida al 'despegue' de esta última como potencia marítima y a la rapidez con que la industria editorial holandesa puso estas experiencias al alcance de los lectores. En términos de Van Groesen, una vez impresos, aquellos viajes fueron luego comprados a sus propios editores por Teodoro De Bry e hijos.[17] Ha sido señalada ya la importancia que tuvo el editor Cornelis Claesz en el comercio editorial de las Provincias Unidas a inicios del siglo XVII, quien se convertiría en uno de los principales proveedores de relatos de viaje holandeses a la familia de grabadores de Frankfurt.

En la misma línea que la colección lanzada por la familia De Bry, en 1646 Johannes Jansonius publicaría la primera compilación holandesa de relatos de viaje que, bajo el título completo de *Comienzo y progreso de la Compañía Neerlandesa Unida privilegiada de las Indias Orientales*,[18] tuvo por objetivo exaltar los viajes holandeses realizados desde la creación de esa Compañía en 1602. Antes que él, en 1598, Levinus Hulsius había publicado una primera colección *in quarto* de viajes ingleses y franceses bajo el título de *Compendio de veintiséis viajes en barco a las Indias Orientales y Occidentales*.[19] Según ha señalado Numa Broc, antes que bellas, las colecciones holandesas de este tipo buscaron ser herramientas de utilidad para posibles empresas comerciales.[20] Desde esta perspectiva, también debería ser tenida en cuenta la obra de Jan Huyghen van Linschoten, cuyo *Itinerarium* de 1596 fue ante todo una "empresa de propaganda, una obra militante cuyo objetivo era alentar a las Provincias Unidas a la aventura ultramarina".[21] Por su parte, con

15. Burucúa, José Emilio y Kwiatkowski, Nicolás, "El Padre Las Casas, De Bry y la representación de las masacres americanas", *Eadem Utraque Europa*, N° 10-11, Buenos Aires, 2011, pp. 147-180.

16. Van Groesen, Michiel, *op. cit.*, p. 47.

17. Cuando no los compraban, los conseguían gracias a los favores de terceros.

18. *Begin ende Voortgangh vande Vereenigde Neederaldtsche geoctroyeerde Oost-Indische Compagnie.*

19. *Sammlung von 26 Schiffahrten nach Ost und West-Indien.* La misma colección comportó 69 volúmenes en 1663.

20. Broc, Numa, *La géographie de la Renaissance*, París, Éditions du C.T.H.S., 1986, p. 41.

21. Broc, Numa, *ibid.*, p. 41.

la publicación en 1584 de *De Spieghel der Zeevaerdt* (*Un espejo para los marineros*), el cartógrafo holandés Lucas Janzoon Waghenaer proveyó el primer atlas de cartas náuticas de los mares del norte y de la costa oeste de Europa. Según ha señalado Rodney Shirley, la obra "fue considerada tan importante para la navegación" que "fue pirateada y traducida al inglés (de la edición en latín de 1586) para ser publicada en Inglaterra en 1588", año en que la Armada Invencible fue derrotada.[22]

En función de estos casos, es posible observar entonces cómo desde comienzos del siglo XVII el papel desempeñado por las Provincias Unidas en la difusión de noticias e imágenes de ultramar las ubicó en la vanguardia de un mercado editorial cuyas decisiones respecto de qué y cuándo publicar respondieron a los intereses ideológicos, políticos y económicos de sus gobernantes y comerciantes.[23] Surgidas en el mismo período, existieron a su vez colecciones de carácter más erudito y completo, destinadas a un público más selecto que aquel que consumía las obras de De Bry. Así, por ejemplo, publicadas por el bibliotecario de la Corona francesa, Melchisédech Thevenot, en 1663, se destacan las

> *Relations de divers voyages curieux, qui n'on point este publiees ou qui ont este traduites d'Hacluyt, de Purchas, & d'autres voyageurs Anglois, Hollandois, Portugais, Allemands, Espagnols, et de quelques persans, arabes, et autres auteurs Orientaux. Enrichies de Figures de Plantes non décrites, d'Animaux inconnus à l'Europe, & de Cartes Geographiques de Pays dont on n'a point encore donné de Cartes.*[24]

Como su título lo indica, las relaciones publicadas en dos tomos por Thevenot venían a suplir las omisiones de Hacluyt y Purchas, al presentar una serie de relatos (en distintas lenguas y alfabetos) que "jamás habían sido publicados". Más allá de esta aseveración, es preciso señalar que muchas de las relaciones incluidas fueron sin embargo traducciones de los textos publicados por los compiladores ingleses en sus propias obras. Ahora bien, de todo el material puesto por Thevenot a disposición de los lectores franceses, se encuentra, entre otros relatos,

---

22. Shirley, Rodney, *Courtiers and Cannibals...*, *op. cit.*, p. 72.

23. Schmidt, Benjamin, *Innocence abroad. The Dutch imagination and the New World, 1570-1670*, Cambridge, Cambridge University Press, 2001, p. xix: "En efecto, la propia novedad y plasticidad del Nuevo Mundo se adaptaban perfectamente a los propósitos y polémicas de la República. Permitía a los holandeses crear una versión de América que hacía juego con la retórica imperante de la época: producir una geografía utilizable dirigida a las cambiantes necesidades de la República." Sobre la relación de la VOC con las autoridades de las Provincias Unidas de los Países Bajos, véase también: Elizabeth A. Sutton, *Capitalism and Cartography in the Dutch Golden Age*, Chicago y Londres, The University of Chicago Press, 2015.

24. *Relaciones de diversos viajes curiosos que no han sido publicados o que han sido traducidos de Hacluyt, Purchas y de otros viajeros ingleses, holandeses, portugueses, alemanes, españoles y de algunos persas, árabes y otros orientales. Enriquecidas de figuras de plantas no descriptas, animales desconocidos en Europa y cartas geográficas de países de los cuales todavía no se han elaborado mapas.*

el ya mencionado naufragio del navío holandés *Batavia* (1629), narrado
por el propio capitán Pelsaert y que bajo el prometedor título de *Descu-*
brimiento de la Tierra Austral: también traducido del holandés incluía
un mapa de aquella "quinta parte del mundo".[25] Tal como había hecho De
Bry en su propia compilación, resulta de interés mencionar que Thevenot
tomó gran parte de la información sobre el sudeste asiático y China
que incluyó en su colección de las experiencias holandesas en las Indias
Orientales, entre las que los viajes de Abel Tasman y Willem Bontekoe
eran los casos más relevantes.

En cuanto a las intenciones políticas de las *Relations de divers vo-*
yages curieux, desde la "Advertencia sobre el diseño y orden de la recopilación" Thevenot instaba a los navegantes e inversores franceses, así
como a la propia Corona, a conquistar el territorio aún inexplorado del
globo. En este sentido, parece necesario volver a las reflexiones de Frank
Lestringant sobre el cosmógrafo real André Thevet, quien al igual que
Thevenot en 1663 en relación con la política imperial de Luis XIV, en
el siglo XVI había llamado a la Corona francesa a expandir su dominio
sobre el mundo. En aquel período, el estrecho vínculo entre el trabajo
del cosmógrafo y las ambiciones coloniales de Francia había convertido
a la cosmografía en "el estadío inicial de todo imperialismo".[26] En términos de ambiciones políticas, la relación que Lestringant traza entre la
Cosmographie Universelle (1575) de André Thevet y la política colonial
que éste deseaba tuviera la Francia de los últimos Valois (Enrique II,
Francisco II, Carlos IX y Enrique III) fue en muchos aspectos equivalente al llamado de Thevenot a establecer colonias francesas en ultramar. Al igual que Thevet, con la publicación de sus *Relations de divers*
voyages... el bibliotecario también se ponía al servicio de la expansión
francesa en ultramar:

> Las razones y los ejemplos precedentes me han hecho creer que mi
> trabajo podría ser algún día útil para aquellos de mi país, cuando el
> amor por la gloria o aquel por el interés, les hagan mover los ojos hacia
> aquel lado. Es en su favor que intentaré incluir en esta selección todo
> lo que los otros pueblos tienen de mejor en este género, y todo lo que
> podrá servir para la instrucción de la navegación, para el comercio o
> para el establecimiento de colonias, del que uno y el otro dependen.[27]

---

25. *Découverte de la Terre Australe: traduit aussi de la Langue Hollandoise.*

26. Lestringant, Frank, *Sous la leçon des vents. Le monde d'André Thevet, cosmographe de la*
    Renaissance, París, Presses de l'Université de Paris-Sorbonne, 2003, p. 16: "De tal forma, la
    cosmografía anticipa la conquista, al tiempo que la alienta, representando las tierras nuevas
    bajo los colores más atrayentes."

27. Thevenot, Melchisedech, *Relations de divers voyages curieux...*, París, 1663, p. 2: "Les raisons
    & les exemples precedens m'ont fait croire que mon travail pourroit estre un jour utile à ceux
    de mon Pays, quand l'amour de la Gloire ou celuy de l'interest, leur feroit tourner les yeux de
    ce costé-là. C'est en leur faveur que j'essayeray de mettre en ce Recueil tout ce que les autres

Dentro del conjunto de compilaciones de viaje publicadas en el transcurso del siglo XVII, el análisis de los casos de De Bry y Thevenot sugiere que más allá del grado de erudición de cada obra o del público al que fueron destinadas, estuvieron determinadas por los intereses de cada parte por dar a conocer aquellas regiones del mundo de las que se tenía poco conocimiento, allanando de tal forma el camino a las potencias advenedizas en la carrera ultramarina.

A su vez, parece posible sostener que, en lo que respecta a la expansión geográfica y la competencia ultramarina, a lo largo del siglo XVII la industria editorial no sólo cumplió un papel de importancia en la divulgación de una imagen moderna del mundo sino que también se puso a disposición de la difusión de los intereses comerciales de las potencias marítimas. La transformación de la *imago mundi* que tuvo lugar en la cultura libresca no podría haberse llevado a cabo, sin embargo, sin la participación de cosmógrafos y navegantes. Tal como ha sido señalado al comienzo del presente apartado, de forma más o menos mediata, cupo a ellos la tarea de construir a partir de la teoría y de la experiencia práctica una imagen renovada del mundo habitado. En cuanto al vínculo entre las viejas teorías cosmográficas y la incorporación de los últimos descubrimientos en diversas descripciones geográficas y mapas, las reflexiones de Numa Broc en torno a la geografía del Renacimiento resultan, aún en la actualidad, un aporte capital. Considerado uno de los pocos en abordar el problema de la representación geográfica en la modernidad temprana, Broc reconstruye las transformaciones acaecidas en la visión del mundo entre los siglos XV y XVII por medio del análisis de las obras de cosmógrafos y cartógrafos tales como Sebastian Münster, Gerardus Mercator y Abraham Ortelius.[28] El autor examina así el papel de las nuevas nociones geográficas, botánicas y etnográficas en la representación del mundo en este período.[29]

En cuanto a la influencia de la cosmografía en la construcción de una imagen moderna del mundo, al igual que más adelante hará Jean-Marc Besse, Broc considera que la "verdadera biblia" geográfica del Renacimiento fue la *Geographia* de Ptolomeo.[30] En la opinión de ambos autores, hasta la publicación del primer atlas moderno, el *Theatrum Orbis terrarum* del cartógrafo flamenco Abraham Ortelius (cuya *editio princeps* data de 1570), el redescubrimiento de la *Geographia* de Ptolomeo en el siglo XV había sabido satisfacer las necesidades de cosmógrafos y

---

Peuples ont de meilleur en ce genre, & tout ce qui pourra servir d'instruction pour la Navigation, pour le Commerce, ou pour l'Estabilssement des Colonies, d'où l'un et l'autre dépendent."

28. Besse, Jean-Marc, *Les grandeurs de la Terre, op. cit.*, p. 15.

29. Broc, Numa, *La géographie de la Renaissance*, París, Éditions du C.T.H.S., 1986, p. 36.

30. En este sentido, el autor retoma el pensamiento del filósofo Georges Gusdorf para quien el descubrimiento de la Antigüedad debe contarse como el primero de los llamados Grandes Descubrimientos. Véase Georges Gusdorf, *Les origines des sciences humaines*, París, Payot, 1967.

navegantes por igual. En principio, la primera edición impresa (con mapas incluidos) de la obra en 1478 revolucionó las teorías cosmográficas
de sus contemporáneos. Su impacto también es reconocido por Besse,
para quien "si la *Geographia* de Ptolomeo no había desaparecido por
completo del universo mental de los eruditos latinos medievales (...), su
difusión en Europa occidental durante el Renacimiento constituyó sin
duda alguna uno de los mayores acontecimientos que contribuyeron a
transformar la imagen del globo terrestre, y más generalmente las representaciones del espacio".[31]

La idea de un "redescubrimiento" de la obra de Ptolomeo debería, sin
embargo, matizarse. En este sentido, si los orígenes de la *Geographia*
datan del siglo II d. C., desde el siglo III en adelante había sido enriquecida con mapas antiguos y modernos. Por su parte, en el siglo V el geógrafo alejandrino Agathodemon había incluido, junto a veintisiete otros
mapas, un mapamundi que seguía una de las proyecciones propuestas
por Ptolomeo.[32] Del conjunto de autores que enfatizan la existencia de
cierta continuidad entre la cartografía de la Edad Media y la del Renacimiento se destaca particularmente Margriet Hoogvliet, para quien la
Geographia, tal como fue presentada en el siglo XV, fue bien recibida
debido a que cosmógrafos y geógrafos ya estaban familiarizados con el
sistema de coordenadas astronómicas. En la opinión de Hoogvliet, la
obra de Ptolomeo no hizo más que enfatizar una práctica existente hacía ya algunos siglos. Además de resaltar las continuidades entre uno y
otro período, a diferencia de Broc y Besse, de forma un tanto categórica
Hoogvliet también niega su carácter novedoso.[33]

En la misma línea, Patrick Gautier Dalché pone en tela de juicio la
idea de un interés renovado por la obra de Ptolomeo en el siglo XV. En
un análisis centrado en la larga duración, Dalché rebate la idea de un
"antes y después" del Renacimiento, haciendo especial énfasis en las
distintas lecturas que desde diversos espacios se hicieron de la obra del
geógrafo de Alejandría entre los siglos IV y XVI.[34] Más allá de las posibles continuidades o rupturas en la recepción del texto a lo largo de los
siglos, en función de evaluar su impacto en la construcción de una nueva
imagen del mundo, convendría indagar en torno a su grado de difusión
en el contexto de los grandes viajes de descubrimiento. En términos de
Jean-Marc Besse,

La importancia que los contemporáneos otorgan a la *Geographia* de
Ptolomeo se mide sin duda en la cantidad de ediciones que la obra

31. Besse, Jean-Marc, *Les grandeurs de la Terre, op. cit.*, p. 111.

32. Cerezo Martínez, Ricardo, *La cartografía náutica española en los siglos XIV, XV y XVI,* Madrid, Consejo Superior de Investigaciones Científicas, 1994, p. 47.

33. Hooglviet, Margriet, *Pictura et Scriptura..., op. cit.*, p.19.

34. Gautier Dalché, Patrick, *La Géographie de Ptolémée en Occident (IVe-XVIe siècle)*, Bélgica, Brepols, Turnhout, 2009.

tuvo: se cuentan entre 1475 y 1578 (fecha de la edición de Mercator), 13 ediciones italianas, 10 ediciones alemanas y dos ediciones francesas (basadas en las ediciones alemanas). Puede hablarse de un verdadero entusiasmo de la Europa erudita por la geografía ptolemaica.[35]

La primera edición impresa sin mapas fue realizada en Vicenza en 1475. Volvería a editarse con mapas dos años después, en la ciudad de Bolonia. Hacia fines del siglo XV, la obra ya había sido publicada siete veces en Alemania y en Italia. La primera inclusión de América data de 1508 y, a partir de 1513, con la incorporación de cinco mapas sobre las tierras recientemente descubiertas en Asia y África, la creación de Ptolomeo dio cuenta también de las grandes navegaciones de españoles y portugueses por el Pacífico Sur.[36] La notable popularidad de la obra hacia fines del siglo XV y principios del XVI no significó, sin embargo, que no se advirtieran ya algunos de los errores allí plasmados o que no existieran opiniones divergentes. Tal como ha señalado Ricardo Cerezo Martínez, más allá de que la visión ptolemaica del mundo haya sido la predominante en la primera mitad del siglo XVI, en esta misma época "existían multitud de mapas y cartas que mostraban la inadecuación de los cánones representativos seguidos por Ptolomeo 1.300 años antes para reproducir gráficamente el mundo conocido".[37]

Esta última observación no debe eclipsar el hecho de que en el siglo XVI la importancia de la *Geographia* radicó, en términos representacionales, en que proporcionó tanto a cartógrafos como a navegantes una visión coherente del mundo. En este sentido, la obra de Ptolomeo se presentó como un sistema de construcción gráfica ordenado y sistemático que se impuso muy pronto como el esquema mental subyacente de todas las representaciones cartográficas de la superficie del globo terrestre.[38] El hecho de que el sistema de paralelos y meridianos ptolemaico permitiera representar tanto las zonas conocidas como las desconocidas del globo terrestre sin duda alentó a la especulación (cartográfica pero también geopolítica) en torno a aquellas zonas "aún por conocer." Por sus propios medios formales, "la 'grilla' ptolemaica [permitía] expresar de igual forma (...) los espacios conocidos y los espacios desconocidos. Lo desconocido y lo conocido [adquirieron] un valor ontológico y epistemológico equivalente".[39]

A diferencia de las representaciones geográficas anteriores, la grilla ptolemaica, tal como fue utilizada desde el siglo XVI en adelante, per-

35. Besse, Jean-Marc, *Les grandeurs de la Terre, op. cit.*, p. 113.

36. Lestringant, Frank, *Le livre des îles. Atlas et récits insulaires de la Genèse à Jules Verne*, Ginebra, Droz, 2002, p. 23.

37. Cerezo Martínez, Ricardo, *La cartografía náutica..., op. cit.*, p. 49.

38. Besse, Jean-Marc, *Les grandeurs de la Terre..., op. cit.*, p. 111. Anthony Grafton, *New World, Ancient Texts. The Power of Tradition and the Shock of Discovery*, Cambridge, Harvard University Press, 1995. capítulo 3: "All coherence gone", p. 105.

39. Besse, Jean-Marc, *ibid.*, p. 147.

mitía la representación de cualquier punto en el espacio y a la vez hacía de la imagen del mundo un "espacio en construcción". No es casual
entonces que los autores de las utopías estudiadas en este libro propor-
cionaran coordenadas geográficas imaginarias pero a la vez plausibles.
Si los límites del *Orbis Terrarum* continuaban expandiéndose con cada
nueva expedición, si cartográficamente a lo largo de los siglos XVI, XVII
y XVIII era representada en cada nuevo mapa la *Quinta Pars* o Tierra
Austral incógnita, y si lejos de trabajar con una imagen fija o estática
del mundo su representación ptolemaica permitía la incorporación de
espacios aún desconocidos, ciertamente el desarrollo del relato utópico
bien puede ser comprendido en este contexto.

A su vez, es posible sugerir que la "innovación" introducida por la
Geographia de Ptolomeo consistió en la posibilidad que brindaba para,
en términos de Christian Jacob, "mostrar aquello que ningún ojo puede
ver".[40] En este sentido, a diferencia de los siglos precedentes, la introducción del sistema ptolemaico de representación cartográfica también
puso en evidencia que el mapa debía ser, ante todo, concebido como una
convención arbitraria, una construcción racional manipulable y problemática.[41] En otras palabras, así como la utopía es por definición un no
lugar, también el mapa es por principio un espacio creado, una representación visual de un mundo cuya única posibilidad de ser visto en conjunto es a través de la delimitación de un espacio "ficticio" de visibilidad.
En torno a esta cuestión, resultan de particular interés las reflexiones
de Jacob, para quien:

> La representación de un mundo imaginario (...) se sitúa de hecho en
> la lógica misma del acto cartográfico, del que constituye una de sus
> manifestaciones extremas, pero emblemáticas. El mapa ficticio pone en
> evidencia la parte esencial de la construcción y la creación, inherente
> al diseño geográfico, que representa menos al mundo de lo que intenta
> esquematizarlo y visualizarlo.[42]

En lo que refiere a este último punto, conviene retomar el concepto
de "localización virtual" desarrollado por Jean-Marc Besse para referirse a la ubicación, mediante coordenadas precisas, de puntos desconocidos en el cuadro de representación cartográfica ptolemaica. A partir

---

40. Jacob, Christian, *L'empire des cartes: approche théorique de la cartographie à travers l'histoire*,
    París, A. Michel, 1992, p. 15: "El mapa es ese dispositivo que muestra aquello que ningún ojo
    puede ver, aún si representa el territorio más familiar, aquel de la deambulación cotidiana.
    Delimita un nuevo espacio de visibilidad en la distancia, aún si mínima, instaurado por la
    representación, aún si esta fuese la más mimética."

41. Gautier Dalché, Patrick, *La Géographie de Ptolémée en Occident (IVe-XVIe siècle)*, *op. cit.*,
    p. 229: "más que haber procurado finalmente una cartografía correcta, el aporte esencial de
    Ptolomeo fue el permitir la profundización de un tema esencial de la representación moderna:
    el mapa como objeto dado sobre una convención arbitraria, manipulable, problemática." Véase
    también Christian Jacob, *L'empire...*, *op. cit.*, p. 16.

42. Jacob, Christian, *ibid.*, p. 360.

del ejemplo del mapa realizado por Paolo Toscanelli en 1474, en el que el geógrafo buscaba resaltar la aparente proximidad entre Europa y Oriente navegando por el Atlántico, Besse señala que es la localización virtual a la que recurre Toscanelli la que "hace perder a lo desconocido su significado de alteridad radical". De tal forma, "el espacio desconocido se vuelve, gracias al mapa y a su poder de prospección, un mundo posible".[43] La idea de conversión de un espacio desconocido en un punto cartográficamente real a partir de su localización en un mapa sin duda invita a reflexionar sobre las coordenadas geográficas ficticias provistas por los autores de utopías y, de forma más general, sobre el hecho de que en su condición de no lugar, estas sociedades fueron ubicadas en tierras marginales o desconocidas pero a la vez "virtualmente localizables" en la superficie de todo mapa impreso en el mismo período.

Debe señalarse por último que, en el transcurso de los siglos XVI y XVII, cada una de las expediciones realizadas y publicadas se llevó a cabo en un contexto de creciente competencia entre naciones europeas por materias primas, territorios o puertos comerciales en ultramar. La marcada participación de naciones como Inglaterra y las Provincias Unidas en los distintos escenarios ultramarinos a lo largo del siglo XVII dio nuevos bríos al proceso de expansión comenzado por España y Portugal a fines del siglo XV. En relación con este último punto, Jonathan Israel ha destacado el papel precursor de España:

> A fines del siglo XVI, España se extendió por el mundo y por lejos sobrepasó en poder y riqueza a todas las otras potencias europeas. Francia, potencialmente un rival para España, era todavía débil y se recuperó sólo gradualmente de los trastornos provocados por las Guerras de Religión (1562-94). Inglaterra en ese entonces era todavía una potencia relativamente menor. Los holandeses en los años alrededor de 1590 estaban recién comenzando su meteórica escalada hacia la supremacía en el mundo del comercio, la navegación y las finanzas.[44]

El poder de España, sin embargo, comenzó a deteriorarse hacia la segunda década del siglo XVII, cuando esta nación y Francia comenzaron a competir por la supremacía en Europa continental. Con el estallido de la guerra franco-española en 1635, Francia pareció presentarse

---

43. Besse, Jean-Marc, *Les grandeurs de la Terre, op. cit.*, p. 147: "Le atribuye una localización virtual. Hace que lo desconocido pierda su significación de alteridad radical. El espacio desconocido se vuelve, gracias al mapa y a su poder prospectivo, un mundo posible. El espacio del globo terrestre en su totalidad se abre entonces, bajo la modalidad de lo posible, a la investigación práctica y al pensamiento humano. Esta transformación del sentido de lo desconocido se vuelve algo así como el horizonte del espacio general que, en la superficie de la Tierra, se abre como un paisaje frente a la existencia humana."

44. Israel, Jonathan, *The Dutch Republic and the Hispanic World, 1606-1661*, Oxford, Clarendon Press, 1982, p. XIV.

como el rival más poderoso de España en el continente.[45] En ultramar, sin embargo, fueron los ingleses, los holandeses y en menor medida los franceses, quienes disputaron el dominio del imperio ibérico. Hacia mediados del siglo XVII, la prevalencia de Francia se vio momentáneamente opacada cuando los movimientos insurreccionales conocidos como la Fronda (1648-53) debilitaron en términos políticos y sociales a la Corona francesa. Más allá de esto último, lo cierto es que en transcurso del siglo XVII la presencia de las potencias europeas rivales a España en los circuitos comerciales que anteriormente monopolizaba se volvió cada vez más fuerte, siendo concurrente con la progresiva opacidad de España y Portugal en su rol imperial. En el caso de Inglaterra, su participación en el concierto de potencias ultramarinas llevó desde sus orígenes la marca de la rivalidad contra España.[46]

Durante el reinado de Isabel I (1558-1603) la actividad de los corsarios se incrementó sustancialmente, al creerse que atacando a España en sus dominios americanos los ingleses obtendrían mejores resultados que mediante una guerra convencional en el Viejo Mundo.[47] En consecuencia, los corsarios actuaron en las sombras del imperio español, atacando navíos, fuertes y puertos, cuando no buscando en las fisuras del sistema monopólico oportunidades comerciales. Tal fue el caso de John Hawkins, quien en 1568 intentó introducir de contrabando esclavos africanos en el Caribe pero fue drásticamente derrotado por la flota española en San Juan de Ullúa, en el Golfo de México. Durante el resto del siglo XVI, Inglaterra acrecentó la presencia de corsarios que, además de hostigar a España en el Caribe para incautar los galeones cargados de metálico, cruzaban el Estrecho de Magallanes para asolar las costas de los centros mineros y comerciales.[48] Siguiendo esa ruta, la flota inglesa comandada por Francis Drake circunnavegó el globo por segunda vez entre 1577 y 1580. El logro se repitió cuando, entre 1585 y 1588, Thomas Cavendish comandó un nuevo viaje de circunnavegación.

Ahora bien, mientras los corsarios merodeaban los contornos de la América ibérica, otros navegantes ingleses recorrían las costas del extremo norte en busca de un pasaje interoceánico noroeste, atraídos por las presuntas oportunidades comerciales que comportaría un acceso marítimo a China que aventajara, además, a la ruta magallánica. Martin Frobisher realizó tres viajes por las costas del mar de Labrador entre

---

45. Israel, Jonathan, *ibid.*, p. xv.

46. López Palmero, Malena y Martínez, Carolina, "Ambición colonial, propaganda anti-española y mercado editorial en la Europa de los siglos XVI-XVIII. Los casos de Inglaterra y Francia en la disputa por América", *Anuario del Centro de Estudios Históricos "Profesor Carlos S. A. Segreti"*, Córdoba (Argentina), año 12, n° 12, 2012, pp. 97-118.

47. Elliott, John H., *El Viejo Mundo y el Nuevo, 1492-1650*, Madrid, Alianza, 1972, p. 115.

48. Rogelio Paredes señala su importancia económica de las costas del Pacífico, "por donde circulaba, como la sangre, el grueso del tráfico colonial" de la América española. Rogelio Paredes, "Introducción", en Anthony Knivet, *Viaje por el Atlántico en el siglo XVI*, traducción de Rogelio C. Paredes, Buenos Aires, Facultad de Filosofía y Letras, 1995 (ix a lii), p. xviii.

1576 y 1578, con decepcionantes resultados.[49] En 1583, Sir Humphrey Gilbert, quien promovió, organizó y dirigió los viajes de Frobisher, se lanzó él mismo a las tierras de Newfoundland con la intención, finalmente frustrada, de fundar una colonia. A partir de la Revolución Gloriosa (1688-91) el poder de Inglaterra se expandiría aún más. Su poder se confirmaría con el estallido de la Guerra de Sucesión española (1702-13), que convirtió a Gran Bretaña en "la más poderosa de las potencias posicionadas contra el poder de Francia y de la España borbónica, con la República Holandesa jugando un rol cada vez más subsidiario, especialmente en el mar y fuera de Europa".[50]

Por su parte, a partir de la creación de la Compañía holandesa de Indias Orientales (VOC) en 1602,[51] las Provincias Unidas desplazaron paulatinamente a Portugal de sus rutas comerciales hacia África y Asia, y otro tanto en América a instancias de la Compañía de Indias Occidentales, instalándose en Nueva Holanda (rebautizada como Nueva York por los ingleses) y en Salvador de Bahía. En esta época, la riqueza de las Provincias Unidas no sólo provino de las exportaciones e importaciones sino también del transporte comercial desde y hacia diferentes regiones del mundo. Desde su base en Batavia, en la isla de Java, la VOC controlaba el comercio interior de los mares orientales, haciendo frente de esta forma a los armadores ingleses y locales. Del comercio africano y americano se encargaba la Compañía holandesa de Indias Occidentales.[52]

De todas las empresas holandesas en ultramar, la que más se destacó sin embargo fue la VOC, cuyo rápido crecimiento entre 1650 y 1680 se debió en gran medida a las políticas adoptadas por sus propios directores. En 1652, con el objetivo de garantizar las comunicaciones con las llamadas Indias Orientales, la compañía tomó posesión del Cabo de Buena Esperanza en el extremo sur de África en una expedición dirigida por Jan Van Riebeek. Tres años más tarde, una expedición desde Java posibilitó el asedio de Colombo en la isla de Ceilán, que cayó en 1656. Al año siguiente, los holandeses controlaban todas las tierras que, al sur de la isla, estaban destinadas al cultivo de la canela y que hasta ese entonces se encontraban en manos de los portugueses.[53] Hacia 1662, la VOC dominaba gran parte del sur de Ceilán.[54] Autores como Jonathan Israel, sin embargo, han considerado este período como uno de relativo estancamiento e incluso declive en relación con los éxitos de la VOC en

49. Morison, Samuel Elliot, *The European Discovery of America. The Northern Voyages*, Nueva York, Oxford University Press, 1971, pp. 497-554.

50. Israel, Jonathan, *The Dutch Republic and the Hispanic World, 1606-1661*, op. cit., p. XIX.

51. Israel, Jonathan, *Dutch Primacy in World Trade*, op. cit., pp. 68-9.

52. Stoye, John, *El despliegue de Europa, 1648-1688*, Madrid, Siglo XXI Editores, (1974) 1991, p. 156.

53. Los portugueses conservaron la posesión de las tierras productoras de canela al norte de la isla.

54. Stoye, John, *El despliegue de Europa...*, op. cit., p. 157-8.

los años precedentes.[55] Al respecto, este autor ha señalado que el poder que la compañía obtuvo en este período respondió en gran medida a un mayor despliegue de recursos militares para hacerse de puestos comerciales que no hubiera conseguido de otra forma.[56]

El poder de las Provincias Unidas en ultramar sería desafiado, sin embargo, por las potencias rivales. Entre 1590 y 1740, la primacía holandesa en términos de comercio internacional fue puesta en jaque por España y sus embargos y raídes marítimos (1590-1647), por Inglaterra, su Acta de Navegación (1651-1674) y las tres guerras anglo-holandesas (1652-4; 1665-7; 1672-4), y por el incremento de las tarifas a la importación impuestas por Colbert en Francia entre 1667 y 1713, año en que se firmó el Tratado de Utrecht. En términos de Israel, "todos trataron de movilizar cada recurso y expediente para romper el sistema holandés y desviar el comercio de la República".[57] Más allá de estos embates, la superioridad comercial holandesa no fue tan fácilmente debilitada y hasta 1740 las Provincias Unidas continuaron aventajando a franceses e ingleses en términos comerciales al menos en las Indias Orientales.[58] Una vez más, es el mismo Israel quien sostiene que "a mediados de 1680 la VOC estaba en la cima de su éxito y prestigio como potencia asiática".[59]

En el caso de Francia, tras los fracasados intentos de asentamiento en la Bahía de Guanabara y la península de Florida en el siglo XVI, hacia la segunda mitad del siglo XVII la política de expansión ultramarina llevada a cabo por esta nación dio paso al ascenso de un nuevo tipo de imperialismo. En principio, a comienzos del siglo XVII la búsqueda de materias primas tales como pieles, azúcar y esclavos impulsó respectivamente las exploraciones de Samuel Champlain y la inmediata colonización del Río San Lorenzo y de Nueva Acadia en Canadá,[60] de Guyana en el Caribe y de Madagascar en la costa sudeste de África.[61] Con el ascenso de Luis XIV (1643-1715) al trono, sin embargo, la Corona pareció más interesada en afianzar sus dominios territoriales en la propia Europa que en ultramar. Tal como ha señalado Rogelio C. Paredes, a partir de 1643, mediante una política de "fronteras naturales", el objetivo de Francia fue el de "extender su soberanía entre los Pirineos

---

55. Israel, Jonathan, *Dutch primacy in World Trade...*, *op. cit.*, p. 246: "La Compañía parecía haber arribado a una crisis general de su riqueza, lo que requería un exhaustivo replanteamiento de la estrategia básica."

56. Israel, Jonathan, *ibid.*, p. 250.

57. Israel, Jonathan, *The Dutch Republic and the Hispanic World, 1606-1661*, *op. cit.*, p. 305.

58. Israel, Jonathan, *Dutch Primacy in World Trade...*, *op. cit.*, p. 331.

59. Israel, Jonathan, *ibid.*, p. 335.

60. Broc, Numa, *La géographie de la Renaissance*, *op. cit.*, p. 160.

61. De la experiencia de colonización en Madagascar sobreviven dos obras escritas por su gobernador Etienne de Flacourt (1648-1655). Estas son la *Rélation de l'isle de Madagascar* y la *Histoire de la Grande Isle de Madagascar 1642-1660*, ambas publicadas en 1658. Véase Ray Aniruddha, "French Colonial Policy in seventeenth century Madagascar: François Martin's Account", en *Archipel*, volumen 17, 1979, pp. 81-97.

y el Rhin y entre el Canal de la Mancha y los Alpes, y su hegemonía en todo el resto del continente".[62] De igual forma, Frank Lestringant ha resaltado la aversión de Luis XIV por las empresas lejanas.[63]

Más allá de esto último, a principios de su reinado podían contarse entre sus posesiones ultramarinas las islas caribeñas de Martinica, Guadalupe, Tortuga, Granada, Marie-Galante, Sainte-Croix, Saint-Martin, Saint-Barthélemy, la Désirade, los Santos, Tobago y Saint-Christophe.[64] Los esfuerzos para estimular el comercio ultramarino francés realizados a partir de 1661 por el ministro de finanzas, Jean-Baptiste Colbert, tampoco deben ser desestimados. En 1664 fundaría las Compañías francesas de Indias Orientales y Occidentales, y la Compañía del Norte en 1669. Mientras que la primera tuvo a su cargo el control de todas las costas del Océano Índico, la Compañía de Indias Occidentales gozó del monopolio del comercio de Nueva Francia, las Antillas y África Occidental. Tras su disolución en los años siguientes, todas ellas serían refundadas por comerciantes privados. En efecto, de las compañías fundadas inicialmente por Colbert, hacia 1678 sólo sobrevivían las bases en Madagascar y Pondichery de la Compañía de Indias Orientales. La Compañía de Indias Occidentales pasó a manos privadas poco tiempo después y en Canadá, luego de consolidar la autoridad soberana del rey, los derechos de propiedad y comercio fueron transferidos a una nueva compañía en 1664.[65] Entre 1719 y 1731, sin embargo, las tres fueron nuevamente agrupadas bajo el título general de Compañía de Indias.[66]

En términos comerciales, Luis XIV también orquestó una política dirigida contra sus principales competidores. En 1687 prohibió la importación de arenque y textiles holandeses y, al año siguiente, incautó sus cargamentos de vino. El monarca francés se enfrentó a las Provincias Unidas en la Guerra de los Nueve Años (1688-97)[67] y en las Indias Orientales atacó a la VOC en varias ocasiones, aunque los resultados no siempre fueron satisfactorios. En 1672 Luis XIV invadió Ceilán en alianza con el rey local pero, tras ser forzado a capitular en 1674, decidió no volver a atacar a las Provincias Unidas en Asia.[68]

En cuanto a las expediciones francesas realizadas en este mismo período en el hemisferio sur, se destaca el frustrado intento de Jean-

---

62. Paredes, Rogelio C., "François Froger: ingeniero, cronista y corsario de la Francia de Luis XIV (1695-1697)", en Gandini, M. Juliana, López Palmero, Malena, Martínez, Carolina, Paredes, Rogelio C., *Fragmentos imperiales: textos e imágenes de los imperios coloniales en América (Siglos XVI-XVIII)*, Buenos Aires, Biblos, 2013, p. 103.

63. Lestringant, Frank, *Sous la leçon des vents*, op. cit., p. 19.

64. Broc, Numa, *La Géographie des Philosophes. Géographes et voyageurs français au XVIIIe siècle*, París, Editions Ophrys, 1975, p. 79.

65. Stoye, John, *El despliegue de Europa*, op. cit., p. 249.

66. Broc, Numa, *La Géographie des Philosophes...*, op. cit., p. 78.

67. Israel, Jonathan, *The Dutch Republic and the Hispanic World...*, op. cit., 1982, p. 354.

68. Israel, Jonathan, *Dutch Primacy in World Trade...*, op. cit., p. 331.

Baptiste de Gennes por llegar al Océano Pacífico a través del estrecho de Magallanes en 1695, del que sobrevive el relato de viaje del joven François Froger.[69] La hazaña fue intentada nuevamente recién en 1766, cuando Francia emprendió su primer viaje de circunnavegación exitoso a cargo de Louis-Antoine de Bougainville. Pero incluso en este contexto más auspicioso para Francia, la falta de los preciosos datos holandeses sobre cómo abordar la navegación de los mares del sur fue destacada por el propio Bougainville. En su diario de abordo, el almirante francés expresó su necesidad de acceder a esta información de la siguiente manera:

> Aunque estoy convencido de que los holandeses retratan la navegación en las Moluccas como mucho más peligrosa de lo que realmente es, sé que es, sin embargo, una navegación llena de abismos y dificultades. Siendo la mayor dificultad para nosotros el hecho de que no teníamos un mapa preciso sobre la zona, dado que los mapas franceses de esta parte de las Indias eran más propensos a hacer que las naves se perdieran, que a orientarlas.[70]

También lamenta no tener la versión original de los diarios de abordo de viajeros ingleses y franceses con experiencia en el Atlántico sur como John Narborough y Jacques Gouin de Beauchesne: "Cuántas veces he lamentado acaso no haber tenido los Diarios de Narborough y Beauchesne, tales como fueron escritos por sus propias manos, y haber sido obligado a consultarlos sólo como extractos desfigurados".[71] La breve selección de algunos fragmentos de su diario aquí realizada parece indicar la situación desventajosa en la que, aún en el siglo XVIII, se encontraba Francia respecto de las potencias coloniales que para entonces habían realizado hacia ya varias décadas sus propios viajes de circunnavegación.

Han sido examinadas hasta aquí las distintas formas en que, entre los siglos XVI y XVII, editores, cosmógrafos y navegantes participaron de la construcción de una nueva imagen del mundo. A su vez, se ha hecho especial hincapié en el impacto que, a la luz de los nuevos descubrimientos, ejerció en términos conceptuales la *Geographia* de Ptolomeo. En cuanto a la competencia ultramarina que se desarrolló entre las

---

69. Broc, Numa, *La Géographie des Philosophes, op. cit.*, p. 109. Véase también Rogelio C. Paredes, "François Froger: ingeniero, cronista y corsario...", *op. cit.*

70. Delmas, Adrien, "From travelling to history: An outline of the VOC writing system during the 17th century", en Delmas, Adrien, Penn, Nigel, *Written culture in a Colonial context. Africa and the Americas, 1500-1900*, Ciudad del Cabo, UCT Press, 2011, p. 119 (citado de *Voyage autour du monde*, París, Presses Universitaries de Paris Sorbonne, 2001, p. 309). Los autores agregan: "No hay duda de que la administración de la Compañía, para retener la exclusividad del comercio de las especias, es muy sabia y que la navegación por estos mares es muy difícil y conocida solo por los holandeses." Citado de *The Pacific Journal of L.A. Bougainville*, Londres, Hackluyt Society, 2002, p. 149.

71. Delmas, Adrien, *ibid.*, p. 186: "How many times haven't I regretted not having the Journals of Narborough & Beauchesne, such as they were written by their own hands, and being obliged to consult them only from disfigured extracts."

distintas potencias marítimas europeas en este mismo período, el hecho de que los relatos utópicos hayan dado cuenta de ella al aludir a los
circuitos comerciales y rencillas políticas para autenticar sus historias
será objeto del siguiente apartado.

2. La utopía como recreación de un espacio geográfico verosímil desde el centro del mundo editorial

Es posible afirmar entonces que el no lugar propuesto por los relatos
utópicos del siglo XVII sólo puede pensarse como el producto de un espacio
y un tiempo determinados: una Europa sumergida en una crisis religiosa
sin precedentes, pero también abierta al mundo en un contexto de viajes
exploratorios y ocupación territorial. Si en 1516 Moro había dado cuenta
de los avances en materia geográfica, las utopías publicadas en lengua
francesa en el siglo XVII no sólo hicieron lo propio sino que también re-
firieron a la competencia ultramarina desarrollada en las décadas previas. En la misma línea, mientras Moro había insertado las aventuras
de Hitlodeo en el marco de las expediciones españolas y portuguesas al
Nuevo Mundo, en el siglo XVII los relatos utópicos estudiados reflejaron,
por su parte, la intervención de nuevos actores en el proceso de expansión. Aunque solapadamente, en los cinco relatos utópicos examinados
los intereses coloniales de las distintas potencias europeas son puestos
en evidencia en los itinerarios de viaje, los personajes y las situaciones
en las que se ven envueltos en su camino hacia y desde las sociedades
utópicas. No es casual que el protagonista de cada una de estas utopías
sea siempre un personaje francés que, en los navíos de otras potencias
coloniales, llega a tierras desconocidas, lo que sólo deja disponible para
Francia un no lugar en la gran competencia de las potencias europeas
por expandir sus horizontes geográficos.

Resulta llamativo, sin embargo, que este último punto haya sido sos-
layado en términos historiográficos y literarios. En su análisis de las
utopías publicadas durante el reinado de Luis XIV, por ejemplo, Lise
Leibacher-Ouvrard hace referencia a "las rivalidades de las grandes
potencias europeas" al explicar la razón por la cual el navío que rescata
a Jacques Massé dice navegar bajo las órdenes secretas de algún rey o
compañía comercial, pero no avanza más en esta dirección.[72] A su vez,
en el campo de las letras, autores como François Moureau han centrado
su atención exclusivamente en el lugar de la Tierra Austral Incógnita
como espacio marginal donde ubicar la utopía pero no han indagado
necesariamente en el vínculo entre aquel espacio y las ambiciones coloniales de las potencias europeas. Se cuentan como notables excepciones
los trabajos de Jean-Michel Racault y Frank Lestringant, quienes más
allá de no haberse centrado específicamente en el vínculo entre utopía

---

72. Leibacher-Ouvrard, Lise, *Libertinage et utopies sous le règne de Louis XIV*, Ginebra, Droz,
    1989, p. 72.

y competencia ultramarina, han procurado ligar la dimensión espacial de la primera con la situación de la Corona francesa en términos de sus ambiciones político-religiosas.[73]

En función de lo antedicho, parece volverse aún más necesario retomar el problema de la carrera ultramarina que las utopías reflejan. En principio, además de presentarse como el reflejo invertido de la sociedad desde donde escribe el autor, también constituyen valiosas fuentes para observar cómo, aún desde la ficción, se evidencia la compleja red de circuitos mercantiles, navíos, mercancías, agentes comerciales y funcionarios políticos que, en términos de la expansión y el capital comercial, en el siglo XVII ubicaron a algunas potencias delante de otras. En este sentido, más allá de que las utopías estudiadas se presentaran como la antítesis de la Europa del siglo XVII, no dejaron de reflejar la dinámica de ciertas relaciones de poder tanto en el continente como en ultramar.

En el caso de la *Histoire du grand et admirable Royaume d'Antangil* (1616) se señaló ya que el protagonista, de origen francés, dice haber formado parte de la tripulación comandada por el holandés Jacques Corneille Van Neck rumbo a la isla de Java en 1598. Asimismo, en la dedicatoria el narrador destaca el objetivo comercial de las Provincias Unidas y señala que procuran "enviar vuestras flotas a las Indias Orientales para traer consigo las riquezas que esas fértiles tierras producen, y aumentar de esta forma tanto los bienes del público como de los particulares".[74] Mientras estudia lenguas orientales para convertirse en intérprete,[75] conoce a un comerciante italiano, que a su vez le presenta al embajador del Reino de Antangil. El autor reconoce con ello la prevalencia del dominio holandés en la zona y hace de Bandam una ciudad cosmopolita. En cuanto a esta última, es probable que el autor se refiriera en realidad al puerto de Bantam en la isla de Java, que se había convertido en el principal centro comercial en el tráfico holandés de especias de los siglos XVI y XVII. Hasta principios del siglo XVI aquel puerto había sido la capital del sultanato de Banten, pero en 1603 tanto ingleses como holandeses habían establecido puestos comerciales de carácter permanente. El control de la ciudad sería disputado por portugueses y holandeses a lo largo del siglo XVII.

---

73. Véase para ello Jean-Michel Racault, "Résonances utopiques de l'Histoire des navigations aux Terres australes du président de Brosses", en Leoni, Sylviane, Ouellet, Réal (dir.), *Mythes et géographies des mers du Sud. Études suivies de l'Histoire des navigations aux Terres australes de Charles de Brosses*, Dijon, Editions Universitaires de Dijon, 2006. También Frank Lestringant, "Genève et l'Amérique: le rêve du Refuge huguenot au temps des guerres de Religion (1555-1600)", *Revue de l'histoire des religions*, tomo 210, n° 3, 1993, pp. 331-347.

74. I. D. M. G. T., *Histoire du grand et admirable Royaume d'Antangil*, Saumur, Thomas Proteau, 1616, Dedicatoria, s/p: "envoier vos flottes aux Indes Orientales pour en rapporter les richesses que ces fértiles terres produisent, & augmenter par tel moien tant les biens du public, que des particuliers."

75. Una práctica recurrente de los extranjeros al servicio de la VOC.

Gabriel Foigny, por su parte, reconoce en la *Terre Australe Connue* (1676) la primacía holandesa en términos marítimos. Desde la "Advertencia al lector", el narrador afirma que el supuesto descubrimiento de la Tierra Austral realizado por Magallanes en 1520 había sido desmentido por los holandeses cuando, en el cruce del Océano Atlántico al Pacífico, comprobaron que el piloto portugués no había visto más que islas o posibles continuidades de América.[76] En la misma "Advertencia…", el narrador explica que los holandeses, "quienes comercian regularmente con Java La Grande, nos aseguran que no se han descubierto más que numerosas islas, y no el continente de la Tierra Austral".[77]

Admite, sin embargo, la importancia del portugués Pedro Fernández de Quirós y de su segundo oficial al mando, el gallego Luis Paez de Torres, quienes según el autor no llegaron a la Tierra Austral pero fueron los que más se acercaron a ella. Más allá de esto último, en la opinión del narrador el descubrimiento y futura ocupación de tales tierras debe atribuírsele a Luis XIV de Francia, pues aunque el protagonista haya sido criado por una casa de notables portugueses y por ello deba fidelidad a España, "el fruto pertenece al árbol que lo ha cargado y, dado que su padre y su madre eran franceses, podemos asegurar que el privilegio es de Francia".[78]

En cuanto a los espacios geográficos intermedios que recorre Sadeur a lo largo del relato, se destaca la primacía y control portugueses en lo que refiere a la circunnavegación de África, el control francés de Madagascar y los viajes exploratorios de los portugueses a la supuesta Tierra Austral. Jacques Sadeur, quien ha nacido en un navío francés que regresa de las Indias Occidentales, naufraga en el cabo de Finisterre en España. Tras ser criado por una familia portuguesa que apoya la anexión de esta nación a España, en su juventud es secuestrado por un navío portugués que lucha por librarse del yugo de esta última potencia. Al naufragar ese barco, lo rescata una flota portuguesa "compuesta de cuatro buques comerciales que se dirigían a las Indias Orientales".[79] Llega al Reino del Congo, donde encuentra nuevamente a tres portugueses, quienes le describen las maravillas del Reino, que el protagonista juzga un "verdadero paraíso terrestre".[80] Al llegar al extremo sur de África, Sadeur reconoce que el primer europeo en arribar fue Vasco da Gama, aunque no lo identifica como portugués sino como español.[81] Cuando la flota portuguesa se dirige a Madagascar, un fuerte viento los empuja hacia las

76. Foigny, Gabriel, *La Terre Australe Connue*, en Lachèvre, Frédéric, *Les successeurs de Cyrano de Bergerac*, París, Honoré Champion, 1922, p. 63.

77. Foigny, Gabriel, *ibid.*, p. 64.

78. Foigny, Gabriel, *ibid.*, p. 65.

79. Foigny, Gabriel, *ibid.*, p. 75.

80. Foigny, Gabriel, *ibid.*, p. 76. Sus habitantes, sin embargo, serán descriptos como vagos, simples y estúpidos.

81. Foigny, Gabriel, *ibid.*, p. 80.

islas de la Trinidad, donde el navío finalmente encalla. El archipiélago
es ubicado por el narrador en el "grado treinta y tres de latitud austral",
aunque no especifica la longitud.[82] Tras algunas desventuras más, el
protagonista llega a la Tierra Austral y estima sus límites según lo que
"pudo comprender gracias a varias relaciones y lo que pudo describir
según los meridianos de Ptolomeo".[83]

En cuanto a la presencia de europeos en las tierras australes, Sadeur
explica que antes de su llegada, los australianos habían visto ya navegantes europeos.[84] En efecto, poco antes de su arribo a aquellos parajes,
dos flotas de origen portugués y francés habían arribado a sus costas, y
se habían enfrentado con ellos. Al finalizar la cruenta batalla, todos los
europeos habían sido masacrados y colgados de los mástiles.[85]

Tras escapar de la Tierra Austral, Sadeur es finalmente rescatado
por un barco francés que había partido de Madagascar para dedicarse al
pillaje y a la búsqueda de fortuna.[86] El protagonista enfatiza especialmente el deseo francés de expandirse por los mares del sur y ocupar alguna
isla, al explicar que "los franceses tienen gran deseo de apoderarse de
ellos, dado que el pasaje sería más cómodo y menos peligroso que el Cabo
de Buena Esperanza. Pero es una empresa que requiere más tiempo y
más gente de la que el Gobernador podía en aquel entonces proveer".[87]

Una vez en Madagascar, el narrador también hace mención del puerto de Tonbolo, ubicado "bajo el trópico de Capricornio en el meridiano
65 según la geografía de Ptolomeo",[88] y afirma que estaba ocupado por
franceses (mayoritariamente), portugueses, ingleses y pocos holande-

---

82. Foigny, Gabriel, *ibid.*, p. 82: "trente-troisième degré de latitude Australe, mais je ne pus rien
    connoître de la longitude." La tradición bíblica sostiene que es en esta latitud que se encuentra
    el Paraíso. Por la descripción de Foigny, es probable que se trate de las islas Trinidad y Martín
    Vaz, descubiertas por los portugueses en 1502, actualmente pertenecientes a Brasil y ubicadas
    a 1200 km del puerto de Vitória sobre el Océano Atlántico. Sobre la ubicación del Paraíso
    en la latitud 33, véase Carlo Ginzburg, "Latitude, Slaves, and the Bible: An Experiment in
    Microhistory", en *Critical Inquiry*, Vol. 31, No. 3 (primavera de 2005), pp. 665-683.

83. Foigny, Gabriel, *ibid.*, p. 89: "je l'ay pû comprendre par plusieurs relations et que je le puis
    décrire selon les méridiens de Ptolémée..."

84. Foigny, Gabriel, *ibid.*, p. 147. En opinión de los australianos, éstos son considerados monstruos
    marinos, monstruos desconocidos o semi-hombres marinos.

85. Foigny, Gabriel, *ibid.*, p. 148.

86. Foigny, Gabriel, *ibid.*, p.158.

87. Foigny, Gabriel, *ibid.*, p. 159: "les François ont une grande passion de s'en saisir, parce que le
    passage seroit plus commode et moins dangereux que le Cap de Bonne-Espérance. Mais c'est
    une entreprise qui demande plus de temps et plus de monde que le Gouverneur n'en pouvoit
    fournir alors."

88. Probablemente se refiriera al actual sitio de Tampolo, en la costa noreste de la isla. Dado lo
    detallado de sus descripciones, es posible que Foigny haya accedido a algún relato de viaje
    contemporáneo sobre Madagascar. Hasta 1676 habían sido publicados la *Relation de l'isle de
    Madagascar* de François Coche (París, 1651), la *Histoire de la grande isle de Madagascar* y
    el *Dictionnaire de la langue de Madagascar* de Étienne Flacourt (París, 1655 y 1658) y *Les
    voyages faits par le sieur D. B. aux Isles Dauphine ou Madagascar, et Bourbon ou Mascarene*
    de Du Bois (París, 1674).

ses.[89] Finalmente, el protagonista vuelve a Europa en un barco italiano proveniente del reino Mogol, que arriba al puerto de Livorno en Italia.

En el caso de la *Histoire des Sévarambes* (1677), el conflicto entre potencias ultramarinas ocupa un lugar aún más importante. Esto puede deberse a la carrera política de su propio autor, Denis Veiras, quien había participado de las intrigas orquestadas por Lord Buckingham durante su estadía en Inglaterra y había partido en misión diplomática a las Provincias Unidas en el marco de la tercera guerra anglo-holandesa ocurrida entre 1672 y 1674. Desde un principio, el autor reconoce el papel preponderante de las Provincias Unidas en la exploración de los mares del sur, aunque admite que, cegados por el afán de lucro, las relaciones de viaje sobre aquellas tierras han sido imperfectas e incompletas. Sobre los holandeses dice entonces que "tienen muchas tierras en las Indias Orientales, viajan además a mil otros lugares, donde su negocio los llama, y sin embargo nosotros no tenemos más que algunas relaciones cortas e imperfectas de los países donde se han establecido, o cerca de los cuales sus barcos pasan todos los días".[90] Vuelve a criticarlos cuando reconoce que han navegado las costas de la Tierra Austral pero no han elaborado mapas precisos:

> Muchos han singlado el largo de las costas del Tercer Continente, comúnmente llamado Tierras Australes desconocidas, pero nadie se ha tomado el trabajo de ir a visitarlas para describirlas. Es verdad que las costas pueden verse en los mapas, pero tan imperfectamente que no puede obtenerse más que un conocimiento muy confuso de ellas. Nadie duda de que exista tal Continente, puesto que muchos lo han visto, e incluso han descendido: pero como no han osado avanzar en el país, en tanto eran llevados con frecuencia contra su voluntad, no pudieron dar más que descripciones muy triviales.[91]

A su vez, la partida y el regreso del protagonista, el Capitán Siden, se producen a bordo de un navío holandés. En 1655 Siden parte del puerto de Texel en el Dragón de Oro, "armado para Batavia, cargado

---

89. Foigny, Gabriel, *La Terre Australe Connue*, en Lachèvre, Frédéric, *Les successeurs de...*, *op. cit.*, p. 160.

90. Veiras, Denis, *Histoire des Sévarambes*, Ámsterdam, Chez Estienne Roger, 1702, *Au Lecteur*, s/p: "ils ont beaucoup de terres dans les Indes Orientales, ils voyagent encore en mille autres endroits, où leur negoce les appelle, & cependant nous n'avons que quelques Relations courtes & imparfaites des pays mêmes où ils sont établis, où proche desquels leurs vaisseaux passent tous les jours."

91. Veiras, Denis, *ibid.*, *Au Lecteur*, s/p: "Plusieurs ont singlé le long des Costes du Troisieme Continent, qu'on appelle communement, les Terres Australes inconnuës, mais personne n'a pris la peine de les aller visiter pour les décrire. Il est vray qu'on en void les rivages dépeints sur les Cartes, mais si imparfaitement, qu'on n'en peut tirer que des lumieres fort confuses. Personne ne doute qu'il n'y ait un tel Continent, puisque plusieurs l'ont veu, & même y ont fait descente ; mais comme ils n'ont osé s'avancer dans le pays, n'y estant portez le plus souvent que contre leur gré, ils n'en ont pû donner que des descriptions fort legeres."

de plata, de pasajeros y de otras cosas".[92] En él se embarcaron un total de 400 personas, entre las que, además de Siden, de origen francés, se contaban holandeses, flamencos y saboyanos. Por su parte, el navío en el que viaja a su regreso es atacado por una flota inglesa "en la Mancha, en lo que fue el comienzo de la guerra que siguió después".[93] La mención que el narrador hace de la presencia de un representante de la Compañía holandesa de Indias Orientales en Inglaterra con el objetivo de firmar un tratado de comercio entre ambas naciones muestra a su vez las inestables alianzas entre potencias marítimas.[94] Veiras, quien utiliza esto para construir un relato creíble, traza involuntariamente un mapa bastante certero de las distintas posiciones en las que se encontraban dichas naciones en la segunda mitad del siglo XVII.

En la ruta seguida por Siden hacia Batavia, pasa por las islas Canarias (para aprovisionarse), las islas de Cabo Verde hasta el tercer grado de latitud sur y luego, debido a una serie de tormentas y vientos fuertes, llega a una isla o continente desconocido. A su regreso, parte de la Tierra Austral en 1671 para navegar hacia las costas de Persia primero, de allí seguir a una caravana hasta Esmirna y luego en un navío holandés llegar a Europa.

Por otra parte, resulta de interés señalar que los Sévarambes se comunican con los recién llegados en español y en holandés, acaso las lenguas más importantes en el proceso de expansión ultramarina de los siglos XVI y XVII respectivamente.[95] Al preguntarle a un habitante de la Tierra Austral cómo había aprendido el holandés, el hombre responde haber visitado las colonias pertenecientes a esa nación en las Indias Orientales: "Viajé por vuestro continente y, después de haber vivido algunos años en Persia, pasé a las Indias vestido como un persa y bajo su nombre. Vi la corte del Gran Mogol, de allí fui a Batavia y a las otras colonias holandesas, donde me quedé el tiempo suficiente como para aprender la lengua".[96] La presencia holandesa en los mares del sur aparece nuevamente en el libro cuando el narrador hace hincapié en la frecuencia con la que, en los últimos tiempos, navíos de ese origen ha-

92. Veiras, Denis, *Histoire des Sévarambes, op. cit., Au Lecteur*, s/p : "fretté pour Batavia, chargé d'argent, de passagers, & d'autres choses."

93. Veiras, Denis, *ibid., Au Lecteur*, s/p: "dans la Manche ce qui fut un commencement de la guerre qui suivit incontinent aprés." A su regreso Siden "vint enfin à Smyrne Ville de Natolie, où il s'embarqua sur un Navire de la Flote Hollandoise, qui estoit preste à revenir en Europe." Veiras, Denis, *ibid., Au Lecteur*, s/p. [vino finalmente a Esmirna, ciudad de Anatolia, donde se embarcó en un navío de la flota holandesa, que estaba listo para regresar a Europa.]

94. Tal como fue indicado en el capítulo V, también es nombrado el General Maëtsuycker, quien fuera el auténtico director de la VOC en Batavia en este período.

95. Veiras, Denis, *Histoire des Sévarambes, op. cit.*, T. 1, p. 102.

96. Veiras, Denis, *Histoire des Sévarambes, op. cit.*, T. 1, p. 166: "J'ay voyagé dans vostre Continent, & qu'apres avoir demeuré quelques années en Perse, je passay dans les Indes en habit & sous le nom d'un Persan. Je vis la Cour du grand Mogol, de là j'allay à Batavia, & dans les autres Colonies Hollandoises, où je fis un assez long séjour pour en apprendre la langue."

bían sido avistados desde algunas de las ciudades de los Sévarambes: "Es cierto que esa ciudad, situada a una distancia razonable del mar en un país de llanuras y lejos de las altas montañas de Sevarambe, parece bien ubicada para ver con frecuencia espectáculos similares, sobre todo desde que los holandeses y otras naciones de Europa hacen tan frecuentes navegaciones hacia las Indias Orientales, hacia la China y hacia Japón".[97]

Por su parte, a diferencia de los relatos utópicos anteriores, la *Histoire de Calejava* (1700) no hace referencia alguna a las potencias ultramarinas mencionadas. El narrador sólo menciona a Lituania, a la reina María Luisa de Polonia y al hecho de que los avaitas viajan a otros países para buscar "lo mejor que tienen los otros".[98] De los cuatro protagonistas, uno es de origen turco, pero es probable que la introducción de este personaje en el relato responda al deseo del autor de comparar la religión reformada, el catolicismo y el mahometanismo, con la religión profesada por los avaitas. El hecho de que esta sociedad utópica esté ubicada en una isla a la que se llega navegando desde Lituania durante dos meses y algunos días es de por sí un dato importante que se relaciona particularmente con la ubicación de la utopía en los márgenes del mundo conocido.

En cuanto a la presencia involuntaria del proceso de expansión ultramarina en el relato utópico, merece especial atención *Voyages et avantures de Jacques Massé* (1710), que por ser el relato utópico de publicación más tardía dentro del *corpus* analizado se presenta como una obra rica en alusiones a la competencia entre potencias marítimas que tuvo lugar en aquel período. La muerte en 1639 de David Massé, padre del protagonista, marca el inicio del relato en el contexto de la batalla de Thionville entre Francia y España. Este mismo hombre, señala el narrador, era capitán de barco y se dedicaba a la trata en Senegal.

En términos de rutas comerciales y áreas de injerencia, el itinerario seguido por Massé resulta suficientemente verosímil. Tras la muerte de su padre, se traslada primero a París y luego a Dieppe. De allí viaja en un barco capitaneado por un hugonote hacia Martinica (1643), pero el buque naufraga en las proximidades de Finisterre. Los sobrevivientes son rescatados por el capitán Davidson de Portsmouth, Inglaterra, quien conducía un convoy de diecisiete barcos mercantes ingleses a Lisboa. En esta ciudad disecciona el cuerpo de un esclavo traído de África por un capitán de navío.[99] Tras pasar algún tiempo en Lisboa, se embarca en

---

97. Veiras, Denis, *ibid.*, T. II, p. 129: "Il est vary que cette Ville étant située à une distance raisonnable de la mer dans un païs de plaines & au deça des hautes montagnes de Sevarambe, semble estre bien placé pour voir souvent de semblables spectacles, & sur tout depuis que les Hollandois & les autres Nations de l'Europe font de si frequentes navigations vers les Indes Orientales, vers la Chine & vers le Japon."

98. Gilbert, Claude, *Histoire de Calejava*, 1700, p. 24 y p. 71.

99. Tyssot de Patot, Simon, *Voyages et avantures de Jacques Massé*, Chez Jacques l'Aveugle, Burdeos, 1710, p. 29. En Lisboa también entabla amistad con un miembro de la Compañía holandesa que es engañado por dos hombres que llegan a Portugal desde Burdeos porque desean viajar a América. Véase también Tyssot de Patot, Simon, *ibid.*, p. 52.

una nave portuguesa cargada con 140 hombres con destino a las Indias Orientales que parte en 1644.[100] Llega primero a la isla de Ascensión, decide luego hacer agua en la isla de Santa Helena y finalmente arriba al Cabo de Buena Esperanza, desde donde una tormenta lo lleva a la Tierra Austral.[101]

En el Reino de Bustrol escucha la historia de que el primer europeo en llegar allí fue un portugués "que tras aprender su lengua, les contó que después de haber naufragado en las costas de su continente, como lo habíamos hecho nosotros, se había establecido allí con sus camaradas, quienes habían muerto en el espacio de cuatro años...".[102] En relación con la presencia portuguesa en tierras australes y en mayor medida con el impacto que la presencia europea podía causar en las nuevas sociedades descubiertas, resulta de interés mencionar que al narrar sus aventuras a los habitantes del Reino de Bustrol, aunque involuntariamente, el portugués había puesto fin a ciertas creencias hasta entonces mantenidas allí. Sus relatos habían demostrado a la comunidad utópica que el mundo no sólo estaba habitado en la Tierra Austral. Esto había terminado con el mito de la creación, elaborado por los antiguos reyes del reino con el objetivo de perpetuarse en el poder.

Tras huir del reino, Massé es rescatado por un capitán español que proviene de las islas de América. Este había escoltado algunos navíos mercantes "y llevado órdenes en torno a los cuatro o cinco navíos que Mr. le Chevalier Tyssot, Gobernador de Surinam, había hecho arrestar por represalias, y que se deseaba los soltara; sobre lo cual habían singlado inmediatamente después hacia las Tierras Australes".[103] Massé explica que la primera vez no habían encontrado nada digno de la curiosidad del capitán y la segunda diez de sus hombres habían sido perseguidos y masacrados por los naturales del lugar. En este mismo diálogo, el cirujano de abordo señala que sospecha de la existencia de alguna orden secreta emitida por el rey de España para descubrir y ocupar las tierras australes.[104] En una Goa portuguesa, Massé es llevado frente al Tribunal Inquisitorial que ordena su traslado a Lisboa. Una vez en las islas Canarias el navío es atacado por piratas y obligado a desembarcar cerca de Argelia, donde el protagonista es vendido como esclavo. Finalmente, un cónsul inglés lo ayuda y viaja a Inglaterra para reencontrarse con

---

100. Tyssot de Patot, Simon, *ibid.*, p. 54. El capitán es descripto como un hombre bruto y disoluto.

101. Tyssot de Patot, Simon, *ibid.*, p. 56.

102. Tyssot de Patot, Simon, *ibid.*, p. 215: "qui ayant apris leur langage, leur conta qu'après avoir échoué sur les côtes de leur continent, comme nous avions fait, il s'étoit établi-là avec ses camarades, qui étoient tous morts dans l'espace de quatre ans."

103. Tyssot de Patot, Simon, *ibid.*, p. 400: "& porté des Ordres au sujet de quatre ou cinq Navires que Mr. le Chevalier Tyssot, Gouverneur de Surinam, avoit fait arrêter par représailles, & que l'on vouloit qu'il relachat; sur quoi ils avoient immédiatement après singlé vers les Terres Australes."

104. Tyssot de Patot, Simon, *ibid.*, p. 401.

su hermano que ha abandonado Francia tras experimentar problemas económicos.[105]

Ciertamente, la intención de crear un relato "en extremo natural y muy verosímil"[106] expresada por Simon Tyssot de Patot en la supuesta Carta del Editor de *Voyages et avantures...* (pero también compartida por el resto de los autores de las utopías analizadas) permite explicar la inclusión de personajes, rutas, ciudades, puertos y mercancías propios del período en estas narrativas. Sin embargo, más allá de que el objetivo de estos autores haya sido alcanzar la verosimilitud, no deja de ser valioso el aporte de estas utopías en relación con cómo la competencia ultramarina, el papel de Francia y de las Provincias Unidas, y en términos más generales, los espacios de poder generados por cada potencia en ultramar, fueron percibidos y retratados por disidentes religiosos exiliados, perseguidos políticos o miembros no necesariamente eminentes de diversos círculos intelectuales en Francia o en las Provincias Unidas. En este sentido, en la medida en que se hacen eco de las novedades más recientes en términos de expansión, los relatos se vuelven fuentes valiosas que complementan la información presente en los documentos históricos producto de este proceso en particular.

En lo que refiere a este último punto, resulta capital señalar que de todos los espacios de poder disputados por las potencias ultramarinas que se hacen visibles en los relatos utópicos estudiados, fue la Tierra Austral la que permaneció a lo largo del siglo XVII y principios del XVIII en el horizonte de expectativas de las potencias coloniales que compitieron por llegar a ella. En efecto, tal como se señaló en los capítulos precedentes, es en la llamada Tierra Austral en donde se ubican las sociedades imaginarias descriptas por el autor anónimo de la *Histoire d'Antangil*, Gabriel Foigny, Denis Veiras y Simon Tyssot de Patot. Esto se debió a que en el transcurso del siglo XVII, su posible existencia, basada en teorías provenientes de la Antigüedad clásica tales como la de las Antípodas, se había visto afianzada en cada nuevo descubrimiento, aún cuando los holandeses Jacob Le Maire y William Schouten comprobaran que la supuesta Tierra del Fuego era sólo una isla.[107] Lejos de tratarse de un mítico continente, la presencia de la Tierra Austral, ambicionada para Francia

---

105. Sus otros compañeros de infortunios saldrán de Goa, llegarán a Java y desde Batavia lograrán regresar a Europa. Tyssot de Patot, Simon, *ibid.*, p. 507.

106. Tyssot de Patot, Simon, *ibid.*, *Lettre de l'éditeur*, s/p, "fort naturel & très-vraisemblable."

107. Lois, Carla, "Quinta pars o terrae incognitae? La cuestión de la verosimilitud en la representación cartográfica de lo desconocido", Universidade de São Paulo, Actas del *3° Simpósio Iberoamericano de História da Cartografia*. Agendas para História de Cartografia Iberoamericana, San Paulo, abril de 2010, p. 9: "No fue sino en 1615 cuando Jacob Le Maire y William Schouten demostraron que Tierra del Fuego era una isla." Lejos de poner fin a la existencia de la Quinta Pars, este descubrimiento despertó aún más la curiosidad de exploradores y geógrafos. Tal como ha señalado Numa Broc "la primera vuelta al mundo y el descubrimiento de Tierra del Fuego dieron una nueva actualidad al continente austral: Cuando Magallanes hubo abierto un pasaje por el Mar del Sur, a través del estrecho que volvió su nombre inmortal (...) poco se preocupó de aquel país que dejaba al sur, es decir, a la izquierda del estrecho. Esas tierras fueron contempladas

desde La Popelinière (1582) a De Brosses (1756), revistió el carácter de
una entidad geográfica que a su vez fue ubicada cartográficamente en
una enorme cantidad de mapas y atlas que circularon en este período.[108]
     Por tratarse de una entidad geográfica de peso, con un protagonismo
acentuado en cada planisferio impreso, en este período la Tierra Austral
se presentó como un teatro de operaciones que además de ser verosímil
era también un escenario probable para las potencias europeas en expansión. A su vez, la posible de existencia de la Tierra Austral (y con
ella, de las sociedades que allí pudieran hallarse) debe comprenderse
como consecuencia directa de las implicancias que el "descubrimiento"
o "invención" de América habían tenido primero: "Concretamente, esas
nuevas geografías verosímiles eran imaginadas apoyándose en métodos
de razonamiento articulados a partir de inferencias respecto de la experiencia y del debate en torno al Nuevo Mundo".[109]
     Debe agregarse por último que la búsqueda de la Tierra Austral in-
teresó a todas las potencias marítimas por igual. Si Pedro Fernández
de Quirós había emprendido sus expediciones en los mares del Pacífico
Sur en nombre del rey de España, los navegantes holandeses que traza-
ron los mapas de las costas descubiertas de Australia habían actuado en
nombre de las Provincias Unidas. A su vez, las publicaciones realizadas
en Francia que instaban a emprender tamaña empresa habían sido impulsadas por la Corona. Por su parte, los viajes de James Cook por los
mares australes emprendidos en la segunda mitad del siglo XVIII llevarían el sello de la monarquía británica. En otras palabras, la búsqueda
de un espacio geográfico verosímil en los márgenes del mundo conocido
fue el resultado de una serie de ideas, representaciones y ambiciones que,
en términos materiales, se gestaron en los principales centros políticos
y económicos del proceso de expansión.

3. La construcción de un espacio utópico en las Antípodas

     La predilección que tuvieron los relatos utópicos por ubicar sus socie-
dades ideales en algún paraje de la Tierra Austral respondió, en principio,
"a ciertas orientaciones del imaginario, pero también a los imperativos
de la verosimilitud cosmográfica [...] El cruce de la línea equinoccial es
como el franqueamiento de un espejo más allá del cual todas las cosas
se invierten, a la vez similares y opuestas".[110] En este sentido, la localización austral de las narrativas utópicas publicadas en lengua francesa

---

primero como un continente nuevo, tal vez tan grande como toda América", en Numa Broc,
Géographie des Philosophes, op. cit., p. 173.

108. Algunos de ellos fueron, el planisferio de Brest de 1578 y el *Typvs Orbis Terrarum* de Ortelius
de 1598.

109. Lois, Carla, "Quinta pars o terrae incognitae?", *op. cit.*, p. 8.

110. Racault, Jean-Michel, *L'Utopie narrative en France et en Angleterre, 1675-1761*, Oxford, The
Voltaire Foundation, 1991, p. 306. La importancia de la Tierra Austral en la constitución de una

en el transcurso del siglo XVII y principios del XVIII estuvo vinculada con el desarrollo del conocimiento geográfico ocurrido en el mismo período. Pues en la medida en que Europa avanzó en su proyecto de expansión ultramarina, los mundos ficticios propuestos por cada relato debieron ser emplazados en las regiones menos conocidas del globo.[111] Si en 1516 Moro había hábilmente situado la llegada a la isla de Utopía dentro del impreciso itinerario de viaje de un supuesto colaborador de Vespucio, desde principios del siglo XVII los autores estudiados vieron circunscriptos su escenarios utópicos al enigmático continente austral todavía por descubrir. En términos representacionales, entre los siglos XVII y XVIII aquel "mundo austral" devino en consecuencia el equivalente de lo que América había sido para los contemporáneos de Cristóbal Colón: "el arquetipo de un universo 'otro', geográficamente discutible y a la vez perfectamente desconocido".[112]

Las conjeturas en torno a la posible existencia de un continente o tierra austral en las antípodas del mundo conocido no fueron, sin embargo, producto de la modernidad. Antes bien, la especulación en torno a su existencia había comenzado en una época tan temprana como la Antigüedad. En principio, la teoría sobre la existencia de tierras australes surgió como resultado de las especulaciones de los geógrafos antiguos respecto de las Antípodas o de aquel vasto continente en el hemisferio sur que debía actuar como contrapeso de las tierras conocidas en el hemisferio boreal.[113]

La hipotética existencia de las Antípodas debe comprenderse, a su vez, dentro del más amplio grupo de indagaciones acerca de la circunferencia del globo, su esfericidad o las porciones cubiertas por mar o tierra.[114] En otras palabras, la teoría de las antípodas, que defendía la existencia de una porción de tierra diametralmente opuesta al *Orbis Terrarum* y que actuaba como su contrapeso,[115] carecería de sentido si no se tomase en cuenta que, a partir de la tesis aristotélica y hasta fines del siglo XV, se creyó en el carácter insular de la tierra, y por ello, en el hecho de que estuviera rodeada por mar. Por su parte, la teoría de un mundo dividido en zonas climáticas simétricas a partir de la línea equinoccial y sobre la cual también serán construidas las expectativas de las bondades de la

alteridad utópica también es planteada por Racault en *Nulle part et ses environs. Voyage aux confins de l'utopie classique (1657-1802)*, París, P. U. P. S., 2003, p. 143.

111. Broc, Numa, *La Géographie des Philosophes, op. cit.*, p. 259.

112. Racault, Jean-Michel, *L'Utopie narrative en France, op. cit.*, pp. 309-310.

113. Broc, Numa, *La Géographie des Philosophes, op. cit.*, p. 173.

114. Uno de los estudios más completos en torno a los vínculos entre una y otra teoría así como a su desarrollo en siglos posteriores ha sido la obra de Armand Rainaud, *Le continent austral: hypothèses et découvertes*, París, Armand Colin, 1893.

115. O'Gorman, Edmundo, *La invención del América. Investigación acerca de la estructura histórica del nuevo mundo y del sentido de su devenir*, México, Fondo de Cultura Económica, (1958) 2006, p. 169.

Tierra Austral, es todavía anterior, dado que la noción de las antípodas había sido introducida por Parménides ya en el siglo V a. C.[116]

Ahora bien, más allá de que sus orígenes puedan hallarse en la Antigüedad clásica, las novedades y dinámica propias de la temprana modernidad europea otorgaron a la noción de Tierra Austral una nueva dimensión histórica. Desde el siglo XVI la *Terra Australis Incognita* se convirtió no solamente en el horizonte deseado de la expansión ultramarina sino también en la depositaria de fantasías utópicas. Dos sucesos de cabal importancia para la geografía moderna contribuyeron a que esto sucediera. En principio, el hallazgo del *Comentario* de Aurelio Teodosio Macrobio y del mapa diseñado en el siglo X a partir de sus escritos reavivó el debate en torno a la existencia del *Orbis Alterius*. A su vez, la traducción al latín de la *Geographia* de Ptolomeo a principios del siglo XV también llevó a la inclusión de aquel continente austral en las producciones cartográficas del período.

Cerca del siglo V d.C. en su *Comentarii in Somnium Scipionis*, Macrobio había postulado la idea de un mundo compuesto por cuatro porciones de tierra, que consideraba habitables. Tales aseveraciones habían trascendido su propia época y en el transcurso del siglo X se había trazado un mapa en el que se ilustraban estas ideas. Tras imprimirse por primera vez en Brescia en 1483, las conjeturas de Macrobio devinieron nuevamente protagonistas al lanzar una vez más el debate en torno a la posible existencia de moradores desconocidos en las antípodas del mundo habitado.

Por su parte, fue la traducción de la *Geographia* de Ptolomeo en el siglo XV la que, publicada en Bolonia junto a la colección de mapas incluidos siglos después de su aparición en el siglo II,[117] ofreció por primera vez al lector un sistema de representación cartográfica en paralelos y meridianos.[118] A partir de 1477, la difusión de las múltiples ediciones impresas de este manuscrito y de los mapas que lo acompañaban hizo de la Tierra Austral un espacio representable que además podía localizarse a partir de una serie de coordenadas. Desde entonces y hasta fines del siglo XVIII, *Terra Australis* ocupó un lugar cada vez más relevante en el imaginario del hombre moderno. En definitiva, fue la versión de Ptolomeo

---

116. Fausett, David, *Writing the New World. Imaginary voyages and utopias of the Great Southern Land*, Nueva York, Syracuse University Press, 1993, p. 10.

117. Crombie, Alistair C., *Historia de la Ciencia*, Madrid, Alianza Universidad, (1974) 2006, Tomo 1, p. 190. Es posible suponer que los mapas incluidos en esta reedición del texto clásico fueron en realidad hechos por artistas bizantinos de los siglos XIII y XIV.

118. Zumthor, Paul, *La medida del mundo. Representación del espacio en la Edad Media*, Barcelona, Cátedra, 1994, p. 320: "La *Geographia* era en realidad un tratado de cartografía más que una descripción del mundo; los mapas que la ilustraban eran sin duda muy posteriores al texto, pero la obra se consideró como un todo. Traducida al latín antes de 1409, se extendió inmediatamente entre los medios intelectuales de Italia, de Francia, de Alemania. En 1475 se imprimió sólo el texto; en 1477, el texto y los mapas. Siguieron varias reediciones. Esta oleada fue contemporánea de las grandes expediciones." Véase también Parry, John, *El descubrimiento del mar*, Barcelona, Crítica, 1989, p. 89.

que se conoció en Europa en el siglo XV la que presentó nuevamente a "una vasta masa de tierra continental [extendiéndose] a través del sur del océano Índico desde África hasta el extremo más lejano de Asia".[119]

En las décadas subsiguientes, ningún mapa que se preciara de ser exacto dejaría de respetar la tradición ptolemaica y, en consecuencia, de incluir al *Orbis Alterius* como una gran masa de tierra en los confines meridionales del globo. A mediados del siglo XVI, los geógrafos de la Escuela de Dieppe segmentaron la *Quinta Pars* o Continente Austral en distintas regiones. Surgieron por entonces "Java la Grande" y la "Tierra de los Papagayos" (o Brasil inferior).[120] El resto conformaría una gran masa continental que incluía tanto las tierras recientemente descubiertas como las imaginarias:

> Uniendo tierras reales (Nueva Guinea, Australia, Tierra del Fuego) y tierras imaginarias (Tierra de Drake y Tierra de Vue) con un trazo continuo, los geógrafos engendraron un enorme continente, que ocupa la mayor parte del espacio dejado libre al sur de América del Sur, de África y de Insulindia. El mapamundi de 1569 de Mercator "fija por un tiempo los contornos de la *Terra Australis*" y mantiene la ambigüedad, ya que bajo el nombre de "Tierras Australes", se engloba tanto a los archipiélagos tropicales, como las Salomon, descubiertas por Mendana en 1567, cuanto a las tierras heladas cercanas al polo; por dos siglos, los más mínimos descubrimientos en el Pacífico sur, serán considerados costas o promontorios avanzados del famoso continente.[121]

En términos teóricos, hasta el siglo XVIII las imágenes cartográficas de la Tierra Austral fueron parte de los mapas y planisferios que realizaron las distintas escuelas cartográficas en Europa. Se destacan de todas ellas dos casos emblemáticos. En 1605, la *Histoire universelle des Indes Orientales et Occidentales* de Corneille Wytfliet incluyó dos mapas detalladamente elaborados donde la Tierra Austral se extendía desde la región antártica hasta el Cabo de Buena Esperanza, incluyendo a Tierra del Fuego y parte de Sudamérica.[122] Por su parte, en 1627 en su *Tabulae Rudolphinae* Johannes Kepler había presentado a una Antártida y Australia unidas, que conformaban un solo continente.

En la práctica, entre los siglos XVI y XVIII también fueron considerables los esfuerzos realizados en pos de delinear con aún más precisión el lugar ocupado por las tierras australes supuestas por los Antiguos. En principio, fue notable el impacto que los escritos del navegante portugués

---

119. Parry, John, *El descubrimiento del mar, op. cit.*, p. 91.

120. Como sostiene Broc, la existencia de estas tierras se impuso con suficiente verosimilitud como para que Villegagnon funde en 1555 en Brasil una "Francia Antártica". Véase Numa Broc, *La Géographie des Philosophes, op. cit.*, p. 173.

121. Broc, Numa, *ibid.*, p. 173.

122. Atkinson, Geoffroy, *The extraordinary voyage in French Literature before 1700*, Nueva York, Columbia University Press, 1920, p. 3-4.

Figura 6. Abraham Ortelius, Typus orbis terrarum, *Theatrum orbis terrarum*, Amberes, 1570 (Fuente: Biblioteca del Congreso, Estados Unidos: http://memory.loc.gov/cgi-bin/map_item.pl).]

Pedro Fernández de Quirós tuvieron en la construcción de un "paisaje austral", retomado y exacerbado por los propios autores de utopías. Fue en el *Octavo Memorial* (1610) dirigido por Fernández de Quirós a su majestad el rey Católico que el portugués presentó un espacio austral abundante en recursos y propicio para el asentamiento humano.[123] Más allá de que hayan sido sus escritos los que más atrajeron la atención del público lector, en términos geográficos sus descubrimientos no fueron menores. En 1595 Quirós había acompañado a Álvaro de Medaña en sus incursiones por el Pacífico Sur y, hacia esta misma época, también había intentado colonizar las Islas Salomón. Su descubrimiento en 1606 de la Isla de Espíritu Santo, a la que en honor a la dinastía reinante llamó *Austrialia del Espíritu Santo* ha hecho de él, para muchos, el verdadero descubridor de Australia.[124] En términos editoriales, su requerimiento alcanzaría un público más amplio en 1613, con la inclusión de la versión latina del *Octavo Memorial* en la segunda serie de la colección de viajes de la familia De Bry, conocida como *Indias Orientalis*.

Dentro del conjunto de viajes realizados a tierras australes entre los siglos XVI y XVII, también debería incluirse la expedición coman-dada por Binot Paulmier de Gonneville entre 1503 y 1505. La súbita

---

123. Ha sido señalado ya como el Octavo Memorial de Quirós era en realidad un desesperado pedido de apoyo a la corona española para emprender nuevos viajes por el Pacífico Sur.

124. Pimentel, Juan, *Testigos del mundo. Ciencia, literatura y viajes en la Ilustración*, Madrid, Marcial Pons Historia, 2003, capítulo 2: "Quirós, Cook y el doble descubrimiento de Australia", pp. 71-110.

aparición de la relación de Gonneville en 1664, presentada al rey por el
abate Jean Paulmier de Courtonne, supuesto bisnieto de Paulmier de
Gonneville, permite suponer, sin embargo, que pudo tratarse de un relato apócrifo, redactado por el propio abate para reclamar la posesión
francesa del supuesto continente austral y un cargo en el gobierno del
mismo. El título con el que el relato fue publicado suscitaba sin duda la
imaginación del lector. Dedicadas al Papa Alejandro VII, las *Mémoires
touchant l'établissement d'une Mission chrestienne dans le Troisième
Monde, autrement appellé la Terre Australe, Méridionale, Antarctique
& Inconnue* asociaban el viaje del navegante francés con las atractivas
tierras australes.[125] En efecto, la edición del supuesto relato de Gonneville hizo creer a muchos que aquel navegante francés había sido el primero en arribar a tierras australes (razón por la que Gabriel de Foigny
lo incluye junto a Magallanes y Quirós en el prefacio al lector de la *Terre
Australe Connue*). Sólo tiempo después se corroboraría que, en el mejor
de los casos, sus exploraciones lo habían llevado a recorrer las costas de
Brasil y no más al sur.[126]

Más allá del itinerario de viaje seguido por Gonneville, lo cierto es
que la influencia de este tipo de publicaciones marcó el rumbo de las
exploraciones que las distintas potencias ultramarinas emprendieron
en el siglo siguiente. En términos de Numa Broc,

> los relatos de Gonneville y de Quirós, llenos de maravillas y, tal vez a
> causa de sus maravillas, ejercieron una influencia determinante en la
> conciencia europea hasta Cook. Es sobre este conjunto de conocimientos,
> parcialmente míticos, que los viajes del siglo XVIII fundaron su accionar
> y que los geógrafos afinaron sus concepciones sobre las tierras australes.[127]

A su vez, los beneficios augurados y las posibilidades ofrecidas por la
desconocida Tierra Austral hicieron que en los ámbitos literario, político y económico se la hiciera depositaria de grandes expectativas. En el
caso de Francia particularmente, estas tierras representaron el imperio

125. Perrone-Moisés, Leyla, *Le voyage de Gonneville (1503-1505) & la découverte de la Normandie par les Indiens du Brésil*, París, Editions Chandeigne, 1995, p. 93.

126. Broc, Numa, *La Géographie des Philosophes, op. cit.*, p. 174: "En 1659, el abate Paulmier de Courtonne da a conocer las aventuras acontecidas a uno de sus ancestros, Paulmier de Gonneville, en tierras australes, a principios del siglo XVI: interpretando de forma equivocada una relación bastante imprecisa, sitúa a las 'Indias Meridionales' descubiertas por su antepasado en el Océano Índico, al sudeste del Cabo de Buena Esperanza. Los historiadores, como Margry y la Roncière, que reconocieron el verdadero sentido del texto de Gonneville, demostraron que en el siglo XVI, 'Indias' podía designar toda tierra nueva, y que el capitán de Honfleur había en realidad arribado a Brasil. ¡Feliz equivocación que incitará a los franceses a buscar la Tierra de Gonneville allí donde no se encuentra! Desde 1661, Flacourt, colonizador de Madagascar, impulsa a las autoridades a descubrir el tercer continente a partir de la gran isla y de allí en más, los proyectos de viajes a los mares del sur, dirigidos al ministro de la marina o a la Compañía de Indias, no se contarán más."

127. Broc, Numa, *La Géographie des Philosophes, op. cit.*, p. 175.

colonial por construir, las riquezas por obtener y el no lugar donde se ubicaron las sociedades ideales analizadas.

Por su parte, en el siglo XVII, las incursiones holandesas en el Pacífico Sur en busca de nuevas rutas comerciales y especias también contribuyeron a enriquecer las representaciones geográficas asociadas a las *Terrae Incognitae*.[128] La expansión de las Provincias Unidas en las Indias Orientales comenzó a fines del mismo siglo en el que Portugal y España, por intermedio del tratado de Zaragoza (1529), habían dirimido sus disputas sobre límites (en favor de Portugal) en aquella región del mundo.[129] Hacia fines del siglo XVI, tanto una serie de circunstancias ocurridas en Europa, entre las que se encuentra la anexión de Portugal en manos de España (1580), cuanto la dinámica adquirida por el imperio portugués en su control comercial de Oriente, determinaron la pérdida del poderío náutico portugués en Oriente a manos de Inglaterra y las Provincias Unidas.[130]

En 1596 arribó a la isla de Java el primer navío holandés al mando de Cornelius de Houtman.[131] A esta primera expedición le siguió una serie de viajes financiados por diversas compañías y sindicatos holandeses para comerciar y firmar tratados con los gobernadores de las distintas islas visitadas. A partir de 1602, la flamante Compañía holandesa de Indias Orientales, que gozaba del monopolio comercial (entre otras atribuciones económicas y diplomáticas) en el área del Pacífico Sur, fue la encargada de dirigir las expediciones siguientes.[132] Con la fundación de Batavia en el extremo norte de la isla de Java,[133] la Compañía pudo controlar los puntos estratégicos en todas las Indias y asegurar de esta forma la construcción de un sólido imperio colonial dominado por las Provincias

---

128. Broc, Numa, *La Géographie des Philosophes*, op. cit., pp. 173-174: "A lo largo del siglo XVII, los navegantes holandeses precisan los contornos de las tierras australes, propulsándolas progresivamente hacia el sur. [...] Sin jamás haber visto Australia propiamente dicha, Tasman demostró que a esas longitudes, al menos, las tierras australes no se extendían hacia el sur tanto como se creía; pero pasando de un error a un error menor, los cartógrafos van a construir una enorme 'Nueva Holanda', que engloba todas las tierras vistas por Tasman a lo largo de su periplo."

129. Parry, John, *Europa y la expansión del mundo*, México, Fondo de Cultura Económica, 1952, p. 80: "En 1529, a pesar de la oposición de las Cortes españolas, el tratado de Zaragoza fue firmado en toda regla. Por este tratado, Carlos V cedía a Portugal por 350.000 ducados todos sus derechos a las Molucas, y se fijaba una línea arbitraria de demarcación 17° al oriente de las islas."

130. Parry, John, *ibid.*, p. 128.

131. Zumthor, Paul, *La medida del mundo*, op. cit., p. 246.

132. Parry, John, *Europa y la expansión del mundo*, op. cit., p. 136.

133. En términos de Parry, la función de Batavia fue la de "mercado central del comercio interasiático, y el depósito general de las mercancías orientales que se exportaban a Europa", en John Parry, *Europa y la expansión del mundo*, op. cit., p. 209. Los resultados del proyecto iniciado por Pieterszoon, sin embargo, se vieron con claridad a mediados del siglo XVII, cuando las Provincias Unidas finalmente se aseguraron el monopolio del comercio de especias con las Molucas.

Unidas.[134] Al margen del éxito comercial de las incursiones holandesas en las Indias Orientales, en términos geográficos fueron estas mismas expediciones las que contribuyeron a despejar dudas respecto del conocimiento directo que podía obtenerse de aquella zona del globo. Aunque no siempre fue así. En el caso de *Terra Australis*, antes que confirmar su esperada existencia, el descubrimiento de Nueva Zelanda por parte de Abel Tasman a mediados del siglo XVII confundió aún más a sus contemporáneos.[135]

Ahora bien, más allá de que los viajes holandeses no siempre hayan podido comprobar la existencia de la Tierra Austral, en términos cartográficos, a partir de las exploraciones emprendidas por esta nación, la gran masa continental por descubrir debió ser relegada a los 50° de latitud sur. En otras palabras, el hecho de que a lo largo de este período, entre los treinta y los cincuenta grados de latitud sur del Océano Índico sólo se hubiese encontrado mar abierto llevó a que la región descripta por Ptolomeo fuera eventualmente "relegada a la extremidad sur en algunos mapas y omitida por completo en otros".[136]

En Francia las epopeyas holandesas en torno a la Tierra Austral fueron conocidas por el público lector a partir de la publicación de las *Rélations de divers voyages curieux...* del geógrafo y bibliotecario real Melchisédech Thévenot. En 1663, la publicación de la mencionada serie de relatos inéditos y en gran parte en lengua extranjera suscitó la atención y curiosidad de los ávidos lectores de literatura de viajes sobre el elusivo continente.[137] Editadas en cinco tomos entre 1663 y 1696, las *Relaciones*[138] de Thévenot presentaban una gran cantidad de relatos diversos, dentro de los que se cuentan las narraciones acerca del descubrimiento de la llamada Tierra Austral, las rutas seguidas por Abel Tasman en su descubrimiento de Nueva Zelanda[139] y el relato en español de los *Dos viages del Adelantado Álvaro de Medaña con intento de poblar las Islas*

---

134. Parry, John, *Europa y la expansión del mundo, op. cit.*, p. 213: "En la segunda mitad del siglo XVII la compañía estableció definitivamente su supremacía naval, comercial y política en las islas, y todos los grandes principados indonesios se derrumbaron."

135. Bitterli, Ürs, *Los "salvajes" y los "civilizados". El encuentro de Europa y Ultramar*, México, Fondo de Cultura Económica, 1981, p. 16: "la empresa del holandés Tasman –quien en el año 1643 se adentró rumbo al Este más allá de la punta sur de Australia, rozando sólo, sin embargo, fugazmente la Nueva Zelanda– suscitó más resignación que esperanza; resultaba, en particular, imposible hacerse una idea clara de si, como desde Ptolomeo se creía en Europa poder suponer, al Norte de la Antártida había otro continente, una denominada *Terra Australis*."

136. Parry, John, *Europa y la expansión del mundo, op. cit.*, pp. 214-215.

137. Chinard, Gilbert, *L'Amérique et le rêve exotique dans la littérature française au XVII et au XVIII siècle*, París, Hachette, 1913, p. 194.

138. El primer tomo fue publicado en 1663, el segundo al año siguiente y el tercero en 1666.

139. En los primeros tomos se encuentran la "Découverte de la Terre Australe, traduite de L'Hollandois, avec une Carte de cette cinquième Partie du Monde" y la "Route d'Abel Tasman autour de la Terre Australe, avec la découverte de la Nouvelle Zelande et de la Terre de Diemens." [Descubrimiento de la Tierra Austral, traducida del Holandés, con un mapa de esta quinta parte del mundo y la Ruta de Abel Tasman alrededor de la Tierra Austral, junto al descubrimiento de

de Salomón y descubrir la Parte Austral Incógnita, incluidos hacia el
final de la cuarta parte.

No es casual, en este sentido, que tres años después de la edición
completa y definitiva del compendio de Thévenot, se publicaran en lengua francesa las obras de Foigny y de Veiras. Ambas ubicaban a sus sociedades ideales en la Tierra Austral Incógnita.[140] El primer relato en
localizar su comunidad ideal en tierras australes había sido, sin embargo, la *Histoire du grand et admirable Royaume d'Antangil* (1616). En la
opinión de Frank Lestringant, el impacto de *Terra Australis* en Francia
debe datarse treinta años antes de aparecida la obra, cuando en 1582
Lancelot Voisin de la Popelinière publicó su *Histoire des Trois Mondes*,
llamando la atención acerca de la necesidad de descubrir aquel continente y evitar su posible ocupación por parte de las coronas ibéricas.[141]

En este sentido, más allá de que la localización geográfica de las utopías publicadas en lengua francesa en el siglo XVII pueda pensarse en
función de lo que significaba en aquel entonces hallar un refugio contra
la persecución protestante,[142] no debe soslayarse el hecho de que la elección de la Tierra Austral respondió al lugar que aquella región ocupaba
en la carrera por la expansión ultramarina. No es casual que las utopías estudiadas se hayan publicado por primera vez en las Provincias
Unidas o hayan sido allí reeditadas, pues fueron una de las potencias
coloniales de mayor peso en el siglo XVII. Fue en las Provincias Unidas
donde circuló información relacionada con los últimos descubrimientos
en materia geográfica, además de ser allí donde existió un interés económico y político por dar con aquellas tierras.[143] En términos editoriales,
dado el interés holandés por la Tierra Austral, la publicación de relatos
sobre aquella parte del mundo pareció ser garantía de éxito en ventas.

---

la Nueva Zelanda y la Tierra de Diemens.] Más sobre Tasman y los descubrimientos holandeses
en John Parry, *Europa y la expansión del mundo, op. cit.*, p. 215.

140. Chinard, Gilbert, *L'Amérique et le rêve exotique, op. cit.*, p. 195.

141. Lestringant, Frank, "Huguenots en utopie ou le genre utopique et la Réforme", París, *Société de
l'histoire du Protestantisme français*, N° 146, 2000, p. 283: "El mito de la tierra austral había sido
lanzado unos treinta años antes por el libro de los Tres Mundos de La Popelinière, un protestante
que también deseaba abrir a los países de la Reforma, hugonotes en Francia, ingleses y holandeses,
un campo de expansión colonial al menos igual al Nuevo Mundo conquistado por España y
Portugal." La publicación de la *Histoire des Trois Mondes* también debería comprenderse en
el marco de la llamada Leyenda Negra y la competencia ultramarina desatada entre naciones
protestantes frente a la colonización ibérica en América.

142. Lestringant, Frank, *ibid.*, p. 289: "El modelo utópico encontró su lugar geográfico en el mítico
continente austral, del que no se alejará mucho más de allí en más. No definía más una sociedad
asediada e imbricada en una sociedad dominante, sino una sociedad situada en otro lugar mucho
más impreciso. Ese otro lugar lejano está sin embargo ligado a los sueños imperiales de las
nuevas potencias coloniales, la Inglaterra y la Holanda protestantes."

143. Lestringant, Frank, *Le huguenot et le sauvage*, Ginebra, Droz, 2004, p. 455: "Esta Tierra Austral
también interesa a los holandeses, que pronto construyen su imperio colonial en detrimento de
Portugal, anexada a España, tomando posesión de las Molucas y temporariamente, al menos,
de Brasil."

A su vez, que los autores de los relatos utópicos analizados hayan sido (mayormente) refugiados franceses también suscita la reflexión en torno al lugar que la Tierra Austral ocupó en la agenda de la monarquía francesa en términos de expansión.

En la Francia del siglo XVII la pérdida de Guanabara y Florida entre 1560 y 1565 se había convertido en una deuda pendiente en materia colonial, dejando su marca en los intentos de expansión emprendidos posteriormente. El llamado de La Popelinière a ocupar aquel tercer mundo bien podría ser interpretado en este sentido. En términos estratégicos, la atención puesta en el descubrimiento y ocupación de la Tierra Austral también obedeció al hecho de que en el mismo período los intereses de Inglaterra estuvieron puestos en América del Norte.[144] Si América del Sur era ya posesión española y el Norte era reclamado por los ingleses, Francia no debía más que aspirar a la conformación de un imperio austral: "He aquí un Mundo que no puede estar repleto más que de toda clase de bienes y de cosas excelentes: no hace falta más que descubrirlo. [...] Ya que no puede más que ser tan bello y tan rico como América. Será al menos una forma de recompensar la falta que nuestros primeros príncipes hicieron al desestimar los buenos consejos que Colón, genovés, les dio..."[145]

El interés político y comercial de la Corona francesa por las tierras australes no decrecería en el siglo XVIII. Desde 1750 tanto el acto de incentivar su descubrimiento como la ejecución misma del proyecto, estuvieron profundamente marcados por dos figuras paradigmáticas del deseo francés por ubicarse dentro del concierto de las grandes potencias europeas con posesiones coloniales: Charles De Brosses y Louis Antoine de Bougainville. En 1756, Charles De Brosses publicaría, con la aprobación y privilegio del rey y a instancias del Conde de Buffon, la *Histoire des navigations aux Terres Australes...* en dos tomos *in quarto*.[146] La *Histoire...* a su vez contenía una detallada serie de mapas sobre cada una de las regiones meridionales abordadas. Entre ellas, las de Australasia y Polinesia, cuyos nombres habían sido acuñados por el propio De Brosses.[147]

---

144. Lestringant, Frank, *ibid.*, p. 455.

145. La Popelinière, Lancelot Voisin de, *Les Trois Mondes*, París, À l'Olivier de Pierre l'Huillier, 1582, *Troisieme livre des Trois Mondes*, p. 50 r/v: "Voilà un Monde qui ne peut estre rempli que de toutes sortes de biens & choses tres-excellentes: Il ne fault que le descouvrir. [...] Car il ne peult estre qu'aussi beau & autant riche que l'Amerique. Ce sera pour le moins recompenser la faute que noz premiers Princes firent de mespriser les beaux advis que Colom Genevois leur donnoit."

146. La obra fue publicada bajo el título completo de *Histoire des navigations aux Terres Australes contenant ce que l'on sait des moeurs et des productions des contrées découvertes jusqu'a ce jour; et où il est traité de l'utilité d'y faire de plus amples découvertes, et des moyens d'y former un établissement*, París, Chez Durand, 1756, y constituye parte del acervo bibliográfico sobre viajes y viajeros del Museo Etnográfico "Juan B. Ambrosetti" en la ciudad de Buenos Aires.

147. Sobre este tema véase Jean-Michel Racault, "Résonances utopiques de l'Histoire des navigations aux Terres australes du président de Brosses", en Leoni, Sylviane, Ouellet, Réal (dir.), *Mythes et*

Con el objetivo de alentar el descubrimiento y establecimiento de colonias francesas en las tierras australes, desde el Prefacio se explicaban las intenciones de De Brosses: "Hizo en efecto esta memoria, en la cual se abocó principalmente a mostrar en general que tal descubrimiento traería realmente mucha gloria a la nación y grandes beneficios a su comercio".[148] La obra suministraba además datos de utilidad a los futuros viajeros. Organizada en cinco partes, cada una comprendía la serie de viajes y descubrimientos que, desde la primera circunnavegación realizada por Magallanes, habían aportado información acerca de las tierras australes. Estas eran definidas por De Brosses como "todo aquello que está más allá de los tres puntos meridionales del mundo conocido, en África, en Asia y en América, es decir más allá del Cabo de Buena Esperanza, de las islas Molucas y Célebres, y del Estrecho de Magallanes; lo que puede comprender ocho a diez millones de leguas cuadradas, conformando más de un tercio de nuestro globo".[149] Toda información que no estuviera directamente vinculada con este perímetro debía ser en consecuencia descartada: "se suprimen aquí una infinidad de cosas intermedias, en una palabra, todo aquello que no versa sobre las Tierras Australes".[150] *L'Histoire des navigations...* encarnaba así el deseo de la Corona de alentar la conquista y colonización.[151] Sus efectos se verían pocos años después con el primer y segundo viaje oficiales a los mares del sur a cargo de Louis-Antoine de Bougainville.

En 1766, por motivos diplomáticos que justificaban la expedición al menos en sus orígenes, en calidad de agente del estado o funcionario real, Bougainville emprendió el primer viaje francés de circunnavega-

---

géographies des mers du Sud. Études suivies de l'Histoire des navigations aux Terres australes de Charles de Brosses, Dijon, Editions Universitaires de Dijon, 2006.

148. De Brosses, Charles, *Histoire des navigations aux Terres Australes...*, París, Chez Durand, 1756, p. Ij: "Il fit en effet ce mémoire, dans lequel il s'attacha principalement à montrer en général qu'une telle découverte apporteroit réellement beaucoup de gloire à la nation, & de grandes utilités à son commerce."

149. De Brosses, Charles, *ibid.*, T. 1, p. 13: "tout ce qui est au-delà des trois pointes meridionales du monde connu, en Afrique, Asie et Amérique, c'est-à-dire au delà du Cap de Bonne-Espérance, des isles Moluques et Célèbres, et du Detroit de Magellan; ce qui peut comprendre huit à dix millions de lieues quarrées faisant plus du tiers de notre globe." La quinta parte resultaba para De Brosses la más interesante. En ella: "On y discute les avantages et les désavantages d'un établissement pour chaque lieu différent; au cas que le gouvernement françois prit un jour la pensée d'y faire un entrepôt de commerce, ou d'y fonder une colonie (...) Ce cinquième livre, fondé sur l'autorité des textes originaux qui le précèdent a paru le plus agéable à lire." En De Brosses, Charles, *ibid.*, p. X. [Se discuten las ventajas y desventajas de un establecimiento en cada sitio diferente, en el caso de que el gobierno francés decida un día crear un establecimiento y fundar una colonia. Ese quinto libro, basado en la autoridad de los textos originales que lo preceden ha parecido el más agradable para leer.]

150. De Brosses, Charles, *ibid.*, p. Viij: "on supprime ici une infinité de choses intermédiaires, en un mot tout ce qui n'est pas récit des Terres Australes."

151. También encarnaba las ambiciones personales del autor, puesto que, además, De Brosses era uno de los mayores accionistas de la Compañía de Indias Orientales. Véase Numa Broc, *La Géographie des Philosophes, op. cit.*, p. 182.

ción con la función de hallar nuevos territorios en la zona del Pacífico Sur que (desconocidos por las otras potencias europeas) pudiesen convertirse en colonias de dominio francés.[152] Al parecer, dicha misión se había acordado tras la firma del Tratado de París en 1763 (corolario de la derrota militar de Francia en Canadá y testimonio de sus pérdidas coloniales) cuando Bougainville, motivado por su lectura de De Brosses, había sugerido a la Corona francesa financiar "un proyecto de dudosa legalidad: 'tomar posesión de las tierras australes y de las islas que se encontrasen en dicha ruta'".[153]

Su *Voyage autour du monde...* fue publicado en 1771 a raíz del primer viaje francés de circunnavegación y vuelto a editar, corregido y aumentado en 1772, para ser presentado como la versión adaptada del *Journal* que Bougainville había redactado en el transcurso del viaje.[154] En materia de viajes imaginarios, la expedición emprendida por el almirante también tuvo su corolario en el *Supplément au voyage de Bougainville* de Denis Diderot (1772). A partir de la descripción de una sociedad cuasi utópica en la isla de Tahití, a la que el mismo Bougainville había ya atribuido características paradisíacas, Diderot había procedido a la mordaz crítica de la moral, religión y costumbres de la Francia de Antiguo Régimen.[155] Con el objetivo de evaluar la sociedad propia, la isla de Tahití fue presentada como espejo ejemplarizador, volviéndose (esta vez en un sentido literario) aquel *Orbis Alterius* que conceptual y geográficamente desde la antigüedad clásica había representado todo aquello que el mundo conocido no era.

Ahora bien, fueron las mismas expediciones impulsadas por los escritos de De Brosses, Maupertuis y Buffon,[156] así como los viajes ingleses al extremo sur del mundo, los que finalmente dieron por tierra con el mito de la *Terra Australis*.[157] De todos estos exploradores, fue Cook quien, en sus navegaciones por el Pacífico Sur, hacia 1771 terminó por comprobar la inexistencia de aquella gran masa continental tan presente en la mente de los exploradores de la modernidad temprana europea.

---

152. Dice Bougainville en su dedicatoria al rey: "Soy, con el más profundo respeto de Vuestra Majestad, Señor, el muy humilde y muy sumiso servidor y súbdito." Partía en misión oficial con el objetivo diplomático de devolver la posesión de las Islas Malvinas a la Corona española.

153. Bougainville, Louis Antoine, *Viaje alrededor del mundo a bordo de la fragata real la Boudese y la urca Étoile, en 1767, 1768 y 1769*, Buenos Aires, Eudeba, 2005, p. 26.

154. Siendo el mismo Bouganiville quien efectuaba los sucesivos procesos de selección y autocensura en función de jerarquizar o acomodar según sus propios intereses el relato de viaje.

155. Martínez, Carolina, "Utopía, alteridad y felicidad en el proyecto ilustrado. El *Supplément au voyage de Bougainville* de Denis Diderot como expresión misma de las máximas de la Ilustración", en Gandini, María Juliana, López Palmero, Malena, Martínez, Carolina, Paredes, Rogelio C., *Dominio y reflexión. Viajes reales y viajes imaginarios en la Europa moderna temprana (siglos XV a XVIII)*, Editorial de la Facultad de Filosofía y Letras, Buenos Aires, 2011, pp. 215- 245.

156. Iniciadas tras la paz relativa garantizada por el Tratado de París de 1763.

157. Bourguet, Marie Noëlle, *Voyages et voyageurs*, en *Dictionnaire Européen des Lumières* (sous la direction de Michel Delon), París, P. U. F., 1997.

En 1768, bajo las órdenes de la Royal Society, el capitán inglés había partido con la misión de realizar investigaciones geográficas en el Pacífico meridional. El hecho de que comprobara la inexistencia de la Tierra Austral modificaría radicalmente la imagen del mundo hasta entonces provista por la cartografía moderna.[158] Junto al legendario continente sur, desaparecería también aquel no lugar donde se habían radicado muchos de los relatos utópicos del siglo precedente. Sin duda, tanto en términos geográficos como en el ámbito de la literatura de viajes, entre los siglos XVII y XVIII la tierra austral incógnita había cumplido un papel de singular importancia al cumplir con la doble función de actuar como un móvil de la expansión ultramarina y a la vez devenir depositaria de las múltiples sociedades imaginarias que en esta época se concibieron.

En el caso de Francia particularmente, la esperanza de encontrar un continente austral que hasta entonces sólo parecía existir en mapas operó como un fuerte aliciente al tiempo que justificó sus intentos por ocupar espacios no europeos bajo exclusivo control de las potencias rivales. Más allá de la existencia real o no de una Tierra Austral, fue su construcción en tanto espacio "deseable" en el horizonte de la expansión ultramarina la que justificó los intentos de colonización posteriores a la primera oleada de descubrimiento y conquista. A su vez, el impacto ejercido por la Tierra Austral incógnita en tanto espacio definido y construido por los cosmógrafos de este mismo período fue crucial para proveer al escritor de utopías de un punto geográfico verosímil desde donde instalar un discurso utópico que fuese a su vez centro de la alteridad más absoluta.

4. El Norte como otra forma de alteridad geográfica. El caso de la *Histoire de Calejava* (1700)

Una mirada detenida a la forma en que el mundo fue representado entre los siglos XVI y XVIII demuestra que hacia fines del siglo XVII permanecían aun inexploradas grandes extensiones de tierra y mar tanto en los confines del hemisferio sur como en los del hemisferio norte. Tal como ha señalado Numa Broc al describir el grado de conocimiento que Europa tuvo del mundo en este período, "si al sur del Ecuador, ese océano está ocupado por un inmenso continente austral, tanto más vasto cuanto sus límites son inciertos, en el hemisferio norte el desconocimiento es casi tan inquietante".[159] Más allá de la atención puesta en los viajes de descubrimiento y exploración en Occidente (y sobre todo en sus zonas

---

158. Cook, James, *Relación de su Primer Viaje alrededor del mundo durante los años 1768, 1769, 1770 y 1771*, traducido del inglés por M. Ortega y Gasset, Madrid, Calpe, 1922, p. XI: "En el segundo Viaje, con el *Resolution* y el *Adventure*, tocó el Cabo, rebasó el Círculo Polar Antártico, y volviendo a Nueva Zelandia, desvaneció el mito de la existencia de un continente austral. (...) Cruzó el Pacífico Central hacia las Nuevas Hébridas (...), y tras cruzar y recruzar el vasto Pacífico en la totalidad de su extensión desde el sur de Australia (...) desvaneció igualmente la hipotética existencia de la *Terra australis*."

159. Broc, Numa, *La Géographie des Philosophes, op. cit.*, p. 151.

australes), no debe olvidarse entonces que las desconocidas regiones septentrionales del globo también fueron objeto de intriga.

Debido a que desde su creación en 1453 el Imperio Otomano había cerrado el paso de Europa al comercio con Oriente, en el transcurso de los siguientes tres siglos ésta había procurado hallar una ruta alternativa vía América tanto en su extremo sur como norte.[160] La búsqueda de un pasaje interoceánico noreste o noroeste hizo del extremo Norte el depositario de la ambición europea, ansiosa por encontrar un camino que permitiera llegar a Lejano Oriente de forma alternativa a la tradicional travesía por tierra. Desde mediados del siglo XVI compañías comerciales inglesas y holandesas financiarían sus propias incursiones en los mares del norte bajo el presupuesto, esgrimido por geógrafos como Gerardus Mercator y Abraham Ortelius, de que el Océano Ártico era navegable.[161] Los resultados, sin embargo, distaron de ser satisfactorios. A los infructuosos intentos ingleses por llegar a Oriente a través de un pasaje noreste primero y noroeste después, le siguió el fracaso de los tres viajes organizados por el holandés Willem Barentsz (1594-1596) y las numerosas y fallidas expediciones realizadas por el capitán inglés Martin Frobisher a las regiones septentrionales de América entre 1576 y 1578.

En el caso de los ingleses, la falta de apoyo por parte de la Corona había determinado que hacia mediados del siglo XVI un conjunto de comerciantes conformaran una sociedad anónima dispuesta a asumir el riesgo de buscar vías alternativas para comerciar con Oriente. Con el apoyo de más de 200 mercaderes y especuladores, la primera de estas sociedades había sido la *Mysterie and Companie of the Merchant Adventurers for the Discoverie of Regions, Dominions, Islands and Places Unknowen*,[162] que en 1553 financió el viaje de tres embarcaciones al Cabo Norte con el objetivo de explorar la ruta a China a través de la costa norte de Eurasia.[163]

En cuanto a los fracasados intentos holandeses, de los tres viajes de Willem Barentsz sobreviven tanto el relato de Jean Huyghens de Linschoten, quien participó de los primeros dos,[164] como el de Gerrit de Veer,

---

160. Wolf, Eric, *Europa y la gente sin historia*, Buenos Aires, Fondo de Cultura Económica, 1993, p. 53. La circunnavegación de África por el Cabo de Buena Esperanza y la búsqueda de un pasaje noreste también se presentaron como alternativas posibles, al menos en términos teóricos.

161. La creencia de que podía atravesarse América desde al Atlántico al Pacífico por algún punto de la América Septentrional también había sido alentada por los geógrafos que, desde Girolamo Verrazano hasta Gerardus Mercator y los geógrafos de la Escuela de Dieppe, habían "sugerido" en términos cartográficos que existía tal posibilidad. Véase Numa Broc, *La géographie de la Renaissance, op. cit.*, p. 57.

162. "Misterio y Compañía de los mercaderes aventureros para el descubrimiento de regiones, dominios, islas y lugares desconocidos." Sebastian Cabot fue nombrado gobernador de la Compañía, que más adelante se convertiría en la *Muscovy Company*.

163. Mc Ghee, Robert, *The Last Imaginary Place. A human history of the Arctic World*, Oxford & Nueva York, Oxford University Press, 2006, p. 139.

164. Linschoten, que a principios del siglo XVII se había distanciado de su editor Cornelius Claesz, había criticado la edición que éste había hecho del relato de De Veer y en consecuencia entregado

quien acompañó a Barentsz en la expedición en la que este último mo-
riría. Más allá de los resultados, en el prefacio de su *Vraye description
de Trois Voyages de mer tres admirables fait en trois ans* publicado por
primera vez en holandés en 1598, y en francés en 1609,[165] De Veer ex-
plicitó los objetivos de las tres expediciones: "En primer lugar: en el año
1594 fueron preparados cuatro navíos, a saber dos en Ámsterdam, uno
en Zelanda y uno en Enchuse, para descubrir las situaciones y cursos
hacia las tierras y reinos de Catay y de China, por el norte de Norue-
ga, Moscovia y Tartaria".[166] A principios del siglo XVIII, más allá del
descubrimiento del estrecho de Bering, los viajes de Martin Frobisher
en procura de un pasaje interoceánico por el norte que jamás encontró
(1576-1577-1578) terminarían por descartar la existencia de una ruta
interoceánica navegable en latitudes superiores a los 80 grados.[167]

Antes de que esto último sucediera, sin embargo, el Norte había resultado en más de un sentido una zona tan enigmática y marginal como
el Sur. En lo que refiere al emplazamiento de las sociedades utópicas
y su vínculo con áreas marginales del globo, conviene retomar en este
punto las observaciones de Jean-Michel Racault, para quien la plausibilidad geográfica y la imposibilidad de toda verificación concreta fueron
las dos condiciones de base requeridas para el desarrollo del imaginario utópico.[168] Dicha afirmación, que en el caso de Racault se sustenta

---

los manuscritos de su relato de viaje a otros editores. En francés, el relato fue publicado en
Ámsterdam en 1610 por H. Laurent, bajo el título completo de *Histoire de la navigation de
Jean Hugues de Linscot, ... de son voyage ès Indes orientales, contenante diverses descriptions
des pays, costes, habres, rivières... jusques à présent descouverts par les Portugais, ... A quoy
sont adjoustées quelques autres descriptions tant du pays de Guinée et autres costes d'Éthiopie
que des navigations des Hollandois vers le nord au Vaygat et en la nouvelle Zembla. Le tout
recuilli et descript par le mesme de Linscot en bas alleman et nouvellement traduit en françois.*
También aparecería en el *Recueil de Voyages au Nord* publicado en 1718 bajo el título de *Voyage
de Jean Huyghens de Linschoten, au nord par le détroit de Nassaw & jusqu'à l'embouchure
de fleuve Oby, en 1594.*

165. El título completo del relato es *Vraye description de trois voyages de mer tres admirables
fait en trois ans, a chacun an un, par les navires d'Hollande et Zélande, au nord par
derrière Norwege, Moscovie, et Tartarie, vers les royaumes de China & Catay, ensemble
les découvrements du Waygat, Nova Sembla, & du pays situé sous la hauteur de 80 degrez,
lequel on presume estre Groenlande...*

166. Veer, Gerrit de, *Vraye description de Trois Voyages de mer tres admirables fait en trois ans...,*
Ámsterdam, Chez Corneille Nicolas, 1609, p. 3: "En premier lieu: l'an 1594 furent appareillez
qnatre navires, assavoir deux a Amsterdam, une en Zelande, & une a Enchuse, pour decouvrer
les situations & courses, vers les terres & Royaumes de Catay, & de China, par le Nord de la
Norvuege, Moscovie & tartarie." El relato de Gerrit de Veer había sido publicado primero en
holandés en 1598 y luego incorporado por la casa De Bry en el tercer volumen de su *India
Orientalis*, aparecido en alemán en 1599 y en latín en 1601.

167. Mc Ghee, Robert, *The Last Imaginary Place..., op. cit.*, p. 149: "se había vuelto aparente que
el Pasaje Noreste no existía en tanto ruta marítima navegable por los barcos de ese período."
El descubrimiento occidental del estrecho fue realizado por el explorador danés Vitrus Bering
en 1728.

168. Racault, Jean-Michel, *L'utopie narrative en France, op. cit.*, pp. 310-1: "De tal forma, hasta
su brutal desmoronamiento en tanto dogma geográfico e incluso más allá [...] la hipótesis de

en el vínculo entre la Tierra Austral y los relatos de viaje imaginarios que allí se situaron, bien podría ser aplicada a otras zonas igualmente desconocidas del *Orbis Terrarum*. En efecto, un análisis detallado del grado de conocimiento en términos geográficos de los márgenes septentrionales del mundo permite sugerir que, al igual que el desconocido continente austral, las latitudes boreales del globo también respondieron a las condiciones de plausibilidad e imposibilidad de verificación establecidas por Racault.

En otras palabras, si hasta el siglo XVIII el problema del pasaje noroeste y el enigma del continente austral marcaron la agenda de los grandes viajes exploratorios,[169] entre los siglos XVII y XVIII tanto el Norte como los puntos más australes de los mares del sur se presentaron como locaciones posibles de las sociedades imaginarias. En este sentido, además de vincular la publicación de utopías "australes" con los viajes de exploración destinados a hallar aquella elusiva *Quinta Pars* de la que tanto el saber antiguo como las noticias de ultramar aportaban datos, también debería indagarse en torno a la publicación de relatos utópicos ubicados en los márgenes septentrionales del mundo conocido. Por su marginalidad misma, ambos extremos ofrecieron al relato utópico de la primera modernidad un escenario plausible desde donde observar aquel centro europeo.

Así como con los viajes exploratorios en busca de la Tierra Austral, en el caso del Norte las sucesivas expediciones emprendidas a la región tampoco borraron la impronta exótica que la zona tuvo hasta avanzado el siglo XVIII. En términos de Éric Schnakenbourg, "con el correr de los siglos, la percepción se corrige y se rectifica sin hacer desaparecer, sin embargo, el carácter desconocido y exótico del medio natural y de sus habitantes, lo que los llevará a seguir despertando interés y curiosidad".[170] La pervivencia o superposición del componente enigmático de las inexploradas tierras del Norte frente a las noticias que podían provenir de distintos relatos de viaje y recopilaciones se basó tanto en la vigencia de la teoría de las zonas climáticas como en una larga cadena de referencias a la existencia de un pueblo dichoso más allá de las supuestas montañas Rifeas. Localizadas en el extremo norte de las tierras de Escitia, dichas montañas habían constituido la última frontera del mundo conocido por los Antiguos, desde donde soplaba el gélido viento Boreas que azotaba a los pueblos del sur. El mito sostenía que una vez atravesada la zona fría,

---

un continente austral nutrió una increíble variedad de 'ficciones del más allá', en el sentido de que cumplía con las dos condiciones de base requeridas por el imaginario utópico: fuerte plausibilidad geográfica, imposibilidad de toda verificación concreta."

169. Broc, Numa, *Regards sur la géographie française de la Renaissance à nos jours*, T. 1 et 2, Perpignan, Presses Universitaires de Perpignan, 1994, p. 144.

170. Schnakenbourg, Éric (dir.), *Figures du Nord. Scandinavie, Groenland et Sibérie. Perceptions et représentations des espaces septentrionaux du Moyen Âge au XVIIIᵉ siècle*, Rennes, Presses Universitaires de Rennes, 2012, p. 229.

sin embargo, el clima de la región resultaba benigno y por ello, propicio para la vida humana. En términos de Robert Mc Ghee:

> Al norte de las frías, melancólicas y hostiles montañas Rifeas yacía una tierra mítica donde el mito y la teoría geográfica se fusionaban. Era este un exótico y favorecido mundo ártico poblado por los evidiables "Hiperbóreos" –la gente que vivía pasando el Boreas. Protegidos de las gélidas ráfagas de viento norte por las montañas, los Hiperbóreos gozaban de un clima eternamente agradable en el que no había estaciones y donde los árboles daban frutos todo el año. Pasaban sus vidas disfrutando de la música, el baile, la serenidad y la comodidad, despreocupados por el trabajo, la lucha o la enfermedad. Los Hiperbóreos eran inmortales, pero cansados de sus vidas tan fáciles después de los 1.000 años, se adornaban con guirnaldas y saltaban desde un acantilado al mar.[171]

En los siglos XVI y XVII, el hecho de que nadie hubiese logrado aún navegar por las más altas latitudes del globo, sumado a la creencia en una región hiperboreal, agradable, fértil y auspiciosa para sus habitantes, continuaría revistiendo al Norte de un halo de misterio.[172] En términos geográficos, la idea heredada de los Antiguos de una tierra hiperbórea fértil y generosa pareció plasmarse en la representación cartográfica del Norte realizada por distintos eruditos. Tanto Mercator como André Thevet cubrieron los últimos diez grados de ese hemisferio con cuatro islas que "pueden ser asimiladas a un continente hiperbóreo".[173] En cuanto a las experiencias de viaje por el extremo norte del mundo, la duda respecto del tipo de clima, paisaje o pueblo que podía hallarse en los aquellas regiones también persistió. Al igual que en otras latitudes, el saber antiguo y el moderno parecieron confrontarse en las experiencias de viaje por los mares septentrionales, aunque en muchas ocasiones, lejos de ser contrapuestos, ambos terminaron amalgamándose en los relatos de los propios viajeros. En el caso de Martin Frobisher, las tempestades y fríos extremos sufridos en su viaje al noreste de Canadá parecieron llevarlo por momentos a poner fin a la idea de un clima benigno y una tierra de abundancia en el Norte. El peso de la teoría, sin embargo, casi siempre prevaleció. Al describir las inclemencias del clima, por ejemplo, la teoría de un extremo norte de temperaturas benignas pareció consolar a Frobisher, quien aclaró no haber estado "más que a 61 grados de

---

171. Mc Ghee, Robert, *The Last Imaginary Place...*, *op. cit.*, p. 22.

172. Sobre el potencial onírico del norte véase Éric Schnakenbourg (dir), *Figures du Nord*, *op. cit.*, pp. 13-4 y Monique Mund-Dopchie, "Imaginarie des îles de l'Extrême-Nord dans la littérature géographique de la Renaissance: confusions et transferts" en *ibid.*, pp. 85-101.

173. Chevereau, Antoine, "Le territoire groenlandais dans la Rélation du Groenland de La Peyrère, 1647", en *ibid.*, p. 109.

latitud, y es muy cierto que más al Norte, por ejemplo a los 70 grados, el frío no es tan grande".[174]

De forma similiar, en el relato que Gerrit de Veer hizo del primero de los tres viajes de Barentsz, atribuyó las temperaturas increíblemente bajas que sufrían los tripulantes al hielo que los circundaba y no a las altas latitudes en las que navegaban. Señalándolo en el texto con una elocuente anotación marginal ("La proximidad del Polo Ártico no da el frío más grande, sino el hielo del Mar Tártaro"),[175] De Veer explicaba:

> Hallamos que el único y principal impedimento de nuestro viaje fue la gran cantidad de hielo, que encontramos en los alrededores de Nueva Zembla, bajo la altura de 73, 74, 75, 76 grados del Polo; la cual no era tan grande en la mar entre las dos tierras. Por lo cual es cosa clara que no es la proximidad del Polo Ártico sino la proximidad del hielo, la cual entra y sale del Mar Tártaro cerca de Nova Zembla, la que nos da el frío más grande.[176]

Por otra parte, las distintas descripciones del Norte, muchas veces contradictorias, permiten sugerir que entre los siglos XVI y XVIII el mismo se presentó como una noción polisémica en la que confluyeron múltiples representaciones espaciales e identidades construidas históricamente. En muchas ocasiones, dichas representaciones parecieron conformarse a partir de la confluencia de saberes antiguos y modernos que, así como sucedió en otras áreas del saber, en la modernidad temprana se habían vuelto herramientas útiles para interpretar un mundo nuevo. En el caso particular de la superposición de imágenes y definiciones desarrollada en torno al Norte durante este mismo período, conviene retomar las palabras de Éric Schnakenbourg, para quien

> durante el Renacimiento, el Norte, "espacio de papel" (Jean-Marc Besse), nace de una sedimentación de saberes a veces muy antiguos que se apilan, se repiten y se completan o contradicen para alimentar las hipótesis cartográficas. La reapropiación de los mismos crea un espacio que tiene

---

174. Bernard, J.-F., y Frobisher, Martin, "Les Navigations de Frobisher, au détroit qui porte son nom", en *Recueil de voiages au Nord*, T. 6, Ámsterdam, 1720, p. 56, citado en *ibid.*, p. 109: "cependant nous n'étions qu'à 61. D. de Latitude, et il est très vrai que plus au Nord, par ex. à 70. D. le froid n'est pas si grand."

175. "La proximité du Pole Arctique ne donne pas le plus grãde froid: mais la glace de la Mer Tartare."

176. Veer, Gerrit de, *Vraye description de Trois Voyages de mer, op. cit.*, p. 3: "Nous avons bien trouvé, que le seul et principal empeschement de nostre voyage a esté la grande quantité de glace, que nous trouvames à l'entour de Nova Sembla, sous la hauteur de 73, 74, 75, 76 degrez du Pole; laquelle n'estoit pas si grãde en la mer entre les deux terres. Dont est chose clere que non pas la proximité du Pole Acticque, mais la proximité du glace, laquelle entre & sort de la mer de Tartare aupres de Nova Sembla nous a donnee la plus grande froidure."

su propia identidad, con sus islas inventadas o reales, sus monstruos marinos y las leyendas que de allí se desprenden.[177]

En la modernidad temprana, el Norte devino así objeto de representaciones y percepciones alimentadas tanto por los relatos verídicos como por la tradición clásica por entonces revisitada. Producto de un complejo proceso de invención y cotejamiento, el término representó de esta forma una realidad espacial ambigua tanto en términos simbólicos como históricos,[178] que a su vez subsistió, con escasas modificaciones, hasta fines del siglo XVIII. Tal como ha sugerido Robert Mc Ghee, "la creencia de que el Ártico era una tierra de delicias hiperbóreas desapareció sólo gradualmente y en la medida en que los exploradores de los siglos XVI a XIX trajeron de vuelta sus duramente ganados conocimientos geográficos".[179]

En el caso particular de la Francia temprano-moderna, "el Norte abarca generalmente el gran espacio báltico que se extiende desde los países escandinavos hasta las provincias bálticas y Rusia, incluyendo también a Prusia y a Polonia".[180] En cuanto al rango latitudinal que dicha región podía ocupar, resultaba claro que comprendía las latitudes más próximas a la estrella polar. Llegar a un acuerdo respecto de su extensión longitudinal resultaba más complejo, debido a que en ese sentido el Norte comprendía a todas esas zonas poco conocidas o directamente desconocidas ubicadas en el extremo septentrional del mundo, y a veces hasta algunos grados más al sur, tanto del hemisferio este como oeste. Hasta mediados del siglo XVIII, una referencia al Norte podía hacer alusión tanto a las regiones de Rusia, China y el Báltico como a Groenlandia e incluso a California.[181]

Aunque de los relatos utópicos analizados sólo uno haya ubicado su sociedad ideal en el extremo norte del mundo, la elección de esta localización merece ser analizada con cierto detalle. En efecto, en la *Histoire*

177. Schankenbourg, Éric (dir.), *Figures du Nord, op. cit.*, p. 227.

178. Schankenbourg, Éric, *ibid.*, p. 15: "los ecos, los rumores y las leyendas se mezclan con las aserciones y los testimonios más o menos fieles a aquellos que estuvieron, o no, en el lugar."

179. Mc Ghee, Robert, *The Last Imaginary Place, op. cit.*, p. 28.

180. Schnakenbourg, Éric (dir.), *Figures du Nord, op. cit.*, p. 11: "le Nord recouvre généralement un large espace baltique allant des pays scandinaves aux provinces baltes et à la Russie, comprenant également la Prusse et la Pologne."

181. Schnakenbourg, Éric, *ibid.*, p. 12: "A principios del siglo XVIII aparece en Francia la primera compilación de relatos de viaje acerca del Norte específicamente: el *Recueil de voiages au Nord*, conteniendo diversas memorias útiles al comercio y a la navegación, publicado en ocho volúmenes en Ámsterdam entre 175 y 1728 por el librero hugonote Jean-Frédéric Bernard. Esta obra es bastante desconcertante, ya que se encuentran, sin sorpresa, testimonios sobre Rusia, Spitzberg, Groenlandia y las regiones septentrionales de América, pero también, de forma sorprendente, de China, Corea, el Mississippi, Luisiana e incluso California. La colección de Bernard compila en realidad información sobre espacios poco conocidos que son reagrupados globalmente bajo el término genérico de "Norte", mientras que otros espacios auténticamente septentrionales, pero mejor conocidos, como Escandinavia, no figuran."

de Calejava ou de l'isle des hommes raisonnables (1700), a diferencia de
los relatos utópicos publicados en esta misma época, la isla de *Calejava*
no se encuentra emplazada en los desconocidos mares del sur sino más
próxima al mar del Norte. La localización exacta de la isla, sin embargo, no es develada en ningún momento y es sólo a partir de ciertos indicios que podría llegar a inferirse. En el libro primero, por ejemplo, el
narrador explica que los tres protagonistas han escapado de Francia y
llegado a Lituania, donde "se sabe que en invierno sólo se viaja en trineos, y que un caballo se desplaza por la nieve o el hielo quince o veinte
leguas por día".[182] En el transcurso del viaje, cuando los protagonistas
se encuentran "en el medio de una región deshabitada y a fines del invierno" un "viento cálido contra la costumbre del país" derrite la nieve
y el hielo de los ríos haciendo que los caballos se ahoguen y el trineo se
hunda.[183] El primer encuentro con los avaitas se produce cuando, a la
orilla de un río, los protagonistas los ven avanzar en barco rumbo a su
país. En ese mismo barco viajan hacia la isla de Calejava, que se encuentra, con vientos favorables, a "dos meses y algunos días" del sitio
en donde han naufragado.[184] Resta saber, sin embargo, en qué dirección:
norte, sur, este u oeste.

A diferencia de otras utopías del período en las que el autor provee
coordenadas ficticias para ubicar geográficamente a la isla o continente
desconocido, en el caso de *Calejava* las bondades de la sociedad avaita
y un historial reciente de los abusos europeos cometidos en otras regiones del globo permiten al narrador justificar la decisión de no develar
la ubicación de la isla:

> Desde que los avaitas saben la manera en que hicimos uso de los países
> recientemente descubiertos, tras habernos convertido en sus amos, temen
> comerciar con nosotros, y por esta razón hicieron prometer a nuestros
> europeos jamás revelar en qué clima su isla se ubicaba...[185]

Ciertamente, el hecho de que fuese en Polonia donde se había radicado el herético Fausto Sozzini tras exiliarse de su Siena natal en 1579

---

182. Gilbert, Claude, *Histoire de Calejava, op. cit.*, p. 18.

183. Gilbert, Claude, *ibid.*, pp. 18-9: "ils étoient au milieu d'un gran Pays inhabité, & sur la fin de l'Hiver, lorsqu'un vent chaud contre la coutume du Pays, s'éleva tout àcoup & inopinement, il fond en peu de tems les neges, & dégele les rivieres; les chevaux qui tiroient les traineaux se noyent, & les hommes courant grand risque d'avoir le meme sort." [estaban en el medio de un gran país deshabitado, y hacia el final del invierno, cuando un viento caliente contra la costumbre del país se elevó de golpe e inesperado, derritió en poco tiempo las nieves, y descongeló los ríos; los caballos que tiraban los trineos se ahogaron, y los hombres corrieron el gran riesgo de atravesar la misma suerte.]

184. Gilbert, Claude, *ibid.*, p. 26.

185. Gilbert, Claude, *ibid.*, pp. 27-8: "Depuis que les Avaïtes scavent la maniere dont nous en avons usé avec les Pays nouvellement découvertes, aprez nous en être rendu maîtres, ils craignent d'entrer en commerce avec nous, & par cette raison ils ont fait promettre à nos Europeans de ne point reveler en quel climat leur Isle est située."

y que parte de sus creencias hayan sido descriptas por Bayle en una de las entradas de su diccionario filosófico pudo haber influido de forma significativa en la elección de Lituania como refugio de la razón. Tal como ha sostenido Yves Nérieux en un estudio crítico de la obra, "la elección de Lituania no es, sin duda, anodina. Es en Polonia y en Lituania que se implantarán los antitrinitarios o socinianos a principios del siglo XVII".[186] Cierto es la *Histoire de Calejava* retoma algunas de las premisas defendidas por Sozzini, como la primacía del principio de la razón en materia religiosa. Aunque también es posible que los infortunios del clima y el hecho de que el Norte resultara una región aún inexplorada justificaran la elección geográfica y el desarrollo de la historia.

El hecho de que Calejava sea una isla a dos meses de distancia en barco desde Lituania permite al menos conjeturar que podría haber formado parte del archipiélago ubicado en los mares del Norte que, desde mediados del siglo XVI, poblaba los mapas de esta región. La multiplicación de esas descripciones había tenido sus orígenes en 1558, cuando el veneciano Nicolò Zeno había publicado el relato de un viaje realizado a los mares septentrionales por sus ancestros Antonio y Nicolò en 1380. Al relato se le había adjuntado un mapa que, según ha indicado Broc, se había inspirado en gran medida en el mapa de los países del Norte de Claudius Clavus (1427), que a su vez había sido perfeccionado a fines del siglo XV por Henricus Martellus. La diferencia entre los mapas anteriores y el mapa de Zeno radicó, sin embargo, en el hecho de que el veneciano incluyó todas las islas que en los mapas anteriores, aunque iguales, habían recibido distinto nombre. Cada una de las islas se multiplicó entonces por la cantidad de nombres con la que había sido bautizada, conformando de esta manera "una verdadera constelación".

---

186. Ya se mencionó la influencia que los escritos de Bayle tuvieron en los círculos intelectuales de Dijon. Véase Claude Gilbert, *Histoire de Calejava ou de l'île des hommes raisonnables*, Édition critique établie para Yves Nérieux, París, Honoré Champion, 2012, p. 87. El autor tal vez recordó el artículo "Socini" del Diccionairo de Bayle. El pensamiento sociniano descripto por Bayle se parece mucho al espíritu avaita: "se equivocaron al utilizar y consultar con demasiada deferencia la Luz natural; y si conservaron una parte del Cristianismo, y no la otra, es porque su primer príncipe, por no admitir nada que se contrapusiera a las luces de su Razón, los había conducido a todo ello. [...] Su príncipe tomó la religión y la convirtió en filosofía." Citado del *Dictionnaire historique et Critique*, artículo "Socin", reimpresión de la edición de Ámsterdam de 1740, Ginebra, Slatkine, 1969. Véase también Luisa Simonutti, "Liberté, volonté, responsabilité: Faust Socin, Gerhard Johannes Vossius et les arminiens de Hollande", *Astérion* [En línea], 3, 2005, disponible desde el 15 de septiembre de 2005. URL: http://asterion.revues.org/412

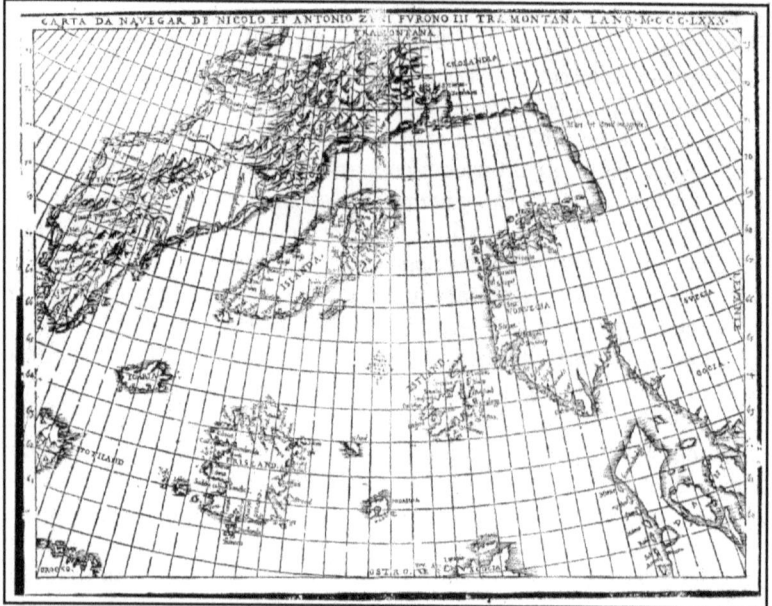

Figura 7. Zeno, Caterino, *De i commentarii del viaggio in Persia di M. Caterino Zeno il K.: et delle guerre fatte nell'imperio persiano, da tempo di Ussuncassano in quà: libri due. et dello scoprimento dell'isole Frislanda, Eslanda, Engrovelenda, Estotilanda, et Icaria, fatto sotto il polo Artico: libro uno,...* ([Reprod.]) / da fratelli Zeni, M. Niccolò il K. e M. Antonio, Venecia, Francisco Marcolini, 1558 (fuente: *Bibliothèque Nationale de France*).

Figura 8. Abraham Ortelius, Septentrionalium regionum descrip., *Theatrum Orbis Terrarum*, Amberes, 1570.

En las décadas que siguieron a su publicación, el mapa de Zeno se volvió por demás influyente en la representación de las regiones septentrionales del mundo.[187] De hecho, algunos años más tarde, fue adoptado por Gerardus Mercator en su mapa universal de 1569 y su mapamundi de 1587. Por su parte, en 1570 Abraham Ortelius también había incluido algunas de las islas mencionadas por el italiano y, en esta misma época, los ingleses (dentro de los que se incluye Frobisher) también hicieron uso del mapa del veneciano para organizar sus expediciones en busca del pasaje interoceánico noroeste.[188]

A su vez, que un viento inesperadamente cálido fuera responsable de derretir el río por el cual cruzaba el trineo de Christofile, Eudoxe y Alatre, reviste particular importancia.[189] Vale recordar que en aquella época aún no se había terminado de descartar que por sobre los 80 grados de latitud norte pudiesen hallarse temperaturas más cálidas. Coincidentemente, una vez en Calejava, los diálogos se propician con el "buen tiempo" que permite a los protagonistas caminar y filosofar tras haber cenado: "Después de la cena, el buen tiempo invitó a nuestros filósofos a pasear".[190] Durante su estadía en la isla también pueden pasearse por caminos "marcados por las bellas alamedas" donde "flores de todo tipo entre esos árboles alegraban la vista de aquellos que se paseaban y de aquellos que viajaban".[191]

A la par de las bondades climáticas, la obra también presenta algunos elementos propios del paisaje boreal que en esa misma época eran mencionados en los relatos de viaje a aquellas latitudes. La presencia de osos y la inexistencia de animales de tiro para los trabajos de labranza fueron dos aspectos frecuentados por los libros de viaje holandeses e ingleses a los mares del norte que a su vez fueron retomados en el relato utópico analizado. En *La Vraye description de Trois Voyages* (1609) de Girard de Veer, por ejemplo, predomina la presencia de "osos blancos" y sus constantes ataques a los marinos en las cercanías de la isla de Nueva Zembla.[192] Por su parte, en la *Histoire de Calejava*, un oso (aunque no se especifica el color) cuida del recién nacido de Eudoxa y Alatre, que es abandonado por sus padres cuando tras el naufragio ya

187. Mund-Dophie, Monique, "Imaginaire des îles de l'Extrême-Nord dans la littérature géographique de la Renaissance", en Schnakenbourg, Éric (dir.), *Figures du Nord, op. cit.*, p. 89: "Ese relato y esa carta influenciarán de forma durable la representación del Septentrión durante varios decenios."

188. Broc, Numa, *La géographie de la Renaissance, op. cit.*, p. 167.

189. Gilbert, Claude, *Histoire de Calejava, op. cit.* (2012), pp. 18-9.

190. Gilbert, Claude, *Histoire de Calejava, op. cit.* (1700), p. 48: "Le beau tems atira nos Philosophes aprez le dîné à la promenade."

191. Gilbert, Claude, *ibid.*, p. 71: "marqués par des belles allées d'arbres", "des fleurs de toute sorte entre ces arbres égaient le vûe de ceux qui se promennent & de ceux qui voyagent."

192. Veer, Gerrit de, *La Vraye description..., op. cit.*, p. 4: "Le 9 juillet navigerent en Berenfort, sous l'Isle Guillaume en la Rade, où ils trouvarent un Ours blanc." [El 9 de julio navegaron en Berenfort, bajo la Isla de Guillaume en la Rada, donde encontraron un oso blanco.]

no pueden alimentarlo. En la *Histoire de la Laponie* publicada a fines del siglo XVII por Johannes Scheffer, el autor hace particular hincapié en la inexistencia de animales de tiro y las dificultades que se presentan para labrar la tierra en las regiones del norte,[193] tema que también aparece en la *Histoire de Calejava*, aunque la elección de no utilizarlos para la labranza sea justificada con argumentos lógicos.[194]

A primera vista entonces, en la *Histoire de Calejava* confluyen elementos relacionados tanto con la crueldad del clima en el Norte como con sus bondades. Una mirada más atenta revela sin embargo que de los elementos analizados hasta el momento aquellos asociados al Norte tales como la hostilidad del clima, la crudeza del invierno y las costumbres desarrolladas en respuesta a los desafíos presentados por el medioambiente se hacen presentes en el trayecto hacia Calejava pero no en la isla en sí misma. En esta última, por el contrario, parece primar el buen clima y no resulta necesario un trabajo desmesurado de la tierra. En función de estas coordenadas, antes que confirmar alguna hipótesis, las escasas referencias a su ubicación geográfica sólo permiten reflexionar en torno al lugar que el Norte, en tanto espacio geográfico marginal, pudo haber tenido en la elaboración del relato utópico.

Ahora bien, si a la publicación de la *Histoire de Calejava* se le suma el hecho de que en 1720 Simon Tyssot de Patot publicó un segundo relato de viaje imaginario, esta vez ubicado en Groenlandia, la idea de un Norte inexplorado como posible locación utópica adquiere más fuerza. Dividida en dos tomos, *La Vie, les avantures, et le Voyage en Groenland du Révérend Pere Cordelier Pierre de Mesange. Avec un Relation bien circonstanciée de l'origine, de l'histoire, des moeurs, et du Paradis des Habitants du Pole Arctique*[195] narra las aventuras del reverendo Pierre Mesange quien, tras naufragar cerca de Groenlandia, es conducido a un reino subterráneo llamado Rufsal donde pasa varios años. Condenado a ser castrado por habérselo encontrado con la esposa de un dignatario,

193. Scheffer, Johannes, *Histoire de Laponie, sa description, l'origine, les moeurs, la maniere de vivre de ses habitans, leur Religion, leur Magie, & les choses rares du Païs*, París, Chez la Veuve Olivier de Varennes, 1678, p. 9: "La terre de la Laponie n'est ni grasse, ni maigre, mais pleine de pierres & de rochers, de sorte que le grain n'y peut venir. Le terroir en plusieurs lieux est si humide & si mou qu'il s'afaisse sous le pié à cause de l'incroiable quantité de marais & de ruisseaux. Auisse il ne s'y trouve presque point d'endroit où l'on puisse commodément labourer, quand même on voudroit emplier pour cela tout le soin possible, & faire toute la dépense imaginable." [La tierra de Laponia no es ni grasa ni magra, sino que está llena de piedras y rocas, de forma que el grano no puede crecer. En varios lados de la región, es tan húmedo y blando que se hunde bajo el pie a causa de la increíble cantidad de pantanos y arroyos. Tampoco se encuentra lugar alguna donde se pueda cómodamente hacer surcos, incluso si se deseara emplear para ello toda la dedicación posible, y hacer todos los gastos imaginables.]

194. Gilbert, Claude, *Histoire de Calejava, op. cit.* (1700), pp. 115-8. Los avaitas labran la tierra con una máquina inventada específicamente a tales efectos y no tienen animales de tiro porque "consumen la mitad" de lo producido.

195. Tyssot de Patot, Simon, *La Vie, les avantures, et le Voyage en Groenland du Révérend Pere Cordelier Pierre de Mesange. Avec un Relation bien circonstanciée de l'origine, de l'histoire, des moeurs, et du Paradis des Habitants du Pole Arctique*, Ámsterdam, Etienne Roger, 1720.

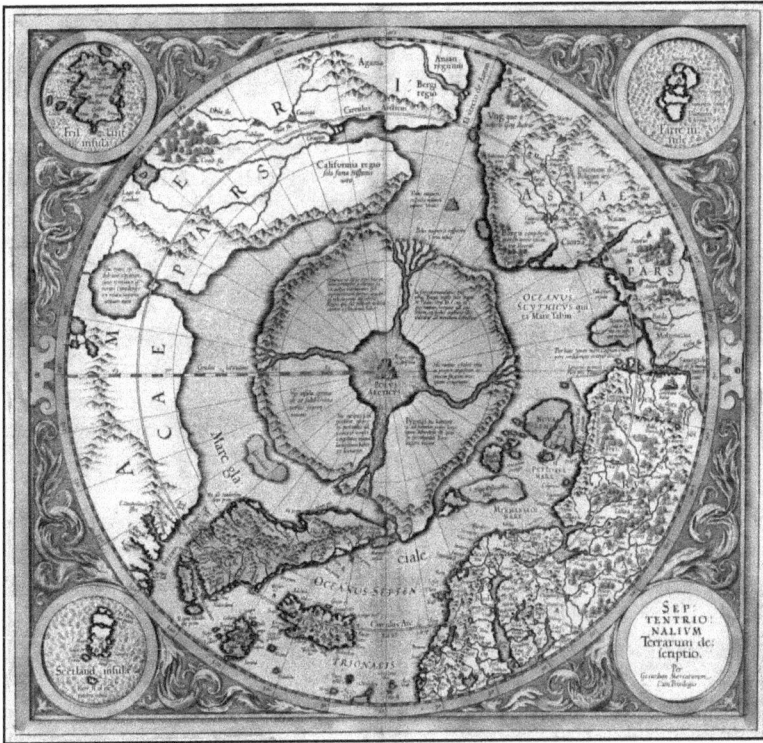

Figura 9. Es probable que Tyssot de Patot también estuviera familiarizado con la imagen de un Polo Norte dividido en cuatro partes circundadas por ríos. Gerardus Mercator, *Septentrionalium Terrarum descriptio*, Ámsterdam, 1595.

Mesange huye y es finalmente rescatado por un navío escocés que lo lleva de regreso a Holanda. Al igual que en la mayoría de estos relatos, a raíz de una serie de infortunios, los manuscritos que contienen sus aventuras caen finalmente en manos de un editor.[196]

En términos religiosos, al igual que en *Voyages et avantures de Jacques Massé* (1710), el relato es en sí mismo "ferozmente anticlerical y anticristiano". Pero además de ello, la sociedad *otra* propuesta por Tyssot de Patot parece también subvertir todos los principios del orden establecido. Sobre este último punto, Jonathan Israel ha destacado el deseo de Patot de construir una sociedad enteramente nueva "en la que la monarquía, la nobleza y toda forma de jerarquía serían excluidas, de la misma forma en que sería prohibida de desigualdad de sexos y en la

---

196. Tyssot de Patot, Simon, *La vie, les aventures et le voyage de Groenland du Révérend Père Cordelier Pierre de Mésange*, V. I-II, Avec une préface de Raymond Trousson, Ginebra, Slatkine Reprints, 1979, p. XI.

250 CAROLINA MARTÍNEZ

cual el bienestar del hombre estaría basado en la filosofía, las Luces, la igualdad, la virtud y la justicia."[197]

Más allá de los temas abordados en la obra, que en muchos sentidos se presentan como una continuación de *Voyages et avantures de Jacques Massé*, en términos geográficos, es probable que al momento de concebirla Patot se inspirara en los relatos de viaje a las tierras del Norte que por entonces existían. La ya mencionada *Vraye description de trois voyages de mer faits en trois ans* (1600) de Gerrit de Veer, la *Relation du Groenland* (1647) de Isaac de La Peyrère, la *Histoire de la Laponie* (1673) de Johannes Scheffer y la colección de viajes al norte editada bajo el título de *Recueil des Voyages au Nord* (1716) bien pudieron haber sido "insumos" al alcance de Tyssot de Patot. Además, si se considera que este último estaba familiarizado con la figura de La Peyrère, podría suponerse que tal vez tuvo acceso a la *Relation du Groenland* o la posterior *Relation d'Islande* (1663), obras que habían convertido a su autor en "la máxima autoridad en esquimales de su tiempo".[198]

Más allá de que reste aún indagar en torno a esta cuestión, la inclusión de esta segunda obra de Tyssot de Patot permite volver nuevamente sobre el tema del Norte como espacio marginal desde donde pensar la utopía. Es posible sugerir que ya sea en latitudes boreales (como en el hipotético caso de la Isla de Calejava o de la Groenlandia imaginada por Tyssot de Patot), o en los mares del sur y más precisamente en la denominada Tierra Austral incógnita, las sociedades utópicas ocuparon territorios presentes en el horizonte de expansión de las potencias marítimas europeas pero aún en los márgenes en términos del conocimiento real que podía tenerse de aquellos parajes. En este sentido, de forma más o menos explícita, tanto desde el extremo Norte como desde el extremo Sur, los confines del *Orbis Terrarum* se presentaron como espacios plausibles desde donde "observar", a la distancia, el comportamiento de la sociedad propia.

197. Israel, Jonathan, *Les Lumières radicales. La philosophie, Spinoza et la naissance de la modernité* (1650-1750), París, Éditions Amsterdam, 2005, p. 665.

198. Popkin, Richard, *The history of Skepticism*, Oxford, Oxford University Press, 2003, p. 227, n. 48.

⇒⁕ CONSIDERACIONES FINALES ⁕⇐

Mundos perfectos y extraños en los confines del *Orbis Terrarum*

En su análisis del mapa publicado por Abraham Ortelius en 1601, que bajo el título *Aevi veteris, typus geographicus* ponía en evidencia los límites de la representación del mundo tal como la habían concebido los Antiguos, Jean-Marc Besse señala que el espacio existente entre ese centro (el mundo de los Antiguos) y los márgenes era justamente aquel en el cual, en el transcurso de la modernidad temprana, se habían desplegado los descubrimientos modernos:

> Ortelius otorga a la imagen de la Tierra conocida antes del siglo XVI una apariencia visual singular: bruscamente interrumpida por las líneas abstractas de la grilla de coordenadas cosmográficas, aparece como una figura truncada, a la espera de ser completada o terminada. La ecúmene de los Antiguos flota, por así decirlo, sobre los blancos del mapa o de la página, ubicada en el centro de un mapamundi vacío, como si esperara que los espacios en blanco fuesen rellenados por las viñetas que los rodean, que se deslizan desde el marco –los márgenes– hacia el centro. La imagen está intelectualmente dirigida: entre el centro y los márgenes se despliega precisamente el espacio de los descubrimientos modernos.[1]

En más de un sentido, en los distintos capítulos que componen este libro ha sido posible observar que la distancia que separaba el mundo antiguo del moderno, saldada por los grandes viajes de descubrimiento entre los siglos XVI y XVIII, fue también la que propició el desarrollo del relato utópico publicado en lengua francesa en el mismo período. El espacio abierto por los viajes de exploración emprendidos por las distintas potencias ultramarinas devino así el espacio de la utopía. En principio, tanto el neologismo cuanto el relato concebido por Moro en 1516 se habían gestado al calor de una serie de cambios culturales y materiales, dentro de los cuales se encontraba la incipiente expansión transoceá-

---

1. Besse, Jean-Marc, *Les Grandeurs de la Terre. Aspects du savoir géographique à la Renaissance*, Lyon, ENS Éditions, 2003, p. 27.

Figura 10. Abraham Ortelius, *Aevi veteris, Typus Geographicus*, Amberes, 1609.

nica ibérica. Por ello, más allá de que *Utopía* se inspirara en el *Relato verídico* de Luciano de Samosata para denunciar los males de su época en dulces y amenas palabras, fue el uso estratégico de las recientes noticias sobre ultramar lo que posibilitó su presentación como verosímil.

Las múltiples referencias a los viajes de Vespucio en el *libellus aureus* demuestran a las claras el interés de Moro por la ampliación del mundo conocido así como el grado de difusión que los primeros viajes de descubrimiento tuvieron en las tempranas décadas del siglo XVI. En esta línea, debe sumarse el hecho de que el supuesto encuentro con Hitlodeo ocurriera en la ciudad de Amberes, a la que el propio Moro había llegado a raíz de una misión diplomática en la que estaban involucrados los intereses comerciales de las Compañías de Londres, del rey de Inglaterra y del rey Carlos I de España. Desde Amberes, epicentro europeo del comercio y la cultura, el humanista inglés construyó entonces una isla, que organizó a su libre arbirtrio y ubicó deliberadamente en los márgenes del mundo conocido.

Un siglo después de su creación, el modelo moreano se vio plasmado en una serie de relatos de viaje ficcionales que, retomando los lineamientos de *Utopía*, describían el perfecto funcionamiento de una sociedad ideal ubicada en los confines del *Orbis Terrarum*. En la medida en que toda descripción habilita también la comparación, el supuesto hallazgo de una comunidad-otra en alguna isla o continente desconocido se presentó ante un público lector renovado como una manera innovadora de contrastar, desde la distancia y con ojos extrañados, la moral y costumbres europeas.

Ahora bien, la creciente popularidad de este tipo de relatos, manifiesta en las múltiples ediciones que se hicieron de cada uno de ellos, debe comprenderse a su vez en el marco del crecimiento inusitado de las narrativas de viaje y de las reflexiones de tipo filosófico que surgieron, entre los siglos XVI y XVII, en respuesta a la experiencia del descubrimiento. La profusión de relatos de tipo utópico debería insertarse por ello en el marco inédito que significó la extensión de las partes conocidas del Globo y la consecuente ampliación de la ecúmene. En lo que refiere a la publicación de relatos de viaje, el fenómeno se extendería hasta entrado el siglo XVIII. Tal como ha señalado Numa Broc, hacia 1750, al tiempo que la literatura de viaje continuaba gozando de gran popularidad entre un público cada vez mayor, tampoco había dejado de ofrecer el más variado tipo de obras: convivían en este período relaciones científicas, viajes de carácter ficcional y, dentro de este grupo, los relatos de tipo utópico.[2]

En el caso de Francia, la reutilización del modelo creado por Moro también se vinculó con un proceso más vasto de creación de nuevos géneros literarios, tan inéditos como las experiencias de las que intentaban dar cuenta. El hecho de que los relatos utópicos analizados retomaran el modelo y la estructura de *Utopía* no significó, sin embargo, que abordaran los mismos temas. Antes bien, las narraciones utópicas publicadas en lengua francesa en el transcurso del siglo XVII dieron cuenta de tres procesos concomitantes y a la vez constitutivos de la modernidad temprana: el conflicto religioso, el nacimiento de nuevas formas de alteridad y el proceso de expansión ultramarina que se desarrolló simultáneamente.

En cuanto al nexo entre los relatos utópicos abordados y la disidencia religiosa, el impacto de la Reforma y las sucesivas guerras de religión que estallaron en Francia permitieron delimitar un marco temporal dentro del cual comprender de forma más acabada las posturas de los autores de utopías respecto de ciertas cuestiones religiosas. La promulgación del Edicto de Nantes por Enrique IV en 1598 y su revocación por Luis XIV en 1685 marcaron de una u otra forma la agenda temática de los relatos examinados. A su vez, la trayectoria de sus autores y sus lugares de producción y publicación también estuvieron sujetos a múltiples vaivenes en términos religiosos. En principio, a raíz de la intolerancia experimentada en el transcurso de lo que podría denominarse un largo siglo XVII, todos los autores de las obras estudiadas debieron en algún momento huir de Francia, buscar refugio en alguna comunidad protestante o escoger entre uno u otro credo. El hecho de que la mayor parte de las obras haya sido publicada en alguna ciudad de las Provincias Unidas, de forma anónima o con falsos pies de imprenta, y que en el caso de que hubiesen sido publicadas en Francia no contaran con el privilegio real, también respondió a los altos niveles de censura que existieron en

2. Broc, Numa, *Regards sur la géographie française de la Renaissance à nos jours*, Perpignan, Presses Universitaires de Perpignan, 1994, T. 1, p. 134.

Francia, pero asimismo en las Provincias Unidas, en tiempos de convulsión político-religiosa.

Las distintas aristas del conflicto religioso también se manifestaron en el contenido de los textos analizados. El escepticismo, el deísmo, la crítica del monogenismo bíblico, la búsqueda de un nuevo criterio de verdad y la exaltación del racionalismo fueron sólo algunos de los variados temas religiosos presentes en la literatura utópica francesa del período. En lugar de calificar a sus autores como libertinos, parece más oportuno referirse a ellos como disidentes religiosos pues reflexionaron en torno al pensamiento de Descartes, Spinoza, Bayle o La Peyrère para tomar sólo los elementos que mejor se ajustaban a su propia visión del mundo.

En cuanto al vínculo entre utopía y alteridad, si bien el relato utópico presentó al lector temprano-moderno una sociedad-otra (ficticia en su totalidad), el juego de lo posible exigió incluir elementos presentes en los relatos de viaje contemporáneos producto de experiencias concretas. En otras palabras, con el objetivo de otorgar cierto grado de credibilidad a lo narrado, los relatos utópicos analizados adaptaron anécdotas, itinerarios, imágenes e información de los relatos de viaje publicados en el mismo período. Más allá de que las comunidades ideales descriptas fueran presentadas como el inverso de la sociedad propia, su grado de alteridad debía ser lo suficientemente verosímil como para que el lector las creyera ciertas. En relación con este punto, el papel desempeñado por la pujante industria editorial en las Provincias Unidas y la participación de estas últimas en la expansión transoceánica resultaron dos factores clave al momento de explicar la forma en la que los relatos utópicos estudiados incorporaron las últimas novedades de ultramar. En principio, la mayor parte de los relatos de viaje incluidos en la colección editada por la familia De Bry a principios del siglo XVII había sido suministrada por editores holandeses tales como Cornelis Claesz, que, a su vez, editaron por su propia cuenta las experiencias de viaje holandesas en el período de primacía de las Provincias Unidas en términos de comercio internacional.[3] Publicados en el transcurso de ese mismo siglo, estos relatos de viaje presentaron a un ávido público lector las imágenes y experiencias vividas principalmente por los viajeros de esta nación en su encuentro con nuevos tipos de alteridad.

De los tres temas ligados al desarrollo del relato utópico a lo largo del siglo XVII, determinar la naturaleza del vínculo entre utopía y expansión ultramarina ha resultado tal vez el mayor desafío. Si por un lado en la vasta bibliografía sobre utopía ha primado su análisis en tanto género literario, los enfoques socio-históricos tampoco han abordado su estudio tomando en cuenta la variable transoceánica. Frente a ello, uno de

---

3.   Sobre el papel jugado por la industria editorial holandesa en el siglo XVII véase Benjamin
      Schmidt, *Innocence Abroad. The Dutch Imagination and the New World, 1570-1670*, Cambridge,
      Cambridge University Press, (2001) 2004, p. 73. Sobre la importancia política y comercial de
      la labor editorial de Cornelis Claesz véanse las pp. 161-3.

los objetivos de este libro ha sido comprender los orígenes y el posterior desarrollo del relato utópico en el marco de la expansión geográfica y la competencia ultramarina europea entre los siglos XVI y XVIII.

En principio, esto llevó a concebir la construcción de una imagen moderna del mundo como producto de los aportes técnicos, nuevas perspectivas de análisis y publicaciones introducidas en este período por cosmógrafos, navegantes y editores.[4] Aunque en diferentes grados, las transformaciones en la imagen del mundo operadas por estos actores incidieron en el relato utópico que se desarrolló a la par. Debe mencionarse en primer lugar el recurso a coordenadas geográficas falsas y las descripciones de parajes "jamás vistos por los Antiguos". A su vez, merece destacarse el énfasis puesto en el papel del editor en cada Prefacio o Advertencia al lector. Ninguno de los autores de las utopías estudiadas parece dudar siquiera de que, en última instancia, es el editor quien carga con la mayor responsabilidad, al ser quien compila los manuscritos, los ordena y les da sentido para que puedan ser publicados. Por último, la localización de los relatos utópicos en alguna región de la supuesta Tierra Austral o, en el caso de la *Histoire de Calejava*, en alguna isla posiblemente ubicada en los confines septentrionales del mundo, se sustentó en el hecho de que aquellas zonas no habían sido aún exploradas (siquiera descubiertas), aunque sí eran representadas en términos cartográficos.

En relación con este último punto, el análisis contextual del *corpus* documental seleccionado demuestra que la utopía, en su condición de no lugar, se ubicó en este período en los márgenes del mundo conocido pero a su vez en el epicentro de la carrera ultramarina. Ciertamente existió un vínculo estrecho entre el lugar que la Tierra Austral ocupó en el imaginario de las potencias marítimas europeas, deseosas de hacerse de nuevos territorios en ultramar, y las características que revisitó en las llamadas utopías "australes". En el caso francés, el llamado a conquistar aquella *Quinta Pars* resulta una variable contextual ineludible en el estudio de la producción de relatos utópicos en esa lengua. Como consecuencia de una serie de intentos fallidos en materia de ocupación colonial (la pérdida de Guanabara y Florida en 1560 y 1565, por ejemplo), entre los siglos XVII y XVIII la *Terra Austral* incógnita se convirtió para Francia, más que para cualquier otra potencia, en la posibilidad de fundar un imperio colonial de la misma magnitud que el imperio ibérico. En este sentido, resulta de interés señalar que la profusión de relatos utópicos ubicados en aquella parte del mundo se desarrolló en el período que se abre con la publicación de *Les Trois Mondes* (1582) de Lancelot Voisin de La Popelinière y finaliza algunos años después de que se editara la *Histoire des navigations aux terres australes* (1756) de Charles de Brosses, período en el que se comprobó la inexistencia de aquella masa continental.

---

4. Los cambios operados por cada uno de estos actores habrían reordenado la imagen del mundo en términos geográficos, geo-políticos y literarios respectivamente.

A su vez, el extremo Norte, tan desconocido como el Sur, también pudo haber funcionado como una locación posible del relato utópico o de otro tipo de viaje ficcional en este período. La inclaudicable búsqueda de un pasaje noreste o noroeste hasta entrado el siglo XVIII resultó, en este sentido, un objetivo tan presente en la agenda de ciertas potencias marítimas como lo fue la búsqueda de la Tierra Austral incógnita para otras. Por otra parte, la pervivencia de ciertas ideas acerca de la existencia de un clima benigno pasada determinada latitud Norte alentó la especulación, cuando no el interés, por comprobar, así como en tantas otras ocasiones a lo largo de los siglos XVI a XVIII, cuánto del saber antiguo resistía la prueba de la experiencia moderna.

Tal como hasta aquí han sido descriptos, los temas presentados invitan a comprender la inserción del relato utópico publicado en lengua francesa dentro de una trama política, cultural y comercial de alcances globales. Por un lado, el problema religioso del que las obras estudiadas se hicieron eco posibilitó la construcción (al menos en términos literarios) de un nuevo tipo de otredad. En principio, la división de la Iglesia católica y la inmediata creación de una Iglesia reformada, así como la sucesiva fragmentación de esta última en una multiplicidad de otredades confesionales, alentaron la percepción de nuevos *otros*. Por su parte, el encuentro con sociedades no europeas, con sus costumbres, creencias y prácticas religiosas, agudizó aún más aquel proceso de descentralización iniciado con la Reforma, y llevó a lo que Frank Lestringant ha llamado "la experiencia inaudita de la alteridad."[5]

Pero además, tanto la fragmentación religiosa como la experiencia del encuentro con un nuevo *otro* se dieron en el marco de la expansión ultramarina. La competencia entre naciones so pretexto de la religión también se dirimió en escenarios periféricos, donde las potencias marítimas lucharon por el dominio sobre poblaciones y territorios, por el control de rutas comerciales y por el monopolio del comercio de determinados bienes, conflictos de los que también las utopías dieron cuenta. En efecto, la rivalidad entre las distintas potencias marítimas se evidencia en los itinerarios de viaje de Siden, Sadeur y Massé, en las escalas realizadas hasta llegar a la comunidad utópica, en la procedencia de los navíos en los cuales los personajes principales naufragan, son rescatados o raptados, en los conflictos bélicos en los que mueren y en los contextos históricos en los que se inserta cada relato utópico. Todas estas instancias sugieren que, si bien el relato utópico puede ser concebido como el reverso de la sociedad europea que critica, también podría ser interpretado como un reflejo, no tan invertido, de la compleja trama de procesos culturales, sociales y políticos que se desarrollaron en el transcurso de los siglos XVI, XVII y XVIII.

---

5. Lestringant, Frank, "Huguenots en Utopie ou le genre utopique et la Réforme", París, *Société de l'histoire du Protestantisme français*, N° 146, 2000, p. 262.

La disidencia religiosa, la expansión geográfica y el encuentro con nuevas formas de alteridad resultan, en este sentido, tres elementos clave para comprender el funcionamiento y el lugar del relato utópico en la modernidad temprana europea. A su vez, en lo que refiere al desarrollo del relato utópico publicado en lengua francesa en el siglo XVII, antes que hablar de "precursores" de la filosofía ilustrada o de la existencia de un pensamiento racional *avant la lettre*,[6] las utopías analizadas fueron el producto de un tiempo determinado. Con el objetivo de abordar el estudio del relato utópico en el siglo XVII y principios del XVIII[7] no en función de los cambios acaecidos posteriormente sino en relación con una serie de procesos propios de su tiempo, se ha tomado distancia de perspectivas analíticas clásicas. Esto también ha supuesto un alejamiento de los enfoques literarios dominantes en torno al estudio de la utopía.[8] La intención, en cambio, ha sido restituir el relato utópico dentro de una trama compleja de procesos históricos: operación en la que prevalece su valor heurístico como fuente. Muchas veces denostado por constituir un género menor o ser pura ficción, desde esta perspectiva el relato utópico se vuelve una lente, acaso un vidrio deformante a partir del cual observar el modo en que se desenvolvió Europa al calor de la primera mundialización y del reordenamiento del mundo producto de la Reforma.

La imagen propuesta retoma las reflexiones de Carlo Ginzburg en torno al carácter de las fuentes y a sus posibles aportes al conocimiento histórico. Lejos de ser "ventanas totalmente abiertas, como creen los positivistas, ni muros que obstruyen la mirada, como creen los escépticos", en la opinión del historiador italiano, las fuentes pueden ser equiparadas a "vidrios deformantes".[9] Desde esta perspectiva, el análisis de la distorsión de cada una de ellas implica un elemento constructivo, un aporte al conocimiento histórico que, tal como ha sido demostrado en este libro, también concierne a las utopías de la modernidad temprana europea.

---

6. Entre los casos más destacados se encuentran Paul Hazard, Harold Laski, Rice McKee y Jonathan Israel. Rice McKee, D., *Simon Tyssot de Patot and the Seventeenth-Century background of critical deism*, Baltimore, The Johns Hopkins Press, 1941, p. 11. Jonathan, Israel, *Radical Enlightenment. Philosophy and the Making of Modernity, 1650-1750*, Nueva York, Oxford University Press, 2001, p. 12.

7. Los interlocutores de las utopías analizadas fueron sus propios contemporáneos y es sólo a partir de la filiación establecida por sus lectores póstumos que debe comprenderse el vínculo con el que suele ligarse este tipo de obras al pensamiento ilustrado de mediados del siglo XVIII.

8. Ciertamente, esto no significa que, entre quienes han abordado el estudio de la utopía como género literario, no se encuentren aportes valiosos. En efecto, las vastas producciones de Jean-Michel Racault y Frank Lestringant en torno a la utopía merecen sin duda ser reconocidas como las contribuciones más enriquecedoras sobre el desarrollo del género entre los siglos XVI y XVIII.

9. Ginzburg, Carlo, *Rapporti di forza. Storia, retorica, prova*, Milán, Feltrinelli, 2001, pp. 48-9.

⇥❈ APÉNDICE ❈⇤

La *Utopía* de Tomás Moro como producto de la modernidad temprana europea[1]

1. Orígenes del término. Una noción, múltiples abordajes

Una primera aproximación a la noción de utopía, pero también a las obras asociadas a ella, supone reconocer que se trata de un término polivalente, móvil y por demás ambiguo desde sus mismos orígenes. Basta recordar algunas de las paradojas inherentes a su propia definición. En principio, el neologismo creado por Tomás Moro en 1516 se presentó al círculo de lectores humanistas como un no lugar que a la vez gozaba de una existencia propia en la medida en que podía ser descripto. Por otra parte, a partir de una correspondencia en la pronunciación del vocablo, por propia voluntad de su creador el término también habría referido al lugar de la felicidad o *eu-topía*. En términos políticos, la descripción de una república ideal contestada por Moro en su papel de autor-personaje[2] también habría obstaculizado la definición del concepto en un único sentido e impedido dilucidar, en consecuencia, las posibles intenciones del humanista inglés.[3]

---

1. En términos temporales, la "modernidad temprana" comprende el período que transcurre entre los siglos XVI y XVIII. Los alcances y usos de esta categoría han sido examinados por Mitchell Greenberg en "The Concept of 'Early Modern'", *Journal for Early Modern Cultural Studies*, Vol. 13, No. 2, Spring 2013, pp. 75-79. Véase también: Helen Cooper, "The Origins of the Early Modern", *Journal for Early Modern Cultural Studies*, Vol. 13, No. 3, Commons and Collectivities: Renaissance Political Ecologies (Summer 2013), pp. 133-137.

2. Es el mismo Moro quien, en tanto personaje de su propia obra, hacia el final se pregunta en torno a las posibilidades de funcionamiento y éxito de una república tal como la descripta por su interlocutor, Rafael Hitlodeo.

3. Tal como reflexionara Quentin Skinner al abordar el texto, *Utopía* "sigue siendo una obra excepcionalmente desconcertante, con una profundidad de ironía a veces difícil de sondear y un tono que a menudo es desconcertantemente variable". En Skinner, Quentin, *Los fundamentos del pensamiento político moderno*, México, Fondo de Cultura Económica, 1985, p. 284. La dificultad de definir el término también ha sido señalada por Jean-Michel Racault en *Nulle part et ses environs. Voyage aux confins de l'utopie littéraire classique (1657-1802)*, París, P. U. P. S., 2003, p. 5.

Las dificultades aumentan al abordar el desarrollo de la utopía en Francia entre principios del siglo XVII y mediados del siglo siguiente, puesto que, tal como señala Raymond Trousson, en los relatos de tipo utópico publicados en aquel período el vocablo no forma parte ni del léxico ni de los títulos con los que se encabezan las obras.[4] En efecto, los primeros usos del término "utopía" como sustantivo común en Francia se registran a partir de 1710.[5] Ahora bien, si una narración de este tipo es comprendida como la descripción detallada, dentro de un relato de viaje, de una sociedad imaginaria en perfecto funcionamiento, emplazada en un espacio verosímil y como crítica subyacente de la sociedad en la que se inserta el autor, la validez de analizar dichos relatos en esta clave parece justificada.

En cuanto a las múltiples perspectivas desde donde se ha abordado la cuestión de la utopía (i.e. el término, el concepto, el género, el modelo, etc.), se constatan desde principios del siglo XVIII las primeras reflexiones sobre los alcances e implicancias del término. La creación por parte de Louis-Sébastien Mercier del verbo *"fictionner"* para aludir al acto de escribir utopías en su *Néologie ou vocabulaire de mots nouveaux...* de 1770, la recopilación de relatos de viaje imaginarios y utópicos realizada por Charles-Georges-Thomas Garnier, editada en 39 tomos y publicada por primera vez en 1789,[6] y el hecho mismo de que un siglo más tarde desde el marxismo comenzara a hablarse de "socialismo utópico" en contraposición a un más certero y comprobable "socialismo científico", bien podrían considerarse evidencias de que efectivamente y tal como lo establece Peter Burke, hay conceptos que trascienden sus propios contextos de enunciación para ser luego resignificados en nuevos contextos.[7]

---

4.   Trousson, Raymond, *Voyages aux pays de nulle part. Histoire littéraire de la pensée utopique*, Bruselas, Éditions de l'Université de Bruxelles, 1999, p. 10: "En el siglo XVII, el género creado por Moro se desarrolla pero, paradójicamente, el vocablo en sí mismo desaparece: esas obras –los relatos de Foigny, Veiras o Tyssot de Patot– son entonces llamadas "viajes imaginarios" o "repúblicas imaginarias", siendo la *Utopía* de Moro considerada ahora, por Charles Sorel en su Biblioteca Francesa o Gabriel Naudé en su Bibliografía política, un tratado político. Si se es consciente de la existencia de un género específico, no se utiliza 'utopía' para designarlo."

5.   Frank Lestringant, al igual que Jean-Michel Racault, señala la utilización tardía del término en tanto sustantivo si se compara su uso en Inglaterra. Lestringant, Frank, "Huguenots en utopie ou le genre utopique et la Réforme", París, *Société de l'histoire du Protestantisme français*, N° 146, 2000, p. 255. Véase también Racault, Jean-Michel, *L'Utopie narrative en Angleterre et en France, 1675-1761*, Oxford, The Voltaire Foundation, 1991, p. 13.

6.   La *Collection des Voyages imaginaires, songes, visions et romans cabalistiques...* editada por Charles-Georges-Thomas Garnier es característica de la fascinación que tuvo el siglo XVIII por el tema de los viajes imaginarios. La serie que a partir del tomo X lleva el título de *Voyages imaginaires, romanesques, merveilleux, allégoriques, amusants, comiques* comprende treinta y nueve volúmenes, cuyos últimos tres, publicados por Cuchet en París en 1789 completan los tomos 10, 11 y 12 consagrados al relato de naufragios apócrifos. (Puede accederse a la colección completa en http:// expositions.bnf.fr/utopie/cabinets/feuill/2-8.htm, consultado el 14 de abril de 2014).

7.   Sobre la resignificación de un término en función del contexto véase Peter Burke, "Context in context", en *Common Knowledge*, Volume 8, Issue 1, Winter 2002, pp. 152-177.

A esta primera consideración debe sumarse el hecho de que, después de la primera mitad del siglo XIX, la dificultad de definir el término devino aún mayor pues sus alcances resultaron cada vez más amplios. El vocablo fue asociado a prácticas políticas concretas cuando no a la idea de quimera, diluyéndose su carácter de género literario para adquirir una multiplicidad de sentidos y usos.[8] En términos de áreas de ingerencia o estudio, los usos extendidos de la noción de utopía suscitaron la atención de múltiples disciplinas.[9] El interés por el relato de tipo utópico y el concepto en sí mismo se tradujo, dentro de las ciencias sociales y el campo literario, en el desarrollo de una extensa y variada bibliografía sobre el tema, aspecto que se vio exacerbado en 2016 al celebrarse los 500 años de la *editio princeps* del opúsculo moreano.[10] El hecho de que sobreabunden las definiciones del concepto no ha impedido, sin embargo, el reclamo por parte de algunos estudiosos de "una teoría tan general como completa de los fenómenos y discursos utópicos".[11]

Con el fin de delimitar un campo de estudio de vastísimo alcance, a continuación serán analizados algunos de los enfoques más relevantes para el estudio de la utopía en la modernidad temprana europea. Para ello, conviene retomar la clasificación propuesta por Jean-Michel Racault, para quien existen dos polos o aproximaciones divergentes en torno a la utopía: uno histórico-sociológico,[12] que identifica el término con una forma del imaginario social, y el otro literario, que por sus criterios formales y temáticos considera a la utopía un género específico dentro de la literatura de viaje.[13] A la división propuesta por Racault debería agregarse un tercer grupo que, al margen de originarse en el campo de las letras o de las ciencias sociales, considera a la utopía una noción atemporal que ha acompañado al hombre desde sus orígenes y adoptado diversas expresiones a lo largo de la historia.[14] En este último grupo prevalecen los estudios que abarcan extensos períodos tempora-

---

8. Rouvillois, Frédéric, *L'utopie. Textes choisis et présentés par F. R.*, París, Flammarion, 1998, Introducción, p. 11.

9. Raymond Trousson se ha referido a la utopía como ubicada en el *"carrefour de plusieurs disciplines."* Trousson, Raymond, *Voyages…, op. cit.*, p. 12.

10. El centenario de la revolución bolchevique en 2017 y la efeméride del mayo francés este año también aumentaron la producción de textos vinculados a la utopía desde la sociología y las ciencias políticas.

11. Baczko, Bronislaw, *Los imaginarios sociales*, Buenos Aires, Ed. Nueva Visión, 1991, p. 77.

12. En lugar de hablar de un campo histórico-sociológico, como lo hace Racault, pareciera más conveniente referirse a un campo político-sociológico.

13. Racault, Jean-Michel, *Nulle part…, op. cit.*, pp. 5-6.

14. Toda organización implica cierto grado de arbitrariedad. A diferencia de Racault, Bronislaw Baczko, por ejemplo, ha diferenciado cinco grupos en el estudio de la utopía: las investigaciones sobre el género literario utópico, las investigaciones sobre el pensamiento utópico, los trabajos sobre las utopías practicadas, los estudios sobre los materiales simbólicos puestos en práctica en las utopías y los estudios sobre las utopías en relación con los movimientos sociales, el imaginario colectivo, etc. (Baczko, Bronislaw, *Los imaginarios sociales, op. cit.*, pp. 79-80.)

les, datan el nacimiento de la utopía en la Antigüedad clásica y estudian su desarrollo hasta las postrimerías del siglo XX. Dentro de esta vasta y aún vigente producción, se destacan: *Utopias* de Moritz Kaufmann, *History of Utopian Thought* de Joyce Hertzler, *Journey Through Utopia* de María Luisa Berneri, *The English Utopia* de Arthur Leslie Morton, *The Quest for Utopia* de Glen Negley y John Max Patrick e *Histoire de l'utopie* de Jean Servier, entre otras.[15]

Además de la producción bibliográfica, la divulgación de este enfoque en exposiciones y eventos afines pareciera refrendar que, desde hace ya varias décadas, esta primera perspectiva ha gozado no solo del favor de editores sino del público general.[16] La exposición dedicada a la utopía que la Biblioteca Nacional de Francia organizó en el año 2000 invitaba coincidentemente a reflexionar sobre la "búsqueda de la sociedad ideal en Occidente".[17] En la misma línea, dos de los capítulos del material de divulgación publicado a raíz de la exposición versaron sobre "Las fuentes de la utopía desde la Antigüedad hasta el Medioevo" y "Los sueños y pesadillas de las utopías y contra-utopías del siglo XX",[18] temas propios del enfoque adoptado por el conjunto de autores mencionados.

Desde una perspectiva histórica, son múltiples los problemas que presenta esta mirada. En principio, la amplitud de fuentes consideradas "utópicas" desborda cualquier estudio riguroso que se quiera realizar sobre un *corpus* de relatos en un período en particular. A su vez, concebir a la utopía como el producto de una búsqueda atemporal impide adscribir su surgimiento y desarrollo a una serie específica de procesos, transcurridos en un tiempo y espacio determinados. Frente a ello, bien podría suponerse que la riqueza de cada texto utópico, de sus planteamientos básicos, impacto e importancia, yace justamente en el análisis de su propio contexto de producción, de su vínculo con los debates filosóficos de la época, de los escritos contemporáneos junto a los que circularon y

---

15. Nos referimos a: Kaufmann, Moritz, *Utopias, or Schemes of Social Improvement, from Sir Thomas More to Karl Marx*, by the Rev. M. Kaufman, London, C. K., Paul, 1879. Hertzler, Joyce Oramel, *The History of Utopian Thought*, London, G. Allen and Unwin, 1922. Berneri, María Luisa, *Journey Through Utopia*, London, Routledge & Kegan Paul, 1950. Morton Arthur Leslie, *The English Utopia*, London, Lawrence and Wishart, 1952. Negley, Glen, Patrick J. Max, *The Quest for Utopia: An Anthology of imaginary societies*, New York, Henry Schuman, 1952. Servier, Jean, *La Utopía*, México, Fondo de Cultura Económica, (1967) 1982. Dentro de este grupo se incluyen los trabajos de: Franz y Frizie Manuel, *El pensamiento utópico en el mundo occidental*, Madrid, Taurus, 1984; Myriam Yardeni, *Utopie et Révolte sous Louis XIV*, París, A. G. Nizet, 1980; J. C. Davis, Utopía y la sociedad ideal. Estudio de la literatura utópica inglesa, 1516-1700, Buenos Aires, Fondo de Cultura Económica, 1985, y Vittor Ivo Comparato, *Utopía. Léxico de política,* Buenos Aires, Nueva Visión, 2006,

16. Racault, Jean-Michel, *Nulle part...*, *op. cit.*, p. 7. Racault hace alusión a la forma en la que, a excepción de algunos casos, el mismo catálogo propició la publicación de artículos provenientes de la vertiente histórico-sociológica antes que literaria.

17. Schaer, Roland (ed.), *"Le Cahier". Utopie. La quête de la société idéale en Occident*, París, Bibliothèque Nationale de France, 2000.

18. Schaer, Roland, *ibid.*, Sommaire.

de los descubrimientos y hallazgos que, desde principios del siglo XVI, modificaron viejas formas de comprender el mundo.[19] En otras palabras, pueden comprenderse aún más los alcances de los textos utópicos estudiados si además de analizarlos en relación con aquellas utopías que fueron escritas con anterioridad y posteriormente, también fuesen vinculados con aquellos relatos de viaje en los que se inspiraron, con el complejo entramado social del que dieron cuenta y si fuesen concibidos, ante todo, como producto de un tiempo histórico determinado.

1.1. El enfoque político-sociológico

En cuanto a la variedad de perspectivas existentes dentro del enfoque político-sociológico, se destaca, en primer lugar, la acepción que el término "utópico" adquirió a fines del siglo XIX, a partir del uso que le dieran Karl Marx y Friederich Engels para referirse a las teorías socialistas precedentes y, posteriormente, a las no marxistas en general.[20] La utilización peyorativa del término surgió en 1848 a raíz de un pedido realizado por *la Liga de los justos*, de la que Marx y Engels formaban parte, para "fijar su posición con respecto a los partidos sociales y comunistas" así como también para eliminar las diferencias políticas existentes dentro del grupo.[21] A partir de ese momento, "el calificativo de 'utopista' pasó a ser el arma más fuerte en la lucha del marxismo contra el socialismo no marxista".[22]

Hacia 1880, el socialismo utópico fue definido por Engels como el socialismo que por desconocer el materialismo histórico rechazaba el orden de cosas reales pero no podía proveer un análisis crítico del mismo. Engels ubicó el surgimiento de manifestaciones teóricas utópicas en los siglos XVI y XVII, que si bien consideró anunciaciones revolucionarias de una clase incipiente, describió de forma negativa.[23] Asimismo, teóricos de principios del siglo XIX como Saint Simon, Fourier y Owen también

---

19. Sobre este período en particular Skinner sostiene que a pesar de que no puede decirse que sus alcances hayan incluido al total de la población, "no puede soslayarse el hecho de que en el período abordado por los siguientes capítulos, hubo algo que, para ciertas personas, sin duda había renacido y sido restaurado." Skinner, Quentin, *Visions of politics*, Volume II, England, Cambridge University Press, 2004, *Introduction: the reality of the Renaissance*, p. 1.

20. Buber, Martin, *Caminos de Utopía*, México, Fondo de Cultura Económica, 1955, p. 15: "Al principio, Marx y Engels llamaban utopistas a aquellos cuyas ideas habían precedido al decisivo desarrollo de la industria, al proletariado y a la lucha de clases y que no pudieron, por lo tanto, tener en cuenta estos factores; luego se aplicó el concepto sin distinción a todos aquellos que, según Marx y Engels, no querían, o no podían – o no podían ni querían – tomar en cuenta esos factores."

21. En *Caminos de Utopía* (1950) Buber propone una revisión del tópico "utopistas" para examinar lo que considera su "verdadero contenido" más allá de la utilización política del término hecha por Marx y Engels a fines del siglo XIX. Buber, Martin, *ibid.*, p. 9.

22. Buber, Martin, *ibid.*, p.15.

23. Engels, Friederich, *Socialismo utópico y socialismo científico*, Buenos Aires, Ed. Coyoacán, 1961, p. 36.

fueron identificados como socialistas utópicos. En términos de Engels, el componente "utópico" de sus teorías se manifestaba en dos falencias principales: no proponerse emancipar a una clase determinada, sino a *toda* la humanidad; y carecer de las herramientas necesarias para poder dar cuenta de la realidad de un mundo capitalista aún no plenamente desarrollado.[24] En la opinión de Engels, dichas falencias habían sido resueltas por los principios del materialismo moderno[25] que, aplicados por el socialismo a la investigación del proceso histórico económico, habían hecho que las tendencias socialistas adquirieran, finalmente, la base científica que, hasta Marx, ningún pensador les había proporcionado.[26]

A partir de entonces, el término "utópico" en contraposición al término "científico" representó, desde la óptica marxista, el componente fantasioso, inventivo e idealizado sobre el cual se construían sistemas y teorías sin fundamentos científicos pero con la intención de transformar la sociedad integralmente.[27] Ahora bien, si para Marx y Engels utopía era aquello que no era ciencia, años después tanto para Karl Mannheim como para Paul Ricoeur, utopía sería aquello que no fuese ideología. Con la edición de *Ideología y Utopía* en 1936, desde la perspectiva de la sociología del conocimiento,[28] Mannheim se abocó al estudio de ambos conceptos sin dejar de tomar en cuenta los cambios en la configuración de lo que consideraba una mentalidad utópica. A través de un recorrido por la utopía que comenzaba en la modernidad temprana y finalizaba en tiempos contemporáneos, Mannheim la definió como una "orientación que trasciende la realidad", capaz de destruirla al pasar a la práctica.[29]

---

24. Engels, Friederich, *ibid.*, pp. 38-39: "… por aquél entonces, el modo capitalista de producción, y con él el antagonismo entre la burguesía y el proletariado, se había desarrollado todavía muy poco. (…) En vísperas del siglo XIX, los conflictos que brotaban del nuevo orden social apenas empezaban a desarrollarse y mucho menos, naturalmente, los medios que habían de conducir a su solución."

25. Engels, Friederich, *ibid.*, p. 53: "Apartándose de la simple repulsa, ingenuamente revolucionaria, de toda la historia anterior, el materialismo moderno ve en la historia el proceso de desarrollo de la humanidad, cuyas leyes dinámicas es misión suya descubrir."

26. Engels, Friederich, *ibid.*, p. 56. Engels considera que la concepción materialista de la historia y la revelación del secreto de la producción capitalista contribuyeron a hacer del socialismo una ciencia. "Con esto, el socialismo se convierte en una ciencia, que ya no hay más que desarrollar en todos sus detalles y concatenaciones."

27. Se encuentran críticas a la utilización del término "utópico" para este tipo de socialismo en Robert Redeker, "La vraie puissance de l'utopie", *Le Débat*, Nº 125, París, 2003, p. 110.

28. Mannheim, Karl, *Ideología y Utopía*, México, Fondo de Cultura Económica, (1936) 1941, pp. 2-3: "La sociología del conocimiento se esfuerza más bien en captar el pensamiento dentro del marco de una situación histórico-social, de la cual emerge poco a poco el pensamiento individual diferenciado." La obra fue publicada por primera vez en francés en 1929, y luego en inglés en 1936.

29. Mannheim, Karl, *ibid.*, p. 169: "Sólo se designarán con el nombre de utopías aquellas orientaciones que trasciendan la realidad cuando, al pasar al plano de la práctica, tiendan a destruir, ya sea parcial o completamente, el orden de cosas existente en determinada época." En este sentido, para Mannheim, la ideología también trasciende una situación dada, pero no tiene posibilidad de concretarse como la utopía.

El pensador admitía, no obstante, que la definición de utopía establecida desde la sociología del conocimiento era el resultado de las valoraciones políticas producto de ese sistema de pensamiento.[30] Pues a diferencia de la historia, que según Mannheim hacía un uso técnico-descriptivo del concepto, la sociología del conocimiento pretendía llegar mediante la investigación sistemática a una concepción cualitativa, histórica y socialmente diferenciada de la utopía. Adelantándose a las posibles críticas, el autor sostenía: "es de esperarse que el historiador critique nuestra definición de la utopía como demasiado utópica, pues, por una parte no se ha reducido al tipo de trabajos que deben su nombre a la *Utopía* de Tomás Moro, y por otra, incluye muchas cosas que no se relacionan con este punto de partida histórico".[31]

Varias décadas después, reformulando las categorías de ideología y utopía previamente utilizadas por Mannheim, Ricoeur señalaría que al manifestarse en las utopías la noción de "ningún lugar", éstas comparten una estructura funcional que trasciende las particularidades que cada relato pueda presentar. En este sentido, Ricoeur tampoco circunscribiría el vocablo a su matriz histórica. Dotada de cualidades negativas y positivas, la utopía era para el filósofo francés una manera de escapar a la acción,[32] que a la vez estaba muñida de una función integradora. En otras palabras, era la noción de "ningún lugar" implícita en ella, la que permitía "echar una mirada sobre nosotros mismos"[33] para evaluar desde la distancia el todo social.

Dentro del vasto conjunto de obras que han abordado el estudio de la utopía desde una óptica político-sociológica, la atención que el filósofo e historiador de las ideas Bronislaw Baczko ha dedicado al relato utópico y, en términos más generales, al concepto en sí mismo constituye una de las contribuciones más enriquecedoras en lo que refiere al estudio del vocablo en su contexto de producción. Merecen particular atención *Lumières de l'Utopie*, cuya primera edición data de 1978, *Los imaginarios sociales* (1984), obra en la cual dedica un extenso capítulo al análisis de la utopía en tanto una de las múltiples formas del imaginario social, y su más reciente *Dictionnaire critique de l'utopie au temps des Lumières*, obra colectiva que dirigió y publicó en 2016 al celebrarse los quinientos años de *Utopía*.[34] En todas ellas, Baczko entiende la producción de re-

30. Mannheim, Karl, *ibid.*, p. 173: "El mero intento de determinar el significado del concepto "utopía" muestra a qué punto cualquier definición, en el pensamiento histórico, depende necesariamente de la perspectiva de cada cual, esto es, contiene dentro de sí todo el sistema de pensamiento que representa la posición del pensador y especialmente de las valoraciones políticas que se hallan detrás de ese sistema de pensamiento."

31. Mannheim, Karl, *ibid.*, p. 176.

32. Retomando a Mannheim en este punto, Ricoeur sostiene que tanto la ideología como la utopía actúan como "desvíos" de la realidad

33. Ricoeur, Paul, *Ideología y Utopía*, Barcelona, Gedisa, 1989, p. 58.

34. Baczko, Bronislaw (dir.), *Dictionnaire critique de l'utopie au temps des Lumières sous la direction de Bronislaw Baczko, Michel Porret, François Rosset*; avec la collaboration de Mirjana Farkas

latos utópicos como una de las formas posibles en las que dicho imaginario se manifiesta.[35]

En *Los imaginarios sociales*, tras analizar minuciosamente la vida de Moro y dar cuenta brevemente del contexto de producción de la obra, Baczko sugiere que los múltiples sentidos que adquirió la noción terminaron por convertirla no solo en un vocablo ambiguo sino en un doble paradigma.[36] Por un lado, un paradigma literario, cuya manifestación más clara es el relato de un viaje imaginario; por el otro, un paradigma del imaginario social, que presenta una sociedad perfectamente organizada y radicalmente distinta a la presente, plagada de vicios y males. En este sentido, más allá de que Baczko precise los orígenes del término en un momento histórico determinado, considera que el paradigma del discurso utópico habría trascendido sus límites concretos de producción para instalarse con fuerza como estructura en el imaginario social. En términos del autor, dicho paradigma utópico, inserto en una temporalidad de más largo alcance, se habría evidenciado en la repetición seriada de relatos semejantes.[37] Hasta el siglo XVIII todas las novelas utópicas habrían partido entonces del modelo iniciado por Moro,[38] en el que a partir del relato de un narrador-testigo que describe el descubrimiento de una ciudad ideal (aislada de su tierra natal y del universo cultural y social de los lectores) se realiza la crítica de sus costumbres y funcionamiento. En cuanto a la temática peculiar de *Lumières de l'Utopie*, el autor señala que la especificidad de las novelas utópicas en el Iluminismo es el "juego de espejos" entre la sociedad imaginada y la real, pues se sumó a la crítica social la problemática de la alteridad.[39] Más allá de esta particularidad, es la acumulación de textos utópicos la que, en términos del autor, hace al género interesante.[40]

Nuevamente desde el campo de la filosofía, merece particular atención *La utopía. Derecho natural y novela de Estado* de Pierre-François Moreau, pues es en esta obra que el filósofo propone "extraer, median-

et Robin Majeur, Chêne-Bourg, Georg éditeur, 2016. La obra, de 1406 páginas, aborda el tema de la utopía en su vínculo con el Estado, la justicia, la familia, el lenguaje, la comunicación, los viajes, las bibliotecas y un sinnúmero de aspectos relacionados con la importancia del tópico durante la Ilustración.

35. Para Baczko esta práctica intelectual específica adquiere vigor y se concreta en la producción de relatos de tipo utópico en determinadas épocas, pero pasado este impulso, vuelve a extinguirse.

36. Baczko, Bronislaw, *Los imaginarios sociales...*, *op. cit.*, p. 65.

37. Baczko, Bronislaw, *ibid.*, p. 69.

38. Baczko, Bronislaw, *ibid.*, p. 81.

39. Baczko, Bronislaw, *Lumières de l'Utopie*, París, Éditions Payot & Rivages, (1978) 2001.

40. Baczko, Bronislaw, *ibid.*, p. 82: "El interés principal de estos textos consiste sobre todo en la serie, casi nunca en tal o cual texto tomado aisladamente, en las funciones que todos juntos ejercen a través de la acumulación." El autor, sin embargo, llega a hablar de la "producción monótona" del paradigma. Algo a lo que también refiere Cioran cuando señala que "las descripciones de islas y ciudades son de una felicidad impersonal sofocante y la 'armonía universal' que proponen aprisiona y tritura...". E. M. Cioran en *Histoire et Utopie*, París, Gallimard, 1960.

te algunos ejemplos, las *leyes* del *género*".[41] Moreau se propone revertir
así el excesivo gusto por el nominalismo que, según sugiere, habría re-
dundado casi contradictoriamente en "las generalidades más laxas." Al
igual que un reducido grupo de estudiosos en el campo de la literatura,
el filósofo también considera pernicioso el análisis concatenado de una
serie de obras de tipo "utópico" desde los tiempos más remotos de la Antigüedad clásica pues,

> a fuerza de rehusarse a definir el género, se termina por transformar
> su historia en una lista de resúmenes, donde se ve a menudo, bajo el
> nombre de utopía, a la República de Platón, al milenarismo y a las obras
> de Swift, que se alinean en una generosa continuidad.[42]

Apoyándose en el diagnóstico de Alexandre Cioranescu, para quien en
el transcurso de la época clásica "la utopía constituye un género excepcionalmente estable",[43] Moreau propone rastrear las temáticas propias del
relato utópico para distinguirlo de los otros géneros con los que se lo ha
relacionado.[44] Al delimitar el relato utópico de sus "ancestros" y vecinos
(la sátira, el relato de aventuras, los relatos de viaje reales, experiencia
del naufragio, etc.), Moreau analiza, a partir de una serie de ejemplos, el
vínculo entre utopía y temas tales como la razón, la organización social,
la diferencia y la clausura, que aunque tratados de distinta forma en cada
relato, hacen de la utopía un dispositivo filosófico y literario. Sin lugar
a duda, la obra de Moreau resulta por demás pertinente al momento de
abordar el conjunto de relatos utópicos producidos en la Francia del siglo
XVII y principios del XVIII que el presente libro analiza.

A partir de los planteos de Moreau, en una obra de reciente publicación el filósofo francés Pierre Macherey ha distinguido dos fases en el
desarrollo de la utopía: una primera, compuesta de una serie de obras
de tipo "clásico" y político, entre las que se encuentran los textos de
Moro, Bacon y Campanella; y una segunda, conformada por las obras
"modernas" del siglo XIX tales como las de Saint-Simon, Owen y Fourier, que se distinguen por su componente social.[45] El autor sostiene que
sólo analizando cada una de ellas podrá evitarse la especulación teórica
y se podrá indagar acerca de su contenido en particular, razón por la

---

41. Moreau, Pierre-François, *La utopía...*, *op. cit.*, p. 7.

42. Moreau, Pierre-François, *ibid.*, p. 8.

43. Moreau, Pierre-François, *ibid.*, p. 8. La referencia es a la obra del académico rumano Alexandre
    Cioranescu, *L'avenir du passé: utopie et littérature*, publicada por primera vez en París en 1972.

44. Aspecto que Pierre Macherey retoma en *De l'utopie!* cuando advierte al lector sobre los peligros
    de atribuir a la categoría de utopía una serie de obras que en nada se parecen. Macherey,
    Pierre, *De l'utopie!...*, *op. cit.*, p. 27: "El riesgo que desde el comienzo conlleva toda reflexión
    consagrada a la utopía es en efecto el tomarla como una categoría abarcadora, en la cual se
    hace entrar todo y no importa qué: la Atlántida, la Edad de Oro, [...] y con ellas, por qué no,
    La Abadía de Telema."

45. Macherey, Pierre, *De l'utopie!*, Le Havre, De l'incidence Éditeur, 2011.

cual en la primera parte de la obra, se dedica a estudiar tres aspectos
de la utopía a los que llama el dilema terminológico, el metodológico y
el ontológico. Seguidamente el autor procede a examinar los tres textos
"clásicos" mencionados, para abordar el tema de las llamadas utopías
sociales del siglo XIX en la segunda parte de la obra. En términos teóricos, Macherey aborda el estudio de la utopía a partir de las perspectivas
contrapuestas de Mannheim y Moreau. Si para Macherey Mannheim ha
analizado el concepto en su sentido amplio (apuntando a rastrear las mu-
taciones que con el tiempo ha sufrido el concepto), Moreau lo ha hecho en
sentido estricto (centrándose específicamente en la definición de la utopía
y su producción literaria pero no en sus variaciones a nivel conceptual).

Sin duda, una lista exhaustiva de todos los trabajos de investigación
que han abordado el estudio de la utopía desde un "enfoque político-
sociológio" resultaría por demás extensa. Antes de indagar en torno al
enfoque literario, sin embargo, merece una última mención la obra del
filósofo francés Louis Marin quien, tanto en *Utopiques: jeux d'espaces*
(1973) como en *"La fiction poétique de l'Utopie"* (1989), ha interpretado
a la utopía como una ficción poética. En la medida en que se trata de un
vocablo creado voluntariamente, para Marin el término invita al lector
a participar de un juego poético en el que la descripción de un no lugar a
través del lenguaje y de la serie de mapas e imágenes que acompañaron
la primera edición "instalaba" un lugar por fuera del mundo real pero
no por ello inexistente.[46]

1.2. La utopía en el campo de los estudios literarios

El tercer y último enfoque incluye tanto obras de tipo general, como
el diccionario sobre utopías literarias editado por Vita Fortunati y Raymond Trousson[47] en el año 2000 o la reciente publicación del académico
rumano Corin Braga, *Du paradis perdu à l'antiutopie aux XVI-XVIII
siècles* (2010),[48] cuanto textos que han trabajado con un *corpus* limitado
de relatos utópicos o se han abocado al estudio de la utopía en un período en particular.

Respecto de este segundo grupo, los primeros trabajos de investigación
en torno a la producción de relatos de viaje imaginarios en la literatura
francesa de los siglos XVII y XVIII fueron realizados a comienzos del
siglo XX. El literato francés Gilbert Chinard y el catedrático estadouni-
dense Geoffroy Atkinson fueron precursores en explorar el vínculo entre

---

46. Marin, Louis, "La fiction poétique de l'Utopie"..., *op. cit.*, p. 14.
47. Fortunati, Vita, Trousson, Raymond (eds.), *Dictionary of Literary utopias*, París, Honoré Champion, 2000.
48. Puede observarse a partir del título de la obra de Braga, que la crítica que Racault aplica a las obras de tipo histórico-sociológico también puede extenderse al campo de la literatura del que el mismo Racault es parte. En efecto, la tendencia a extender el significado del término a períodos en que la noción era inexistente se evidencia tanto en obras dentro del enfoque literario como dentro del político-sociológico.

relatos de viaje imaginarios y experiencias de viaje reales, estableciendo cuáles habían sido los hechos que narrados a partir de experiencias de viaje concretas habían inspirado algunos pasajes o temáticas tratadas en los relatos imaginarios. En el caso de Chinard, fueron dos las publicaciones que allanaron el camino para futuras investigaciones en el campo de los viajes imaginarios: *L'exotisme américain dans la littérature française au XVIe siècle,* publicada por primera vez en 1911 y *L'Amérique et le rêve exotique dans la Littérature Française au XVIIe et au XVIIIe siècle,* cuya primera edición fue realizada en 1913. A partir del análisis de distintos relatos de viaje, en ambas obras Chinard buscó establecer el grado de influencia de América en la literatura y el pensamiento francés de los siglos XVI a XVIII. Por su parte, en *The Extraordinary Voyage in French Literature before 1700* (1920), Atkinson definiría al "viaje imaginario" como

> una narración ficticia que se presenta como el relato verosímil de un viaje real realizado por uno o más europeos a un país existente pero poco conocido –o a varios de estos países– junto a la descripción de la feliz condición de la sociedad allí hallada, y a un relato suplementario de la forma en la que el viajero regresó a Europa.[49]

Tal distinción sería matizada a fines del siglo XX, cuando bajo los influjos del posmodernismo se puso en discusión el carácter "real" de relatos que se basaban en experiencias de viaje concretas y tanto los viajes reales como los imaginarios fueron considerados construcciones discursivas.[50] Por otra parte, para autores como Vita Fortunati, la diferencia entre utopía y literatura de viaje no radicaría en la inclusión o no de elementos ficticios sino en la intencionalidad del viajero utópico y del viajero explorador: "el primero busca nuevas formas de gobierno y nuevas modalidades de vida, ya que se distinguen netamente de la sociedad en la cual vive; el segundo, aunque dominado por la sed de conocer, termina por dominar y colonizar las tierras a las que llega".[51]

Puede observarse entonces cómo desde perspectivas distintas tanto Chinard como Atkinson se aproximaron a gran parte de los relatos utópicos de la llamada época clásica, más allá de que ninguno de ellos los relacionara con el género inaugurado por Moro. En este sentido, la obra

---

49. Atkinson, Geoffroy, *The extraordinary voyage in French literature before 1700,* Nueva York, Columbia University Press, 1920, p. ix. Para Atkinson la diferencia entre este tipo de viaje y un viaje de tipo utópico radicaría en el tratamiento realista del viaje extraordinario del que carece el segundo, perspectiva que será discutida en el presente trabajo de investigación.

50. Véase David Fausett, *Writing the New World. Imaginary Voyages and Utopias of the Great Southern Land,* Nueva York, Syracuse University Press, 1993, 6. Un primer cuestionamiento en torno al carácter "real" del relato de viaje fue realizado a principios de los años '60 por Percy Adams. Véase Percy Adams, *Travelers and Travel liars,* 1660-1800, Berkeley y Los Angeles, University of California Press, 1962.

51. Fortunati, Vita, "Escritura de viaje y escritura utópica entre realidad y ficción", en Vita Fortunati y Oscar Steinberg (comp.), *El viaje y la utopía,* Buenos Aires, Ed. Atuel, 2001.

de Alexandre Cioranescu fue tal vez la primera en abordar, desde una perspectiva literaria, la constitución del género utópico. En efecto, en *L'Avenir du passé: Utopie et Littérature* (1972), Cioranescu propuso una definición de utopía que inevitablemente dejaba por fuera relatos que se aproximaban a ella pero no seguían necesariamente el modelo. Para este autor, "la *Utopía* es la descripción literaria individualizada de una sociedad imaginaria, organizada sobre bases que implican una crítica subyacente de la sociedad real".[52] Contra Mannheim y los cientistas sociales, Cioranescu defendía el componente literario de la utopía, que en su opinión no debía concebirse ni como un llamado a la acción ni como parte fundante del pensamiento político. El vínculo entre utopía y literatura trazado por Cioranescu pronto se convertiría en la red de apoyo de quienes, siempre desde el campo de la literatura, retomarían sus premisas.

De todos ellos, merece especial atención la obra de Raymond Trousson. Convertido en uno de los mayores referentes en relación con el análisis de la utopía como género literario, Trousson dedicó particular atención a los relatos escritos entre los siglos XVII y XVIII, completando la definición del término ya esbozada por Cioranescu. En su ya clásica obra *Voyages aux pays de nulle part* (1975), sin embargo, inauguraba el género *La República* de Platón y finalizaban el recorrido propuesto las distopías de H. G. Wells, Yevgeni Zamiatin, Aldous Huxley y George Orwell, entre otros. En este sentido, la distancia que Trousson tomaba respecto del planteo hecho por Cioranescu era grande, ya que si bien el autor francés se dedicaba a enfatizar el carácter literario de la utopía,[53] su propuesta más general (como el título bien lo indica) era acercarse al pensamiento utópico a través de la historia literaria. En efecto, al hablar de la "esencia" del género y de "la permanencia de un gran sueño humano",[54] Trousson parecía perder de vista su objetivo original. La obra de Trousson basculaba entonces entre una interpretación atemporal y temporal de la utopía, acercándose por momentos a aquella visión más integradora y universalista de la utopía.

Su trabajo fue criticado pocos años después por los historiadores Irmgard Hartig y Albert Soboul quienes, en un intento por analizar la historia de la utopía en la Francia del siglo XVIII,[55] resaltaron la contradicción en la que había caído Trousson al reducir el concepto a un género literario que dejaba por fuera otras expresiones utópicas, pero a la vez incluir obras que no necesariamente se ceñían a dicha definición. En términos de los propios autores:

---

52. Cioranescu, Alexandre, *L'avenir du passé: Utopie et Littérature*, París, Gallimard, 1972, p. 22.

53. Trousson, Raymond, *Voyages aux pays de Nulle Part...*, *op. cit.*, p. 12.

54. Trousson, Raymond, *ibid.*, p. 13.

55. Hartig, Irmgard y Soboul, Albert, *Pour une histoire de l'utopie en France au XVIIIe siècle*, París, Société des études Robespierristes, 1977.

Habiendo partido de criterios restrictivos sobre la utopía, concluye con frecuencia en que "esto no es una utopía", y sin embargo, no ha sabido hacer otra cosa que incluir en su presentación obras que transgreden esos criterios.[56]

A partir de una crítica generalizada a los estudios estrictamente literarios sobre la utopía, dentro de la ya mencionada perspectiva político-sociológica, Hartig y Soboul se ubicaban detrás de aquellos investigadores que consideraban existía una "tendencia esencial del espíritu humano"[57] a pesar de que el nacimiento del vocablo pudiera fecharse específicamente en 1516. "El fenómeno es tan viejo como el mundo", llegarían incluso a sostener, aunque analizaran las obras de carácter utópico escritas entre 1601 y fines del siglo XVIII.

Nuevamente desde una perspectiva literaria, a principios de los años '90 Jean-Michel Racault retomaría algunos de los presupuestos establecidos por Trousson aunque delimitaría su objeto de estudio con aún mayor precisión. Si para Trousson la utopía "renacía" en el siglo XVI (suponiendo entonces que su existencia era anterior),[58] para Racault, por el contrario, el estudio de la utopía en tanto género literario debía limitarse al período clásico (1657-1802) y vincularse específicamente a su contexto de producción. El autor reconocía, no obstante, el mérito de Trousson, quien había establecido, contra la ciencia política y la sociología, la importancia de la utopía como un género literario de peso propio.[59]

En cuanto a la producción de Racault en torno a la utopía como género literario, son dos las obras en las que ha trabajado específicamente sobre sus contextos de producción: *L'Utopie narrative en France et en Angleterre, 1675-1761*, publicada por primera vez en 1991, y su trabajo de investigación más reciente *Nulle part et ses environs*, de 2003. En el caso de *L'Utopie narrative...*, merece especial atención la definición de relato utópico que el autor propone, pues para Racault:

se llamará utopía narrativa a la descripción detallada, introducida por un relato o integrada a un relato, de un espacio imaginario cerrado, geográficamente plausible y sometido a las leyes físicas del mundo real, habitado por una colectividad individualizada de seres razonables cuyas relaciones mutuas así como las relaciones con el universo material y espiritual son regidas por una organización racionalmente justificada basada en su correcto funcionamiento. Esta descripción debe ser apta para suscitar la representación de un mundo ficticio completo, autosuficiente y coherente, implícita o explícitamente puesto en relación

---

56. Hartig, Irmgard y Soboul, Albert, *ibid.*, p. 27.

57. Hartig, Irmgard, y Soboul, Albert, *ibid.*, p. 6.

58. Trousson, Raymond, *Voyages...*, *op. cit.*, p. 39.

59. Racault, Jean-Michel, *Nulle part...*, *op. cit.*, p. 14.

dialéctica con el mundo real, cuyos elementos modifica o rearticula en una perspectiva crítica, satírica o reformista.[60]

En relación con el recorte temporal escogido, el autor señala que la elección de los años 1675 y 1761 corresponde a las fechas en las que se publicaron la primera y la última de las utopías analizadas. Si en 1675 se editaba por primera vez la versión inglesa de la *Histoire des Sévarambes* de Denis Veiras, considerada por Racault el modelo de todas las utopías del período clásico, en 1761 aparecía por primera vez *La Nouvelle Éloise*, que incluía una descripción utópica de nuevo tipo y por ello se diferenciaba de los relatos anteriores. A su vez, es en este período que transcurre el fin de la llamada era clásica, la "crisis de la conciencia europea" (tema que Racault retoma de Paul Hazard) y lo que el autor considera el período esencial de la era de las Luces, todo lo cual se refleja en la propia historia del género.

En *Nulle part et ses environs*, en cambio, Racault se dedica a explorar el carácter espacial de la utopía y su relación con el género más vasto de la literatura de viaje del que ella también es parte. En tanto representante del enfoque literario (a partir de la división por él mismo sugerida), el autor analiza las principales falencias del enfoque histórico-sociológico, criticando, en principio, la vinculación entre utopía y cambio social. Frente a ello, propone una lectura "espacial" y no temporal de la utopía, a la que considera un tipo de literatura de viaje en lugar de una expresión del imaginario social. En este sentido, a diferencia de otros autores, la profusión de relatos utópicos no es comprendida como la "reproducción monótona del género", sino como un rasgo propio de su identidad.[61]

Antes de proseguir, conviene detenerse unos instantes en las recurrentes referencias hechas por los autores de este último grupo a *La crisis de la conciencia europea, 1680-1715* (1935) del historiador de las ideas Paul Hazard.[62] Debe señalarse, en principio, que la crisis europea de fines del siglo XVII, diagnosticada por Hazard a partir del desplazamiento de la autoridad de los Antiguos por el dominio de la razón, el abandono de la ortodoxia católica frente a la heterodoxia protestante y la influencia del escepticismo a través de la figura de Pierre Bayle, entre otros factores, marcó las interpretaciones respecto de cuál había sido el

---

60. Racault, Jean-Michel, *L'Utopie narrative en France et en Angleterre*, 1675-1761, The Voltaire Foundation, Oxford, 1991, p. 22.

61. En la misma línea de Racault, para Frank Lestringant también debe distinguirse la utopía-modo (entendida ésta como un estado de espíritu, un régimen de pensamiento o una proyección de la humanidad hacia el futuro) de la utopía-género, cuyo sentido y límites son mucho más precisos y a la vez puede ser codificada en tanto objeto específico de estudio. Frank Lestringant, "Huguenots en utopie ou le genre utopique et la Réforme", París, *Société de l'histoire du Protestantisme Français*, T. 146, 2000, p. 254.

62. Las propuestas de Trousson como las de Racault y Rivière, por ejemplo, se hacen eco de la periodización y el diagnóstico de crisis establecidos por Hazard en los años '30.

legado de ese siglo para con el siguiente.[63] En este sentido, las utopías clásicas fueron vistas como "precursoras" de lo que décadas después serían las posturas de las figuras más notables del pensamiento ilustrado. En la misma línea, Marc Serge Rivière hace particular énfasis en el hecho de que la *Histoire de Calejava* (1700) debe ser entendida como un "documento sobre los orígenes del Iluminismo francés y sobre el desarrollo del género utópico".[64] Retoma para ello la definición de relato utópico ya adelantada por Trousson y establece que la diferencia entre la novela utópica y la teoría política es la intencionalidad manifiesta en la primera de mostrar la aplicación casi práctica de la segunda. Tanto para Trousson como para Rivière, la novela utópica representaría entonces "una maqueta tridimensional, en donde las ideas se encarnan en personajes y se animan en el decorado."[65] A diferencia de Racault, sin embargo, Rivière interpreta al relato utópico publicado en este período como una "obra escapista" que además contiene un "programa de reformas".[66]

La lectura de los relatos utópicos aquí seleccionados revela, sin embargo, que en la mayoría de los casos el impacto producido por las guerras de religión y la expansión ultramarina fueron la motivación fundamental de estos escritos. Así sucedió con las obras de autores tales como Gabriel Foigny (*La Terre Austral Connue*, 1676) o Denis Veiras (*Histoire des Sévarambes*, 1677), cuya recontextualización parecería confirmar que en la Francia del siglo XVII, lejos de representar los ideales que más tarde serían defendidos por pensadores como Diderot o Voltaire, el relato utópico se había convertido en el vehículo perfecto para manifestar desde los márgenes las opiniones más controvertidas en materia religiosa.

En cuanto a los trabajos de investigación que se han dedicado específicamente a los relatos utópicos publicados en lengua francesa en los siglos XVII y XVIII, se destacan las obras de C. J. Betts (1984), Lise Leibacher-Ouvrard (1989) y Frank Lestringant (2000), entre otros. En cada caso, el estudio de las mencionadas utopías ha sido abordado a partir de ejes temáticos diferentes tales como el deísmo, la censura política o la relación entre utopía y protestantismo entre los más relevantes.

Al margen de las variantes de análisis dentro de este último grupo, en relación con el trabajo de interpretación de las fuentes propiamente

---

63. En consonancia con el diagnóstico de Hazard, el teórico político inglés Harold Laski sería uno de los primeros investigadores que desde el campo de la economía interpretaría a las utopías del siglo XVII como textos anticipatorios de las futuras obras de los pensadores ilustrados. Laski, Harold, *El liberalismo europeo*, México, Fondo de Cultura Económica, (1939) 1979.

64. Rivière, Marc Serge, *Utopia in 1700. A study of the Histoire de Calejava by Claude Gilbert, with a preface by P. M. Conlon*, Townsville, Australia, Department of Modern Languages, James Cook University of North Queensland, 1987, p. IX. Véase también p. 83.

65. Rivière, M. S., *ibid.*, p. 5.

66. Rivière, M. S., *ibid.*, p. 98. Más allá de tratarse de un estudio literario, además de asemejarse a las explicaciones que por regla casi general han dado las ciencias sociales, las interpretaciones en que la utopía aparece como sinónimo de escapismo o plan de reforma también caen en la trampa de exigirle al relato utópico ser algo que no necesariamente es.

dicho, debe señalarse que los aportes de la crítica literaria a través de las nociones de paratexto, intertextualidad, extrañamiento y verosimilitud, entre otros, se presentan como las herramientas más eficaces para realizar aquella crítica interna de las fuentes indicada hace ya muchos años por Marc Bloch.[67] Los conceptos de paratexto y verosimilitud, por ejemplo, resultan en extremo útiles al momento de analizar la forma en que los relatos utópicos eran presentados, publicados y leídos por sus contemporáneos. En efecto, el carácter verosímil de la primera edición de *Utopía* (1516) radicaba en la inclusión de una serie de paratextos tales como cartas supuestamente escritas por los personajes mencionados en la obra, o un poema y alfabeto utópicos. En obras posteriores, la inclusión de cartas apócrifas, de coordenadas geográficas posibles y de una detallada descripción del alfabeto y gramática de las poblaciones "descubiertas" también proveerían ese halo de realidad tan necesario al funcionamiento del relato utópico. El recurso de la intertextualidad, manifiesto en la inclusión de fechas, datos y descripciones de naufragios, empresas comerciales o descubrimientos geográficos contemporáneos a la escritura de los relatos utópicos también debe contarse entre las herramientas que posibilitan un análisis más completo de las fuentes. Asimismo, el uso de una retórica del extrañamiento, indispensable para generar aquel distanciamiento entre el lector y la realidad que lo circunda, también ha sido rastreado en las obras analizadas.

2. La utopía como concepto o los aportes de la historia conceptual

Merecen especial atención las propuestas de la historia conceptual en relación con la utopía, sus características y su "temporalización" hacia fines del siglo XVIII. Dentro de este gran marco teórico existen, sin embargo, ciertas variaciones en las perspectivas de análisis. En efecto, la mirada de Reinhart Koselleck, centrada en los cambios que el concepto experimenta a lo largo del siglo XIX, se diferencia de aquella de Quentin Skinner, quien en tanto representante de la escuela de Cambridge se ha detenido sobre todo en los orígenes del término.[68]

En principio, Koselleck ha sostenido que, en tanto expresión de la transición de una sociedad antigua a una moderna, a fines del siglo XVIII la noción de utopía atravesó una fase de "temporalización" que en su opinión llevó a que el concepto no sólo se volviera polémico sino que también adquiriera rasgos políticos. Hasta entonces, sin embargo, el término pasó por distintas fases de implantación en el lenguaje político:

---

67. Bloch, Marc, *Apologie pour l'Histoire ou Métier d'Historien*, París, Armand Colin, 1949.

68. Las diferencias entre la mirada propuesta por Skinner, más próxima a la historia intelectual, y las perspectivas analíticas de Kosseleck pueden apreciarse en Quentin Skinner, "Retrospect: studying rhetoric and conceptual change", en *Visions of Politics*, Cambridge, Cambridge University Press, 2002, vol. I, pp. 175-187.

la politización de la expresión tal y como se usa actualmente en el enfrentamiento lingüístico en los parlamentos, en los órganos de los partidos o en los panfletos tuvo lugar por primera vez durante la revolución inglesa, en francés, durante la Revolución francesa y en alemán, de forma análoga a la Revolución francesa, el uso político de la expresión no se implantó hasta el Vormärz.[69]

Interesado en dar cuenta de los cambios acaecidos en aquel tardío siglo XVIII, Koselleck considera que la serie de relatos de tipo utópico previos a 1770 no recorrían más que un conjunto de temas "estereotipados" cuyos orígenes se hallaban en la Antigüedad y que a través de la noción de utopía continuaban siendo debatidos en los siglos XVI y XVII. Tal como ha sido indicado en el párrafo precedente, la ruptura o gran cambio en relación con el carácter del concepto habría radicado entonces en su "temporalización", ocurrida a fines del siglo XVIII. En términos de Koselleck, en el período previo a este fenómeno,

las cuestiones que se discuten en este tipo de libros son relativamente estereotipadas. Al patrimonio conceptual pertenecen una serie de utopías como, por ejemplo, la de Campanella y la del mismo Moro. Entre las cuestiones tratadas, que ya aparecen en la Antigüedad, se encuentran la comunidad de bienes, la planificación moral y racional de la sociedad, las reglas fundamentadas científicamente, la organización del día a día de tal forma que se ejerza un control racional omnipresente que a la vez sea aceptado libremente. Es decir, constantemente se tematiza la voluntariedad de un autocontrol fruto de presiones morales compartidas y de premisas racionales. Esto es más o menos el *totum* que se tantea una y otra vez.[70]

Frente a ello, la perspectiva analítica propuesta por Quentin Skinner pareciera devolver a la utopía a su contexto original de producción, o al menos, a su contexto lingüístico de producción y circulación. Si bien el historiador inglés ha trabajado exclusivamente con la *Utopía* de Moro, sus reflexiones acerca de los usos del concepto resultan por demás pertinentes. A partir del análisis de una serie de problemas relacionados tanto con el estudio del texto en su carácter autónomo cuanto con el estudio del texto a partir de una "lectura contextual" que reponga el entorno social en el que circuló, Skinner resalta la importancia de comprender la intención compleja del autor y del texto en cuestión. En su opinión, reconstruir el contexto lingüístico en el que se ha enunciado la fuente resulta el dispositivo decisivo que posibilita cualquier intento de

69. Koselleck, Reinhart, *Historias de conceptos. Estudios sobre semántica y pragmática del lenguaje político y social*, Madrid, Ed. Trotta, 2012, p. 172.
70. Koselleck, Reinhart, *op. cit.*, p. 173.

comprensión.[71] En este sentido, Skinner se opone a aquellas corrientes de pensamiento que sostienen que sí puede hacerse la historia de una idea[72] para afirmar, en cambio, que no hay conceptos atemporales "sino únicamente los variados y diferentes conceptos que acompañaron a diversas y diferentes sociedades".[73] La *Utopía* de Moro resulta para este autor el caso ejemplar con el que apuntalar sus proposiciones:

> Si un historiador que estudia la idea de utopía, por ejemplo, llega a ver que los usos que se le han dado son desconcertantemente variados parecería poco más que un fetichismo muy descaminado de las palabras que siguiera intentando hacer cualquier tipo de estudio histórico centrado en la "idea" misma de utopía, o de progreso, igualdad, soberanía, justicia, derecho natural, etc., etc. Puesto que la persistencia de esas expresiones no nos dice nada confiable en absoluto sobre la persistencia de las cuestiones para dar respuesta a las cuales pueden haberse usado, o de las intenciones en general de los distintos autores que tal vez se hayan valido de ellas.[74]

Más allá de que la metodología propuesta por Skinner esté relacionada casi exclusivamente con el análisis del contexto lingüístico en el que está inserto un texto y, por ello, con las intenciones complejas del autor, el historiador inglés reconoce algunos de los beneficios procedentes de estudiar un escrito en su contexto social (no lingüístico) de producción. Sostiene en consecuencia que "un conocimiento del contexto social de un texto dado parece por lo menos brindar una ayuda considerable para evitar las mitologías anacrónicas".[75] Hace, sin embargo, algunas salvedades. En primer lugar, para Skinner, al estudiar una obra desde esta perspectiva analítica siempre debería intentarse captar para qué tipo de sociedad escribía ese autor sin desatender las influencias recíprocas entre contexto social e idea: "el contexto social, se dice, contribuye como causa a la formación y el cambio de las ideas; pero las ideas, a su vez, contribuyen como causa a la formación y el cambio del contexto social".[76] En segundo término, tampoco debería olvidarse que la reposición de un contexto de producción y circulación no necesariamente provee la explicación que lleva a la intención o causa de la acción.[77]

71. A partir de la enumeración y posterior de explicación de una serie de críticas, Skinner critica el análisis del texto de forma autónoma.
72. Skinner, Quentin, "Significado y comprensión en la historia de las ideas" en *Prismas*, Revista de historia intelectual, N° 4, 2000, p. 179. Es esta una clara crítica a la noción de *unit-ideas* propuesta por Lovejoy.
73. Skinner, Quentin, *ibid.*, p. 191.
74. Skinner, Quentin, *ibid.*, p. 179.
75. Skinner, Quentin, *ibid.*, p. 180.
76. Skinner, Quentin, *ibid.*, p. 185.
77. De ahí que luego hable de las intenciones complejas del autor.

En este sentido, tal como ha señalado Peter Burke, la reposición de todo contexto obedece en gran medida a los intereses de la propia investigación. "Lo que vale como contexto depende de aquello que uno desea explicar",[78] sostiene Burke, quien además de hacer particular hincapié en la creciente importancia del análisis contextual (refiriéndose incluso a la existencia de un *contextual turn*" o a la profusión de nuevos vocablos relacionados con el análisis de las fuentes en sus propios contextos de producción), no deja de señalar algunas de las precauciones a tener en cuenta a la hora de priorizar (casi exclusivamente) un análisis de tipo este tipo.[79]

En el caso particular del concepto de utopía, en una severa crítica a la edición comentada del texto homónimo hecha por la Universidad de Yale en 1965, Skinner presentó dos de sus líneas argumentativas más fuertes y duraderas al hacer hincapié en los peligros del anacronismo y en la infundada relación de causalidad o influencia frecuentemente adjudicada a dos obras de distinto período (i.e. el vínculo que muchos historiadores y cientistas políticos han trazado entre *La República* de Platón y la *Utopía* de Moro).[80] En el caso de *Utopía*, el peligro del anacronismo, señala Skinner, ha llevado con frecuencia a ver al futuro canciller de Inglaterra como "la figura trágica de un socialista nacido antes de tiempo".[81] Con respecto a la adjudicación de influencias o lo que también podría denominarse la confección de genealogías de pensamiento, Skinner disipa toda duda respecto de su propia postura frente al tema: "todo este asunto de estudiar las influencias no es más que el juego del académico, y en el peor de los casos, además, puede conducir claramente a la aseveración de muchos postulados de los que no hay ninguna razón para suponer verdaderos, y que muy probablemente sean falsos".[82]

Puede decirse entonces que desde la historia de los conceptos y la historia intelectual, más allá de que no se trate de nociones opuestas, se ha hecho mayor o menor hincapié en las particularidades de los textos de tipo utópico. Mientras Skinner parece defender un enfoque sincrónico del concepto, es decir, su comprensión dentro de una red de significados y conceptos contemporáneos, desde una perspectiva *koselleckiana* es prioritario, en cambio, un enfoque diacrónico, que analice los cambios de un concepto dentro de un arco temporal de mayor amplitud.

---

78. Burke, Peter, "Context in context", en *Common Knowledge*, Volumen 8, Número 1, Invierno de 2002, p. 172.

79. Burke, Peter, *ibid.*, p. 164: "en la última generación o más, hemos estado viviendo lo que podría llamarse un "giro contextual", en analogía a tantos giros contextuales." "Una de las señales de cambio es la utilización de una serie de términos, que si bien no son nuevos, están siendo utilizados con más frecuencia. En inglés, por ejemplo, a los términos contextualismo (...) y contextualizar (...) se les ha sumado contextualización y descontextualizar."

80. Skinner, Quentin, "More's Utopia", *Past & Present*, N° 38, Diciembre 1967, p. 163.

81. Skinner, Quentin, *ibid.*, p. 154.

82. Skinner, Quentin, *ibid.*, p. 165.

Se analice el relato utópico desde una u otra perspectiva, la noción de contexto ha surgido como un elemento clave al momento de evaluar las distintas herramientas teórico-metodológicas disponibles para pensar el objeto de estudio. En efecto, tanto Skinner como Koselleck hacen especial énfasis en su importancia para re-construir o imaginar los espacios de producción y circulación en los que pudo haberse desarrollado el concepto de utopía. Sobre este último punto, conviene volver una vez más sobre las observaciones de Peter Burke.

En primer lugar, existe para el historiador inglés el problema de la definición, puesto que realizar el análisis contextual de una obra requiere explicitar al menos mínimamente cuáles serán los elementos (políticos, sociales, espacio-temporales, materiales, etc.) a considerar a la hora de circunscribirla a un tiempo dado.[83] También debe tomarse en cuenta el peligro del argumento circular ya señalado por Skinner al referirse a la influencia recíproca entre idea y contexto. Retomando a Alain Boureau, señala Burke: "Con demasiada frecuencia el contexto es construido implícita o inconscientemente en función de la explicación que debe proveer",[84] lo que significa que el contexto no debe tomarse como parte de una explicación causal a partir de la cual se origina el concepto. En tercer lugar, Burke hace especial énfasis en el hecho de que los contextos no se "encuentran" sino que se seleccionan y construyen, a veces conscientemente, a partir de un proceso de abstracción de situaciones y aislamiento de ciertos fenómenos para entenderlos mejor. Resulta este un aspecto fundamental a tener en cuenta, puesto que la re-construcción del contexto debe entenderse entonces como un acto creativo y por ello voluntario (dentro de los límites del propio objeto de análisis) por parte de quien emprenda la tarea de investigar. Por último, Burke advierte que una contextualización extrema también podría llegar a limitar fuertemente las tareas y el propio campo de investigación. En otras palabras, resultaría imposible comparar, contrastar y utilizar conceptos generales como feudalismo o capitalismo si nos atuviésemos exclusivamente al análisis del contexto de producción y circulación de una fuente dada en un período determinado. En función de lo antedicho, no resulta extraño que para Burke el análisis contextual deba ser considerado un método entre muchos y no necesariamente *el* método de la historia cultural e intelectual. A su vez, tampoco debería pensarse en la existencia de un único contexto. En términos del historiador británico, "debemos pensar en los contextos en plural".[85]

Ahora bien, si como ha señalado Koselleck todo concepto es histórico, el surgimiento de utopía debe necesariamente comprenderse dentro de

---

83. Burke, Peter, "Context in context", *op. cit.*, p. 171: "el concepto de contexto es uno que ha sido definido de forma precisa o vaga, estrecha o amplia, y empleado tanto de forma flexible como rígida."

84. Burke, Peter, *ibid.*, p. 172.

85. Burke, Peter, *ibid.*, p. 174.

un contexto histórico y geográfico determinados. A diferencia de otros términos, es notable que los orígenes del neologismo puedan datarse con precisión extrema: en 1516 se publicó la *editio princeps* del opúsculo moreano, en cuyo título se introdujo el vocablo por primera vez. A la vez, así como los orígenes del concepto pueden ubicarse con exactitud, es posible marcar un primer punto de inflexión en 1770, con la publicación de *L'An 2440, rêve s'il en fut jamais* de Louis-Sébastien Mercier, quien proyectó una sociedad imaginaria no ya en un espacio-otro sino en un tiempo futuro. Se trata acaso de la "temporalización de la utopía" a la que aludía Koselleck cuando examinaba la incorporación de nuevas significaciones al concepto.[86] Koselleck abordaba específicamente el proceso mediante el cual la utopía había dejado de ser la representación espacial de un no lugar para volverse la proyección de un tiempo futuro:[87] en efecto, *L'an 2440* es el primer relato de tipo utópico en donde la sociedad ideal descripta no se encuentra ya en tierras lejanas e inexploradas sino en la misma ciudad de París, aunque 670 años en el futuro.[88]

El cambio en las dimensiones espacio-temporales de la utopía se explica, en principio, a la luz de los avances geográficos que, en la segunda mitad del siglo XVIII, completaron aún más la imagen del Orbe Terrestre. En este proceso no solo se terminó de descartar la supuesta existencia de un continente austral en los extremos meridionales del mundo, sino también el hallazgo de sociedades perfectas aún "por descubrir":

En 1770, año de publicación de esta utopía, Cook acababa de explorar la costa este de Australia y en el siglo XVIII a los viajes de exploración europeos no les quedaba ya mucho por descubrir. La finitud de la superficie de la tierra no dejaba casi ningún fragmento de costa entre tierra y mar sin explorar [...] Una vez reconocidas, las posibilidades espaciales de establecer una utopía en la limitada superficie de la tierra estaban agotadas. Los espacios utópicos habían sido sobrepasados por la experiencia.[89]

En la opinión de Koselleck, la reconversión espacio-temporal suscitó en principio dos grandes cambios. En primer lugar, a diferencia de la utopía de tipo espacial, donde el viajero-narrador recurría a la distancia, al viaje y a la posibilidad concreta de descubrir tierras aún desconocidas para crear un relato verosímil, en la utopía temporal (como aquella de Mercier) el futuro que se "describe" ya no puede ser "verificado". En otras palabras, la ucronía pone de manifiesto el hecho de que se trata de una creación o construcción literaria propia del autor y cierra con

---

86. Koselleck, Reinhart, "The temporalization of utopia", en *The Practice of Conceptual History: Timing History, Spacing Concepts*, California, Stanford University Press, 2002, pp. 84-99.

87. Koselleck, Reinhart, *ibid.*, p. 85.

88. Koselleck, Reinhart, *ibid.*, p. 86.

89. Koselleck, Reinhart, *ibid.*, p. 86.

ello aquella instancia de "verificación" sobre la que toda utopía espacial se apoyaba para generar aquel efecto de realidad tan necesario para su funcionamiento. De allí que el segundo gran cambio en la reconversión espacio-temporal sea que las utopías del futuro deban recurrir a otros elementos literarios y estilísticos para volverse obras verosímiles.[90] Es por ello que para Koselleck *L'An 2440* debería considerarse no sólo una utopía sino una variante de la filosofía del progreso, al ser una temporalización del ideal de *perfectio*.[91] Coincidentemente, el desplazamiento espacio-temporal evidenciado en la obra de Mercier ocurrió en un período en el que comenzaron a desarrollarse nuevas interpretaciones en relación con el sentido de estos textos. Fue el mismo Mercier quien, en un intento por describir la acción de crear utopías, en su ya mencionado diccionario de neologismos de 1801, acuñó la palabra *"fictionner"* para tal fin. Para este autor, *"Fictionner"* "no es narrar, contar, fabular; es imaginar caracteres morales o políticos para transmitir verdades esenciales del orden social. *Ficcionar* un plan de gobierno en una isla lejana, en un pueblo imaginario, para el desarrollo de diversas ideas políticas".[92]

3. ¿Cómo abordar el desarrollo del relato utópico entre los siglos XVI y XVIII?

Desde la historia cultural propiamente dicha son escasos los trabajos que insertan el nacimiento del relato de viaje de tipo utópico en un proceso histórico complejo tal como fue el despertar de la modernidad temprana europea. Dentro de este acotado grupo, los planteos esbozados por Rogelio C. Paredes en *Pasaporte a la utopía. Literatura, individuo y modernidad en Europa (1680-1780)* en torno a los cambios sociales, políticos y económicos acaecidos en la llamada modernidad temprana europea resultan de capital importancia para comprender cómo el relato utópico, en tanto producto de la literatura de viaje, devino una expresión de dichas transformaciones.[93] También en el marco de la historia de las ideas la ya citada obra de Paul Hazard sí mencionaba la profusión de textos utópicos en un contexto mayor de crisis de las creencias y funda-

90. Koselleck, Reinhart, *ibid.*, p. 88: "El argumento del hoy al mañana, del presente al futuro, requiere de otros criterios de credibilidad que el gran salto a través del agua."

91. Koselleck, Reinhart, *ibid.*, p. 90: "La utopía futurista de Mercier es una variante de la filosofía del progreso: su fundamentación teórica es la temporalización del ideal de *perfectio*."

92. Mercier, Louis Sébastien, *Néologie ou vocabulaire de mots nouveaux, à renouveler ou pris dans des acceptions nouvelles*, París, Moussard, 1801.

93. Si bien el autor dedica solamente el último capítulo al caso francés, y este se centra fundamentalmente en el siglo XVIII, la noción de "experiencia de la modernidad" que Paredes retoma del ensayista y crítico literario Marshall Berman es fundamental para comprender la influencia de la expansión ultramarina, entre otros procesos, en el cuestionamiento de antiguos valores y conductas. Véase: Paredes, Rogelio C., *Pasaporte a la utopía. Literatura, individuo y modernidad en Europa (1860-1780)*, Buenos Aires, Miño y Dávila Editores, 2004.

mentos socio-religiosos y políticos en Europa, en el período que se extiende entre la segunda mitad del siglo XVII y la primera del siglo XVIII. Frente a este contexto de producción, todo estudio de la noción de utopía que se emprenda desde una perspectiva histórica deberá alejarse de la circunscripción temática en la que la literatura y algunos enfoques político-sociológicos han reducido al relato utópico e introducir una serie de variables que permitan comprender su desarrollo dentro de un conjunto más vasto de procesos históricos. En relación con el vínculo entre el relato de viaje de tipo utópico y el período de expansión ultramarina que se abre en Europa a partir del siglo XVI, deben tomarse en consideración los aportes provenientes de la historia de la geografía. En el caso particular de Francia, obras clásicas como aquella de François Dainville (*La géographie des humanistes*, 1969) o Numa Broc sobre la geografía del Renacimiento (*La géographie de la Renaissance*, 1986) y de la Ilustración (*La géographie des Philosophes*, 1972), resultan clave a la hora de abordar la profusión de la novela utópica en los siglos XVII y XVIII pero también aquella del relato de viaje en general a la luz de las numerosas expediciones que en esta época se llevaron a cabo.

Un análisis de las nuevas formas de concebir el espacio terrestre a partir de la reapropiación de saberes geográficos provenientes de la Antigüedad clásica en el marco de la expansión transoceánica europea resulta igualmente necesario. En relación con este último punto, los trabajos más recientes de Patrick Gautier Dalché en torno a la reintroducción de la *Geographia* de Ptolomeo a fines del siglo XV en Europa[94] o los estudios de Jean-Marc Besse sobre el desarrollo de nuevas formas de definir la ecúmene o tierra habitada a partir de la llamada "revolución cartográfica" del siglo XVI[95] devienen aportes esenciales para insertar la publicación de los relatos de viaje imaginarios en una serie de debates y problemáticas propias de su período de producción. En este sentido, el interrogante en torno a la existencia de una tierra austral incógnita, la comprobada invalidez de la teoría de las antípodas o la posibilidad de ubicar a las mencionadas sociedades ideales en los espacios intersticiales creados por el ordenamiento del mundo en paralelos y meridianos son sólo algunos de los elementos a tomar en cuenta. Obras más conceptuales como *L'empire des cartes* (1992) de Christian Jacob,[96] permiten a su vez repensar el lugar de la cartografía tanto como una abstracción cuanto como un intento de representación de un espacio dado, y en este sentido encontrar similitudes operacionales con las narraciones utópicas.

---

94. Gautier Dalché, Patrick, *La Géographie de* Ptolémée *en occident (IVe–XVIe siècle)*, Turnhout, Brepols, 2009.

95. Besse, Jean-Marc, *Les grandeurs de la Terre. Aspects du savoir géographique à la Renaissance*, Lyon, ENS Editions, 2003.

96. Jacob, Christian, *L'empire des cartes: approche théorique de la cartographie à travers l'histoire*, París, Albin Michel, 1992.

Tampoco deben desestimarse los aportes de Frank Lestringant, quien a través del análisis de fuentes clásicas de la cosmografía francesa del Renacimiento ha reconstruido los objetivos, itinerarios y preocupaciones de algunos de los mejores representantes de un campo en pleno desarrollo para aquella época.[97] Por último, toda indagación sobre el relato utópico debe acompañarse, a su vez, del análisis de la literatura de viaje del mismo período. Los primeros "avistamientos" de la tierra austral incógnita realizados por Pedro Fernández de Quirós, o las anotaciones hechas por Pierre Bayle sobre Jacques Sadeur (protagonista de la utopía *La Terre Austral Connue* (1676) de Gabriel Foigny) en su diccionario filosófico de 1697, son sin duda algunos ejemplos de acontecimientos contemporáneos a la escritura de los relatos que también deben tomarse en cuenta.[98]

Dentro de las perspectivas propuestas por la historia cultural, tanto por sus aspectos metodológicos como teóricos, aunque no necesariamente centrados en el género de la literatura de viaje, los trabajos de Carlo Ginzburg, Natalie Zemon Davis o Roger Chartier,[99] han presentado hasta el momento los enfoques más afines al estudio del relato de viaje aquí propuesto. En efecto, retomando la definición que Clifford Geertz adjudicara a la cultura en 1973,[100] Roger Chartier hace particular énfasis en la importancia de analizar los contextos de circulación, producción y apropiación de las obras estudiadas que, lejos de ser universales, "deben construirse en la discontinuidad de las trayectorias históricas".[101]

Por otro lado, la propuesta de Ginzburg respecto de cómo realizar una investigación histórica resulta particularmente convincente para abordar temas relacionados con la modernidad temprana europea, donde la información acerca del origen y decurso de las fuentes estudiadas no siempre abunda y son justamente "el hilo y las huellas" los que deben guiar al historiador en el establecimiento de vínculos, influencias y posibles lecturas de una fuente a otra. En 1979, Ginzburg partía de la base de que el método de la historia era específico y por ello ajeno al

97. Lestringant, Frank, *Arts et légendes d'espaces. Figures du voyage et rhétoriques du monde* (en collaboration avec Christian Jacob *et al.*), París, Presses de l'École normale supérieure, 1981. También Lestringant, Frank, *L'Atelier du cosmographe, ou l'image du monde à la Renaissance*. París, Albin Michel, Bibliothèque de synthèse, 1991.

98. Habermas, Jürgen, *Teoría y Praxis. Estudios de la filosofía social*, Madrid, Ed. Tecnos, 1963.

99. Nos referimos específicamente a: Natalie Zemon Davis, *Sociedad y cultura en la Francia moderna*, Barcelona, Crítica, 1993; Roger Chartier *El mundo como representación. Estudios sobre historia cultural*, Barcelona, Gedisa, 1996 y Carlo Ginzburg, *Clues, myths, and the historical method*, Baltimore y Londres, The Johns Hopkins University Press, 1989.

100. "El concepto de cultura que yo sostengo [...] denota un esquema históricamente transmitido de significaciones representadas en símbolos, un sistema de concepciones heredadas y expresadas en formas simbólicas por medio del cual los hombres comunican, perpetúan y desarrollan su conocimiento y sus actitudes frente a la vida," en Chartier, Roger, *El presente del pasado. Escritura de la historia, historia de lo escrito*, México, Universidad Iberoamericana – Departamento de Historia, 2005, p. 24.

101. Chartier, Roger, *El mundo como representación. Estudios sobre historia cultural*, Barcelona, Gedisa Editorial, 2005, p. 53, 61.

resto de las ciencias sociales puesto que, a diferencia de aquellas, eran el indicio, la presuposición y la conjetura los que primaban en toda investigación historiográfica. Para la historia cultural, proclamó entonces la validez del paradigma indiciario y con él, la importancia de la intuición para rastrear las huellas o marcas indirectas que de diversas formas completan nuestro conocimiento acerca del pasado.[102] En el año 2011 el historiador italiano volvería a sostener que un relato histórico debía necesariamente construirse a partir de las huellas o testimonios del pasado, verdaderos, falsos o ficticios, a su disposición.[103]

Por último, en lo que refiere al análisis de fuentes propiamente dicho, las perspectivas abiertas por François Hartog en torno al relato de viaje como constructor de alteridad también se presentan como herramientas valiosas para analizar los relatos utópicos seleccionados.[104] En efecto, aquella retórica de la alteridad que el historiador francés detecta en el caso de Heródoto, pero que a la vez adscribe al relato de viaje "en sentido amplio", resulta un recurso fundamental para observar los mecanismos desplegados por los relatos utópicos en su creación de un relato verosímil y compararlos con el funcionamiento de esta misma retórica en relatos publicados a partir de experiencias concretas de viaje.

La revisión hecha hasta aquí de los distintos abordajes en torno a la noción de utopía, los principales temas debatidos y las diversas formas en que los relatos de tipo utópico han sido abordados, ha permitido identificar una serie de problemas. En principio, más allá del enfoque adoptado (sea este literario o político-sociológico), algunas de las cuestiones más acuciantes han sido la falta de una delimitación temporal rigurosa en relación con los orígenes y desarrollo del modelo utópico, el aislamiento de los relatos que lo sustentan de sus contextos (materiales) de producción, recepción y circulación, y la prevalencia de una lectura retrospectiva y teleológica respecto del lugar del relato utópico en la conformación del pensamiento ilustrado.

Debe señalarse también la notable escasez de trabajos de investigación que hayan abordado el tema de la utopía desde una perspectiva histórica propiamente dicha, si se los compara con la popularidad y frecuencia con la que el tema ha sido estudiado por la crítica literaria y las ciencias sociales y políticas en general. Frente a ello, este libro pro-

---

102. Ginzburg, Carlo, "Clues: Roots of an Evidential Paradigm", en *Clues, Myths, and the Historical Method*, Baltimore y Londres, The Johns Hopkins University Press, 1989, p. 125. La naturaleza específica del método histórico y la existencia de huellas que pueden guiar al investigador en su estudio sobre el pasado también son reivindicadas por Chartier en *El mundo como representación*. "La intriga debe entenderse como una operación de conocimiento que no pertenece al orden de la retórica sino que plantea como central la posible inteligibilidad del fenómeno histórico, en su realidad borrada, a partir del cruce de sus huellas accesibles," en Roger Chartier, *El mundo como representación, op. cit.*, p75.

103. Ginzburg, Carlo, *El hilo y las huellas..., op. cit.*, p. 18.

104. Hartog, François, *Le miroir d'Hérodote. Essai sur la représentation de l'autre*, París, Éditions Gallimard, 2001.

pone una aproximación a la noción de utopía desde la historia cultural, reinsertando al relato utópico publicado en lengua francesa en el siglo XVII dentro de procesos históricos más amplios, tales como la competencia ultramarina, el nacimiento del escepticismo religioso y el celo en la construcción y divulgación del conocimiento del mundo que se desarrollaron en aquel período.

Se postula en primer lugar que el desarrollo del género utópico estuvo directamente vinculado al proceso de expansión ultramarina y al conocimiento de nuevas sociedades en ultramar que tuvieron lugar en Europa a partir de fines del siglo XV. A su vez, la publicación de relatos de tipo utópico en lengua francesa tal como se desarrolló en el siglo XVII estuvo en estrecho vínculo con el conflicto religioso que estalló en Francia como consecuencia de la Reforma en los decenios precedentes, aunque no únicamente. En otras palabras, además de estar vinculados al conflicto político-religioso que atravesó Francia en el contexto de las llamadas "guerras de religión", los relatos utópicos que se publicaron en aquel período también deben analizarse en función del lugar que esta nación ocupó en la competencia colonial que se desarrolló en la misma época.

Por otra parte, también debe tomarse en consideración el lugar de las Provincias Unidas de los Países Bajos que, en tanto centro cultural, de difusión de publicaciones y a la cabeza de la expansión interoceánica tal como se dio en el siglo XVII, jugó un papel fundamental en la producción y puesta en circulación de las utopías publicadas en lengua francesa. Ciertamente, por el hecho de haberse convertido en esta época en un centro de acopio y producción de noticias de distintos lugares del mundo, las Provincias Unidas articularon un caudal de información que no llegaba directamente a Francia o que lo hacía tardíamente. Esto se vio reflejado en las utopías que allí publicaron los franceses exiliados por motivos religiosos. Asimismo, las imágenes del Nuevo Mundo y la producción cartográfica desarrollada en las principales ciudades holandesas también ejercieron una notable influencia en la producción de relatos utópicos.

La minuciosa lectura de los relatos utópicos que circularon en Francia y las Provincias Unidas en el siglo XVII evidencia, a su vez, las tensiones, enemistades y sujeción real de los mares y territorios de las distintas naciones europeas. En efecto, en las descripciones hacia y desde las tierras utópicas analizadas, el control de los mares y rutas comerciales se encuentra en manos de holandeses, ingleses, españoles y portugueses. El protagonista es siempre un francés pero su llegada y partida del pueblo utópico se produce con frecuencia a raíz de la intervención de alguna otra potencia marítima. En el mismo sentido, las latitudes a las que arriban estos viajeros imaginarios pero franceses también se encuentran bajo el control de otras potencias marítimas.

Por último, las utopías examinadas develan algunos de los objetivos expansionistas de Francia a lo largo de los siglos XVII y XVIII, tales como el descubrimiento y ocupación de la Tierra Austral incógnita. En este sentido, si bien sería arriesgado establecer que los conflictos religiosos que atravesó la monarquía francesa en el siglo XVI estuvieron en los orígenes de su fracaso en materia colonial, puede argumentarse que en la mayoría de los relatos utópicos aquí analizados el fin del conflicto religioso fue asociado a un no lugar o lugar por descubrir como fue *Terra Australis* incógnita. En relación con este último punto, se sugiere aquí que las sociedades utópicas se ubicaron en los márgenes (norte y sur) del mundo conocido, pero se gestaron en el epicentro de la expansión europea.

Es a partir de estas variables que se plantea el estudio del relato de viaje de tipo utópico como producto de la modernidad temprana europea. Lejos de abordar el género aisladamente o en una secuenciación en parte impuesta por los propios hacedores de utopías[105] (pero también por los estudiosos del género), este libro propone comprender el desarrollo del relato de viaje utópico como parte de un proceso histórico complejo tal como fue la modernidad temprana europea. En efecto, entre los siglos XVI y XVIII, la ampliación del mundo conocido, el proceso de descentralización religiosa acelerado a partir de la Reforma así como el desarrollo de una imagen renovada del Orbe Terrestre, ejercieron un impacto profundo en todos los órdenes de la vida.

El hecho de considerar el relato de viaje de tipo utópico como parte del proceso de cambio iniciado a principios del siglo XVI no implica, sin embargo, que estas descripciones de sociedades imaginarias y perfectas deban ser entendidas como precursoras o propuestas *avant la lettre* de futuros proyectos políticos. Ciertamente, las utopías francesas de los siglos XVI y XVIII no son aquellas "verdades prematuras" a las que alguna vez refiriera Lamartine.[106] Rechazar esta aseveración no significa negarle al relato utópico su carácter de valioso instrumento para la crítica social. Al fin y al cabo, imaginar arbitrariamente una sociedad alternativa es, en el algún punto, reconocer la finitud de la propia.

---

105. Cierto es que en 1516 Moro alude a Platón y en 1677 Veiras hace una referencia a Moro.

106. Baczko, Bronislaw, "Lumières et utopie. Problèmes de recherches", en *Annales. Économies, Sociétés, Civilisations,* año 26, número 2, 1971, p. 355.

⟶ BIBLIOGRAFÍA ⟵

Fuentes primarias

AA.VV., *Recueil de voyages au Nord. Contenant divers memoires trés utiles au Commerce & à la Navigation. Enrichi de grand nombre de cartes et figures*. Tome Premier, Ruan, Chez Jean-Baptiste Machuel le jeune, Rue Damiette, vis-a-vis la Fontaine S. Maclou, M CXX XVI.

BAYLE, Pierre, *Dictionnaire historique et critique de Pierre Bayle*, Nouvelle Édition, Tome Treizième, París, Desoer, 1820.

——, *Pensées diverses sur la comète. Introduction, notes, glossaire, bibliographie et index* par Joyce et Hubert Bost, París, Flammarion, 2007.

BOUGAINVILLE, Louis-Antoine de, *Viaje alrededor del mundo a bordo de la fragata real de la Boudeuse y la urca Étoile, en 1766, 1767, 1768 y 1769*, Buenos Aires, Eudeba, Colección reservada del Museo del Fin del Mundo, 2005.

COLÓN, Cristobal, *Diario, cartas y relaciones. Antología esencial*. Selección prólogo y notas de Valeria Añon y Vanina Teglia, Buenos Aires, Ed. Corregidor, 2012.

COOK, James, *Relación de su Primer Viaje alrededor del mundo durante los años 1768, 1769, 1770 y 1771*, Traducido del inglés por M. Ortega y Gasset, Madrid, Calpe, 1922.

DELLON, M., *Voyages de Mr Dellon avec sa relation de l'Inquisition de Goa, augmentée de diverses pieces curieuses; et L'Histoire des Dieux qui adorent les gentils des Indes*, Colonia, Chez les heritiers de Pierre Marteau, 1709.

DE BROSSES, Charles, *Histoire des navigations aux Terres Australes. Contenant ce que l'on sait des moeurs, & des productions des contrées découvertes jusq'à ce jour ; et où il est traité de l'utilité d'y faire de plus amples*

découvertes, et des moyens d'y former un établissement*, París, Chez Durand, 1756.

DE BRY, Théodore, *Le Théâtre du Nouveau Monde. Les grands voyages de Théodore de Bry*, Présentés par Marc Bouyer et Jean-Paul Duviols, París, Gallimard, 1992.

DIDEROT, Denis, *Supplément au voyage de Bougainville*, París, Mille et une nuits, 1975.

FERNÁNDEZ de QUIRÓS, Pedro, *The voyages of Pedro Fernandez de Quiros, 1595 to 1606*, Translated and Edited by Sir Clements Markham, Londres, Hackluyt Society, 1904, Vol. II, "Eighth Memorial submitted to His Majesty by the Captain Pedro Fernandez de Quiros on the subject of his discoveries".

FOIGNY, Gabriel de, *La Terre Australe Connue, c'est-a-dire la description de ce pays inconnue jusqu'ici, de ses moeurs et de ses coûtumes par M. Sadeur, avec les avantures qui le conduisirent en ce Continent et les particularitez du séjour qu'il y fit durant trente-cinq ans et plus, et de son retour, réduites et mises en lumiere par les soins et la conduite de G. de F., À Vannes, par Jaques Verneuil, 1676*, en LACHÈVRE, Frédéric, *Les successeurs de Cyrano de Bergerac*, París, Honoré Champion, 1922.

GILBERT, Claude, *Histoire de Calejava ou de l'île des hommes raisonnables. Avec le paralelle de leur morale & du Christianisme*, Chez Jacques Lessaye, 1700.

——, *Histoire de Caléjava ou de l'Isle des hommes raisonnables*, Edition critique par Marc Serge Rivière, Inglaterra, University of Exeter, 1990.

——, *Histoire de Calejava ou de l'île des hommes raisonnables*, Édition critique établie para Yves Nérieux, París, Honoré Champion, 2012.

288

GONNEVILLE, Binot Paulmier de, *Le voyage de Gonneville* (1503-1505) et la découverte de la Normandie par les Indiens du Brésil, Étude et commentaire de Leyla Perrone-Moisés, traduits par Ariane Witkowski, París, Éditions Chandeigne, 1995.

GUEUDEVILLE, Nicolas, *L'Utopie de Thomas Morus, Chancelier d'Angleterre; Idée ingenieuse pour remedier au malheur des Hommes; & pour leur procurer une felicité complette. Cet Ouvrage contient LE PLAN D'UNE REPUBLIQUE dont les Lois, les Usages, & les Coutumes tendent uniquement à faire faire aux Societez Humaines le passage de la Vie dans toute la douceur imaginable. Republique, qui deviendra infalliblement réelle, des que les Mortels se conduiront par la Raison. Traduite nouvellement en François par Mr. Gueudeville, & ornée de tres belles figures.* Leiden, Chez Pierre Vander Aa, Marchand Libraire, Imprimeur Ordinaire de l'Academie & de la Ville, demeurant dans l'Academie. MDCCXV.

I. D. M. G. T., *Histoire du grand et admirable Royaume d'Antangil Incogneu jusques à present à tous Historiens & Cosmographes: composé de six vingts Provinces tres-belles & tres-fertiles. Avec la description d'icelui, & de sa police nom pareille, tant civile que militaire. De l'instruction de la jeunesse. Et de la religion. Le tout en cinq livres,* Saumur, Thomas Portau, 1616.

KNIVET, Anthony, *Viaje por el Atlántico en el siglo XVI,* Traducción de Rogelio C. Paredes, Buenos Aires, Editorial de la Facultad de Filosofía y Letras, 1995.

LEFEBVRE, François, *Relation du voyage de l'isle d'Eutopie,* Delft, chez Henry van Rhin, 1711.

LÉRY, Jean de, *Histoire d'un voyage fait en la terre du Brasil autrement dit Amérique contenant la navigation ...,* Lausanne, Bibliothèque romande, 1972.

——, *Histoire d'un voyage faict en la Terre du Brésil,* París, Librairie Générale Française, Le Livre de Poche, 1994.

LE BLANC, Vincent, *Les voyages fameux du Sieur Vincent Le Blan, Marseillois, qu'il a faits depuis l'aage de douze ans iusques à soixante, aux quatre parties du monde, à savoir, aux Indes Orientales et Occidentales ...,* París, Bergeron, 1648.

LUCRECIO, *La Naturaleza. Introducción, traducción y notas de Francisco Socas,* Madrid, Editorial Gredos, 2003.

MERCIER, Louis-Sébastien, *Néologie ou vocabulaire de mots nouveaux, à renouveler ou pris dans des acceptions nouvelles,* París, Moussard, 1801.

MONTAIGNE, Michel de, *Ensayos completos,* Buenos Aires, Hyspamerica, 1985.

——, *Des cannibales,* suivi de *La peur de l'Autre* (anthologie par Christine Bénévent), París, Gallimard, 2008.

MORO, Tomás, *Utopía, Traducción, introducción y notas de José Galimidi,* Buenos Aires, Colihue, 2014.

MORE, Thomas, *Utopia, with an introduction by Paul Turner,* Londres, Penguin Classics, 1965.

MOCQUET, Jean, *Voyages en Afrique, Asie, Indes orientales et occidentales, faits par Jean Mocquet, Garde du Cabinet des Singularitez du Roy, aux Thuilleries. Divisez en six livres, & enrichis de figures,* Ruan, Chez David Berthelin, 1665.

PLATON, *La República,* Estudio Preliminar a cargo de Luis Farré, Buenos Aires, Eudeba, 1998.

PERNETY, Antoine-Joseph (Dom), *Histoire d'un voyage aux Isles Malouines fait en 1763 et 1764,* París, Chez Saillant & Nyon, 1770.

PIGAFETTA, Antonio, *Primer viaje en torno del globo,* Buenos Aires, CEAL, 1971.

POLO, Marco, *Viajes,* Buenos Aires, Espasa-Calpe, 1951.

SAMÓSATA, Luciano de, *Relato verídico,* en *Obra Completa,* Tomo I, Madrid, Gredos, 1981.

——, *Diálogos,* con una introducción de José Alsina, Barcelona, Ed. Planeta, 1988.

SCHEDEL, Hartmann, *La chronique universelle, 1493, L'édition de Nuremberg, coloriée et commentée, Introduction et appendice par Stephan Füssel,* España, Taschen, 2001.

——, *L'image du monde en 1493. Histoire naturelle et surnaturelle dans la chronique de Nuremberg. Avec un Préface par Philippe Dupont,* Caen, Bibliothèque Municipale de Caen, 1993.

SCHEFFER, Johannes, *Histoire de la Laponie, sa description, l'origine, les moeurs, la maniere de vivre de ses habitans, leur Religion, leur Magie, & les choses rares du Païs. Avec plusieurs additions & augmentations fort curieuses, qui jusques-icy n'ont pas esté imprimées. Traduites du Latin de Monsieur Scheffer, Par L.P.A.L. Geographe ordinaire de sa Majesté,* París, Chez la Veuve Olivier de Varennes, au Palais, dans la Salle Royale, au Vase d'or, 1678.

SHELVOCKE, George, *Un viaje alrededor del mundo por la ruta del Gran Mar del Sur*. Estudio preliminar, traducción y notas de Rogelio C. Paredes, Buenos Aires, Eudeba, Colección reservada del Museo del Fin del Mundo, 2003.

TAVERNIER, Jean-Baptiste, *Les six voyages de M. Jean-Baptiste Tavernier, Ecuyer, Baron d'Aubone, qu'il a fait en Turquie, en Perse et aux Indes, pendant l'espace de quarante ans, & par toutes les routes que l'on peut tenir: accompagnez d'observations particulieres sur la qualité, la Religion, le Gouvernement, les Coûtumes & le Commerce de chaque país, avec les Figures, les Poids, & la valeur des Monnoyes qui y ont cours*. Nouvelle édition, revûe, corrigée par un des Amis de l'Autheur, compagnon de ses Voyages, & augmenté de cartes et d'estampes curieuses. Ruan, Chez Pierre Ribou à la décente du Pont Neuf, à l'image de S. Loüis, 1713.

THEVENOT, Melchisedech, *Relations de divers voyages curieux, qui n'on point este publiees ou qui n'ont este traduites d'Hacluyt, de Purchas, & d'autres voyageurs Anglois, Hollandois, Portugais, Allemands, Espagnols, et de quelques persans, arabes, et autres auteurs Orientaux. Enrichies de Figures de Plantes non décrites, d'Animaux inconnus à l'Europe, & de Cartes Geographiques de Pays dont on n'a point encore donné de Cartes. Premiere Partie*. París, De l'imprimerie de Jacques Langlois, Imprimeur ordinaire du Roy, au Mont Saint Genevieuse, Et en sa Boutique à l'entrée de la grande Sale de Palais, à la Rayne de Paix, Gaspar Meturas, Simon Piget, Emanuel Langlois, Thomas Jolly, Louys Billaine, 1663.

THEVET, André, *Les singularitez de la France Antarctique, Avec notes et commentaires par Paul Gaffarel*, París, Maisonneuve, 1878.

TYSSOT de PATOT, Simon, *Voyages et Avantures de Jaques Massé*, Burdeos, Chez Jaques L'Aveugle, 1710.

——, *La vie, les avantures et le voyage de Groenland du R. P. Cordelier Pierre de Mésange, avec une relation bien circonstanciée de l'origine, de l'histoire, des moeurs, & du Paradis des Habitans du Pole Arctique*, Ámsterdam, Aux Depens d'Etienne Roger, 1720. Tome Premier.

——, *Lettres choisies de Mr. Simon Tyssot de Patot,... écrites depuis sa jeunesse jusqu'à un âge fort avancé à différentes personnes et sur toutes sortes de sujets...*, Tomos 1 y 2, La Haya, M. Roguet, 1727.

——, *La vie, les aventures et le voyage de Groenland du Révérend Père Cordelier Pierre de Mésange*, V. I-II, con prólogo de Raymond Trousson, Ginebra, Slatkine Reprints, 1979.

——, *Lettres choisies et Discours sur la chronologie*, Édition critique par Aubrey Rosenberg, París, Honoré Champion, 2002.

——, *Voyages et aventures de Jacques Massé*, París, Bibliothèque des Lumières radicales, Éditions Amsterdam, 2005.

VEER, Gerrit de, *Vraye description de Trois Voyages de mer tres admirables faicts en trois ans, a chacun un an, par les navires d'Hollande et de Zelande, au nord par derriere Norwege, et Tartarie, ver les Royaumes de China & Catay: ensemble les decouvremens du VVaaygat, Nova Sembla, & du pays situé souz la hauteur de 80. degrez; lequel on presume estre Groenlande, ou oncques personne n'a esté. Plus des Ours cruels & ravissans, & autres monstres marins: & la froidure insupportable. D'avantage comment a la derniere fois la navire fut arrestée par la glace, & les matelots ont basti une maison sur le pays de Nova Sembla, situé soubz la hauteur de 76. degrez, ou ils ont demouré l'espace de dix mois: & comment ils ont en petites barques passé la mer, bien 350. lieues d'eaue; non sans peril, a grand travail, & difficultez incroyables. Par Girard Le Ver*, Ámsterdam, Cornille Nicolas, 1598.

VEIRAS, Denis (Vairasse D'Alais), *Histoire des Sévarambes, peuples qui habitent une partie du troisiéme continent, communément appellé La Terre Australe. Contentant une Relation du Gourvernement, des Moeurs, de la Réligion, et du Langage de cette Nation, inconnuë jusques à present aux Peuples de l'Europe*, Ámsterdam, Estienne Roger, 1702.

Referencias bibliográficas

AA.VV., *Revue du Nord* 360-361, *Histoire. Nord de la France* : "L'invention du Nord de l'Antiquité à nos jours. De l'image géographique au stéréotype regional", Bélgica, Países Bajos, Université de Charles-de-Gaulle, Sciences humaines, Lettres, Arts, Villeneuve-D'Asq, Tomo 87-Abril/Septiembre 2005.

290

ABBAGNANO, Nicola, *Diccionario de Filosofía*, México, Fondo de Cultura Económica, 1963.

ABENSOUR, Miguel, *L'utopie de Thomas More à Walter Benjamin*, París, Sens & Tonka, 2000.

ABULAFIA, David, *El descubrimiento de la humanidad. Encuentros atlánticos en la era de Colón*, Barcelona, Crítica, 2009

ACKROYD, Peter, *Tomás Moro*, España, Edhasa, 2003.

ADAM, Antoine, *Les libertins au XVIIe siècle*, París, Buchet-Castel, 1986.

ADAMS, Percy, *Travelers and Travel liars, 1660-1800*, Berkeley y Los Angeles, University of California Press, 1962.

AÏT-TOUATI, Frédérique, *Contes de la lune. Essai sur la fiction et la science modernes*, París, Éditions Gallimard, 2011.

ALBIAC, Gabriel, *La Synagogue vide. Les sources marranes du spinozisme*, París, P. U. F., 1994.

ANIRUDDHA, Ray, "French Colonial Policy in seventeenth century Madagascar: François Martin's Account," *Archipel*, Vol. 17, 1979, pp. 81-97.

ATKINSON, Geoffroy, *The Extraordinary Voyage in French Literature before 1700*, Nueva York, Columbia University Press, 1920.

——, *The Extraordinary Voyage in French Literature from 1700 to 1720*, París, Honoré Champion, 1922.

——, *Les Relations de voyages au XVIIe siècle et l'évolution des idées*, París, Honoré Champion, 1924.

——, *La littérature géographique française de la Renaissance, Répertoire bibliographique. Description de 524 impressions d'ouvrages publiées en français avant 1610, en traitant des pays et des peuples non européens, que l'on trouve dans les principales bibliothèques de France et de l'Europe occidentale*, París, Editions Auguste Picard, 1927.

AVILÉS, Miguel A. Ramiro, DAVIS, J. C. (eds.), *Utopian Moments. Reading utopian texts*, Londres, Bloomsbury Academic, 2012.

BAKER, David Weil, *Divulging Utopia. Radical Humanism in sixteenth-century England*, Massachussets, University of Massachussets Press, 1999.

BACZKO, Bronislaw, "Lumières et utopie. Problèmes de recherches", en *Annales. Économies, Sociétés, Civilisations*, Año 26, N° 2, 1971.

——, *Los imaginarios sociales. Memorias y esperanzas colectivas*, Buenos Aires, Ed. Nueva Visión, 1991.

——, *Lumières de l'utopie*, París, Éditions Payot & Rivages, (1978) 2001.

—— (dir.), *Dictionnaire critique de l'utopie au temps des Lumières sous la direction de Bronislaw Baczko, Michel Porret, François Rosset*; avec la collaboration de Mirjana Farkas et Robin Majeur, Chêne-Bourg, Georg éditeur, 2016.

BATAILLON, Marcel, *Erasmo y el erasmismo*, Barcelona, Ed. Crítica, 1977, Cap. VI: *Espigando en Erasmo*.

BAUMER, Franklin, *El pensamiento moderno. Continuidad y cambio en las ideas, 1600-1950*, México, Fondo de Cultura Económica, 1985.

BÉNAT-TACHOT, Louise, "De l'île à l'Islario: fonction et statut de l'île dans l'écriture de la conquête", en Trec, E. (dir.), *Bout du voyage, l'ile: Mythe et réalité*, Reims, Publications du Centre de Recherche VALS, Presses Universitaires de Reims, 2001, pp. 56-87.

BENEDICT, Philip, "Religion and Politics in Europe, 1500–1700", en VON GREYERZ, Kaspar, Siebenhüner, Kim, *Religion und Gewalt: Konflikte, Rituale, Deutungen (1500-1800)*, Göttingen, Vandenhoeck & Ruprecht, 2006, pp. 155–174.

BERNERI, María Luisa, *Viaje a través de la utopía*, Buenos Aires, Ed. Proyección, 1961.

BERTRAND, Gilles, *La culture du voyage. Practiques et discours de la Renaissance à l'aube du XXe siècle*, París, L'Harmattan, 2004.

BERTRAND, Romain, *L'Histoire à parts égales*, París, Éditions du Seuil, 2011.

BESSE, Jean-Marc, *Entre le regard et l'image, l'espace du géographe (Notes sur le savoir géographique à la fin du seizième siècle)*, S.I., S.N., 1994.

——, *Les grandeurs de la Terre. Aspects du savoir géographique à la Renaissance*, Lyon, ENS Éditions, 2003.

——, "The Birth of the Modern Atlas – Rome, Lafreri, Ortelius," en *Conflicting Duties*, Warburg Institute Colloquia 15, 2009.

BETTS, C. J., *Early Deism in France: From the so-called 'déistes' of Lyon (1564) to Voltaire's 'Lettres philosophiques'* (1734), La Haya, Martinus Nijhoff Publishers, 1984.

BEZIAN de BUSQUETS, Enriqueta, *Los Hugonotes en la Francia del siglo XVII. Tensiones sociales y culturales*, Colección Tesis,

San Miguel de Tucumán, Departamento de Publicaciones de la Facultad de Filosofía y Letras, Universidad Nacional de Tucumán, 2002.

——, *Perspectivas del libertinismo francés. Una lectura de textos (Primera mitad del siglo XVII), La République des Lettres (Tomo 3)*, San Miguel de Tucumán, Imprenta Central de la Universidad Nacional de Tucumán, 2006.

_____, *Otras caras del libertinismo francés (S. XVII), La République des Lettres (Tomo 6)*, San Miguel de Tucumán, Imprenta Central de la Universidad Nacional de Tucumán, 2008.

BEZIAN de BUSQUETS, Enriqueta (comp.), *Viajes y Utopía en la Modernidad Clásica, La République des Lettres (Tomo 7)*, San Miguel de Tucumán, Imprenta Central Universidad Nacional de Tucumán, 2009.

BITTERLI, Ürs, *Los "salvajes" y los "civilizados". El encuentro de Europa y Ultramar*, México, Fondo de Cultura Económica, 1982.

BLOCH, Marc, *Apologie pour l'Histoire ou Métier d'Historien*, París, Armand Colin, 1949.

BOURGUET, Marie-Noëlle, *Voyages et voyageurs*, en *Dictionnaire Européen des Lumières*, París, P. U. F., 1997.

BRAGA, Corin, *Du paradis perdu à l'antiutopie aux XVI-XVIII siècles*, París, Ed. Classiques Garnier, 2010.

——, *Les Antiutopies classiques*, París, Garnier Classiques, 2012.

BRESC, Henri et TIXIER DU MESNIL, Emmanuelle, *Géographes et voyageurs au Moyen Âge*, París, Presses Universitaires de Paris Ouest, 2010.

BROC, Numa, "Voyages et géographie au XVIIIᵉ siècle", *Revue d'Histoire des sciences et de leurs applications*, Año 1969, Vol. 22, N° 22-2, pp. 137-154.

——, *La Géographie des Philosophes. Géographes et voyageurs français au XVIIIe siècle*, París, Editions Ophrys, 1975.

——, *La Géographie de la Renaissance (1420-1620)*, París, Les éditions du Comité des Travaux historiques et scientifiques, 1986.

——, *Regards sur la géographie française de la Renaissance à nos jours*, T. 1 et 2, Perpignan, Presses Universitaires de Perpignan, 1994.

BUARQUE DE HOLANDA, Sergio, *Visão do Paraíso. Os motivos edênicos no descobrimento e colonização do Brasil*, San Pablo, Companhia Editora das Letras, (1985) 2010.

BUBER, Martin, *Caminos de Utopía*, México, Fondo de Cultura Económica, 1955.

BURCKHARDT, Jacob, *La cultura del Renacimiento en Italia*, México, Ed. Porrúa, 1984.

BURKE, Peter, *Montaigne*, Madrid, Alianza Editorial, 1985.

——, "Context in context", en *Common Knowledge*, Vol. 8, N°. 1, invierno 2002, pp. 152-177.

——, *Historia social del conocimiento. De Gutenberg a Diderot*, Buenos Aires, Paidós, 2002.

BURUCÚA, J. E., *Sabios y marmitones*. Una aproximación al problema de la Modernidad Clásica, Buenos Aires, Ed. Lugar, 1992.

——, *El mito de Ulises en el mundo moderno*, Buenos Aires, Eudeba, 2013.

BURUCÚA, José Emilio y KWIATKOWSKI, Nicolás, "El Padre Las Casas, De Bry y la representación de las masacres americanas", *Eadem Utraque Europa*, N° 10-11, Buenos Aires, 2011, pp. 147-180.

Cahiers V. L. Saulnier, *Les méditations cosmographiques à la Renaissance*, París, Presses de l'Université Paris-Sorbonne, 2009.

CANIZARES ESGUERRA, Jorge, *Cómo escribir la historia del Nuevo Mundo*, México, Fondo de Cultura Económica, 2007.

Cartes et images des Nouveaux Mondes, París, Gallimard/Bibliothèque nationale de France, 2012.

CARRIZO RUEDA, Sofía (ed.), *Escrituras del viaje. Construcción y recepción de "fragmentos del mundo"*, Buenos Aires, Ed. Biblos, 2008.

CEREZO MARTÍNEZ, Ricardo, *La cartografía náutica española en los siglos XIV, XV y XVI*, Madrid, Consejo Superior de Investigaciones Científicas, 1994.

CHARTIER, Roger, *El mundo como representación. Estudios sobre historia cultural*, Barcelona, Gedisa, 1996.

——, *El presente del pasado: escritura de la historia, historia de lo escrito*, México, Universidad Iberoamericana – Departamento de Historia, 2005.

——, *Inscribir y borrar. Cultura escrita y literatura (siglos XI-XVIII)*, Buenos Aires, Katz Editores, 2006.

——, *Écouter les morts avec les yeux*, París, Collège de France-Fayard, 2010.

——, *La mano del autor y el espíritu del impresor, Siglos XVI-XVIII*, Buenos Aires, Editorial

Katz, 2016, capítulo 4: "Textos sin fronteras", pp. 89-122.

CHARTIER, Roger, ROCHE, Daniel (eds.), *Histoire de l'édition française*, Tome II: *Le livre triomphant 1660-1830*, París, Promodis, 1984.

CHINARD, Gilbert, *L'exotisme américain dans la littérature française au XVIe siècle d'après Rabelais, Ronsard, Montaigne, etc.*, París, Hachette, 1911.

——, *L'Amérique et le rêve exotique dans la Littérature Française au XVII et au XVIII siècle*, París, Hachette, 1913.

CIORAN, E. M., *Histoire et Utopie*, París, Gallimard, 1960.

CIORANESCU, Alexandre, "*Le Royaume d'Antangil et son auteur*", Estratto Studi Francesi N° 19, Torino, Società Editrice Internazionale, 1963.

——, *L'avenir du passé: utopie et littérature*, París, Gallimard, 1972.

CIPOLLA, Carlo, *Clocks and Culture, 1300-1700*, Nueva York, Norton, 1978.

COMPARATO, Vittor Ivo, *Utopía. Léxico de política*, Buenos Aires, Ed. Nueva Visión, 2006.

COOPER, Helen, "The Origins of the Early Modern", *Journal for Early Modern Cultural Studies*, Vol. 13, No. 3, Commons and Collectivities: Renaissance Political Ecologies (Summer 2013), pp. 133-137.

CORNELIUS, Paul, *Languages in Seventeenth and Early-Eighteenth Century imaginary voyages*, Ginebra, Droz, 1965.

CROMBIE, Alistair C., *Historia de la Ciencia*, Madrid, Alianza Universidad, (1974) 2006.

CROUZET, Denis, *Les guerriers de Dieu. La violence au temps des troubles de religion (vers 1525 – vers 1610)*, Seyssel, Champ Vallon, 1990.

DAINVILLE, François de, *La géographie des humanistes*, Ginebra, Slatkine Reprints, 2011.

DARNTON, Robert, *Los best sellers prohibidos en Francia antes de la revolución*, Buenos Aires, Fondo de Cultura Económica, 2008.

DAVIES, Surekha, *Renaissance Ethnographies and the Invention of the Human. New Worlds, Maps and Monsters*, Cambridge, Cambridge University Press, 2016.

DAVIS, J. C., *Utopía y la sociedad ideal. Estudio de la literatura utópica inglesa, 1516-1700*, Buenos Aires, Fondo de Cultura Económica, 1985.

DAVIS, J. C. y AVILÉS, Miguel (2012), *Utopian moments: Reading Utopian Texts*, Londres, Bloomsburry Academic, 2012.

DE CERTEAU, Michel, *L'écriture de l'histoire*, París, Gallimard, 1975.

——, *La escritura de la historia*, México, Departamento de Historia, Universidad Iberoamericana, 1993.

——, *El lugar del otro. Historia religiosa y mística*, Buenos Aires, Katz Editores, 2007.

DE JEAN, Joan, *Libertine strategies*, Columbus, Ohio University Press, 1981.

DELMAS, Adrien and PENN, Nigel, *Written Culture in a Colonial Context. Africa and the Americas, 1500-1900*, Ciudad del Cabo, UCT Press, 2011.

DELUMEAU, Jean, *Naissance et affirmation de la Réforme*, París, P. U. F., 1968.

——, *El catolicismo de Lutero a Voltaire*, Barcelona, Ed. Labor, 1973.

DEPREZ, Stanislas, Paul Ricœur, *L'idéologie et l'utopie*, Revue Philosophique de Louvain, 1998, vol. 96, N° 2, pp. 344-350.

DESGRAVES, Louis, "Thomas Portau, imprimeur à Saumur (1601-1623)", *Bibliothèque de l'École des Chartes*, 1968, Tomo 126, pp. 63-133.

DIAZ, Furio, *Europa: de la Ilustración a la Revolución*, Madrid, Alianza, 1986.

DIEFENDORF, Barbara, *Beneath the Cross: Catholics and Huguenots in Sixteenth-Century Paris*, Oxford, Oxford University Press, 1991.

DILTHEY, Wilhem, *Hombre y mundo en los siglos XVI y XVII*, México, Fondo de Cultura Económica, 1947.

DOTTI, Ugo, *La città dell'uomo. L'umanesimo da Petrarca a Montaigne*, Roma, Editori Riuniti, 1992.

DU VERGER, Jean, "Géographie et cartographie fictionnelles dans l'Utopie (1516) de Thomas More", *Moreana*, Vol. 47, 181-182, pp. 6-68.

DUBAR, Monique, et MORUA, Jean-Marc (eds.), *Le Nord, latitudes imaginaires: Actes du XXIXᵉ Congrès de la Société Française de Littérature générale et comparée*, Lille, Université Charles-de-Gaulle - Lille 3, 2000.

DUCHET, Michèle, *Antropología e historia en el Siglo de las Luces*, México, Siglo XXI, 1975.

DUCHET, Michèle (dir.), DEFERT, Daniel, LESTRINGANT, Frank, FORGE, Jacques, *L'Amérique de Théodore de Bry. Une Collection de voyages protestante du XVIè siècle*.

Quatre études d'iconographie, París, Éditions du CNRS (Centre National de la Recherce Scientifique) y Centre Régional de Publication de Meudon-Bellevue, 1987.

DUVIOLS, Jean-Paul, *L'Amérique espagnole vue et rêvée: les livres de voyages de Christophe Colomb à Bougainville*, París, Promodis, 1985.

DUVIOLS, Jean-Paul, "L'Amérique espagnole au XVIe siècle selon les récits de voyages", *Histoire, économie et société*, 1988, Año 7, N° 3, pp. 313-324.

ECO, Umberto, *La búsqueda de la lengua perfecta*, Barcelona, Crítica, 1994.

——, *Algunas consideraciones acerca de las lenguas perfectas*, Buenos Aires, Oficina de Publicaciones del C. B. C., 1995.

——, *Serendipities. Language and Lunacy*, EUA, First Harvest, 1999.

EISLER, William Laurence, *The furthest shore. Images of Terra Australis from the Middle Ages to Captain Cook*, Cambridge, Cambridge University Press, 1995.

ELLIOTT, John H., *El viejo mundo y el nuevo, 1492-1650*, Madrid, Alianza Editorial, 1972.

——, *La Europa dividida, 1559-1598*, Madrid, Siglo XXI Editores, 1988.

ELSNER, J. y RUBIÉS, J. P., *Voyage and Visions. Towards a Cultural History of Travel*, Londres, Reaction Books, 1999.

ENGELS, Friederich, *Socialismo utópico y socialismo científico*, Buenos Aires, Editorial Coyoacán, 1961.

FAUSETT, David, *Writing the New World. Imaginary voyages and utopias of the Great Southern Land*, Nueva York, Syracuse University Press, 1993.

FEBVRE, Lucien, *El problema de la incredulidad en el siglo XVI. La religión de Rabelais*, Madrid, Akal, [1942] 1993.

FORTUNATI, Vita, "Escritura de viaje y escritura utópica entre realidad y ficción", en Vita FORTUNATI y Oscar STEINBERG (comp.), *El viaje y la utopía*, Buenos Aires, Ed. Atuel, 2001.

FORTUNATI, Vita, TROUSSON, Raymond (eds.), *Dictionary of Literary utopias*, París, Honoré Champion, 2000.

FOURNEL, Jean-Louis, *La cité du soleil et les territoires des hommes. Le savoir du monde chez Campanella*, París, Éditions Albin Michel, 2012.

GANDINI, María Juliana, LÓPEZ PALMERO, Malena, MARTÍNEZ, Carolina, PAREDES, Rogelio C., *Dominio y reflexión. Viajes reales y viajes imaginarios en la Europa moderna temprana (siglos XV a XVIII)*, Buenos Aires, Editorial de la Facultad de Filosofía y Letras, UBA, 2011.

——, *Fragmentos imperiales. Textos e imágenes de los Imperios coloniales en América (Siglos XVI-XVIII)*, Buenos Aires, Editorial Biblos, 2013.

GARIN, Eugenio, "La cultura fiorentina nell'età di Leonardo da Vinci", en *Scienza e vita nel Rinascimento italiano*, Bari, Laterza, 1965, pp. 69-77.

GAUCHET, Marcel, "Visages de l'autre. La trajectoire de la conscience utopique", *Le Débat*, N° 125, France, 2003.

GAUDIO, Michael, *Engraving the Savage: The New World and Techniques of Civilization*, Minneapolis, University of Minnesota Press, 2008.

GAUKROGER, Stephen, *Francis Bacon and the transformation of Early Modern Philosophy*, Cambridge, Cambridge University Press, 2001.

GAUTIER DALCHÉ, Patrick, *La Géographie de Ptolémée en occident (IVe–XVIe siècle)*, en la Colección *Histoire des représentations de l'espace : textes, images*, Turnhout, Brepols, 2009.

GERBI, Antonello, *La disputa del Nuevo Mundo. Historia de una polémica, 1750-1900*, México, Fondo de Cultura Económica, 1982.

GIDDENS, Anthony, *Consecuencias de la modernidad*, Madrid, Alianza Editorial, 2004.

GIL, Juan, *Mitos y utopías del descubrimiento*, Madrid, Alianza Editorial, 1989.

GINZBURG, Carlo, *Clues, myths, and the historical method*, Baltimore y Londres, The Johns Hopkins University Press, 1989.

——, *History, rhetoric and proof*, Hanover y Londres, University Press of New England, 1999, Cap. 3: "Alien Voices. The Dialogic element in Jesuit Historiography."

——, *Ojazos de madera. Nueve reflexiones sobre la distancia*, Barcelona, Península, 2000.

——, *Rapporti di forza. Storia, retorica, prova*, Milán, Feltrinelli Editore, 2001.

——, *No Island is an Island. Four Glances at English Literature in a World Perspective*, Nueva York, Columbia University Press, 2002.

294

——, "Latitude, Slaves, and the Bible: An Experiment in Microhistory", en Critical Inquiry, Vol. 31, N° 3 (primavera 2005), pp. 665-683.

——, El hilo y las huellas. Lo verdadero, lo falso, lo ficticio, Buenos Aires, Fondo de Cultura Económica, 2010.

GRAFTON, Anthony, New World, Ancient Texts. The Power of Tradition and the Shock of Discovery, Cambridge, Harvard University Press, 1995.

GREENBERG, Mitchell, "The Concept of 'Early Modern'", Journal for Early Modern Cultural Studies, Vol. 13, No. 2, Spring 2013, pp. 75-79

GREENBLATT, Stephen, Marvelous Possessions. The Wonder of the New World, Chicago, University of Chicago Press, 1991.

——, The Swerve. How the World Became Modern, Nueva York, Norton, 2012.

GREVE, Anna, Die Konstruktion Amerikas. Bilderpolitik in den Grands Voyages aus der Werkstatt de Bry, Colonia-Weimar-Viena, Böhlau, 2004.

GRUZINSKI, Serge, "Les mondes mêlés de la Monarchie catholique et autres 'connected histories'", Annales. Histoire, Sciences Sociales, 56e Año, N° 1 (Ene. - Feb., 2001), pp. 85-117.

——, Les quatre parties du monde. Histoire d'une mondialisation, París, Éditions de la Martinière, 2004.

——, L'Aigle et le Dragon. Démesure européenne et mondialisation au XVIe siècle, París, Fayard, 2012.

GUERIN, Miguel Alberto, "El relato de viaje americano y la redefinición sociocultural de la ecumene europea", Dispositio Vol. XVII, N° 42: Crossing the Atlantic, Travel literature and the perception of the other, Department of Romance Languages, University of Michigan, 1992, pp. 1-19.

HABERMAS, Jürgen, Teoría y Praxis. Estudios de la filosofía social, Madrid, Ed. Tecnos, 1963.

HARTIG, Irmgard y SOBOUL, Albert, Pour une histoire de l'utopie en France au XVIIIè siècle, París, Société des études Robespierristes, 1977.

HARTOG, François, Le miroir d'Hérodote. Essai sur la représentation de l'autre, París, Éditions Gallimard, 2001.

——, El espejo de Heródoto. Ensayo sobre la representación del otro, Buenos Aires, Fondo de Cultura Económica, 2002.

——, Anciens, modernes, sauvages, París, Galaade Éditions, 2005.

HAZARD, Paul, La crisis de la conciencia europea (1680-1715), Madrid, Ediciones Pegaso, 1941.

——, El pensamiento europeo del siglo XVIII, Madrid, Revista de Occidente, 1946.

——, La crisis de la conciencia europea, 1680-1715, Madrid, Alianza, 1988.

HELLER, Agnès, Crítica de la Ilustración, Barcelona, Ed. Península, 1987.

——, El hombre del Renacimiento, Barcelona, Ed. Península, 1980.

HIATT, Alfred, Terra Incognita: Mapping the Antipodes before 1600, Londres y Chicago, University of Chicago Press, 2008.

HODGEN, Margaret T., Early Anthropology in the Sixteenth and Seventeenth Centuries, Pensilvania, University of Pennsylvania Press, 1998.

HOLT, Mack P., The French Wars of Religion, 1562-1629, Cambridge, Cambridge University Press, 2005.

HOOGVLIET, Margaret, Textes, images et herméneutique dans les Mappae Mundi (XIIIe- XVIe siècles), Turnhout, Brepols, 2007.

HOUTTE, J. A., "Anvers aux XVe et XVIe siècles: expansion et apogée", en Annales. Économies, Sociétés, Civilisations, Año 16, N° 2, 1961, pp. 248-278.

HUIZINGA, Johan, El juego y la cultura, México, Fondo de Cultura Económica, 1943.

IM HOFF, U., La Europa de la Ilustración, Barcelona, Crítica, 1993.

IMAZ, Eugenio, Topía y Utopía, en Utopías del Renacimiento, México, Fondo de Cultura Económica, 1966.

ISRAEL, Jonathan I., The Dutch Republic and the Hispanic World, 1606-1661, Oxford, Clarendon Press, 1982.

——, Dutch Primacy in World Trade, 1585-1740, Nueva York, Oxford University Press, 1991.

——, Conflicts of Empires: Spain, the Low Countries and the Struggle for World Supremacy, 1585-1713, Londres y Río Grande, The Hambledon Press, 1997.

——, Radical Enlightenment. Philosophy and the Making of Modernity, 1650-1750, Nueva York, Oxford University Press, 2001.

——, Les Lumières radicales. La philosophie, Spinoza et la naissance de la modernité (1650-1750), París, Éditions Amsterdam, 2005.

JACOB, Christian, *L'empire des cartes: approche théorique de la cartographie à travers l'histoire*, París, Albin Michel, 1992.

JACOB, Margaret, "Les Lumières radicales", en SECRÉTAN, Catherine, DRAGON, Tristan, BOVE, Laurent (dir.), *Qu'est-ce que les Lumières "radicales"? Libertinage, athéisme et spinozisme dans le tournant philosophique de l'âge classique*, París, Éditions Amsterdam, 2007.

JAURATA, Francisco (ed.), *El mundo de los mapas*, Santander, Universidad Internacional Menéndez – Fundación Marcelino Botín, 2005.

JAY, Martin, "La explicación histórica: reflexiones sobre los límites de la contextualización", *Prismas*, Revista de historia intelectual, N° 16, 2012, pp. 145-157.

JOLY, Henri, *Le renversement platonicien. Logos, epsiteme, polis*, París, Librairie Philosophique, 1974.

KOSELLECK, Reinhart, "*The temporalization of utopia*", en *The Practice of Conceptual History: Timing History, Spacing Concepts*, California, Stanford University Press, 2002, pp. 84-99.

——, *Historias de conceptos. Estudios sobre semántica y pragmática del lenguaje político y social*, Madrid, Ed. Trotta, 2012.

KUPPERMAN, Karen Ordhal, "Introduction. The changing definition of America" en KUPPERMAN, Karen Ordhal [ed.], *America in European Consciousness, 1493-1750*, Chapel Hill, University of North Carolina Press, 1995.

LACHÈVRE, Frédéric, *Les successeurs de Cyrano de Bergerac*, París, Librairie Ancienne Honoré Champion, 1922.

LAFAYE, Jacques, *Por amor al griego. La nación europea, señorío humanista (siglos XIV-XVII)*, México, Fondo de Cultura Económica, 2005.

LAPEYRE, Henri, *Les monarchies européennes du XVIè siècle. Les relations internationales*, París, P. U. F., 1973.

LASKI, Harold, *El liberalismo europeo*, México, Fondo de Cultura Económica, (1939) 1979.

LAUVERGNAT-GAGNIÈRE, Christiane, *Lucien de Samosate et le lucianisme en France au XVIème siècle*, Ginebra, Droz, 1988.

LE GOFF, Jacques et RÉMOND, René (dir.), *Histoire de la France religieuse, XIVè-XVIIIè siècle*, T. 2, París, Seuil, 1988.

LEIBACHER-OUVRARD, Lise, *Libertinage et utopies sous le règne de Louis XIV*, Ginebra-París, Droz, 1989.

LEPLATRE, Olivier, "Déplier l'utopie (Histoire du grand et admirable Royaume d'Antangil, 1616)", *Textimage*, N° 2 Cartes et Plans, verano de 2008.

LESTRINGANT, Frank, *Arts et légendes d'espaces. Figures du voyage et rhétoriques du monde* (en collaboration avec Christian Jacob *et al.*), París, Presses de l'École normale supérieure, 1981.

——, *Europe et théorie des climats dans la seconde moitié du XVIe siècle*, extrait de *La Conscience européenne au XVe et au XVIe siècle*, París, Collection de l'École Normale Supérieure de Jeunes Filles, 1982, pp. 206-226.

——, "Il Buon Selvaggio nella cultura francese ed europea del settecento", *Bulletin de l'Association d'étude sur l'humanisme, la réforme et la renaissance*, N° 21, 1985, pp. 77-80.

——, *L'Atelier du cosmographe, ou l'image du monde à la Renaissance*, París, Albin Michel, Bibliothèque de synthèse, 1991.

——, "Fictions cosmographiques à la Renaissance", en KENNY, Neil, (ed.), *Philosophical fictions and the French Renaissance*, London, Warburg Institute, 1991, pp. 102-120.

——, "Genève et l'Amérique: le rêve du Refuge huguenot au temps des guerres de Religion (1555-1600)", *Revue de l'histoire des religions*, tomo 210, N° 3, 1993, pp. 331-347.

——, *Écrire le monde à la Renaissance. Quinze études sur Rabelais, Postel, Bodin et la littérature géographique*, Caen, Paradigme, 1993.

——, "Huguenots en utopie ou le genre utopique et la Réforme", *Société de l'histoire du Protestantisme français*, N° 146, 2000, pp. 253-306.

——, *Le livre des îles. Atlas et récits insulaires de la Genèse à Jules Verne*, Ginebra, Droz, 2002.

——, *Sous la leçon des vents. Le monde d'André Thevet, cosmographe de la Renaissance*, París, Presses de l'Université de Paris-Sorbonne, 2003.

——, *Le Huguenot et le Sauvage. L'Amérique et la controverse coloniale en France, au temps des guerres de religion*, Ginebra, Droz, 2004.

——, "La voie des îles", *Médiévales*, N° 47, Iles du Moyen Age (otoño 2004), pp. 113-121.

——, "O impacto das descobertas geográficas na concepção política e social da utopia",

MORUS – Utopia e Renascimento, N° 3, 2006.

LESTRINGANT, Frank, RIEU, Josiane, TARRÊTE, Alexandre, *Littérature française du XVI*ᵉ *siècle*, París, Presses Universitaires de France, 2000.

LEVILLIER, Roberto, *Américo Vespucio*, Madrid, Ediciones Cultura Hispánica, 1966.

LEWIS, Clive S., *La imagen del mundo. Introducción a la literatura medieval y renacentista*, Barcelona, Ed. Península, 1997.

LIVINGSTON, David N., *Adam's Ancestors: Race, Religion, and the Politics of Human Origins*, Baltimore, Johns Hopkins University Press, 2008.

LOIS, Carla, "Mare occidentale: la aventura de imaginar el Atlántico en los mapas del siglo XVI", *Terra Brasilis – Revista de História do Pensamento Geográfico no Brasil*, Ano VI-VII-VIII, N° 7-8-9 – Cartografías iberoamericanas, Río de Janeiro, 2005-2006-2007.

——, "Quinta pars o terrae incognitae? La cuestión de la verosimilitud en la representación cartográfica de lo desconocido", São Paulo, Universidade de São Paulo, Actas del *3° Simpósio Iberoamericano de História de Cartografia*. Agendas para a História de Cartografia, Abril de 2010.

——, "America Quarta Pars: ¿isla o continente? El debate conceptual sobre el estatus geográfico del Nuevo Mundo", *Fronteras de la Historia. Revista de historia colonial latinoamericana*, Bogotá; 2008, vol. 13, p. 259–279.

LÓPEZ PALMERO, Malena y MARTÍNEZ, Carolina, "Ambición colonial, propaganda antiespañola y mercado editorial en la Europa de los siglos XVI-XVIII. Los casos de Inglaterra y Francia en la disputa por América," en *Anuario del Centro de Estudios Históricos "Profesor Carlos S. A. Segreti"*, Córdoba (Argentina), año 12, N° 12, 2012, pp. 97-118.

MACHEREY, Pierre, *De l'utopie!*, Lille, De l'incidence Éditeur, 2011.

MANNHEIM, Karl, *Ideología y utopía*, México, Fondo de Cultura Económica, (1936) 1941.

MANUEL, Franz y MANUEL, Fritzie, *El pensamiento utópico en el mundo occidental*, Madrid, Taurus, 1984.

MARIN, Louis, *Utopiques: jeux d'espaces*, París, Les Éditions de Minuit, 1973.

——, "La fiction poétique de l'Utopie", en *Cinéma et Littérature*, Valence, Centre de Recherche et d'action culturelle, 1989, N° 7: Utopies, pp. 13-20.

——, "Utopian Discourse and Narrative of Origins from More's Utopia to Cassiodorus-Jordanes's Scandza", en MARIN, Louis, *On Representation*, Standford, California, Standford University Press, 2001, pp. 87-114.

MARTINEZ, Carolina, "El impacto del Nuevo Mundo en la invención de Utopía", *Revista Nómadas*, No. 47, IESCO, Universidad Central, Bogotá, Colombia, Enero, 2018, pp. 137-152.

——, "Usos del pasado y confiabilidad de las fuentes: Antoine-Joseph Pernety y la disputa sobre la naturaleza de América en el siglo XVIII", *Corpus* [en línea], Vol 5, N° 2, 2005. Publicado el 16 de diciembre 2015, consultado el 04 de mayo 2017. URL: http://corpusarchivos.revues.org/1449

MAUZI, Robert y MENANT, Sylvain, *Le XVIIIè siècle (1750 – 1778)*, París, Arthaud, 1977.

Mc GHEE, Robert, *The Last Imaginary Place. A Human History of the Arctic World*, Oxford y Nueva York, Oxford University Press, 2006.

Mc GRATH John, "Polemic and History in French Brazil, 1555-1560", *The Sixteenth Century Journal*, vol. 27, N° 2 (verano, 1996), pp. 385-97.

MIGNOLO, Walter, "Cartas, crónicas y relaciones del descubrimiento y la conquista", en *Historia de la literatura hispanoamericana*, Madrid, Ediciones Cátedra, 1982, vol. I, pp.57-116.

MOREAU, Pierre-François, *La utopía: derecho natural y novela del Estado*, Epílogo de Irma Cuña de Silberstein, Buenos Aires, Hachette, 1986.

——, *Que sais-je? Spinoza et le Spinozisme*, París, P. U. F., 2003.

MORISON, Samuel Elliot, *The European Discovery of America. The Northern Voyages*, Nueva York, Oxford University Press, 1971.

MOUREAU, François, *Le théâtre des voyages. Une scénographie de l'âge classique*, París, Presses Universitaires Paris-Sorbonne, 2004.

MUMFORD, Lewis, *Técnica y civilización*, Madrid, Ed. Alianza, (1934) 1971.

——, *The Story of Utopias*, Gloucester, Mass., Peter Smith, 1959.

O'GORMAN, Edmundo, *La invención de América. Investigación acerca de la estructura histórica del Nuevo Mundo y del sentido de su devenir*, México, Fondo de Cultura Económica, 1976.

OÏFFER, Alicia, "El Islario general de todas las islas del mundo (1560) de Alfonso de Santa

Cruz o la ciencia cosmográfica en la España de Felipe II: en el Nuevo Mundo, el Caribe insular", *Savoirs en Prisme*, No 1, París, 2012, pp. 169-187.

ONFRAY, Michel, *Los libertinos barrocos. Contrahistoria de la filosofía, III*, Barcelona, Editorial Anagrama, 2009.

OSIER, Jean-Pierre, *Faust Socin ou le christianisme sans sacrifice*, París, Les éditions du cerf, 1996.

PADRÓN, Ricardo, "Mapping Plus Ultra: Cartography, Space, and Hispanic Modernity", *Representations*, Nº 79 (verano, 2002), pp. 28-60.

——, *The Spacious Word. Cartography, Literature, and Empire in Early Modern Spain*, Chicago, The University of Chicago Press, 2004.

PAGANINI, Gianni, *Les philosophes clandestines à l'âge classique*, París, P. U. F., 2005.

PAGDEN, Anthony, *The Fall of Natural Man*, Cambridge, Cambridge University Press, 1982.

——, *European Encounters with the New World: from Renaissance to Romanticism*, New Haven y Londres, Yale University Press, 1993.

——, *Señores de todo el mundo. Ideologías del imperio en España, Inglaterra y Francia (en los siglos XVI, XVII y XVIII)*, Barcelona, Editorial Península, 1997.

PAREDES, Rogelio Claudio, *Pasaporte a la utopía. Literatura, individuo y modernidad en Europa (1860-1780)*, Buenos Aires, Miño y Dávila Editores, 2004.

PARKS, George B., "More's Utopia and Geography", *The Journal of English and Germanic Philology*, Vol. 37, Nº 2 (Apr. 1938), pp. 224-236.

PARRY, John H., *Europa y la expansión del mundo*, México, Fondo de Cultura Económica, 1952.

——, *El descubrimiento del mar*, Barcelona, Crítica, 1989.

PERRONE-MOISÉS, Leyla, *Le voyage de Gonneville (1503-1505) & la découverte de la Normandie par les Indiens du Brésil*, París, Editions Chandeigne, 1995.

PHILLIPS, Seymour, "The Outer World of the European Middle Ages", en Schwartz, Stuart B.(ed.), *Implicit Understandings, Observing, Reporting, and Reflecting on the Encounters between Europeans and Other Peoples in the Early Modern Era*, Cambridge, Cambridge University Press, 1994, pp. 23-63.

PIERROT, Claire, "La Fortune de l'Utopie de Thomas More, en France, à la Renaissance", *Bulletin de l'Association d'étude sur l'humanisme, la réforme et la renaissance*, Nº 56, 2003, pp. 109-112.

PIMENTEL, Juan, *Testigos del mundo. Ciencia, literatura y viajes en la Ilustración*, Madrid, Marcial Pons Historia, 2003.

PINTARD, René, *Le Libertinage érudit dans la première moitié du XVIIe siècle*, París, Boivin, 1943.

POPKIN, Richard, "Epicureanism and Scepticism in the Early 17th Century", en PALMER, R., HAMERTON-KELLY, R., *Philomathes. Studies and Essays in the Humanities in Memory of Philip Merlan*, Springer, Países Bajos, 1971, pp. 346-357.

——, *La historia del escepticismo desde Erasmo hasta Spinoza*, México, Fondo de Cultura Económica, 1983.

——, *Isaac La Peyrère (1596-1676). His life, work and influence*, Leiden, E. J. Brill, 1987.

——, *The History of Scepticism. From Savonarola to Bayle. Revised and Expanded Edition*, Oxford, Oxford University Press, 2003.

PORTUONDO, María M., *Secret Science. Spanish Cosmography and the New World*, Chicago y Londres, The University of Chicago Press, 2009.

PRATT, Marie-Louise, *Ojos imperiales. Literatura de viajes y transculturación*, Bernal, Universidad Nacional de Quilmes, 1992.

PRÉVOST, André, *L'Utopie de Thomas More, Présentation, texte original, apparat critique, exégèse, traduction et notes*, París, Nouvelles éditions MAME, 1979.

QUINT, David, "A reconsideration of Montaigne's Des Cannibales", en ORDAHL KUPPERMAN, Karen, *America in European Consciousness, 1493-1750*, USA, North Carolina Press, 1995.

RACAULT, Jean-Michel, *L'Utopie narrative en France et en Angleterre, 1675-1761*, Oxford, The Voltaire Foundation, 1991.

——, *Nulle Part et ses environs. Voyage aux confins de l'utopie littéraire classique, 1657-1802*, París, Presses de l'Université de Paris-Sorbonne, 2003.

——, "Résonances utopiques de l'Histoire des navigations aux Terres australes du président de Brosses", en LEONI, Sylviane, OUELLET, Réal (dir.), *Mythes et géographies des mers du Sud. Études suivies de l'Histoire des navigations aux Terres australes de Charles *de Brosses*, Dijon, Éditions Universitaires de Dijon, 2006.

RAINAUD, Armand, *Le Continent Austral. Hypothèses et découvertes*, París, Armand Colin, 1893.

REDEKER, Robert, "La vraie puissance de l'utopie", *Le Débat*, N° 125, France, 2003, pp. 100-111.

REGARD, Frédéric (ed.), *The Quest for the Northwest Passage: Knowledge, Nation and Empire, 1576-1806*, Londres, Pickering & Chatto, 2012.

RÉTAT, Pierre, *Le Dictionnaire de Bayle et la lutte philosophique au XVIIè siècle*, París, Société d'édition "Les Belles Lettres", 1971.

RICE McKEE, David, *Simon Tyssot de Patot and the Seventeenth-Century Background of Critical Deism*, Baltimore, The Johns Hopkins Press, 1941.

RICOEUR, Paul, *Ideología y Utopía*, Barcelona, Gedisa, (1986) 1989.

——, *L'idéologie et l'utopie*, París, Éditions du Seuil, 1997.

——, *Historia y narratividad*, Madrid, Paidós, 1999.

RIVIÈRE, Marc Serge, *Utopia in 1700. A study of the Histoire de Calejava by Claude Gilbert, with a preface by P. M. Conlon*, Townsville, Australia, Department of Modern Languages, James Cook University of North Queensland, 1987.

RORTY, Richard, *The Linguistic Turn: Essays in Philosophical Method*, Chicago, The University of Chicago Press, 1967.

ROSENBERG, Aubrey, *Tyssot de Patot and his Work*, Archives Internationales d'Histoire des idées, La Haya, Martinus Nijhoff, 1972.

ROSSI, Paolo, *Les philosophes et les machines*, París, P. U. F., 1996.

ROUVILLOIS, Frédéric, *L'utopie. Textes choisis et présentés par F. R.*, París, Flammarion, 1998.

RUBIÉS, Joan-Pau, "Travel Writing and Humanistic Culture: a Blunted Impact?", *Journal of Early Modern History*, Vol. 10, No. 1-2, 2006, pp. 131-168.

SCHAER, Roland (ed.), *"Le Cahier". Utopie. La quête de la société idéale en Occident*, París, Bibliothèque Nationale de France, 2000.

SCHAUB, Frédéric, "Nous, les barbares", en BOUCHERON, Partick, *Histoire du monde au XVᵉ siècle*, París, Fayard, 2009, pp. 814-828.

SCHMIDT, Benjamin, *Innocence Abroad. The Dutch Imagination and the New World, 1570-1670*, Cambridge, Cambridge University Press, 2001.

SCHMIDT, Benjamin and SMITH, Pamela (eds.), *Making Knowledge in Early Modern Europe. Practices, Objects, and Texts, 1400-1800*, Chicago y Londres, The University of Chicago Press, 2007.

SCHNAKENBOURG, Éric, *La France, le Nord et l'Europe au début du XVIIIe siècle*, París, Honoré Champion, 2008.

SCHNAKENBOURG, Éric (dir.), *Figures du Nord. Scandinavie, Groenland et Sibérie. Perceptions et représentations des espaces septentrionaux du Moyen Âge au XVIIIᵉ siècle*, Rennes, Presses Universitaires de Rennes, 2012.

SCHWARTZ, Stuart B. (éd.), *Implicit Understandings: Observing, Reporting and Reflecting on the Encounters between Europeans and Other Peoples in the Early Modern Era*, Cambridge, Cambridge University Press, 1994.

SCOTT, Anne M., HIATT, Alfred, MC ILROY, Claire and WORTHAM Christopher (eds.), *European Perceptions of Terra Australis*, Gran Bretaña, Ashray, 2012.

SECRÉTAN, Catherine, DRAGON, Tristan, BOVE, Laurent (dir.), *Qu'est-ce que les Lumières "radicales"? Libertinage, athéisme et spinozisme dans le tournant philosophique de l'âge classique*, París, Éditions Amsterdam, 2007.

SERVIER, Jean, *La Utopía*, México, Fondo de Cultura Económica, [1967] 1982.

SHRILEY, Rodney, *Courtiers and Cannibals, Angels and Amazons. The Art of the Decorative Cartographic Titlepage*, Países Bajos, HES & DE Graaf Publishers, 2009.

SIMONUTTI, Luisa, "Liberté, volonté, responsabilité: Faust Socin, Gerhard Johannes Vossius et les arminiens de Hollande", *Astérion*, puesto en línea en marzo de 2005. (URL: http://asterion.revues.org/412, consultado el 10 de febrero de 2013)

SKINNER, Quentin, "More's Utopia", *Past & Present*, N° 38, Diciembre 1967, pp. 153-68.

——, *Los fundamentos del pensamiento político moderno*, México, Fondo de Cultura Económica, 1985.

——, "Significado y comprensión en la historia de las ideas", *Prismas, Revista de historia intelectual*, N° 4, 2000, pp. 149-191.

——, *Visions of politics*, Volume II, Inglaterra, Cambridge University Press, 2004.

SPIEGEL, Gabrielle, (ed.), *Practicing History. New directions in historical writing after the Linguistic Turn*, Nueva York y Londres, Routledge, 2005.

SPINK, J. C., *La libre pensée française de Gassendi à Voltaire*, París, Éditions Sociales, 1966.

STOYE, John, *El despliegue de Europa, 1648-1688*, Madrid, Siglo XXI Editores, (1974) 1991.

SUTTON, Elizabeth A., *Capitalism and Cartography in the Dutch Golden Age*, Chicago y Londres, The University of Chicago Press, 2015.

TOCANNE, Bernard, "Aspects de la pensée libertine à la fin du XVIIe siècle: le cas de Claude Gilbert", *XVIIe siècle, Revue publiée par la Société d'Etude du XVIIe siècle*, C.N.L. - C.N.R.S. - Ciudad de París, Abril/Junio, 1980, N° 127, pp. 213-224.

TODOROV, Tzvetan, *La conquista de América. El problema del otro*, Buenos Aires, Siglo XXI Editores, (1982) 2008.

——, *Nosotros y los otros*, Buenos Aires, Siglo XXI Editores, 2010.

TROUSSON, Raymond, *D'utopie et d'utopistes*, París-Montreal, L'Harmattan, 1998.

——, *Voyages aux pays de nulle part. Histoire littéraire de la pensée utopique*, Bruselas, Éditons de l'Université de Bruxelles, 1999.

——, *Sciences, techniques et utopies*, París, L'Harmattan, 2003.

VAN DER CRUYSSE, Dirk, *Mercenaires français de la VOC. La route des Indes hollandaises au XVIIe siècle. Le journal de Jean Guidon de Chambelle (1644-1651) suivi en annexe de la Relation d'un voyage aux Indes orientales par un gentilhomme français (1630-1636)*, Presentación, transcripción y notas de Dirk Van der Cruysse, París, Chandeigne, 2003.

VAN GROESEN, Michiel, *The Representations of the Overseas World in the De Bry Collection of Voyages (1590-1634)*, Leiden-Boston, Brill, 2008.

VAN WIJNGAARDEN, Nicolaas, *Les Odyssées philosophiques en France entre 1616 et 1789*, Haarlem, Drukkerij Vijlbrief, 1932.

VERARDI, Julián, *Tiempo histórico, capitalismo y modernidad*, Buenos Aires, Miño y Dávila, 2013.

VERNIÈRE, Paul, *Spinoza et la pensée française avant la Révolution*, París, P. U. F., 1982.

VIGNOLO, Paolo, "El Nuevo Mundo, un mundo al revés? Las antípodas en el imaginario del Renacimiento", en D. BONNETT y F. CASTAÑEDA (eds.), *El Nuevo Mundo. Problemas y debates*, Uniandes, Bogotá, 2003, pp. 23-60.

VOGLER, Bernard, "La dimension religieuse dans les relations internationales en Europe au XVIIe siècle (1618-1721)", *Histoire, économie et société*, 1991, año 10, N° 3: *Prières et charité sous l'Ancien Régime*, pp. 379-398.

WANEGFFELEN, Thierry, *Ni Rome ni Genève. Des fidèles entre deux chaires en France au XVIe siècle*, París, Honoré Champion, 1997.

WILLIAMS, Glyndwr, *Voyages of Delusion. The Quest for the Northwest Passage*, New Haven, Yale University Press, 2003.

WITTKOWER, Rudolf, *L'Orient fabuleux*, Traducido del inglés por Michèle Hechter, París, Thames & Hudson, 1991.

WOLF, Eric, *Europa y la gente sin historia*, Buenos Aires, Fondo de Cultura Económica, 1993.

YARDENI, Myriam, *Utopie et révolte sous Louis XIV*, París, A. G. Nizet, 1980.

ZEMON DAVIS, Natalie, *Sociedad y cultura en la Francia moderna*, Barcelona, Crítica, 1993.

ZUMTHOR, Paul, *La medida del mundo*, Madrid, Cátedra, 1994.

Esta edición se terminó de imprimir en abril de 2019, en los talleres de Imprenta Dorrego s.r.l., ubicados en Av. Dorrego 1102, Ciudad Autónoma de Buenos Aires, Argentina.

www.ingramcontent.com/pod-product-compliance
Lightning Source LLC
Chambersburg PA
CBHW021501090426
42739CB00007B/411